Eduardo Galeano
Die offenen Adern Lateinamerikas

EDUARDO GALEANO

DIE OFFENEN ADERN LATEINAMERIKAS

DIE GESCHICHTE EINES KONTINENTS VON DER ENTDECKUNG BIS ZUR GEGENWART

ERWEITERTE NEUAUFLAGE

HAMMER

Die offenen Adern Lateinamerikas

Taschenbuchausgabe gemeinsam herausgegeben
mit der
Arbeitsgemeinschaft Dritte-Welt-Läden e. V.
und der
GEPA (Gesellschaft zur Förderung
der Partnerschaft mit der Dritten Welt mbH)

Gesamtauflage 65.–80. Tausend
Taschenbuchausgabe – Unveränderter Nachdruck
3. Auflage 1983 (10. Auflage insgesamt)

Aus dem Spanischen von Leonardo Halpern;
Seiten I–XXV von Anneliese Schwarzer de Ruiz
Die Originalausgabe erschien unter dem Titel
Las venas abiertas de America Latina

Umschlag: hammerteam, unter Verwendung eines
Kupferstiches von *de Bry*
Gesamtherstellung: Clausen & Bosse, Leck

CIP-Kurztitelaufnahme der Deutschen Bibliothek

Galeano, Eduardo
Die offenen Adern Lateinamerikas: d. Geschichte d. Kontinents
von d. Entdeckung bis zur Gegenwart / Eduardo Galeano.
[Aus d. Span. von Leonardo Halpern; Anneliese Schwarzer de Ruiz].
– Erw. Neuaufl., Taschenbuchausg., unveränd. Nachdr.,
3. Aufl., (10. Aufl. insges.). – Wuppertal: Hammer, 1983.

Einheitssacht.: La venas abiertas de America Latina ⟨dt.⟩
ISBN 3-87294-162-3

Dieses Buch wäre ohne die Mitarbeit nicht möglich gewesen, die auf die eine oder die andere Weise Sergio Bagú, Luis Carlos Benvenuto, Fernando Carmona, Adicea Castillo, Alberto Couriel, Andre Gunder Frank, Rogelio García Lupo, Miguel Labarca, Carlos Lessa, Samuel Lichtensztejn, Juan A. Oddone, Adolfo Perelman, Artur Poerner, Germán Rama, Darcy Ribeiro, Orlando Rojas, Julio Rossiello, Paulo Schilling, Karl-Heinz Stanzick, Vivian Trías und Daniel Vidart geleistet haben.
Ihnen allen und den vielen Freunden, die mich in den letzten Jahren zu der Arbeit ermuntert haben, widme ich das Ergebnis.

Montevideo, Ende 1970

Inhalt

Ergänzung 1978: Sieben Jahre danach

1. — Es ist nun sieben Jahre her, daß „Die offenen Adern Lateinamerikas" zum ersten Mal veröffentlicht wurden.

Das Buch wurde geschrieben, um mit den Menschen ins Gespräch zu kommen. Ein nicht spezialisierter Autor wendet sich an ein nicht spezialisiertes Publikum mit der Absicht, gewisse Tatsachen zu verbreiten, die von der offiziellen Geschichtsschreibung, die eine Beschreibung der Geschichte der Sieger ist, verschleiert oder verfälscht wurden.

Das beglückendste Echo kam nicht aus den Literaturseiten der Tageszeitungen, sondern von der Straße, von realen Begebenheiten, die auf der Straße geschahen. Zum Beispiel das Mädchen, das ihrer Banknachbarin in einem Autobus aus diesem Buch vorlas und schließlich aufstand und vor allen Fahrgästen laut weiterlas, während der Bus durch die Straßen Bogotas fuhr. Oder die Frau, die in den Tagen der Schlächterei aus Santiago de Chile floh, dieses Buch in den Windeln ihres Babys versteckt. Oder der Student, der eine Woche lang die Buchhandlungen von Buenos Aires abklapperte und das Buch von Buchhandlung zu Buchhandlung in Etappen las, weil er kein Geld hatte, um es zu kaufen.

Auf die gleiche Weise stammen die wichtigsten Kommentare zu diesem Buch nicht aus der Feder irgendwelcher anerkannter Literaturkritiker, sondern von den Militärdiktaturen, die es lobten, indem sie es verboten. So dürfen „Die offenen Adern" weder in meinem Land Uruguay noch in Chile verkauft werden, und in Argentinien wurde das Buch im Fernsehen und in der Presse als korrupt und jugendgefährdend verrissen. „Sie lassen die Leute nicht sehen, was ich schreibe", sagte der spanische Dichter Blas de Otero, „weil ich schreibe, was ich sehe."

Ich glaube, es liegt keine Eitelkeit in der Freude, die ich empfinde, wenn ich nach allen diesen Jahren feststelle, daß „Die offenen Adern" kein stummes Buch gewesen ist.

2. — Ich weiß, daß manche es als Sakrileg ansehen, wenn ich in diesem Buch in einer Sprache über Wirtschaftspolitik schreibe, als handele es sich um einen Liebesroman oder ein Abenteuerbuch.

Aber mir selbst, das gebe ich offen zu, fällt es oft ungeheuer schwer, mich durch an sich wertvolle Bücher gewisser Soziologen, Politologen, Wirtschaftswissenschaftler oder Geschichtsschreiber zu

Die auf den Seiten I - XXV erwähnten Personen und Firmen sind im Register nicht berücksichtigt.

arbeiten, die in einer Art Geheimsprache schreiben. Eine undurchdringliche Sprache ist nicht unbedingt der unvermeidliche Preis für Tiefe. In manchen Fällen verbirgt sich nichts anderes dahinter als eine zur intellektuellen Tugend erhobene Unfähigkeit, sich mitzuteilen. Ich habe den Verdacht, daß die Langeweile auf diese Weise allzu oft dazu dient, die etablierte Ordnung aufrecht zu erhalten: sie bestätigt, daß Wissen ein Privileg der Elite ist.

Etwas ähnliches geschieht, nebenbei gesagt, mit manchen revolutionären Schriften, die sich an einen von vornherein überzeugten Leserkreis wenden. Trotz ihrer möglichen revolutionären Rhetorik scheint mir eine Sprache, die sich mit immer gleichen fertigen Phrasen, die immer gleichen Adjektiven und immer gleichen deklamatorischen Formeln an immer gleiche Ohren richtet, im höchsten Maß konformistisch. Ich glaube, diese Art Parteiliteratur hat so wenig mit der wirklichen Revolution zu tun wie Pornografie mit Erotik.

3. — Einer der schreibt, tut dies, um eine Antwort zu finden auf die Fragen, die ihm im Kopf herumschwirren, hartnäckige Fliegen, die ihm den Schlaf rauben, und dieses Geschriebene erhält einen kollektiven Sinn, wenn es auf irgendeine Weise mit dem Bedürfnis, eine Antwort zu erhalten zusammentrifft. Ich schrieb „Die offenen Adern", um die Ideen anderer sowie eigene Erfahrungen darzulegen, die vielleicht dazu beitragen können, eine Antwort zu finden auf die Fragen, die uns schon immer verfolgen: Ist Lateinamerika ein Teil der Welt, der zur Armut und Demütigung verdammt ist? Verdammt von wem? Hat Gott die Schuld oder vielleicht die Natur? Das erdrückende Klima, die minderwertige Rasse? Die Religion, die Bräuche? Oder ist unser Unglück ein Produkt der Geschichte, die von Menschen gemacht wurde und darum auch von Menschen verändert werden kann?

Die Verehrung der Vergangenheit schien mir schon immer reaktionär. Die Rechte wählt die Vergangenheit, weil sie die Toten vorzieht: unbewegliche Welt, unbewegliche Zeit. Die Mächtigen, die ihre Privilegien mit dem Vererbten und Überkommenen rechtfertigen, kultivieren die Nostalgie. Man lernt Geschichte wie man ein Museum besucht, und diese Ansammlung von Mumien ist Betrug. Sie lügen uns die Vergangenheit vor wie sie uns die Gegenwart vorlügen: die Wirklichkeit wird verschleiert. Der Unterdrückte wird dazu gezwungen, das vom Unterdrücker geschaffene Gedächtnis zu dem seinen zu machen: fremd, steril, ausgestopft. So findet er sich damit ab, ein Leben zu leben, das nicht das seine ist als ob es das einzig mögliche wäre.

In den „Offenen Adern" wird die Vergangenheit immer von der Gegenwart heraufbeschworen, als lebendiges Gedächtnis unserer gegenwärtigen Zeit. Das Buch ist eine Suche nach den Schlüsseln der Geschichte, die uns helfen, die Gegenwart zu erklären, die gleichfalls Geschichte macht, auf der Grundlage, daß die erste Voraussetzung, die Wirklichkeit zu verändern, darin besteht, sie zu kennen. Es ist ein Buch, das nicht aus einer Aufzählung von Helden in Karnevalskostümen besteht, die lange und feierliche Sätze von sich geben, während sie auf Schlachtfeldern sterben, sondern es verfolgt die Spuren der Schritte, die den Weg austraten, den wir heute gehen. „Die offenen Adern" ist ein Buch, das aus der Wirklichkeit hervorging, aber auch aus anderen Büchern, die uns geholfen haben, herauszufinden, was wir sind, um zu erkennen, was wir sein können, Bücher, die uns gezeigt haben, woher wir kommen, um besser voraussehen zu können, wohin wir gehen. Diese Wirklichkeit und diese Bücher zeigen auf, daß die Unterentwicklung Lateinamerikas eine Folge der Entwicklung anderer ist, daß wir Lateinamerikaner arm sind, weil der Boden, auf dem wir gehen, reich ist und weil auf unseren von der Natur bevorzugten Landschaften der Fluch der Geschichte liegt. In dieser unserer Welt, einer Welt mächtiger Metropolen und unterjochten Hinterlandes, gibt es keinen Reichtum, der nicht zumindest verdächtig wäre.

4. — In der Zeit, die seit der ersten Auflage der „Offenen Adern" vergangen ist, hat die Geschichte nicht aufgehört, eine grausame Lehrmeisterin für uns zu sein.

Das System hat den Hunger und die Angst vermehrt; der Reichtum konzentriert sich weiterhin, und die Armut breitet sich weiter aus. So bestätigen es die Papiere der einschlägigen internationalen Organismen, deren aseptische Sprache unsere unterdrückten Regionen „Entwicklungsländer" nennt und die unerbittliche Verarmung der arbeitenden Bevölkerung „regressive Einkommensverteilung".

Das internationale Räderwerk funktioniert besser denn je: die Länder im Dienst der Produktion, die Menschen im Dienst der Dinge. Mit der Zeit werden die Methoden, mit denen die Krisen in unsere Länder exportiert werden, immer perfekter. Das Monopolkapital erreicht immer höhere Grade der Konzentration, und die internationale Beherrschung der Märkte, die Kredite und Investitionen machen eine systematische und wachsende Verlagerung der Widersprüche möglich: das Hinterland zahlt ohne mit der Wimper zu zucken den Preis für das Gedeihen der Metropolen.

Der internationale Markt ist weiterhin der Hauptschlüssel dieser

Operation. Dort üben die großen multinationalen Gesellschaften ihre Diktatur aus, Gesellschaften, die multinational genannt werden, weil sie in vielen Ländern operieren, deren Gewinne jedoch höchst national sind, wie Sweezy es einmal formulierte. Die weltweite Einrichtung der Ungleichheit wird zum Beispiel in keiner Weise gestört durch die Tatsache, daß Brasilien gegenwärtig Volkswagen in andere südamerikanische Länder und die weit entfernten Märkte Afrikas und des Nahen Orients ausführt. Letzten Endes ist es das deutsche Volkswagenwerk, das es günstiger findet, die Ausfuhr seiner Wagen für bestimmte Märkte von seiner brasilianischen Filiale aus vorzunehmen: brasilianisch sind die niedrigen Produktionskosten und die billigen Arbeitskräfte, deutsch dagegen die hohen Gewinnspannen.

Aber die Zwangsjacke wird auch nicht wunderbarerweise dadurch gelockert, daß irgendein Rohstoff dem Fluch der niedrigen Preise entgeht. Nehmen wir als Beispiel nur das Erdöl ab 1973. Ist das Erdöl etwa kein internationales Geschäft? Sind die arabischen oder lateinamerikanischen Gesellschaften etwa die *Standard Oil* in New Yersey, die heute *Exxon* heißt, *Royal Dutsch Shell* oder *Gulf*?

Wer steckt den Löwenanteil ein? Bezeichnend ist das Geschrei, das sich gegen die Erdölländer erhob, als diese die Frechheit hatten, ihre Preise zu verteidigen, was sie prompt zu den Sündenböcken stempelte, die alle Schuld an der Inflation und der Arbeitslosigkeit in Europa und den Vereinigten Staaten hatten. Haben die Industrieländer etwa jemals andere um Erlaubnis gefragt, ehe sie die Preise irgendeines ihrer Produkte erhöhten? Seit zwanzig Jahren fielen und fielen die Erdölpreise, eine Art Sozialhilfe für die grossen Industriezentren der Welt, deren Produkte teurer und teurer wurden. Im Verhältnis zu den ständigen Preiserhöhungen der nordamerikanischen und europäischen Produkte, stellte der neue Erdölkurs nichts anderes dar als die Wiederherstellung der Preise von 1952. 1973 eroberte das Rohöl ganz einfach seine Kaufkraft von vor zwei Jahrzehnten zurück.

5. — Eins der wichtigsten Ereignisse dieser sieben vergangenen Jahre war die Verstaatlichung des Erdöls in Venezuela. Seine Nationalisierung durchbrach nicht die Abhängigkeit des Landes in bezug auf Raffination und Kommerzialisierung, brachte jedoch eine gewisse Autonomie. Kurz nach ihrer Gründung nahm die staatliche Gesellschaft *Petroven* (Petroleos de Venezuela) bereits den ersten Platz unter den fünfhundert wichtigsten Gesellschaften Lateinamerikas ein. Neue Märkte wurden erschlossen und bald hatte die *Petroven* fünfzig neue Kunden.

Wie immer, wenn sich der Staat als Eigentümer des wichtigsten Produktes eines Landes erklärt, muß jedoch die Frage gestellt werden, wer der Eigentümer des Staates ist. Die Verstaatlichung der Basisprodukte bringt nicht automatisch eine Umverteilung des Einkommens zugunsten der Mehrheit der Bevölkerung mit sich und stellt auch nicht unbedingt eine Gefahr für die Privilegien der herrschenden Klasse dar. In Venezuela herrscht weiterhin die alte Verschwendungswirtschaft. In ihrem Mittelpunkt prunkt wie eh und je, jetzt von Neonleuchten bestrahlt, eine soziale Klasse von verschwendungssüchtigen Multimillionären. Im Jahr 1976 stiegen die Importe um 25 Prozent, eine gute Maßnahme, um die Superluxusartikel zu finanzieren, die den venezolanischen Markt wie ein Wasserfall überschwemmen. Konsumfetichismus als Symbol der Macht, die menschliche Existenz reduziert auf Wettbewerb und Konsum: inmitten des Ozeans der Unterentwicklung ahmt die privilegierte Minderheit die Lebensweise und Modegewohnheiten der reichsten Mitglieder der üppigsten Gesellschaften dieser Welt nach. Im Straßenlärm von Caracas werden genau wie in New York die Naturprodukte par excellence — die Luft, das Sonnenlicht, die Stille — immer seltener und teurer. ,,Vorsicht", warnt Juan Pablo Pérez Alfonso, Verteidiger der venezolanischen Unabhängigkeit und Prophet der Zurückeroberung des Petroleums, ,,an Überfressung kann man genauso sterben wie an Hunger"[1].

6. — Ich schrieb die letzten Seiten der ,,Offenen Adern" Ende 1970. In den letzten Tagen des Jahres 1977 starb Juan Velasco Alvarado auf einem Operationstisch. Sein Sarg wurde auf den Schultern seiner Anhänger inmitten einer Menschenmenge zum Friedhof getragen, wie sie die Straßen Limas noch nie gesehen hatten. General Velasco Alvarado, geboren in einem bescheidenen Haus im trockenen Norden Perus, hatte einen Prozeß sozialer und wirtschaftlicher Reformen begonnen, der als der umfangreichste und tiefgreifendste Versuch einer Veränderung in der gegenwärtigen Geschichte seines Landes angesehen werden kann. Seit ihrer Machtübernahme im Jahr 1968 hatte die peruanische Militärregierung eine wirkliche und umfassende Agrarreform begonnen und den Weg geöffnet für eine Zurückeroberung der vom ausländischen Kapital an sich gerissenen natürlichen Ressourcen des Landes. Aber als Velasco Alvarado starb, war schon lange vorher die Totenmesse für seine Revolution gefeiert worden. Dem Revolutionsprozeß war nur ein kurzes Leben beschieden: er wurde

1 Interview von Jean-Pierre Clerc in *Le Monde*, Paris, 8. — 9. März 1977

abgewürgt durch den Druck der Geldgeber und Finanziers, aber auch durch die Fragwürdigkeit, die jedem paternalistischen Versuch innewohnt, der ohne eine organisierte Volksbasis unternommen wird.
Am Vorabend des Weihnachtsfestes 1977, während das Herz des peruanischen Generals Velasco Alvarado seine letzten Schläge tat, schlug in Bolivien ein anderer General, der dem ersteren in nichts glich, mit der Faust auf seinen Schreibtisch. General Hugo Banzer, der Diktator Boliviens, sagte *nein* zu der geforderten Amnestie für die Gefangenen, die politischen Flüchtlinge und die entlassenen Arbeiter. Darauf hin begannen vier Frauen und vierzehn Kinder, die aus den Zinnminen in die Hauptstadt La Paz gekommen waren, einen Hungerstreik.
„Es ist nicht der geeignete Augenblick", sagten die Theoretiker. „Wir informieren euch, wenn es soweit ist . . ." Die Frauen setzten sich auf das Straßenpflaster.
„Wir wollen keine Auskunft", sagten sie. „Wir sind es, die euch informieren. Da oben in den Bergwerken sind Hungerstreiks an der Tagesordnung. Kaum wird man geboren, beginnt der Hungerstreik. Da oben sterben wir genauso. Etwas langsamer, aber ganz genauso."
Die Regierung reagierte mit Drohungen und Verhaftungen, aber der Hungerstreik dieser Frauen und Kinder legte Kräfte frei, die allzu lange zurückgehalten worden waren. Ganz Bolivien erzitterte und zeigte die Zähne. Zehn Tage später waren es nicht mehr vier Frauen und vierzehn Kinder: tausendvierhundert Arbeiter und Studenten hatten sich ihrem Hungerstreik angeschlossen. Die Diktatur fühlte den Boden unter sich wanken; die Amnestie wurde ihr entrissen.
So überschritten zwei Andenländer die Grenze zwischen den Jahren 1977 und 1978. Etwas weiter im Norden, in der Karibischen See, wartete Panama auf die versprochene Auflösung der Kolonialverträge über den Kanal; vorausgegangen waren lange und schwierige Verhandlungen mit der neuen Regierung der Vereinigten Staaten. Zur gleichen Zeit feierte das unbesiegte Kuba den neunzehnten Jahrestag seiner Revolution. Etwas später ging die aufgebrachte Bevölkerung Nicaraguas auf die Straße. Der Diktator Somoza, Sohn des alten Diktators Somoza, beobachtete sie durch das Schlüsselloch seines Palastes. Mehrere Gesellschaften fielen den Flammen zum Opfer. Eine von ihnen, genannt *Plasmaferesis*, war auf Blutsaugerei spezialisiert. Diese Firma, die Anfang 1978 von der Volkswut in Brand gesteckt wurde, gehörte Exilkubanern und verkaufte nicaraguanische Blutreserven an die Vereinigten Staaten. (Bei diesem Geschäft mit menschlichem Blut bekommen die „Hersteller" kaum ein Trinkgeld.

So zahlt die Firma *Hemo Caribbean* den Haitanern zum Beispiel drei Dollar für einen Liter Blut, den sie für 25 Dollar an den nordamerikanischen Markt weiterverkauft.)

7. — Im August 1976 veröffentlichte Orlando Letelier einen Artikel, in dem er schrieb, die Schreckensherrschaft Pinochets und die ,,Wirtschaftsfreiheit" einiger kleiner privilegierter Gruppen seien die beiden Seiten der gleichen Medaille[2]. Letelier, der unter Salvador Allende Minister gewesen war, lebte in den Vereinigten Staaten im Exil, wo er nach kurzer Zeit in die Luft flog[3]. In seinem Artikel vertrat er die Meinung, daß es absurd sei, in einer Wirtschaft wie der chilenischen, in der die Monopolien nach Lust und Laune mit den Preisen spielen, von freiem Wettbewerb zu sprechen, und lachhaft, in einem Land, in dem die Gewerkschaften außerhalb der Gesetze stehen und die Löhne durch ein Dekret der Militärjunta festgesetzt werden, die Rechte der Arbeiter zu erwähnen. Gleichfalls beschrieb Letelier den umständlichen Abbau der vom chilenischen Volk während der Regierung der Unidad Popular verwirklichten Eroberungen. Von den durch Salvador Allende verstaatlichten Industriemonopolien und -oligopolien hatte die Diktatur Pinochets die Hälfte ihren früheren Besitzern zurückgegeben und die andere Hälfte zum Verkauf angeboten. Daraufhin kaufte *Firestone* die staatliche Gummireifenfabrik, *Parsons and Whittemore* eine große Papierfabrik . . . Die chilenische Wirtschaft, sagte Letelier, sei heute konzentrierter und monopolisierter als vor der Regierungszeit Allendes[4].

Freier Wettbewerb wie nie zuvor, Verhaftungen wie nie zuvor: In Lateinamerika ist die freie Marktwirtschaft unvereinbar mit den bürgerliche Freiheiten. Freie Marktwirtschaft? Seit 1975 ist in Chile der Milchpreis frei. Das Resultat ließ nicht auf sich warten. Zwei große Gesellschaften beherrschen den Markt. Der Milchpreis für

2 *The Nation*, 28. August

3 Dieses Verbrechen geschah am 21. September 1976 in Washington. Kurz davor waren verschiedene politische Flüchtlinge aus Uruguay, Chile und Bolivien in Argentinien ermordet worden. Die bekanntesten unter ihnen waren der chilenische General Carlos Prats, militärische Schlüsselfigur der Regierung Salvador Allendes, dessen Wagen am 27. September 1974 in einer Garage in Buenos Aires explodierte; General Juan José Torres, der das Haupt einer anti-imperialistischen Blitzregierung in Bolivien gewesen war und am 15. Juni 1976 von mehreren Kugeln durchlöchert wurde; und die uruguayischen Politiker Zelmar Michelini und Héctor Gutierrez Ruiz, die zwischen dem 18. und 21. März 1976 in Buenos Aires entführt, gefoltert und schließlich ermordet wurden.

4 Gleichfalls wurde die Agrarreform rückgängig gemacht, die unter der Regierung der Christdemokraten begonnen hatte und durch die Unidad Popular erweitert wurde. (Siehe Maria Beatriz de Albuquerque W., ,,La agricultura chilena: modernización capitalista o regresión a formas tradicionales?" Kommentare zur Kontra-Agrarreform in Chile. *Iberoamericana*, Bd. VI, 2, 1976, Institute of Latin American Studies, Stockholm)

den Verbraucher stieg unverzüglich um 40 Prozent, während der Preis für den Erzeuger um 22 Prozent fiel. Die Kindersterblichkeit, die während der Regierung der Unidad Popular stark zurückgegangen war, stieg unter Pinochet dramatisch an. Zur gleichen Zeit, als Letelier in einer Straße Washingtons ermordet wurde, hatte ein Viertel der chilenischen Bevölkerung keinerlei Einkommen und überlebte dank der Mildtätigkeit der Begüterten oder durch ihre eigene Hartnäckigkeit und „Unverfrorenheit".

Der Abgrund, der in Lateinamerika zwischen dem Wohlstand einiger weniger und dem Elend vieler herrscht, ist unendlich größer als der in Europa oder den Vereinigten Staaten. Darum sind auch die nötigen Maßnahmen, die diesen Abstand aufrecht erhalten, unendlich brutaler. Brasilien hat ein riesiges und bestens ausgerüstetes Heer, während es für das Erziehungswesen nur fünf Prozent seines nationalen Budgets ausgibt. In Uruguay geht gegenwärtig die Hälfte des Haushaltsplans an die Polizei und die Streitkräfte: der fünfte Teil der aktiven Bevölkerung ist damit beschäftigt, die übrigen Bürger zu bespitzeln, zu verfolgen oder zu bestrafen.

Eins der wichtigsten Ereignisse, die auf unserem Kontinent in den Jahren nach 1970 stattfanden, war zweifellos eine Tragödie: der Militäraufstand, der am 11. September 1973 die demokratische Regierung Salvador Allendes stürzte und Chile in ein Blutbad tauchte. Etwas früher, im Juni des gleichen Jahres, löste in Uruguay ein Staatsstreich das Parlament auf, verbot die Gewerkschaften und untersagte jegliche politische Aktivität[5].

Im März 1976 übernahmen die argentinischen Generäle die Macht; die Regierung der Witwe Juan Domingo Peróns, im innersten verfault, fiel ohne große Erschütterungen in sich selbst zusammen. Die drei südlichsten Länder Lateinamerikas sind heute eine offene Wunde der Welt. Folter, Entführungen, Morde und Ausweisungen sind zu etwas alltäglichem geworden. Sind diese Diktaturen Tumoren, die aus einem gesunden Organismus herausgeschnitten werden müssen oder der Eiter, der anzeigt, daß das ganze System faul ist?

Ich glaube, es besteht immer ein enges Verhältnis zwischen der Intensität der Bedrohung und der Brutalität der Antwort darauf. Man kann nicht verstehen, was heute in Brasilien oder Bolivien geschieht, ohne die Regierungen Jango Goularts und Juan José Torres'

5 Drei Monate später fanden Wahlen an den Universitäten statt. Es waren die einzigen Wahlen, die noch erlaubt waren. Die Kandidaten der Diktatur erhielten zweieinhalb Prozent der Stimmen. Darum schickte die Diktatur halb Uruguay ins Gefängnis und übergab die Universitäten diesen zweieinhalb Prozent.

in Betracht zu ziehen. Vor ihrem Sturz hatten diese Regierungen eine Reihe von sozialen Reformen begonnen und eine nationale Wirtschaftspolitik in Angriff genommen, deren Prozeß 1964 in Brasilien und 1971 in Bolivien jäh unterbrochen wurde. *Auf die gleiche Weise könnte man sagen, daß Chile, Argentinien und Uruguay heute für ihre Sünde der Hoffnung büßen.*

Der tiefgreifende Veränderungsprozeß unter der Regierung Allendes, die Fahnen der beginnenden Gerechigkeit, die 1970 während der kurzen Regierungszeit Héctor Cámporas wehten und die argentinischen Arbeitermassen auf die Straßen trieben, sowie die schnell fortschreitende Politisierung der Jugend Uruguays, waren Herausforderungen, die ein ohnmächtiges und sich in Krisen befindendes System nicht ertragen konnte. Der stürmische Wind der Freiheit war tödlich für die Gespenster des Systems, und unverzüglich wurden seine Wächter auf den Plan gerufen, um die alte Ordnung zu retten. Ihre Säuberungsmaßnahmen sind Ausrottungsmaßnahmen.

8. — Die Akten des Kongresses der Vereinigten Staaten registrieren unwiderlegbare Zeugenaussagen über die Interventionen der USA in Lateinamerika. Verunsichert von ihrem Anteil der Schuld, reinigen sich die Gewissen in den Beichtstühlen des Imperiums. In der letzten Zeit häufen sich die offiziellen Bestätigungen über die Mitwirkung der Vereinigten Staaten an den verschiedenen Katastrophen. So bestätigen umfangreiche öffentliche Erklärungen unter anderem, daß die Vereinigten Staaten durch Bestechung, Spionage und Erpressung direkt in die chilenische Politik eingriffen. Die Strategie der Verbrechen wurde in Washington geplant. Seit 1970 bereiteten Kissinger und die Geheimdienste sorgfältig den Sturz Allendes vor. Millionen von Dollar wurden unter den Feinden der legalen Regierung der Unidad Popular verteilt. So konnten zum Beispiel die Lastwagenbesitzer ihren langen Streik aufrecht erhalten, der 1973 einen großen Teil der Wirtschaft des Landes lahmlegte.

Die Gewißheit, ungeschoren davonzukommen, lockert die Zungen. Als der Staatsstreich gegen Goulart stattfand, war die größte und wichtigste Botschaft der Vereinigten Staaten die in Brasilien. Lincoln Gordon, der damalige Botschafter, gab dreizehn Jahre später vor einem Journalisten zu, seine Regierung habe schon lange vorher die sich den Reformen widersetzenden Sektoren finanziert. „Was zum Teufel", sagte Gordon, „das war damals sozusagen gang und gäbe . . . Es war ganz normal für die CIA, auch über politische Gelder zu verfügen."[6] Während des gleichen Interviews erklärte

6 *Veja* Nr. 444, Sao Paulo, 9. März 1977

Gordon, daß in den Tagen des Putsches das Pentagon einen riesigen Flugzeugträger und vier Tankschiffe vor den Küsten Brasiliens stationiert hatte, „für den Fall, daß die gegen Goulart gerichteten Kräfte uns um Hilfe gebeten hätten." Diese Hilfe, sagte er, „war kaum als moralische Hilfe gemeint. Wir hätten unsere Unterstützung in bezug auf Logistik, Versorgung, Munition, Benzin usw. angeboten".

Seit Präsident Carter seine Politik der Menschenrechte eröffnete, ist es üblich geworden, daß die dank der nordamerikanischen Intervention eingesetzten Regimes feurige Erklärungen gegen die nordamerikanische Einmischung in ihre inneren Angelegenheiten abgeben. Der Kongreß der Vereinigten Staaten beschloß 1976 und 1977, die Wirtschafts- und militärische Hilfe für verschiedene Länder einzustellen. Der größte Teil der Auslandshilfen der Vereinigten Staaten geht jedoch nicht durch den Filter des Kongresses. So erhielt das Regime Pinochets trotz aller Deklarationen und Resolutionen und Protests im Jahr 1976 die Summe von 290 Millionen Dollar als direkte Hilfe der Vereinigten Staaten ohne die Zustimmung des Parlaments. Als die argentinische Diktatur General Videlas gerade ein Jahr als war, hatte sie bereits fünfhundert Millionen Dollar von privaten nordamerikanischen Banken und 415 Millionen von zwei Institutionen (Weltbank und Interamerikanische Entwicklungsbank) erhalten, auf welche die Vereinigten Staaten einen entscheidenden Einfluß ausüben.

Präsident Carters Besorgnis den Schlächtereien gegenüber, die einige Länder Lateinamerika erleiden, scheint sehr humanitär, doch die gegenwärtigen Diktatoren sind keineswegs Autodidakten: Sie erlernten die Techniken der Repression und die Kunst des Regierens in den Kursen des Pentagons der Vereinigten Staaten und in der Kanalzone Panamas. Diese Kurse existieren auch heute noch und soviel man weiß, haben sich ihre Lerninhalte in keiner Weise geändert. Die lateinamerikanischen Militärs, die heute ein Stein des Anstoßes für die Vereinigten Staaten sind, haben ihre Lektion gut gelernt. Es ist noch nicht lange her, daß der heutige Präsident der Weltbank, Robert McNamara, es als Verteidigungsminister klar genug ausdrückte: „Sie sind die neuen Führer. Es ist nicht nötig, zu betonen, wie wichtig es ist, Männer in Führungspositionen zu haben, die genau wissen, wie wir Amerikaner denken und die Dinge handhaben. Es ist unbezahlbar, sich solche Männer zu Freunden zu machen."[7]

7 U.S. House of Representatives, Committee on Appropiations, Foreign Operations Appropiations for 1963, Hearings 87th Congress, 2nd Session, Part I.

Wollen diejenigen, die den Lahmen lahm machten, ihm heute den Rollstuhl verkaufen?

9. — Die französischen Bischöfe sprechen von einer anderen Art von Verantwortung, die tiefer liegt und weniger sichtbar ist[8]: „Wir, die wir zu den Nationen gehören, die sich als die fortschrittlichsten der Welt ansehen, bilden einen Teil derer, die von der Ausbeutung der Entwicklungsländer profitieren. Wir sehen nicht die Leiden, die diese Tatsache in den Leibern und Seelen ganzer Völker hervorruft. Wir tragen dazu bei, die Teilung der gegenwärtigen Welt zu vertiefen, einer Welt, in der die Armen von den Reichen, die Schwachen von den Starken beherrscht werden. Wissen wir, daß unsere Verschwendung der Naturprodukte und Rohstoffe nicht möglich wäre ohne die Kontrolle des Warenaustausches von seiten der westlichen Länder? Sehen wir nicht, wer von dem Waffenhandel profitiert, von dem auch unser Land ein trauriges Beispiel gegeben hat? Verstehen wir nicht, daß die Militarisierung der Regierungen der armen Länder eine der Folgen der wirtschaftlichen und kulturellen Beherrschung durch die industrialisierten Länder ist, in denen das Leben beherrscht wird von der Profitgier und der Macht des Geldes?"

Diktatoren, Folterknechte, Inquisitoren: der Schrecken hat seine Beamten, genau wie die Post oder die Banken, und er wird angewandt, weil er nötig ist. Es handelt sich nicht um eine Verschwörung von Perversen.

Ein General Pinochet kann uns vorkommen wie eine Figur aus den *Schwarzen Zeichnungen* Goyas, ein Fall für den Psychiater oder einer der Nachfolger der schaurigen Traditionen der Bananenrepubliken. Aber die klinischen oder auch folkloristischen Faktoren dieses oder jenes Diktators, die dazu dienen, die Geschichte zu würzen, sind nicht die Geschichte selbst. Wer würde es heute noch wagen zu behaupten, der Erste Weltkrieg habe seinen Ursprung in den Komplexen Kaiser Wilhelms gehabt, dessen einer Arm kürzer war als der andere?

„In den demokratischen Ländern wird der gewalttätige Charakter, welcher der Wirtschaft innewohnt, nicht offenbar; in den autoritären Staaten geschieht das gleiche mit dem wirtschaftlichen Charakter der Gewalt", schrieb Bertolt Brecht Ende 1940 in sein Arbeitstagebuch.

In den Ländern Lateinamerikas haben die Diktatoren die Macht übernommen, weil das System selbst es forderte, und der Staatsterrorismus beginnt in dem Augenblick zu funktionieren, in dem die herr-

8 Erklärung von Lourdes, Oktober 1976

schenden Klassen ihre Geschäfte nicht mehr abwickeln können.
In unseren Ländern gäbe es keine Folter, wenn sie nicht wirksam wäre, und die formale Demokratie hätte Bestand, wenn sie garantieren könnte, daß die Herren der Macht nicht die Kontrolle verlören.
In Krisenzeiten wird die Demokratie zu einem Verbrechen gegen die nationale Sicherheit, das heißt, gegen die Sicherheit der internen Privilegien und der ausländischen Investitionen. Die Fleischwölfe, durch die unsere Menschen gedreht werden, sind nur ein Teil des internationalen Räderwerks. Die gesamte Gesellschaft befindet sich im Kriegszustand, der zu etwas Alltäglichem wird, und auf ein Anziehen der Schrauben in den Zentren des imperialistischen Systems funktioniert der Unterdrückungsapparat allumfassend. Sobald der Schatten einer Krisis droht, muß die Plünderung der armen Länder verdoppelt und verdreifacht werden, damit die Vollbeschäftigung, die bürgerlichen Freiheiten und die hohen Entwicklungsquoten in den reichen Ländern erhalten bleiben. *Ein Spiel zwischen Opfer und Henker, makabre Dialektik: eine Struktur der Demütigungen, die auf den internationalen Märkten beginnt und in der Wohnung jedes einzelnen Bürgers endet.*
10. — Haiti ist das ärmste Land der westlichen Halbkugel. Hier gibt es mehr Fußwascher als Schuhputzer: Kinder, die für ein Geldstück die Füße ihrer barfüßigen Kunden waschen, die keine Schuhe haben, die man putzen könnte. Die Haitaner leben im Durchschnitt etwas mehr als dreißig Jahre. Neun von zehn der Einwohner können weder lesen noch schreiben. Für den Eigenverbrauch werden die rauhen Berghänge bebaut, für die Ausfuhr die fruchtbaren Ebenen: der beste Boden ist für den Kaffee, den Zucker, den Kakao und die anderen Produkte bestimmt, die der nordamerikanische Markt braucht. In Haiti spielt kein Mensch Baseball, aber Haiti ist das erste Produktionsland von Baseball-Bällen. Gleichfalls fehlt es nicht an Fabriken, in denen Kinder für einen Dollar pro Tag Kassettenrecorder und elektronische Einzelteile montieren. Natürlich handelt es sich um Produkte für den Export und natürlich wird auch der Gewinn exportiert, nachdem der Anteil für die Verwalter des Terrors abgezogen wurde. Der kleinste Versuch eines Protests wird in Haiti mit Gefängnis oder dem Tod bestraft. So unglaublich es klingt, haben die Löhne der haitischen Arbeiter zwischen 1971 und 1975 ein Viertel ihres sowieso unvorstellbar niedrigen Realwerts verloren[9].

9 *Le Nouvelliste*, Puerto Príncipe, Haiti, 19.-20. März 1977. Zitiert von Agustín Cueva in „El desarrollo del capitalismo en America Latina", Verlag Siglo XXI, Mexiko 1977

Ich erinnere mich an einen Leitartikel, der vor ungefähr zwei Jahren in einer Tageszeitung von Buenos Aires erschien. Die alte konservative Zeitung schnaubte vor Wut, weil Argentinien in irgendeinem internationalen Dokument als unterentwickeltes Land bezeichnet worden war. Wie konnte man eine gebildete, europäische, erfolgreiche und weiße Gesellschaft mit dem gleichen Maß messen wie das arme und schwarze Haiti?
Gewiß sind die Unterschiede enorm — obwohl sie wenig mit den Wertkategorien der überheblichen Oligarchie von Buenos Aires zu tun haben. Aber bei allen Verschiedenheiten und allen Unterschieden ist Argentinien doch nicht in Sicherheit vor dem Teufelskreis, der die lateinamerikanische Wirtschaft in ihrer Gesamtheit abwürgt, und kein intellektueller Exorzismus kann es vor der Realität retten, die sich die übrigen Länder der Region, das eine etwas mehr und das andere etwas weniger, untereinander teilen.
Letzten Endes sind die Schlächtereien eines General Videlas nicht zivilisierter als die eines *Papa Doc* Duvalier oder seines Thronfolgers, auch wenn die Unterdrückung in Argentinien auf einem höheren technologischen Niveau stattfindet. Und im wesentlichen handeln beide Diktaturen im Dienst des gleichen Ziels: *billige Arbeitskräfte zu beschaffen für einen internationalen Markt, der billige Produkte fordert.*
Kaum war die Diktatur Videlas an der Macht, beeilte sie sich, die Streiks zu verbieten und die Freiheit der Preise gleichzeitig mit der Unfreiheit der Löhne zu dekretieren. Fünf Monate nach dem Staatsstreich räumte das neue Investitionsgesetz den ausländischen Firmen die gleichen Rechte ein wie den nationalen Unternehmen. Auf diese Weise beendete der freie Wettbewerb die ungerechte Situation, in der sich einige der multinationalen Gesellschaften im Vergleich zu den einheimischen befanden. So zum Beispiel die arme und schutzlose *General Motors*, deren globales Verkaufsvolumen dem Nationalbruttoprodukt ganz Argentiniens entspricht. Gleichfalls sind heute — mit einigen unbedeutenden Einschränkungen — Geldüberweisungen ins Ausland sowie die Rückführung investierten Kapitals in die Ursprungsländer ohne weiteres möglich.
Als das Regime seinen ersten Geburtstag feierte, hatte sich der Realwert der Löhne auf vierzig Prozent gesenkt, eine Heldentat, die nur der Terror ermöglichen konnte. ,,Fünfzehntausend Vermißte, zehntausend Verhaftete, viertausend Tote, Hunderttausende von Ausgewiesenen oder Geflohenen sind die nackten Zahlen des Terrors", hatte der Schriftsteller Rodolfo Walsh in einem offenen Brief ge-

schrieben. Dieser Brief wurde am 29. März 1977 an die drei Chefs der Regierungsjunta abgeschickt. Am gleichen Tag wurde Walsh entführt und ist seitdem verschwunden.

11. — Unvermutete Quellen berichten, daß nur ein unbedeutender Anteil der ausländischen Direktinvestitionen in Lateinamerika tatsächlich aus ihren Ursprungsländern kommt. Nach einer öffentlichen Untersuchung, die das nordamerikanische *Department of Commerce* durchführte,[10] kommen knapp 12 Prozent der Gelder aus den Vereinigten Staaten, 22 Prozent stammen aus den in Lateinamerika erzielten Gewinnen und die restlichen 66 Prozent aus internen Kreditquellen und vor allem aus internationalen Krediten. Im Falle der europäischen und japanischen Investitionen ist das Verhältnis ähnlich, wobei noch in Betracht gezogen werden muß, daß diese 12 Prozent der Investitionen, die direkt aus den Mutterländern kommen, oft nicht mehr als das Resultat einer Abtretung bereits gebrauchter Maschinen sind oder der willkürliche Kurs, mit dem die Unternehmen die Zurverfügungstellung ihres industriellen *Know how*, ihrer Patente oder Marken bewerten. *So eignen sich die multinationalen Gesellschaften nicht nur wiederrechtlich die internen Kredite der Länder an, in denen sie operieren, und zwar als Gegenleistung für eine Kapitalzuwendung, die mehr as diskutierbar ist, sondern sie verdoppeln auch die Auslandsschulden dieser Länder.*

Die lateinamerikanischen Auslandsschulden waren im Jahr 1975 fast dreimal so hoch wie im Jahr 1969[11]. Brasilien, Mexiko, Chile und Uruguay bestimmen 1975 ungefähr *die Hälfte* ihres Einkommens für Exporte zur Zahlung von Tilgungen und Zinsen und zur Auszahlung der Gewinne der in diesen Ländern etablierten ausländischen Gesellschaften. Die Kreditrückzahlungen und Kapitalüberweisungen schluckten im gleichen Jahr 55 Prozent der Exporte Panamas und 60 Prozent der Exporte Perus[12]. Im Jahr 1969 hatte jeder Einwohner Boliviens 137 Dollar Auslandsschulden, 1977 waren es bereits 483 Dollar. Die Bolivianer wurden weder vorher gefragt noch sahen sie

10 Ida May Mantel, „Sources and uses of funds for a sample of majority-owned foreign affiliates of U.S. campanies, 1966-1972", U.S. Department of Commerce, *Survey of Current Business*, Juli 1975

11 Vereinte Nationen, Wirtschaftskommission für Lateinamerika „El desarrollo económico y social y las relaciones externas de America Latina", Santo Domingo, Dominikanische Republik, Februar 1977

12 Das Geld hat Flügel und reist ohne Paß. Ein großer Teil der aus der Ausbeutung unserer Ressourcen erzielten Gewinne fließt in die Vereinigten Staaten, in die Schweiz, in die Bundesrepublik Deutschland oder in andere Länder, von wo aus sie in Form von Krediten in unsere Regionen zurückströmt.

je auch nur einen Cent dieser Kredite, die sie jetzt zu ersticken drohen.

Die *Citybank* steht auf keiner Wahlliste der wenigen Länder Lateinamerikas, in denen noch Wahlen stattfinden, und keiner der Diktatoren heißt Internationaler Währungsfond. Wo ist aber die Hand, die ausführt und der Kopf, der diktiert? Wer leiht, befiehlt. Um die Schulden bezahlen zu können, muß mehr exportiert werden, und auch um die Importe finanzieren und dem Aderlass der Gewinne und *Royalties*, die die ausländischen Gesellschaften in ihre Mutterländer abführen, standzuhalten, muß mehr und mehr exportiert werden. Diese steigenden Exporte, deren Kaufkraft immer mehr sinkt, sind nur durch Hungerlöhne möglich. Die massive Armut, der Schlüssel zum Erfolg einer Wirtschaft, die ganz auf das Ausland ausgerichtet ist, verhindert die Entstehung eines internen Verbrauchermarktes, wie er für eine harmonische Wirtschaftsentwicklung nötig wäre. Unsere Länder verlieren ihre eigene Stimme und sind nurmehr ein Echo anderer. Sie hängen von anderen ab und existieren nur in dem Maße, in dem sie Antwort geben auf die Bedürfnisse anderer. Die Neuorientierung der Wirtschaft im Hinblick auf die Nachfrage des Auslands führt wieder zum alten Würgegriff zurück: sie öffnet der Plünderung durch die ausländischen Monopolgesellschaften Tür und Tor und zwingt zu neuen und größeren Anleihen bei den internationalen Banken. *Der Teufelskreis ist perfekt: die Auslandschulden und die ausländischen Investitionen zwingen zu einer Verdoppelung der Exporte, die sie sich selbst wieder einverleiben. Bei diesem Geschäft sind gute Manieren fehl am Platz. Damit die lateinamerikanischen Arbeiter ihre Aufgabe als Geiseln des Wohlstands anderer erfüllen können, müssen sie als Gefangene behandelt werden — hinter oder vor den Gittern der Gefängnisse.*

12. — Die brutale Ausbeutung der Arbeitskraft ist nicht unvereinbar mit einer intensiven Technologie. Das war in unseren Ländern nie der Fall: die Legionen von bolivianischen Arbeitern zum Beispiel, die zur Zeit Simón Patinos ihre Lungen in den Bergwerken von Oruro ließen, wurden als eine Art bezahlter Sklaven gehalten, arbeiteten aber mit den modernsten Maschinen. Der *Zinnbaron* verstand es, das zu seiner Zeit höchstmögliche Niveau an Technologie mit dem niedrigsten Lohnniveau zu vereinbaren [13].

Außerdem geht heute der Import von hochentwickelter Technologie Hand in Hand mit dem von den allmächtigen multinationalen Gesell-

13 Agustín Cueva, siehe Fußnote 9

schaften durchgeführten Enteignungsprozeß der einheimischen Industrieunternehmen. Die Zentralisierung des Kapitals geschieht durch „unbarmherzige Ausschaltung der ‚veralteten' Unternehmen, die nicht zufällig gerade die in einheimischem Besitz befindlichen sind“[14].
Die fortschreitende Entnationalisierung der lateinamerikanischen Industrie bringt eine immer größer werdende technologische Abhängigkeit mit sich. Die Technologie, der entscheidende Schlüssel zur Macht, wird in der kapitalistischen Welt von den großen Industriezentren monopolisiert. Unsere Länder erhalten die Technologie aus zweiter Hand, aber die Industrieländer lassen sich die Kopien bezahlen als wären sie Originale. Im Jahr 1970 zahlte Mexiko für den Import von ausländischer Technologie doppelt so viel wie im Jahr 1968. Auch Brasilien verdoppelte zwischen 1965 und 1969 seine Zahlungen; das gleiche geschah in Argentinien.
Die Verpflanzung der Technologie erhöht die Auslandsschulden unserer Länder und hat gleichzeitig einen vernichtenden Einfluß auf ihren Arbeitsmarkt. In einem System, das zur Ableitung der Gewinne ins Ausland angelegt ist, verlieren die Arbeitskräfte der ,,traditionellen“ Unternehmen an Wert und an Beschäftigungsmöglichkeiten. Durch die Einsparung von Arbeitszeit opfern die Inseln der modernen Industrie die einheimischen Arbeiter zugunsten eines zweifelhaften ,,Impulses“ auf den Rest der nationalen Wirtschaft. Das Vorhandensein eines riesigen und immer noch wachsenden Heers von Arbeitslosen sorgt seinerseits dafür, den Realwert der Löhne auf ein Minimum herabzudrücken.
13. — Selbst die Dokumente der Wirtschaftskommission für Lateinamerika sprechen heute von einer internationalen Umverteilung der Arbeit. Innerhalb von einigen Jahren, so hoffen die Sachverständigen, wird Lateinamerika vielleicht so viel Fertigerzeugnisse exportieren wie heute Rohmaterial und Nahrungsmittel. ,,Die Lohnunterschiede zwischen den Industrie- und den Entwicklungsländern — einschließlich Lateinamerikas — können zu einer neuen Arbeitsverteilung führen, nämlich dadurch, daß aus Wettbewerbsgründen alle diejenigen Industrien, in denen die Lohnkosten besonders hoch sind, in andere Länder verlegt werden. So liegen die Lohnkosten der Fertigindustrie in Mexiko oder Brasilien zum Beispiel sehr viel niedriger als in den Vereinigten Staaten“[15].
Fortschritt oder neokolonialistisches Abenteuer? In Mexiko gehören Elektrogeräte bereits zu den ersten Ausfuhrgütern. In Brasi-

14 idem
15 Vereinte Nationen, Wirtschaftskommission für Lateinamerika, siehe Fußnote 11

lien wächst der Export von Fahrzeugen und Waffen. Verschiedene lateinamerikanische Länder gehen durch eine neue Etappe der Industrialisierung, die hauptsächlich von den Bedürfnissen des Auslands und von den ausländischen Besitzern der Produktionsmittel bestimmt wird. Handelt es sich hier nicht um ein neues Kapitel unserer langen Geschichte der „Entwicklung nach außen"? Auf den internationalen Märkten beziehen sich die ständig steigenden Preise nicht generell auf die „Fertigprodukte", sondern auf die technologisch kompliziertesten Erzeugnisse, die weiterhin den technisch am höchsten entwickelten Ländern vorbehalten sind. *Das wichtigste Ausfuhrgut Lateinamerikas ist und bleibt, ob nun Fertigprodukte oder Rohstoffe exportiert werden, seine billige Arbeitskraft.*

Bestand unsere Geschichte nicht immer in einer „Entwicklung", verkleideten Verstümmelung und Zerstörung? Jahrhunderte zuvor verheerten die Eroberer unsere Felder, um ihre Kulturen für die Ausfuhr anzulegen. Sie rotteten die Eingeborenenbevölkerung in den Silberminen und Goldwäschereien aus, um die Nachfrage in Übersee zu befriedigen. Die Ernährung der präkolumbianischen Bevölkerung, soweit sie die Ausrottung überlebte, verschlechterte sich mit dem zunehmenden Wohlstand der anderen. Heute produziert Peru eiweißreiches Fischmehl für die Kühe Europas und der Vereinigten Staaten, aber der größte Teil der peruanischen Bevölkerung leidet an Eiweißmangel. Die Tochtergesellschaft des Volkswagenwerks in der Schweiz pflanzt für jeden verkauften Wagen einen Baum, ein ökologisches gutes Werk, während die Tochtergesellschaft des Volkswagenwerks in Brasilien hunderte von Hektar Wald abholzt, die für die Intensivproduktion von Exportfleisch benutzt werden. Brasilien exportiert immer größere Mengen Fleisch — während die brasilianische Bevölkerung kaum noch weiß wie Fleisch aussieht. Vor kurzem sagte Darcy Ribeiro während eines Gesprächs zu mir, eine *Volkswagenrepublik* unterscheide sich im wesentlichen kaum von einer *Bananenrepublik*. Von jedem Dollar, den der Bananenexport hervorbringt, bleiben knapp elf Cent im Produktionsland[16], und von diesen elf Cent fällt nur ein unbedeutender Anteil für die Plantagenarbeiter ab. Sind die Proportionen etwa anders wenn ein lateinamerikanisches Land anstatt Bananen Automobile exportiert? *Heute überqueren keine Sklavenschiffe mehr den Atlantischen Ozean, heute sitzen die Sklavenhändler in den Arbeitsministerien.*

Afrikanische Löhne, europäische Preise. Was sind die Staatsstreiche

16 Welthandelskonferenz, „The Marketing and Distribution System for Bananas", Dezember 1974

in Lateinamerika anderes als die verschiedenen aufeinanderfolgenden Etappen eines Raubkrieges? Kaum haben sie die Macht ergriffen, laden die Diktaturen die ausländischen Gesellschaften ein, ihre billige und reichlich vorhandene Arbeitskraft auszubeuten, unbegrenzte Kredite und Steuerfreiheit in Anspruch zu nehmen und sich die schon auf sie wartenden Bodenschätze anzueignen.

14. — Die Angestellten des Notstandsplans der chilenischen Regierung erhalten Monatsgehälter, die etwa dem Wert von 30 Dollar entsprechen. Ein Kilogramm Brot kostet einen halben Dollar. Sie erhalten also zwei Kilogramm Brot pro Tag. Die Mindestlöhne in Uruguay und Argentinien entsprechen augenblicklich dem Preis von sechs Kilogramm Kaffee. Die Mindeslöhne in Brasilien liegen bei sechzig Dollar monatlich, aber die *Boias frias*, die wandernden Landarbeiter erhalten in den Kaffee- und Sojaplantagen zwischen fünfzig Cent und einem Dollar pro Tag. Das Futter, daß die Kühe in Mexiko fressen, enthält mehr Eiweiß als die Tagesration der Bauern, die sie versorgen. Das Fleisch dieser Kühe ist für einige privilegierte Mägen innerhalb des Landes, aber vor allem für den internationalen Markt bestimmt. Unter dem Schutz einer großzügigen Kreditpolitik blüht in Mexiko eine Landwirtschaft, die ausschließlich für den Export bestimmt ist, während zwischen 1970 und 1976 die verfügbare Eiweißmenge pro Einwohner *gesunken* ist und in den ländlichen Gegenden nur eins von fünf mexikanischen Kindern normale Größe und Gewicht hat[17]. In Guatemala werden der Reis, der Mais und die Bohnen, die zum internen Verbrauch bestimmt sind, so gut oder so schlecht angebaut wie es eben geht, während Kaffee, Baumwolle und andere Exportprodukte 87 Prozent der Kredite auf sich vereinen. In Guatemala ist der Kaffee die wichtigste Devisenquelle des Landes. Von *zehn* Familien, die ihn anbauen und ernten, ernährt sich kaum *eine* gemäß der aufgestellten Mindestnormen[18].

In Brasilien entfallen nur fünf Prozent der Landwirtschaftskredite auf Reis, Bohnen und Maniok, die Grundnahrungsmittel der Brasilianer. Der Rest ist für die zum Export vorgesehenen Produkte bestimmt.

Der kürzliche Fall der internationalen Zuckerpreise führte nicht, wie es früher geschah, zu einer Hungerwelle unter den kubanischen

17 „Reflexiones sobre la desnutrición en México“, *Comercio Exterior*, Banco Nacional de Comercio Exterior, S.A., Band 28, Nr. 2, Mexiko, Februar 1978

18 Roger Burbach und Patricia Flynn, „Agribusiness Targets Latin America“, NACLA, Band XII, Nr. 1, New York, Januar/Februar 1978

Bauern. In Kuba gibt es keine Unterernährung mehr. Umgekehrt linderte der gleichzeitige Anstieg der internationalen Kaffeepreise keineswegs das Elend der Arbeiter auf den Kaffeefeldern Brasiliens. Der Anstieg des Kaffeekurses im Jahr 1976 — vorübergehend hervorgerufen durch die Fröste, die die brasilianischen Ernten vernichteten — ,,widerspiegelte sich nicht direkt in den Löhnen", wie eine hohe Führungskraft des Brasilianischen Kaffeeinstituts zugab[19]. In Wirklichkeit ist der Anbau von Exportprodukten nicht notwendigerweise unvereinbar mit dem Wohlergehen der Bevölkerung und steht auch nicht unbedingt im Widerspruch zu einer wirtschaftlichen Entwicklung ,,nach innen". Letzten Endes waren in Kuba die Zuckerexporte der Hebel, der eine neue Wirklichkeit in Gang setzte, eine Wirklichkeit, in der alle Zugang zu den Früchten der Entwicklung haben und in der die Solidarität der Drehpunkt der menschlichen Beziehungen ist.

15. — Wir wissen schon, wer die zur Zahlung der Angleichungskrisen des Systems Verdammten sind. Die Preise der meisten von Lateinamerika verkauften Produkte fallen unaufhaltsam im Verhältnis zu den Preisen der Erzeugnisse, die aus den Ländern eingeführt werden, die den Handel, die Technologie, die Investitionen und die Kredite monopolisiert haben. Um diesen Unterschied auszugleichen und die Verpflichtungen dem ausländischen Kapital gegenüber zu erfüllen, *muß die Menge das bringen, was an den Preisen verloren ging.* In diesem Rahmen haben die Diktaturen der südlichen Länder des Kontinents die Löhne der Arbeiter auf die Hälfte gekürzt und jedes Produktionszentrum in ein Arbeitslager verwandelt. *Auch die Arbeiter müssen den gefallenen Wert ihrer Arbeitskraft, das einzige Produkt, das sie auf dem Markt anzubieten haben, irgendwie ausgleichen. Sie sind dazu gezwungen, durch die Menge, nämlich durch die Menge ihrer Arbeitsstunden, das wieder hereinzubringen, was sie an Kaufkraft ihrer Löhne verloren haben. So widerspiegeln sich die Gesetze des internationalen Markts im Mikrokosmos des Lebens jedes einzelnen lateinamerikansichen Arbeiters.* Für die Arbeiter, die so ,,glücklich" sind, überhaupt einen Arbeitsplatz zu haben, existiert ein Achtstundentag nur auf dem Papier. Es ist üblich, zehn, zwölf oder sogar vierzehn Stunden zu arbeiten, und mehr als einer kennt weder Sonn- noch Feiertage.

Gleichzeitig sind die Arbeitsunfälle steil angestiegen. Menschenblut geopfert auf den Altären der Produktivität. Hier nur drei Beispiele aus Uruguay, die sich Ende des Jahres 1977 zutrugen:

19 idem

— Die Steinbrüche der Eisenbahnen, die Steine und Schotter produzieren, haben ihre Leistung verdoppelt. Ende des Jahres sterben fünfzehn Arbeiter bei einer Gelignitexplosion.
— Lange Schlangen von Arbeitslosen vor einer Feuerwerkskörperfabrik, in der auch Kinder beschäftigt sind. Die Fabrik läuft auf Hochtouren. Am 20. Dezember eine Explosion, bei der fünf Arbeiter umkommen und dutzende verletzt werden.
— Am 28. Dezember, um sieben Uhr morgens, weigern sich die Arbeiter einer Fischkonservenfabrik das Fabrikgelände zu betreten, weil sie einen starken Gasgeruch bemerken. Sie werden bedroht: Wenn sie nicht sofort ihre Arbeitsplätze aufsuchen, werden sie entlassen. Sie weigern sich weiter. Neue Drohungen: Wir holen die Polizei. Die gleiche Firma hat schon bei anderen Gelegenheiten den Einsatz der Polizei angefordert. Die Arbeiter gehen an ihre Plätze. Resultat: vier Tote und verschiedenen Krankenhauseinlieferungen. Eine Ammoniakleitung war undicht gewesen[20].
16. — Maria Carolina de Jesús wurde zwischen Abfallhaufen und Geiern geboren. Sie wuchs heran, litt, arbeitete hart, liebte Männer, bekam Kinder. In einem Heftchen notierte sie mit ungeschickter Schrift die Ereignisse ihrer Tage.
Eines Tages las zufällig ein Journalist diese Aufzeichnungen, und Maria Carolina de Jesús verwandelte sich in eine berühmte Schriftstellerin. Ihr ,,Tagebuch der Armut", ein Tagebuch aus fünf Jahren Leben in einem Elendsquartier vor den Toren São Paulos, wurde in vierzig Ländern gelesen und in dreizehn Sprachen übersetzt.
Das Aschenputtel Brasiliens, gleichfalls zu einem Konsumprodukt geworden, verließ die Favela und lernte die Welt kennen. María Carolina de Jesús wurde interviewt und fotografiert, die Kritiker verliehen ihr Preise, die Reichen luden sie zu Tisch und verschiedene Präsidenten empfingen sie.
Dann vergingen die Jahre. Anfang 1977, an einem Sonntagmorgen, starb María Carolina de Jesús zwischen Abfallhaufen und Geiern. Keiner erinnerte sich mehr an die Frau, die geschrieben hatte: ,,Der Hunger ist das Dynamit des menschlichen Körpers."
Sie, die immer von Abfällen gelebt hatte, wurde für kurze Zeit zu einer Erwählten. Man erlaubte ihr, an einem Tisch zu essen. Kaum war der Nachtisch serviert, verflog der Zauber. Und während sie ihren kurzen Traum lebte, blieb Brasilien weiterhin ein Land, in dem jeden Tag hundert Arbeiter durch Arbeitsunfälle verstümmelt

20 Daten aus Gewerkschafts- und Pressequellen, veröffentlicht in *Uruguay Informations* Nr. 21 und 25, Paris

werden und in dem von zehn Kinder vier von Geburt an dazu verurteilt sind, sich als Bettler, Diebe oder Wundertäter durchs Leben zu schlagen.
Auch wenn die Statistiken lächeln, verhungern die Menschen. In unserem umgekehrt organisierten System wächst mit dem wirtschaftlichen Fortschritt auch die soziale Ungerechtigkeit. In der erfolgreichsten Zeit des brasilianischen ,,Wirtschaftswunders" nahm die Kindersterblichkeit in den Elendsvierteln der reichsten Stadt des Landes zu. Der plötzliche Erdölboom in Ecuador brachte anstatt Schulen und Krankenhäusern Farbfernsehen ins Land.
Die Städte blähen sich auf bis zum Platzen. 1950 gab es in Lateinamerika sechs Städte mit über einer Million Einwohnern, 1980 werden es fünfundzwanzig sein[21].
Die riesigen Arbeitermassen, die vom Hinterland ausgespuckt werden, erleiden in den Randgebieten der großen Städte das gleiche Schicksal wie die jungen Städter, die ,,übrigbleiben". Nur ihr ans Wunderbare grenzender Erfindungsgeist macht es möglich, daß sie überleben. ,,Das Produktionssystem hat sich deutlich als unzulänglich erwiesen, die nötigen Arbeitsplätze zu schaffen, um die wachsenden Arbeitermassen der Region, darunter vor allem der städtischen, zu absorbieren . . ."[22].
Eine Studie der Weltarbeitsorganisation erklärte vor kurzem, daß in Lateinamerika über 110 Millionen Menschen in ,,extremer Armut" leben. Siebzig Millionen davon können als Bettler bezeichnet werden[23].
Und wieviel Prozent der Bevölkerung ißt weniger als das Nötige? In der Sprache der Sachverständigen haben sie ,,Einnahmen, die unterhalb der Grenze der Mindestkosten für eine ausgeglichene Ernährung liegen": 42 Prozent der brasilianischen Bevölkerung, 43 Prozent der Kolumbianer, 49 Prozent der Einwohner Honduras, 31 Prozent der Mexikaner, 45 Prozent der Peruaner, 29 Prozent der Chilenen, 35 Prozent der ekuadorianischen Bevölkerung[24].
Wie die Rebellionen dieser riesigen verurteilten Minderheiten eindämmen? Wie ihnen vorbeugen? Wie verhindern, daß sich diese ,,Minderheiten" vergrößern und zu absoluten Mehrheiten werden, wenn das System nicht für sondern gegen sie funktioniert? Wo keine Gerechtigkeit herrscht, bleibt nur die Polizei.
17. — In unseren Ländern zahlt die Industrie des Terrors, genau wie

21 Vereinte Nationen, Wirtschaftskommission für Lateinamerika, siehe Fußnote 11
22 idem
23 Weltarbeitsorganisation, ,,Empleo, crecimiento y necesidades esenciales", Genf 1976
24 Vereinte Nationen, Wirtschaftskommission für Lateinamerika, siehe Fußnote 11

alle anderen, viel Geld für das ausländische *know how*. In großem Stil wird die nordamerikanische Technologie der weltweit erprobten Unterdrückung aufgekauft und angewendet. Aber es wäre ungerecht, den herrschenden Klassen Lateinamerikas eine gewisse schöpferische Phantasie auf diesem Gebiet abzuerkennen.

Unsere Bourgeoisie war unfähig, eine unabhängige Wirtschaftsentwicklung zu initiieren, und ihre Versuche, eine nationale Industrie zu schaffen, waren wie der Flug eines Huhns: kurz und niedrig. Auch auf dem Gebiet einer schöpferischen Politik und eigenständigen Kultur hat sie im Laufe unserer geschichtlichen Entwicklung zur Genüge ihre Unfähigkeit bewiesen. Dagegen war sie sehr wohl fähig, einen riesigen Apparat der Angst aufzubauen und ihr eigenes Scherflein zur Technik der Ausrottung von Menschen und Ideen beizutragen. In diesem Sinn sind die vor kurzem gemachten Erfahrungen in den Ländern am Rio de la Plata besonders aufschlußreich.

„Die Desinfektionsarbeiten werden einige Zeit in Anspruch nehmen", hatten die argentinischen Militärs gleich zu Anfang gewarnt. Die Streitkräfte wurden nacheinander von den herrschenden Klassen Uruguays und Argentiniens einberufen, um die anderen Kräfte, die der Veränderung, niederzudrücken, ihre Wurzeln auszureißen, die innere Ordnung der Privilegien aufrecht zu erhalten und die entsprechend verführerischen Bedingungen für das ausländische Kapital zu schaffen: wartende Felder, Ruhe und Ordnung im Land, gefügige und billige Arbeiter. Nirgends herrscht so viel Ruhe und Ordnung wie auf einem Friedhof. Die Bevölkerung wurde von einem Augenblick zum anderen zum „inneren" Feind. Jedes Zeichen von Leben, sei es Protest oder auch nur Zweifel, bedeutet vom Gesichtspunkt der militärischen Doktrin und der nationalen Sicherheit aus gesehen eine gefährliche Herausforderung.

So wurden komplizierte Vorbeugungs- und Bestrafungsmechanismen erfunden.

Hinter dem äußeren Schein verbirgt sich eine tiefe Vernünftigkeit. *Um wirksam funktionieren zu können, muß die Unterdrückung willkürlich erscheinen.* Abgesehen vom Atmen kann jede menschliche Tätigkeit ein Delikt sein. In Uruguay bildet die Folter einen natürlichen Teil jeden Verhörs: absolut *jeder* kann ihr zum Opfer fallen, nicht nur die der Opposition Verdächtigen oder Überführten.

Auf diese Weise verbreitet sich die Panik vor der Folter in der gesamten Bevölkerung wie ein lähmendes Gas, das in alle Häuser dringt und sich in die Hirne aller Bürger schleicht.

In Chile waren dreißigtausend Tote das Resultat der Menschenjagd, aber in Argentinien gibt es keine Erschießungen: es gibt nur Entführungen. Die Opfer *verschwinden* einfach. Die unsichtbaren Bataillione der Nacht führen die Arbeit aus. Es gibt keine Leichen, und es gibt keine Verantwortlichen. So sind die Ausführer der Schlächtereien — immer offiziös, nie offiziell — vor jeder Strafe sicher, *und so breitet sich die kollektive Angst umso schneller aus. Jedes Verbrechen führt zu einer angstvollen Unsicherheit der Angehörigen des Opfers und ist gleichzeitig eine Warnung für alle anderen. Der Staatsterrorismus hat sich vorgenommen, die gesamte Bevölkerung durch Angst zu lähmen.*

Um in Uruguay eine Anstellung zu erhalten oder seinen Arbeitsplatz zu bewahren, braucht man einen Genehmigungsvermerk der Militärs. In einem Land, in dem es fast unmöglich ist, Arbeit zu finden — außer in den Kasernen oder den Polizeistationen — führt diese Maßnahme nicht nur zu einer erzwungenen Auswanderung der dreihunderttausend als „Linke" registrierten Bürger, *sondern erweist sich auch zur Bedrohung aller anderen als ungemein nützlich.* In den Zeitungen von Montevideo werden häufig öffentliche Reueerklärungen veröffentlicht, sowie Aussagen von Bürgern, die sich nur für den Fall an die Brust schlagen und beteuern: „Nie war ich oder bin ich oder werde ich sein . . ."

In Argentinien ist es nicht mehr nötig, irgendein Buch durch ein öffentliches Dekret zu verbieten. Nach dem neuen Strafgesetz wird, wie bisher, der Autor sowie der Verleger eines als subversiv angesehenen Buches mit einer Strafe belegt. Aber außerdem wird heute auch der Drucker zur Rechenschaft gezogen, damit niemand es wagt, ein Buch zu drucken, das ihm auch nur zweifelhaft erscheint, und gleichfalls der Buchhändler, damit keiner es wagt, so ein Buch zu verkaufen, und schließlich sogar der Leser, damit niemand sich erdreistet, es zu lesen oder womöglich sogar aufzubewahren.

So drohen dem Leser eines solchen Buches die gleichen Strafen, die das Gesetz für einen Drogenkonsumenten vorgesehen hat[25].

Wenn es darum geht, eine Gesellschaft von Taubstummen zu schaffen, tut jeder gut daran, sich in seinen eigenen Inquisitor zu verwandeln. In Uruguay ist es ein Delikt, seinen Nächsten nicht anzuzeigen. Bei ihrem Eintritt in die Universität schwören die Studen-

25 In Uruguay haben die Inquisitoren ihre Methoden modernisiert, eine kuriose Mischung aus Mittelalter und modernem Geschäftsgeist. Die Militärs verbrennen keine Bücher mehr sondern verkaufen sie an die Papierfabriken. Die Papierfabriken stampfen sie ein und geben sie dem Markt in Form von Papier zurück. Es stimmt also nicht, daß Marx nicht ins Volk gelangt. Er tut es nur nicht in Form von Büchern, sondern in Form von Papierservietten.

ten schriftlich, jeden anzuzeigen, der auf dem Universitätsgelände „irgendeine studienfremde Tätigkeit ausübt". Jeder Student ist mitverantwortlich für jede Art von Vorkommnis, das in seiner Gegenwart stattfindet. *Wenn es darum geht, eine Gesellschaft von Nachtwandlern zu schaffen, muß jeder sein eigener Polizist und der aller anderen sein.*

Und trotz allem — und mit Recht — ist das System mißtrauisch. Es gibt zehntausend Polizisten und Soldaten in Uruguay — aber auch zehntausend Spitzel. Sie arbeiten auf den Straßen und in den Cafés, in den Autobussen, in den Fabriken und den Gymnasien, in den Büros und in den Universitäten. Wer sich hörbar darüber beklagt, wie teuer das Leben geworden sei, wandert ins Gefängnis: er hat „die moralische Kraft der Streitkräfte untergraben", ein Delikt, das mit vier bis sechs Jahren Gefängnis bestraft wird.

18. — Bei dem chilenischen Referendum im Januar 1978 wurde jedes „Ja" zur Diktatur Pinochets mit einem Kreuz unter der chilenischen Fahne markiert und jedes „Nein" mit einem Kreuz unter einem schwarzen Viereck. Das System will mit dem Land verwechselt werden. Das System *ist* das Land, behauptet die offizielle Propaganda, mit der die Bevölkerung Tag und Nacht bombardiert wird. Ein Systemfeind ist ein Vaterlandsfeind. Die Fähigkeit, sich über Ungerechtigkeit zu entrüsten und der Wille, etwas zu verändern, gelten als Fahnenflucht. In vielen Ländern Lateinamerikas leben diejenigen, die nicht ins Ausland geflohen sind, innerhalb der Grenzen ihres eigenen Landes im Exil.

Aber während Pinochet seinen Sieg feierte, brachen trotz des Terrors im ganzen Land Streiks aus, die von der Diktatur „kollektive Arbeitsabwesenheit" genannt wurden. In Argentinien hatte sich die große Mehrheit der Entführten und Verschwundenen irgendeiner gewerkschaftlichen Tätigkeit gewidmet. Pausenlos brütet die unerschöpfliche Erfindungskraft des Volkes neue Formen des Kampfes aus, und die Solidarität findet immer neue Wege, der Angst ein Schnippchen zu schlagen. Im Laufe des Jahres 1977 folgten in Argentinien mehrere Generalstreiks aufeinander, obwohl die Gefahr das Leben zu verlieren nicht weniger groß war als der mögliche Verlust des Arbeitsplatzes. Mit einem einfachen Federstrich läßt sich der Widerstand einer organisierten Arbeiterklasse mit langer Kampferfahrung nicht auslöschen. Im Mai des gleichen Jahres, in dem die Diktatur Uruguays Bilanz zog über ihr Verdummungs- und Kastrationsprogramm, mußte sie feststellen, daß „sich im Land immer noch siebenunddreißig Prozent der Bevölkerung für Politik interessiert"[26].

In unseren Ländern wohnen wir nicht der wilden Kindheit des Kapitalismus bei, sondern seiner blutigen Vergreisung. *Die Unterentwicklung ist keine Phase der Entwicklung, sondern ihre Folge.* Die Unterentwicklung in Lateinamerika ist die Folge der Entwicklung anderer, die sie weiterhin fördert. Impotent aufgrund seiner internationalen Knechtschaft und sterbenskrank von Geburt an, bleiben die Füße des Systems im Schlamm stecken. Es empfindet sich selbst als Schicksal und glaubt sich ewig. Jede Erinnerung ist subversiv, weil sie anders ist, und auch jede Zukunftshoffnung ist subversiv. Man zwingt den *Zombi*, den lebendigen Toten, salzlos zu essen, denn das Salz ist gefährlich und könnte ihn aufwecken. Das System findet sein Beispiel in der unveränderlichen Gesellschaftsstruktur der Ameisen. Darum verträgt es sich so schlecht mit der Geschichte der Menschen, so sehr diese sich auch ändert. Und auch, weil in der Geschichte der Menschen jeder Akt der Zerstörung früher oder später seine Antwort findet in einem Akt der Schöpfung.

Eduardo Galeano
Calella, Barcelona
April 1978

26 Pressekonferenz des Präsidenten Aparicio Méndez am 21. Mai 1977 in Paysandú. „Wir versuchen dem Land die Tragödie der politischen Leidenschaft zu ersparen", sagte der Präsident. „Rechtschaffende Menschen sprechen nicht von Diktaturen, sie denken nicht an Diktaturen und fordern auch keine Menschenrechte".

Einleitung

»... Wir haben ein Schweigen gewahrt, das nah an Dummheit grenzte ...«
(Proklamation der aufständischen Verteidigungsjunta, La Paz, 16. Juli 1809)

Hundertzwanzig Millionen Kinder im Mittelpunkt des Gewitters

Die internationale Arbeitsteilung besteht darin, daß einige Länder sich im Gewinnen und andere im Verlieren spezialisieren. Unsere Region der Welt, die, die wir heute Lateinamerika nennen, war frühentwickelt: schon seit den fernen Zeiten, in denen die Europäer der Renaissance über das Meer vordrangen und ihr die Zähne in die Gurgel schlugen, spezialisierte sie sich im Verlieren. Die Jahrhunderte vergingen, und Lateinamerika vervollkommnete seine Funktion. Dies ist nicht mehr das Wunderreich, in dem die Realität das Märchen übertraf und die Vorstellungskraft vor den Trophäen der »Conquista« beschämt zurückweichen mußte. Aber die Region steht weiter im Dienste fremder Bedürfnisse als Lieferant und Reservequelle der Rohstoffe und der Nahrungsmittel für die reichen Länder, die an ihrem Konsum weitaus mehr als Lateinamerika an ihrer Erzeugung verdienen; und schließlich ist ja, wie Covey T. Oliver, der Koordinator der Fortschrittsallianz, im Juli 1968 erklärte, »heutzutage von gerechten Preisen zu sprechen ein mittelalterlicher Begriff. Wir wohnen der vollen Entfaltung des freien Handels bei ...« Je mehr Freiheit man den Geschäften gewährt, um so mehr Gefängnisse muß man für die bauen, die die Geschäfte erleiden. Unsere Systeme mit ihren Inquisitoren und ihren Henkern dienen nicht nur dem beherrschenden ausländischen Markt; sie sichern auch die reichhaltigen Gewinne, die aus den ausländischen Anleihen und Investitionen in die beherrschten internen Märkte fließen.

»Man hat von Konzessionen gehört, die Lateinamerika dem Auslandskapital gewährt, aber niemals von Konzessionen der Vereinigten Staaten gegenüber dem Kapital anderer Länder ... Das hat seinen Grund darin, daß wir keine Konzessionen gewähren«, war dieWarnung, die 1913 der nordamerikanische Präsident Woodrow Wilson aussprach. Er hegte keine Zweifel: »Ein Land«, sagte er, »wird allein vom investierten Kapital in Besitz genommen und beherrscht.« Und er hatte damit recht. Auf diesem Wege haben wir sogar das Recht verloren, uns »Amerikaner« zu nennen, obwohl die Haitianer und die Cubaner, schon ein Jahrhundert bevor sich die Pilger der Mayflower an der Küste von Plymouth niederließen, als neue Völker in die Geschichte eingetreten waren. Heute identifiziert die Welt Amerika mit den Vereinigten Staaten: wir bewohnen bestenfalls ein Unter-Amerika, ein verschwommenes, schwer definierbares Amerika zweiter Klasse.

Lateinamerika ist die Region der offenen Adern. Von der Entdeckung bis in unsere Tage hat sich *alles* zuerst in europäisches, nachher in nordamerikanisches Kapital verwandelt, und als solches hat es sich in fernen Machtzentren angehäuft und häuft sich weiter an. *Alles:* die Schätze der Natur und die Fähigkeiten der Bevölkerung, die Produktionsmethoden und die Klassenstruktur jedes Ortes sind von auswärts durch seine Eingliederung in das weltumfassende Getriebe des Kapitalismus bestimmt worden. Jedem ist eine Funktion zugewiesen worden, und zwar immer zugunsten der Entwicklung der jeweiligen ausländischen Metropole. Die Kette der aufeinanderfolgenden Abhängigkeiten, die weit mehr als zwei Glieder hat, ist ins unendliche gewachsen und umfaßt in Lateinamerika auch die Unterdrückung der kleinen Länder durch ihre mächtigen Nachbarn und – im Innern jedes Landes – die Ausbeutung der internen Lebensmittelquellen und der Arbeitskräfte durch die von ihnen versorgten großen Städte und Häfen. (Vor vier Jahrhunderten waren schon sechzehn der augenblicklich meistbevölkerten lateinamerikanischen Städte entstanden.)

Für die, die die Geschichte als ein Wettrennen betrachten, sind die Rückständigkeit und das Elend Lateinamerikas nichts weiter als das Ergebnis seines Mißerfolges. Aber die Geschichte der Unterentwicklung Lateinamerikas ist ein Kapitel der Entwicklung des Weltkapitalismus. *Unsere Niederlage war seit jeher ein untrennbarer Bestandteil des fremden Sieges; unser Reichtum hat immer unsere Armut hervorgebracht und dazu gedient, den Wohlstand anderer zu nähren: den der Imperien und ihrer einheimischen Aufseher. Durch die koloniale und neokoloniale Alchimie verwandelt sich das Gold in Alteisen und die Nahrungsmittel in Gift.* Potosí, Zacatecas und Ouro Preto stürzten jählings vom Gipfel des Glanzes ihrer Edelmetalle in den tiefen Abgrund der leeren Stollen, und der Ruin war das Schicksal der chilenischen Salpeter-Pampa und der Kautschukwälder am Amazonas; das Zuckergebiet im Nordosten Brasiliens, die argentinischen Quebracho-Wälder oder bestimmte Erdöldörfer am Maracaibo-See haben viele schmerzhafte Gründe, an die Vergänglichkeit des Reichtums zu glauben, den die Natur gewährt und der Imperialismus in Beschlag nimmt.

Der Regen, der die imperialistischen Machtzentren bewässert, ertränkt die ausgedehnten Vororte des Systems. Auf dieselbe Weise und in symmetrischer Anordnung ist der Wohlstand unserer herrschenden Klassen – die nach innen herrschen, aber von außen beherrscht wer-

den – der Fluch unserer Massen, die so zu einem Leben von Tragtieren verurteilt werden.

Die Bresche verbreitert sich. Um die Mitte des vorigen Jahrhunderts überstieg das Lebenshaltungsniveau der reichen Länder das der armen um fünfzig Prozent. Die Entwicklung entwickelt die Ungleichheit: Richard Nixon kündigte im April 1969 bei seiner Rede vor der Organisation amerikanischer Staaten an, daß gegen Ende des zwanzigsten Jahrhunderts das Pro-Kopf-Einkommen in den Vereinigten Staaten fünfzehnmal höher als in Lateinamerika sein werde. *Die Stärke des imperialistischen Systems als Gesamtheit beruht auf der notgedrungenen Ungleichheit der Teile, aus denen es besteht, und diese Ungleichheit nimmt immer dramatischeren Umfang an.* Die unterdrückenden Länder werden unter Berücksichtigung der absoluten Werte immer reicher, aber relativ gesehen ist dieser Prozeß infolge der Dynamik des wachsenden Kontrastes noch weit ausgeprägter. Der »zentrale« Kapitalismus kann sich den Luxus gestatten, seine eigenen Wohlstandsmythen zu schaffen und an sie zu glauben, aber Mythen kann man nicht essen, und das wissen die armen Länder, die den weit ausgedehnten »peripheren« Kapitalismus bilden, sehr wohl. Abgrundtiefe Unterschiede bestehen südlich des Río Bravo auch zwischen den vielen Armen und den sehr wenigen Reichen. In der Tat haben nach Angaben der Vereinten Nationen sechs Millionen Lateinamerikaner an der Spitze der Gesellschaftspyramide dieselben Einkünfte wie hundertvierzig Millionen Menschen an ihrer Basis. Es gibt sechzig Millionen Bauern, deren Einkommen in fünfundzwanzig Dollarcents pro Tag besteht; am anderen Ende der Skala gestatten sich die Ausbeuter des fremden Elends den Luxus, fünf Milliarden Dollar in Konten bei Schweizer oder nordamerikanischen Banken anzuhäufen, Kapital, das Lateinamerika zur Erneuerung, Erweiterung und Neuschaffung von Produktions- und Arbeitsquellen dienen könnte. Eine Beleidigung, aber auch eine Herausforderung. Unsere seit jeher der imperialistischen Machtsphäre eingegliederten herrschenden Klassen haben nicht das geringste Interesse daran, zu prüfen, ob sich der Patriotismus nicht als rentabler erweisen könnte als der Verrat und ob die Bettelei die einzig mögliche Form der internationalen Politik darstellt. Man verpfändet die Souveränität, weil »es keinen anderen Weg gibt«; in den Ausflüchten der Oligarchie wird bewußt die Unfähigkeit einer sozialen Klasse mit dem angeblich aussichtslosen Schicksal der jeweiligen Nation verwechselt.

Josué de Castro erklärt: »Ich, der Empfänger eines internationalen Friedenspreises, bin zu dem Schluß gelangt, daß es unglücklicherweise für Lateinamerika keine andere Lösung als die Gewalt gibt.« Hundertzwanzig Millionen Kinder bewegen sich im Zentrum dieses Gewitters. Die Bevölkerung Lateinamerikas wächst wie keine andere; in einem halben Jahrhundert ist sie auf mehr als das Dreifache angewachsen. In jeder Minute stirbt ein Kind an Krankheiten oder an Hunger, aber im Jahre 2000 wird es sechshundertfünfzig Millionen Lateinamerikaner geben, und die Hälfte von ihnen wird unter fünfzehn Jahre alt sein: *eine Zeitbombe.* Unter den zweihundertachtzig Millionen Lateinamerikanern gibt es derzeit fünfzig Millionen Arbeitslose oder Unterbeschäftigte und rund hundert Millionen Analphabeten; die Hälfte der Lateinamerikaner lebt zusammengepfercht in ungesunden Behausungen. Die drei größten Märkte Lateinamerikas – Argentinien, Brasilien und Mexiko – erreichen zusammen nicht die Konsumkraft Frankreichs oder Westdeutschlands, obwohl die Bevölkerung unserer drei »Großen« zusammengerechnet die jedes beliebigen europäischen Landes bei weitem übertrifft. Lateinamerika erzeugt heute im Verhältnis zu seiner Bevölkerung weniger Nahrungsmittel als vor dem letzten Weltkrieg und seine Pro-Kopf-Exporte sind bei gleichbleibenden Preisen seit dem Vorabend der Krise des Jahres 1929 auf ein Drittel zurückgegangen. Das System ist äußerst rationell – vom Standpunkt der ausländischen Gebieter und dem unserer Agentenbourgeoisie aus, die ihre Seele dem Teufel zu einem Preis verschrieben hat, dessen sich Faust geschämt hätte. Selbst die abhängige und mit Verspätung eingeleitete Industrialisierung, die sich bequem mit dem Latifundium und den Strukturen der Ungleichheit verträgt, trägt dazu bei, Arbeitslosigkeit zu säen, anstatt sie zu beheben. Neue Fabriken werden in den bevorzugten Entwicklungsmetropolen – São Paulo, Buenos Aires, Mexiko-City – errichtet, aber immer weniger Arbeitskräfte werden benötigt. *Das System hat diese kleine Störung nicht vorausgesehen: es gibt zu viele Menschen. Und die Menschen pflanzen sich fort. Man liebt mit Enthusiasmus und ohne Vorsichtsmaßnahmen. Immer mehr Menschen bleiben am Rande des Weges – ohne Arbeit auf dem Lande, wo das Latifundium mit seinen ausgedehnten öden Flächen gebietet, und ohne Arbeit in der Stadt, in der die Maschinen herrschen: das System speit Menschen aus.* Die nordamerikanischen Missionen säen Pillen, Membranen, Propfen, Präservative und angezeichnete Kalender aus, ernten aber Kinder; die lateinamerikanischen Kinder kommen eigensinnigerweise weiter zur Welt und fordern ihr natürliches Recht, einen Platz an der Sonne in diesen wunderbaren Ländern zu erhalten, die allen das bieten könnten, was sie fast allen verweigern.

Anfang November 1968 verkündete Richard Nixon laut, daß sich nach siebenjährigem Bestehen der Fortschrittsallianz dennoch die Unterernährung und der Nahrungsmittelmangel in Lateinamerika verschärft hätten. Wenige Monate vorher – im April – hatte George W. Ball in »Life« geschrieben: »Zumindest in den nächsten Jahrzehnten wird die Unzufriedenheit der ärmeren Nationen keine Gefahr der Weltzerstörung bedeuten. So beschämend es auch ist, die Welt hat Generationen hindurch zu zwei Dritteln in Armut und zu einem Drittel in Reichtum gelebt. So ungerecht es auch ist, die Macht der armen Länder ist begrenzt.« Ball hatte an der Spitze der Delegation der Vereinigten Staaten bei der ersten Handels- und Entwicklungskonferenz in Genf gegen neun der zwölf allgemeinen Beschlüsse gestimmt, die von der Konferenz angenommen wurden, um die nachteilige Stellung der unterentwickelten Länder im internationalen Handel zu verbessern. Jährlich explodieren ohne jeden Lärm drei Hiroshima-Bomben über diesen Völkern, die ihr Leid mit zusammengepreßten Zähnen ertragen. Diese wenig sichtbare, aber reale und systematische Anwendung der Gewalt ist im Steigen begriffen: ihre Verbrechen kommen nicht in den Polizeiberichten, sondern in den Statistiken der FAO zum Ausdruck. Ball sagt, daß dies noch ungestraft geschehen könne, da die Armen nicht in der Lage seien, einen Weltkrieg zu entfesseln, aber das Imperium ist besorgt: da es nicht imstande ist, das Brot zu vermehren, tut es alles, was in seiner Macht steht, um die Esser auszuschalten. »Bekämpfen Sie die Armut! Töten Sie einen Bettler!« hatte ein Meister des Galgenhumors auf eine Hauswand in La Paz gekritzelt. Was sonst ist die Absicht der Erben von Malthus, als alle kommenden Bettler zu töten, ehe sie geboren werden? Robert McNamara, Präsident der Weltbank, ehemaliger Präsident von Ford und Verteidigungsminister, behauptet, daß die Bevölkerungsexplosion das Haupthindernis für den Fortschritt Lateinamerikas darstelle, und kündigt an, daß die Weltbank bei ihren Anleihen diejenigen Länder bevorzugen werde, die systematische Geburtenkontrolle anwenden. McNamara stellt mit Bedauern fest, daß die Gehirne der Armen um 25 Prozent weniger denken, und die Technokraten der Weltbank (die schon zur Welt gekommen sind) lassen die Computer summen und bringen komplizierte Zungenbrecher hervor, um zu beweisen, wie vorteilhaft es sei, nicht geboren zu werden. »Wenn ein Entwicklungsland, das ein Pro-Kopf-Einkommen von durchschnittlich 150 bis 200 US-Dollar aufweist, in einem Zeitraum von 25 Jahren seine Fruchtbarkeit um 50 Prozent senken kann, so würde nach 30 Jahren sein Pro-Kopf-Einkommen um mindestens 40 Prozent das Niveau übersteigen, das es andernfalls erreicht hätte«, wird in einem der Dokumente der Organisation versichert. Der Ausspruch Lyndon B. Johnsons ist berühmt geworden: »Fünf gegen das Wachstum der Bevölkerung investierte Dollar sind wirksamer als hundert für das wirtschaftliche Wachstum investierte Dollar.« Dwight D. Eisenhower hatte prophezeit, daß, wenn sich die Bewohner der Erde im gleichen Rhythmus vermehrten, sich nicht nur die Revolutionsgefahr verschärfen, sondern außerdem eine »Senkung des Lebenshaltungsniveaus aller Völker, *einschließlich des unseren*«, eintreten würde.

Die Vereinigten Staaten stehen in ihrem eigenen Lande nicht dem Problem der Bevölkerungsexplosion gegenüber, aber sie bemühen sich wie niemand sonst darum, die Familienplanung in alle Himmelsrichtungen zu verbreiten und durchzusetzen. Nicht allein die Regierung, auch Rockefeller und die Ford-Stiftung sind dem Alpdruck von Millionen von Kindern ausgesetzt, die wie Heuschrecken am Horizont der Dritten Welt auftauchen. Plato und Aristoteles hatten sich mit dem Thema noch vor Malthus und McNamara befaßt; in unserer Zeit jedoch hat diese ganze weltweite Offensive ein sehr konkretes Ziel: Man versucht, die sehr ungleiche Verteilung der Einkünfte – zwischen Ländern und sozialen Klassen – zu rechtfertigen, die Armen davon zu überzeugen, daß ihre Armut das Ergebnis ihres nicht bekämpften Kinderreichtums sei, und dem Vormarsch der wütenden und rebellierenden Massen einen Damm entgegenzusetzen. In Südostasien wetteiferten die auf die Gebärmutter wirkenden Apparate mit den Bomben und den Maschinengewehren bei den Bemühungen, das Wachstum der Bevölkerung Vietnams zu verhindern. *In Lateinamerika ist es sauberer und wirksamer, die Guerillakämpfer in der Gebärmutter als auf den Bergen oder auf den Straßen zu töten.* Mehrere nordamerikanische Missionen haben Tausende von Frauen im Amazonasgebiet sterilisiert, obwohl dieses die ödeste aller bewohnbaren Zonen des Planeten ist. In dem größten Teil der lateinamerikanischen Länder ist kein Menschenüberschuß, sondern im Gegenteil Mangel an Menschen zu verzeichnen. Brasilien hat 38mal weniger Einwohner pro Quadratkilometer als Belgien, Paraguay 49mal weniger als England, Peru 32mal weniger als Japan. Haiti und El Salvador, die Ameisenhaufen Lateinamerikas, haben eine geringere Bevölkerungsdichte als Italien.

Die angeführten Vorwände sind eine Beleidigung der Intelligenz. Schließlich sind nicht weniger als die Hälfte der Territorien Boliviens, Brasiliens, Chiles, Ekuadors, Paraguays und Venezuelas unbewohnt. Keine lateinamerikanische Bevölkerung wächst weniger als die Uruguays, eines Landes von alten Leuten, und trotzdem ist keine Nation in den letzten Jahren von einer so heftigen Krise heimgesucht worden, die das Land in den letzten Kreis der Hölle zu bringen scheint. Uruguay ist leer, und seine fruchtbaren Wiesen könnten eine unendlich größere Bevölkerung als die ernähren, die heute auf seinem Boden so große Drangsal erleidet. Vor mehr als einem Jahrhundert hatte ein Außenminister Guatemalas die prophetischen Worte ausgesprochen: »Es wäre merkwürdig, wenn aus den Vereinigten Staaten, aus denen das Übel stammt, uns auch das Heilmittel gebracht würde.« In Washington hat man bereits Grund zu dem Verdacht, daß es die armen Völker nicht »vorziehen«, arm zu sein. Aber man kann den Zweck nicht ohne die Mittel wünschen: Wer sich der Befreiung Lateinamerikas widersetzt, widersetzt sich auch unserer einzig möglichen Wiedergeburt und spricht nebenbei die herrschenden Strukturen von jeder Schuld frei. Die jungen Menschen nehmen an Zahl zu, sie erheben sich, sie horchen auf: Was hat ihnen das System zu bieten? Das System spricht eine surrealistische Sprache: es schlägt vor, die Geburten in diesen leeren Ländern zu verhüten; es ist der Ansicht, daß Kapital fehlt, und zwar in Ländern, in denen übergenug Kapital vorhanden ist, aber vergeudet wird; es bezeichnet die verunstaltende Orthopädie der Anleihen und den Abfluß von Reichtum, den die ausländischen Investitionen hervorrufen, als »Hilfe«; es fordert die Großgrundbesitzer dazu auf, die Agrarreform, und die Oligarchie, die soziale Gerechtigkeit zu verwirklichen. Am Bestehen des Klassenkampfes – so wird verfügt – sind nur die ausländischen Agenten schuld, die ihn schüren, und die Unterdrückung der einen durch die anderen wird als die Lebensform des Westens bezeichnet. Die verbrecherischen Expeditionen der »Marines« haben die Wiederherstellung der Ordnung und des sozialen Friedens zum Ziel, und die Washington ergebenen Diktaturen untermauern den Rechtsstaat mit den Gefängnissen und verbieten Streiks und vernichten Gewerkschaften, um die Arbeitsfreiheit zu schützen.

Ist uns denn alles verboten, es sei denn, mit verschränkten Armen zuzuschauen? Die Armut steht nicht in den Sternen geschrieben; die Unterentwicklung ist nicht die Frucht eines unergründlichen göttlichen Willens. Wir erleben Revolutionsjahre, Zeiten der Erlösung. Die herrschenden Klassen treffen Sicherheitsvorkehrungen und kündigen gleichzeitig die Hölle für alle an. In gewisser Hinsicht ist die Rechte im Recht, wenn sie sich selber mit Ruhe und Ordnung identifiziert: in der Tat ist es die Ordnung der täglichen Demütigung der Mehrheiten, aber immerhin Ordnung; die Ruhe ist die Ruhe darüber, daß Ungerechtigkeit und Hunger weiter ungestört fortbestehen. Und wenn sich die Zukunft in eine Pandorabüchse verwandelt, ruft der Konservative mit vollem Recht aus: »Ich bin verraten worden.« Der bronzene Adler der »Maine«, der am Tage des Sieges der cubanischen Revolution abgerissen wurde, liegt jetzt verlassen und mit gebrochenen Flügeln unter einem Portal der Altstadt Havannas. Nach Cuba haben auch Peru, Bolivien und Chile auf verschiedenen Wegen und mit verschiedenen Mitteln das Experiment des Wandels in Angriff genommen: Die Verewigung der augenblicklichen Ordnung ist die Verewigung des Verbrechens. *Die Wiedererlangung der seit jeher widerrechtlich in Besitz genommenen Einnahmequellen kommt der Wiedererlangung eines eigenen Schicksals gleich.*

Das Schattenbild aller in der langen und martervollen Geschichte Lateinamerikas erstickten oder verratenen Revolutionen tritt bei den neuen Versuchen in Erscheinung, ebenso wie die jetzigen Probleme in den Widersprüchen der Vergangenheit vorausgeahnt und durch sie hervorgerufen wurden. *Die Geschichte ist ein rückwärts blickender Prophet: aus dem, was war, und entgegen dem, was war, schöpft sie das Wissen dessen, was sein wird.* Deshalb erscheinen in diesem Buche, das eine Geschichte der Ausplünderung bieten, aber zugleich die derzeitige Technik des Raubes darstellen will, die Konquistadoren in ihren Karavellen und – die Technokraten in den Jets, Hernán Cortés und die Marineinfanterie, die Landvögte des Königsreichs und die Missionen des Weltwährungsfonds, die Gewinne der Sklavenhändler und die Dividenden der General Motors. Als Alexander von Humboldt die Sitten der Urbewohner der Hochebene von Bogotá erforschte, stellte er fest, daß die Indianer die Opfer ihrer religiösen Riten »Quihica« nannten. »Quihica« bedeutete »Tür«; der Tod jedes Auserwählten öffnete einen neuen Zyklus von hundertfünfundachtzig Monden.

Erster Teil

Die Armut des Menschen als Ergebnis des Reichtums der Erde

Goldfieber, Silberfieber

Das Zeichen des Kreuzes auf den Griffen der Schwerter

Als Christoph Kolumbus den Sprung wagte, die Weiten westlich des bekannten Teiles unserer Erde zu durchqueren, hatte er hiermit die Herausforderung der Legenden angenommen. Furchtbare Stürme würden mit seinen Schiffen wie mit Nußschalen spielen und sie in den Schlund der Ungeheuer werfen, die große Seeschlange der finsteren Meere würde, nach Menschenfleisch lechzend, auf der Lauer sein. Es fehlten nur noch tausend Jahre daran, daß das läuternde Feuer des Jüngsten Gerichtes die Welt verheerte, wie die Menschen des 15. Jahrhunderts glaubten. Die Welt bestand für sie damals aus dem Mittelmeer mit seinen nicht klar umrissenen Küsten: Europa, Afrika, Asien. Die portugiesischen Seefahrer versicherten, daß der Westwind fremdartige Leichen herantrüge und zuweilen seltsam geschnitzte Holzbalken mitrisse, aber niemand vermutete, daß sich der bekannten sehr bald eine große unbekannte Welt zugesellen würde.

Amerika entbehrte nicht nur eines Namens. Die Norweger wußten nicht, daß sie es seit langem entdeckt hatten, und Kolumbus selbst starb nach seinen Reisen noch in der Überzeugung, auf der Westroute nach Asien gelangt zu sein. Als sich 1492 der spanische Stiefel zum ersten Male in den Sand der Bahama-Inseln bohrte, glaubte der Admiral, daß diese Inselgruppe eine Vorhut der märchenumwobenen Insel Kipango – Japans – wäre. Kolumbus führte ein Exemplar des Buches Marco Polos mit sich, voll mit Anmerkungen am Rande der Seiten. »Die Bewohner Kipangos«, sagte Marco Polo, »besitzen Gold in Hülle und Fülle, und die Minen, in denen sie es gewinnen, sind unerschöpflich ... Auch gibt es auf dieser Insel die reinsten Orientperlen in großer Menge. Sie sind rosafarben, rund und riesig, und ihr Wert übertrifft den der weißen Perlen.« Aus den schillernden Seiten Marco Polos ergossen sich alle Güter der Schöpfung; es gab fast dreizehntausend Inseln im Indischen Ozean mit Bergen voll Gold und Perlen und zwölf Sorten von Gewürzen in unermeßlichen Mengen, abgesehen von dem Überfluß an weißem und schwarzem Pfeffer.

Der Pfeffer und der Ingwer, die Gewürznelke und die Muskatnuß sowie das Zimt waren ebenso begehrt wie das Salz zur Aufbewahrung des Fleisches im Winter, ohne daß dieses verfaulte oder seinen Geschmack einbüßte. Das katholische Königspaar Spaniens entschloß sich dazu, die abenteuerliche Suche nach dem direkten Zugang zu den Quellen zu finanzieren, um sich von der kostspieligen Kette von Zwischenhändlern und Wiederverkäufern zu befreien, die den Handel mit Gewürzen und Tropenpflanzen, mit Musselin und blanken Waffen aus den geheimnisvollen Gebieten des Orients völlig beherrschten. Die Gier nach Edelmetallen, dem Zahlungsmittel für den Handelsaustausch, war ebenfalls ein mächtiger Ansporn zur Durchquerung der fluchbeladenen Meere. Ganz Europa brauchte Silber; die Silberadern Böhmens, Sachsens und Tirols waren schon fast erschöpft.

Spanien befand sich damals in der Epoche der Wiedereroberung (»Reconquista«). 1492 war nicht nur das Jahr der Entdeckung Amerikas, es war gleichfalls das Jahr der Wiedereroberung Granadas. Fernando von Aragonien und Isabella von Kastilien, die durch ihre Heirat den Zerfall ihrer Herrschaftsgebiete überwunden hatten, warfen zu Beginn des Jahres 1492 das letzte Bollwerk der Araber auf spanischem Boden nieder. Es hatte fast acht Jahrhunderte gekostet, das wiederzugewinnen, was in sieben Jahren verlorengegangen war[1], und der Wiedereroberungskrieg hatte die königliche Schatzkammer erschöpft. Aber dies war ein Heiliger Krieg, der Christliche Krieg gegen den Islam, und es ist kein Zufall, daß außerdem in dem gleichen Jahr 1492 hundertfünfzigtausend sich als solche bekennende Juden aus dem Lande verjagt wurden. Spanien erlangte seine Verwirklichung als Nation, indem die von ihm erhobenen Schwerter das Zeichen des Kreuzes beschrieben. Königin Isabella wurde zur Schutzherrin der Heiligen Inquisition. Die Wundertat der Entdeckung Amerikas ließ keine Erklärung zu, die nicht auf der im mittelalterlichen Kastilien herrschenden, militärischen und kriegerischen Tradition der Kreuzzüge fußte, und die Kirche ließ sich nicht lange bitten, der Eroberung der unbekannten Regionen jenseits des Meeres geweihten Charakter zu verleihen. Papst Alexander VI., der Spanier war, machte Königin Isabella zur Herrin der Neuen Welt. Die Expansion des Königreiches Kastilien erweiterte das Reich Gottes auf Erden.

Drei Jahre nach der Entdeckung führte Christoph Kolumbus persönlich den Feldzug gegen die Eingeborenen Santo Domingos an. Eine Handvoll Ritter, zweihundert Fußsoldaten und ein paar eigens für den Angriff dressierte Hunde dezimierten die Indianer. Mehr als fünfhundert von ihnen wurden nach Spanien verfrachtet, in Sevilla als

1 J. H. Elliot, »La España Imperial«, Barcelona, 1965.

Sklaven verkauft und gingen elend zugrunde[2]. Aber einige Theologen protestierten, und der Sklavenhandel mit den Indianern wurde zu Beginn des 16. Jahrhunderts formell verboten. In Wirklichkeit wurde er nicht verboten, sondern gesegnet: Vor jeder Kampfaktion hatten die Befehlshaber der Eroberungskampagne den Indianern, ohne Dolmetscher, aber in Anwesenheit eines öffentlichen Notars, einen ausgedehnten und rhetorischen Aufruf zu verlesen, in dem sie dazu angehalten wurden, zum heiligen katholischen Glauben überzutreten: »Wenn ihr es nicht tun solltet oder es bösartig verzögert, bestätige ich euch, daß ich mit Gottes Hilfe machtvoll bei euch einziehen und Krieg gegen euch führen werde, wo immer und wie immer ich könnte, und daß ich euch dem Joch und der Gehorsamkeit zur Kirche und zu Seiner Majestät unterwerfen, eure Frauen und Kinder nehmen und sie zu Sklaven machen und als solche verkaufen und über sie verfügen werde, wie Seine Majestät es befehlen, und daß ich eure Güter nehmen und euch alle Übel und Schäden zufügen werde, die ich könnte ...«[3].

Amerika war das weite Reich des Teufels, die Erlösung unmöglich oder zweifelhaft, aber das fanatische Sendungsbewußtsein gegen die Ketzerei der Eingeborenen ging in das Fieber über, das der Glanz der Schätze der Neuen Welt in den Kriegsscharen der Eroberungskampagne entfachte. Bernal Díaz del Castillo, getreuer Gefährte von Hernán Cortés bei der Eroberung Mexikos, schreibt, daß sie nach Amerika gekommen seien, »um Gott und Seiner Majestät zu dienen und auch, weil dort Reichtümer vorhanden waren.«

Kolumbus war, als er zu dem Atoll von San Salvador gelangte, von der farbenprächtigen Transparenz der Karibischen See, der grünen Landschaft, der Milde und Reinheit der Luft, den wunderbaren Vögeln und den Jünglingen »guter Statur, einem sehr schönen« und ... »äußerst sanften Menschenschlag«, der dort lebte, geblendet. Er zeigte ihnen die Schwerter. Aber sie kannten sie nicht; sie faßten sie an der Schneide an und verletzten sich. Inzwischen – erzählt der Admiral in seinem Seefahrts-Tagebuch, »war ich aufmerksam und bemühte mich zu erfahren, ob es Gold gäbe, und sah, daß einige von ihnen ein Stückchen an einem Loch an ihrer Nase hängen hatten, und aus Gesten konnte ich entnehmen, daß, wenn man nach dem Süden ginge oder vom Süden aus auf die Insel gelangte, dort ein König war, der große Gefäße davon hatte, und daß er sehr viele hatte.« Denn, »mit dem Gold wird man reich, und wer es hat, macht, was er will auf der

2 L. Capitan und Henri Lorin, »El trabajo en América antes y después de Colón«, Buenos Aires, 1948.

3 Daniel Vidart, »Ideología y realidad de América«, Montevideo, 1968.

Welt, und kommt so weit, daß mit Gold den Seelen der Weg ins Paradies geöffnet wird«. Auf seiner dritten Reise glaubte Kolumbus nach wie vor, daß er sich im Chinesischen Meer befand, als er die Küste von Venezuela berührte; dies hinderte ihn nicht, zu berichten, daß sich von dort aus ein unendliches Land ausbreitete, das das Paradies auf Erden sei. Auch Amerigho Vespucci, der die brasilianische Küste am Anfang des 16. Jahrhunderts erforschte, sollte später Lorenzo de Medici bekunden: »Die Bäume sind von solcher Schönheit und Anmut, daß wir uns im Paradies auf Erden fühlten ...«[4]. Voll Erbitterung schrieb Kolumbus dem Königspaar von Jamaika aus im Jahre 1503: »Als ich Indien entdeckte, sagte ich, daß dort der prächtigste Reichtum der Welt zu finden sei. Ich sprach vom Gold, den Perlen, den Edelsteinen, dem Gewürz ...«

Ein einziger Sack Pfeffer war im Mittelalter mehr wert als ein Menschenleben, aber das Gold und das Silber waren die Schlüssel, die die Renaissance dazu benutzte, die Tore des Paradieses im Himmel und die Pforten des kapitalistischen Merkantilsystems auf der Erde zu öffnen. Das Epos der Spanier und der Portugiesen in Amerika verknüpfte die Verbreitung des christlichen Glaubens mit der unrechtmäßigen Inbesitznahme und der Plünderung des Reichtums der Eingeborenen. Die unerschlossenen, gefahrenumwobenen Gebiete voll dichten Urwalds stachelten die Habgier der Feldkapitäne an, der adligen Ritter und der in Lumpen gehüllten Soldaten, die sich zur Eroberung der unermeßlichen Kriegsbeute in den Kampf stürzten. Cortés hatte sein ganzes persönliches Vermögen verpfändet, um die Expedition nach Mexiko auszurüsten. Mit nur wenigen Ausnahmen – Kolumbus, Dávila, Magalhães – wurden die Kosten der Eroberungszüge nicht vom Staate getragen, sondern von den »Konquistadoren« (Eroberern) selbst oder von Privatleuten, die das Abenteuer finanzierten[5].

Es entstand der Mythos von Eldorado, dem Monarchen des Goldes: von Gold waren die Straßen und die Häuser der Städte seines Reiches. Das Traumbild vom »Hügel, aus dem Silber floß«, wurde 1545 bei der Entdeckung Potosís Wirklichkeit, aber vorher waren viele derer, die den Fluß Paraná emporfuhren und vergeblich nach der Quelle

4 Luis Nicolau D'Olwer, »Cronistas de las culturas precolombinas«, Mexiko, 1963. Der Advokat Antonio de León Pinelo widmete zwei ganze Bände der These, daß sich das Eden in Amerika befand. In seinem Werk »Das Paradies in der Neuen Welt« (Madrid, 1656) ist eine Landkarte von Südamerika enthalten, in der man in der Mitte den Paradiesgarten sehen kann, durch den der Amazonas, der Rio de la Plata, der Orinoco und der Magdalenastrom fließen. Die verbotene Frucht war die Banane. Die Landkarte zeigte den genauen Ort an, von dem aus die Arche Noah bei der Sintflut abgefahren war.

5 J. M. Ots Capdequí, »El Estado español en las Indias«, Mexiko, 1941.

des Silbers forschten, Hunger, Krankheiten oder den Pfeilen der Eingeborenen erlegen.
Es gab wohl Gold und Silber in großen Mengen, die im mexikanischen Tafelland und der Hochebene der Anden aufgestapelt waren. Hernán Cortés enthüllte 1519 Spanien die märchenhafte Größe des Aztekenschatzes von Moctezuma, und fünfzehn Jahre später kam das gigantische Lösegeld eines Gelasses voll Gold und zweier voll Silber in Sevilla an, das Francisco Pizarro den Inka Atahualpa zu zahlen zwang, ehe er ihn erwürgen ließ. Jahre vorher hatte die Krone mit dem den Antillen entrissenen Golde die Dienste der Seeleute bezahlt, die Kolumbus auf seiner ersten Reise begleitet hatten[6]. Schließlich hörte die Bevölkerung der Karibischen Inseln auf, Abgaben zu entrichten, da sie selbst zu bestehen aufhörte: Die Eingeborenen wurden in den Goldwäschereien bei der furchtbaren Arbeit, mit dem halben Leib unter Wasser den goldhaltigen Sand zu durchwühlen, völlig aufgerieben. Viele Eingeborene Santo Domingos eilten dem ihnen von ihren neuen weißen Unterdrückern auferlegten Schicksal voraus: Sie töteten ihre Kinder und begingen massenweise Selbstmord. Der Geschichtsschreiber Fernández de Oviedo legte um die Mitte des 16. Jahrhunderts das Selbstopfer der Antillenbewohner so aus: »Viele von ihnen töteten sich zum Zeitvertreib mit Gift, um nicht zu arbeiten, und andere erhängten sich eigenhändig«[7].

Die Götter kehrten mit ihren geheimnisvollen Waffen zurück

Während seines Aufenthaltes in Teneriffa bei seiner ersten Reise hatte Kolumbus einem gewaltigen Vulkanausbruch beigewohnt. Es war wie eine Vorankündigung dessen, was in den unermeßlichen neuen Gebieten geschehen würde. Amerika lag dort. Die »Conquista« (Eroberung) breitete sich in aufeinanderfolgenden Flutwellen aus. Die »Adelantados« (wörtlich: die »Vorauseingesetzten«. Anmerkung des Übersetzers: Diesen Namen trugen die Entdecker, denen im voraus die Verwaltung der zu entdeckenden oder zu erobernden Gebiete über-

6 Earl J. Hamilton, »American Treasure and the Price Revolution in Spain (1501 bis 1650)«, Massachusetts, 1934.

7 Gonzalo Fernández de Oviedo, »Historia general y natural de las Indias«, Madrid, 1959. Seine Auslegung machte Schule. Mit Erstaunen lese ich in dem letzten Buche des französischen Sachverständigen René Dumont, »Cuba, est-il socialiste?«, Paris, 1970: »Die Indianer wurden nicht vollständig ausgerottet. Ihre Gene leben in den cubanischen Chromosomen fort. Sie empfanden einen derartigen Abscheu gegen die Anspannung, die eine ständige Arbeit erfordert, daß einige von ihnen Selbstmord begingen, um der Zwangsarbeit zu entgehen . . .«

tragen wurde) folgten den Admirälen, und die Besatzungen verwandelten sich in Invasionstruppen. Die päpstlichen Bullen hatten Afrika durch apostolische Gnade der Krone von Portugal unterstellt, und der Krone Kastiliens hatten sie die unbekannten Länder zugesprochen, »wie Eure Abgesandten sie bisher entdeckt haben und die sie in Zukunft entdecken mögen ...« Amerika war an Königin Isabella verschenkt worden. 1508 sprach eine neue Bulle der spanischen Krone auf Ewigkeit alle in Amerika eingetriebenen Zehnten zu: Das begehrte Universal-Patronat über die Kirche der Neuen Welt beinhaltete das Recht zur Beteiligung des Königshauses an allen kirchlichen Begünstigungen[8].

Der Vertrag von Tordesillas, unterzeichnet im Jahre 1494, gestattete Portugal, amerikanische Gebiete jenseits der vom Papste gezogenen Trennungslinie zu besetzen, und 1530 gründete Martim Afonso de Sousa die ersten portugiesischen Siedlungen in Brasilien, nachdem die französischen Eindringlinge verjagt worden waren. Schon damals waren die Spanier bei der Durchquerung höllischer Urwälder und unendlicher feindseliger Wüstenzonen weit in ihren Entdeckungs- und Eroberungsplänen vorgerückt. 1513 funkelte der Südpazifik vor den Augen von Vasco Núñez de Balboa; im Herbst 1522 kehrten die achtzehn Überlebenden der Expedition Hernandos de Magalhães nach Spanien zurück, die zum ersten Male beide Weltmeere vereint und bewiesen hatten, daß die Welt rund war, in dem sie sie vollständig umfuhren; drei Jahre vorher waren die zehn Schiffe, die Hernán Cortés unterstanden, von der Insel Cuba in Richtung auf Mexiko abgefahren, und 1523 wandte sich Pedro de Alvarado entschlossen der Eroberung Mittelamerikas zu; Francisco Pizarro, ein analphabetischer Schweinezüchter, zog 1533 siegreich in Cuzco ein und eroberte so das Herz des Inkareiches; 1540 durchquerte Pedro de Valdivia die Wüste von Atacama und gründete Santiago de Chile. Die Eroberer drangen in den Chaco ein und entschleierten die Neue Welt von Peru bis zur Mündung des wasserreichsten Stromes des Planeten.

Alles war unter den Eingeborenen Amerikas anzutreffen: Astronomen und Kannibalen, Ingenieure und Wilde im Stadium der Steinzeit. Aber den Eingeborenenkulturen war weder das Eisen oder der Pflug, das Glas oder das Schießpulver bekannt, noch verwendeten sie das Rad, es sei denn in ihren rituellen Opferwägelchen. Die Zivilisation, die sich auf diese Länder von der anderen Seite des Meeres aus stürzte, machte gerade den schöpferischen Ausbruch der Renaissance durch.

8 Guillermo Vázques Franco, »La conquista justificada«, Montevideo, 1968, und J. H. Elliott, a.a.O.

Amerika wirkte wie eine weitere Erfindung, die sich zusammen mit dem Schießpulver, der Druckerpresse, dem Papier und dem Kompaß der sprudelnden Geburt der Neuzeit eingliederte. Der abgrundtiefe Unterschied in der Entwicklung beider Welten erklärt die relative Leichtigkeit, mit der die Eingeborenenzivilisationen unterworfen wurden. Hernán Cortés landete in Veracruz in Begleitung von nicht mehr als 100 Matrosen und 508 Soldaten; er führte 16 Pferde, 32 Wurfmaschinen, 10 bronzene Kanonen und einige Musketen, Luntengewehre und Pistolen mit. Francisco Pizarro betrat Cajamarca mit 180 Soldaten und 37 Pferden. Das genügte ihm, obwohl die Hauptstadt der Azteken, Tenochtitlán, damals fünfmal so groß war wie Madrid und ihre Bevölkerung das Zweifache derer von Sevilla, der größten Stadt Spaniens, betrug; Pizarro fand in Peru ein Heer von hunderttausend Indianern vor.

Die Eingeborenen wurden auch durch die Überraschung geschlagen. Der Kaiser Moctezuma erhielt in seinem Palast die ersten Nachrichten: Ein großer Hügel bewegte sich auf dem Meere fort. Andere Boten überbrachten später die Nachricht: »... großen Schreck verursachte ihm zu hören, wie die Kanone erschallt, wie ihr Knall widerhallt und wie man ohnmächtig hinsinkt; die Ohren werden davon betäubt. Und wenn der Schuß losgeht, bricht eine Art Feuerkugel aus ihrem Innern hervor: Es regnet Feuer ...« Die Fremden bringen »Rehe« mit, die sie »so hoch wie Dächer« tragen. Ihr Körper ist auf allen Seiten umhüllt, »nur ihr Gesicht ist zu sehen. Es ist weiß, als ob es aus Kalk wäre. Ihr Haar ist gelb, wenn es auch bei einigen schwarz ist. Lang ist ihr Bart ...«[9]. Moctezuma glaubte, es wäre der Gott Quetzalcoátl, der wiedergekommen sei. Acht Vorzeichen hatten kurz vorher seine Rückkehr angekündigt. Die Jäger hatten ihm einen Vogel gebracht, der auf dem Kopfe ein rundes Diadem mit dem Aussehen eines Spiegels trug, auf dem der Himmel, mit der Sonne nach dem Westen gerichtet, seinen Abglanz fand. Auf diesem Spiegel sah Moctezuma die Horden der Krieger auf Mexiko losziehen. Der Gott Quetzalcoátl war aus dem Osten gekommen, und nach dem Osten war er fortgezogen: er war weiß und bärtig. Weiß und bärtig war auch Viracocha, der zweigeschlechtige Gott der Inkas. Und der Osten war auch die Wiege der heldenhaften Vorfahren der Mayas[10].

9 Aufgrund der Eingeborenenquellen des Mönches Bernardino de Sahagún, im Florentinischen Kodex. Miguel León-Portilla, »Visión de los vencidos«, Mexiko, 1967.

10 Dieses erstaunliche Zusammentreffen von Umständen hat die Annahme verstärkt, daß die Götter der Eingeborenenreligionen Europäer gewesen waren, die lange vor Kolumbus diese Länder betreten hatten. Rafael Pineda Yáñez, »La isla y Colón«, Buenos Aires, 1955.

Die Rachegötter, die jetzt zurückkehrten, um von ihren Völkern Sühne zu fordern, trugen Ritterrüstungen, Panzerhemden und glänzende Schilde, an denen die Pfeilschüsse und Steinwürfe abprallten; aus ihren Waffen brachen todbringende Strahlen, und sie verdunkelten die Luft mit stickigen Dämpfen. Die Eroberer verstanden es auch, sich mit den Tlaxcalteken gegen Moctezuma zu verbünden und die Teilung des Inkareiches zwischen den verfeindeten Brüdern Huáscar und Atahualpa zu ihrem Vorteil auszunützen. Sie verstanden es, unter den herrschenden Mittelkasten, den Priestern, Beamten und Militärs, Helfershelfer zu gewinnen, sobald die höchsten einheimischen Persönlichkeiten durch verbrecherische Akte ausgeschaltet waren. Aber sie griffen auch zu anderen Waffen, oder, wenn wir es so wollen, andere, objektive Faktoren wirkten zugunsten eines Sieges der Eindringlinge. Die Pferde und die Bakterien zum Beispiel.

Die Pferde waren, wie die Kamele, ursprünglich in Amerika einheimisch gewesen[11], aber sie waren in diesen Ländern ausgestorben. Nachdem sie von den arabischen Reitern nach Europa gebracht worden waren, hatten sie in jenen Gebieten unermeßlichen Nutzen auf militärischem und wirtschaftlichem Gebiet geleistet. Als sie im Verlaufe der »Conquista« in Amerika wiederauftauchten, trugen sie dazu bei, den Eindringlingen magische Kräfte in den Augen der Eingeborenen zuzuschreiben. Atahualpa sah die ersten spanischen Soldaten auf feurigen, mit Schellen und Federbüschen geschmückten Pferden herangaloppieren, die mit ihren schnellen Hufen donnernden Lärm und Wolken von Staub hervorriefen. Von Panik gepackt, fiel der Inka rücklings zu Boden[12]. Der Häuptling Tecum köpfte, den Nachkommen der Mayas voranschreitend, mit seiner Lanze das Pferd von Pedro de Alvarado und war fest davon überzeugt, daß dieses zum Körper des Konquistadors gehörte. Alvarado erhob sich und tötete ihn[13]. Eine geringe Anzahl von Pferden zerstreute, mit mittelalterlichem Kriegsgeschirr behangen, die Massen der Eingeborenen und säte Schrecken und Tod. Im Verlaufe des Kolonisierungsprozesses verbreiteten die Pfarrer und die Missionare unter der phantasievollen einheimischen Bevölkerung die Kunde, daß die Pferde heiligen Ursprungs waren, da Santiago, der Schutzpatron Spaniens, auf einem weißen Schimmel ritt,

11 Jacquette Hawkes, »Prehistoria«, in: »Historia de la Humanidad«, hrsg. von der UNESCO, Buenos Aires, 1966.

12 Humán Poma, »El primer nueva crónica y buen gobierno«, bei: Miguel León-Portilla, »El reverso de la conquista. Relaciones aztecas, mayas e incas«, Mexiko, 1964.

13 »Títulos de la casa Izquín Nehaib, Señora del Territorio de Otziyá«, bei: Miguel León-Portilla, a.a.O. (s. Anm. 12).

der mit Hilfe der göttlichen Vorsehung gewaltige Schlachten gegen die Mauretanen und die Juden gewonnen hatte[14].

Die Bakterien und die Viren waren die wirksamsten Verbündeten. Die Europäer brachten die Blattern und den Wundstarrkrampf, verschiedene Lungen-, Darm- und Geschlechtskrankheiten, das Trachom, den Typhus, die Lepra, das gelbe Fieber und die Zahnfäule, die den Mund zerfraß, wie biblische Plagen mit. Die Blattern kamen zuerst. Sollte diese unbekannte und ekelerregende ansteckende Krankheit, die Fieber entzündete und das Fleisch zersetzte, nicht eine übernatürliche Strafe sein? »Sie sind schon in Tlaxcala eingedrungen. Sogleich breitete sich die Seuche aus: Husten, hochrote brennende Geschwüre«, besagt das Zeugnis eines Eingeborenen, und in einem anderen liest man: »Viele erlitten den Tod durch die klebrige, klumpige und harte Pustelkrankheit«[15]. Die Indianer starben wie Fliegen; ihre Organismen waren den neuen Krankheiten gegenüber wehrlos. Und die, die überlebten, blieben für den Rest ihres Lebens geschwächt und untauglich. Der brasilianische Anthropologe Darcy Ribeiro schätzt[16], daß mehr als die Hälfte der eingeborenen Bevölkerung Amerikas, Australiens und der ozeanischen Inseln aufgrund von Ansteckungen nach dem ersten Kontakt mit den Weißen zugrunde ging.

»Wie hungrige Schweine lechzen sie nach Gold«

Nach dem Gemetzel von Chocula sandte Moctezuma Hernán Cortés, der in Richtung auf das Tal von Mexiko vorrückte, neue Boten entgegen. Die Sendboten beschenkten die Spanier mit goldenen Halsketten und Fahnen aus Quetzalfedern. Die Spanier »waren entzückt. Affen gleich wiegten sie das Gold in ihren Händen oder setzten sich mit dem Ausdruck des Vergnügens zu Boden, und ihr Gemüt schöpfte neue Kraft und erleuchtete sich. In der Tat ersehnten sie das mit großem Durst. Ihr Leib weitete sich dessentwegen, sie haben Heißhunger danach. Wie hungrige Schweine lechzen sie nach Gold«, besagt der in der Florentiner Handschrift erhaltene Náhuatl-Text. Als später Cortés nach Tenochtitlán, der wunderbaren Aztekenhauptstadt mit 300 000 Einwohnern, gelangte, drangen die Spanier in die Schatzkammern ein, »und hierauf machten sie einen großen Haufen aus Gold

14 Gustavo Adolfo Otero, »Vida social en el coloniaje«, La Paz, 1958.
15 Anonyme Autoren aus Tlatelolco und Quellen Sahagúns, bei: Miguel León-Portilla, a.a.O. (s. Anm. 9).
16 Darcy Ribeiro, »Las Américas y la civilización«, Band I, »La civilización occidental y nosotros. Los pueblos testimonio«, Buenos Aires, 1969.

und setzten Brandfackeln an alles übrige, so wertvoll es auch sein mochte: So verbrannte alles. Und was das Gold betraf, so verwandelten es die Spanier in Barren ...«

Es kam zum Krieg, und schließlich eroberte Cortés 1521 das verlorene Tenochtitlán wieder. »Und wir hatten keine Schilde mehr, keine Keulen, und wir hatten nichts mehr zu essen, und wir aßen nichts.« Von den Priestern, die ihn des Verrats bezichtigten, in die Enge getrieben, hatte Moctezuma Selbstmord verübt. Die verwüstete, verbrannte und leichenbesäte Stadt fiel. »Die Schilde waren ihre Wehr, doch auch die Schilde boten keinen Schutz gegen ihre Verlassenheit.« Hernán Cortés' Grausamkeit in der wiedereroberten Stadt kannte keine Grenzen. Aber der Galgen und die Folter waren nicht genug: Die erbeuteten Schätze erfüllten längst nicht das erträumte Maß, und jahrelang machten die Spanier Ausgrabungen auf dem Grunde des Sees von Mexiko auf der Suche nach dem Gold und den wertvollen Gegenständen, die angeblich von den Indianern versteckt worden waren.

Pedro de Alvarado und seine Mannen warfen sich auf Guatemala, »und der Indianer, die sie töteten, waren so viele, daß ein Strom von Blut entstand, der der Olimtepeque ist«, und auch »der Tag färbte sich rot durch das viele Blut, das an jenem Tage floß«. Vor der entscheidenden Schlacht »und da die Indianer Folterungen unterworfen waren, sagten sie den Spaniern, sie sollten sie nicht weiter quälen, sie hätten für sie viel Gold, Silber, Diamanten und Smaragde, und sie hätten auch den Häuptling Nehaib Ixquín, Nehaib in Adler- und Löwengestalt. Und später ergaben sie sich den Spaniern und fanden sich mit deren Herrschaft ab ...«[17].

Ehe Francisco Pizarro dem Inka Atahualpa die Gurgel aufschnitt und ihn köpfte, entriß er ihm ein Lösegeld in »Sänften voll Gold und Silber, die mehr als zwanzigtausend Mark Feinsilber wogen, eine Million dreihundertsechsundzwanzigtausend Taler feinsten Goldes ...« Hiernach wandte er sich Cuzco zu. Seine Soldaten glaubten, daß sie in die Stadt der Kaiser einzogen; so glanzvoll war die Hauptstadt des Inkareiches; aber sie plünderten unverzüglich den Sonnentempel: »Mit äußerster Kraftanstrengung und untereinander kämpfend, wobei ein jeder sich bemühte, vom Schatze den Löwenanteil zu erringen, zertraten die Soldaten im Panzerhemd Juwelen und Bildnisse, zerschlugen die goldenen Gebrauchsgegenstände oder hämmerten auf sie ein, um ihnen ein leichteres und handlicheres Format zu verleihen ... Sie warfen den ganzen Schatz des Tempels in den Schmelzherd, um das Me-

17 Miguel León-Portilla, a.a.O. (s. Anm. 13).

tall in Barren zu verwandeln: die Platten, die die Mauern bedeckt hatten, die wunderbaren geschmiedeten Bäume, Vögel und andere Gegenstände aus dem Garten«[18].

Heutzutage erhebt sich auf dem »Zócalo«, dem riesigen unbedeckten Platz im Zentrum der Hauptstadt von Mexiko, die katholische Kathedrale über den Ruinen des bedeutendsten Tempels von Tenochtitlán, und der Regierungspalast befindet sich über dem Wohnsitz Cuauhtémocs, des von Cortés gefolterten und getöteten Aztekenhäuptlings. Tenochtitlán wurde dem Boden gleichgemacht. Cuzco in Peru erlitt ein ähnliches Schicksal, aber die Konquistadoren konnten seine gigantischen Mauern nicht völlig niederreißen, und so kann man heute unter den Kolonialbauten das steinerne Zeugnis der imposanten Inkaarchitektur sehen.

Die Glanzzeit Potosís: der Zyklus des Silbers

Man sagt, daß selbst die Hufeisen der Pferde in der Blütezeit Potosís aus Silber waren[19]. Aus Silber waren die Altäre der Kirchen und die Flügel der Cherubine, die in Prozessionen durch die Stadt getragen wurden. 1658, anläßlich der Corpus-Christi-Feiern, wurden die Pflastersteine der Straßen von der Hauptkirche bis zur Kirche der »Recoletos« (der »Zurückgezogenen«) entfernt und vollends durch Silberbarren ersetzt. In Potosí entwuchsen dem Silber Gotteshäuser und Paläste, Klöster und Spielhöllen, gab das Silber Anlaß zu Tragödien und Festen, vergoß es Blut und Wein, entzündete Habsucht und entfachte Verschwendung und Abenteuer. Schwert und Kreuz schritten nebeneinander bei der Eroberung und bei der Kolonialausplünderung. Um Amerika sein Silber zu entreißen, gaben sich in Potosí die Feldkapitäne und die Asketen, die Kampfritter und die Apostel, die Soldaten und die Mönche ein Stelldichein. In Zapfen und Stangen verwandelt, speisten die Eingeweide des »Cerro Rico« (des »reichen Berges«) in entscheidendem Maße die Entwicklung Europas. »Das ist ein Peru wert.« Das war das höchste Lob, das auf Personen oder Sachen angewandt wurde, seit Pizarro Cuzco eingenommen hatte; aber von

18 Miguel León-Portilla, a.a.O. (s. Anm. 12).

19 Für die Wiedergabe der Blütezeit Potosís hat der Autor folgende Zeugnisse aus der Vergangenheit herangezogen: Pedro Vicente Cañete y Domínguez, »Potosí colonial; guía histórica, geográfica, política, civil y legal del gobierno e intendencia de la provincia de Potosí«, La Paz, 1939; Luis Capoche, »Relación general de la Villa Imperial de Potosí«, Madrid, 1959; und Nicolás de Martínez Arzanz y Vela, »Historia de la Villa Imperial de Potosí«, Buenos Aires, 1943. – Ferner die »Crónicas potosinas« von Vicente G. Quesada, Paris, 1890, und »La ciudad única« von Jaime Molins, Potosí, 1961.

der Entdeckung des »Cerro« an, spricht Don Quijote de la Mancha andere Worte: »Das ist ein Potosí wert«, gibt er Sancho zu verstehen. Schlagader des Vizekönigreichs und Springquell des Silbers Amerikas, hatte Potosí nach der Volkszählung von 1573 120 000 Einwohner. Nur achtundzwanzig Jahre waren verstrichen, seit die Stadt in der Öde der Anden aus dem Boden geschossen war, und sie hatte bereits wie durch Zauberkraft dieselbe Bevölkerung wie London und mehr Einwohner als Sevilla, Madrid, Rom oder Paris. Um 1650 ergab eine neue Volkszählung für Potosí 160 000 Einwohner. Es war eine der größten und reichsten Städte der Welt, mit dem Zehnfachen der Bevölkerung Bostons, zu einer Zeit, in der New York noch nicht einmal diesen Namen zu tragen begonnen hatte.

Die Geschichte Potosís hatte nicht mit den Spaniern begonnen. Schon lange vor der »Conquista« hatte der Inka Huayna Cápaj seine Vasallen von Sumaj Orcko, dem »schönen Hügel«, reden gehört, und endlich bekam er ihn zu Gesicht, als er sich krank zu den Thermen von Tarapaya tragen ließ. Von den Strohhütten des Dorfes Cantumarca aus erblickten die Augen des Inka zum ersten Male jenen makellosen Kegel, der sich stolz zwischen den hohen Gipfeln des Gebirgslandes erhob. Er war geblendet. Die unendliche Zahl von rötlichen Farbtönen, die schlanke Form und die gigantische Größe des Berges boten in folgenden Zeiten weiterhin Anlaß zu Bewunderung und Staunen. Aber der Inka hatte geahnt, daß er in seinem Innern Edelsteine und prächtige Metalle bergen müsse, und hatte die Pracht des Sonnentempels in Cuzco mit neuem Schmuck erhöhen wollen. Das Gold und das Silber, das die Inkas aus den Minen von Colque Porto und Andacaba rissen, überschritt nicht die Grenzen des Reiches: Es diente nicht dazu, Handel zu treiben, sondern die Sonne zu verehren. Doch kaum hatten die eingeborenen Bergleute ihre Feuersteine in die Silberadern des »schönen Hügels« gebohrt, als eine hohle Stimme sie zu Boden schlug. Es war eine Stimme, stark wie der Donner, die aus den Tiefen jener Felsgesteine erscholl und in der Quechua-Sprache ausrief: »Dies ist nicht für euch; Gott bewahrt diesen Reichtum für die, die von drüben kommen.« Die Indianer ergriffen voll Schrecken die Flucht, und der Inka gab den Berg auf. Doch vorher gab er ihm einen anderen Namen. Der Berg hieß von nun ab Potosí und dies bedeutet: »Der, der donnert, auseinanderbirst, explodiert.«

»Die, die von drüben kommen«, ließen nicht lange auf sich warten. Die Feldkapitäne der »Conquista« rückten vor. Huayna Cápaj war schon tot, als sie kamen. 1545 verfolgte der Indianer Huallpa die Spuren eines Irrlichts und sah sich gezwungen, die Nacht auf dem Berge zu verbringen. Um nicht zu erfrieren, entzündete er ein Feuer. Die Flammen beleuchteten eine weißglänzende Strähne. Es war reines Silber. Die Lawine der Spanier brach los.

Der Reichtum floß in Strömen. Kaiser Karl V. erteilte bald als Zeichen der Dankbarkeit Potosí den Titel einer Kaiserstadt und ein Wappen folgender Inschrift: »Ich bin das reiche Potosí, Schatzkammer der Welt, König der Berge; den Königen diene ich zum Neide.« Schwärme von Schatzsuchern ließen sich auf dem ungastlichen Gebiet nieder. Der Berg, fast 5000 Meter hoch gelegen, war der denkbar stärkste Magnet, aber das Leben zu seinen Füßen war hart und erbarmungslos: Man nahm die Kälte wie eine Steuer in Kauf, und im Handumdrehen quoll in Potosí eine reiche und regellose Gesellschaft, zusammen mit dem Silber hervor. Aufstieg und Turbulenz des Metalles: Potosí wurde zum »Hauptnerv des Königreiches«, gemäß der Prägung des Vizekönigs Hurtado de Mendoza. Zu Beginn des 17. Jahrhunderts zählte die Stadt bereits 36 prachtvoll geschmückte Kirchen, 36 Spielhäuser und 14 Tanzschulen. Die Salons, Theater und Festbühnen waren mit kostbaren Wandteppichen, Vorhängen, Wappenschildern und Schmiedearbeiten versehen: Auf den Balkonen der Häuser hingen farbenprächtige Damaste und gold- und silberbestickte Stoffe. Die Seide und die Gewebe kamen aus Granada, Flandern und Kalabrien, die Hüte aus Paris und London, die Diamanten aus Ceylon und die Edelsteine aus Indien, die Perlen aus Panama, die Strümpfe aus Neapel, die Glaswaren aus Venedig und die Teppiche aus Persien, die Parfüms aus Arabien, das Porzellan aus China. Die Damen waren von glitzernden Edelsteinen, Diamanten, Rubinen und Perlen übersät, und die Herren trugen die besten bestickten Tücher aus Holland. Den Stierkämpfen folgten Ringelstechen, und niemals fehlten die Duelle in mittelalterlichem Stil, Liebes- und Ehrenkämpfe, mit smaragdbesetzten und mit prächtigem Federwerk geschmückten Stahlhelmen, goldumwobenem Sattelwerk und Steigbügeln, Schwertern aus Toledo und mit allem Prunk aufgezäunten chilenischen Streitrossen.

Im Jahre 1579 beklagte sich der Justizverwalter Matienzo: »Niemals fehlen«, sagte er, »Neuigkeiten, Schamlosigkeiten und Dreistigkeiten.« Zu dieser Zeit gab es in Potosí bereits 800 berufsmäßige Falschspieler und 120 berühmte Kokotten, in deren glänzenden Salons sich die reichen Minenbesitzer einfanden.

1608 beging Potosí die Festlichkeiten des Heiligen Sakraments mit sechs Tage währenden Theatervorführungen, sechs Nächte dauernden Maskentänzen, achttägigen Stierkämpfen, dreitägigen »Saraõs«, zwei Tage währenden Turnieren und anderen Festen.

Zwischen 1545 und 1558 wurden die ergiebigen Silberminen von Potosí im heutigen Bolivien und die von Zacateca und Guanajato in Mexiko entdeckt; der Legierungsprozeß mit Quecksilber, der die Nutzung minderwertigen Silbers ermöglichte, wurde in dieser Epoche zum ersten Male angewandt. Die Silberkonjunktur verdrängte schnell die Goldförderung. Um die Mitte des 17. Jahrhunderts umfaßte das Silber mehr als 99 Prozent der Mineralausfuhren des hispanischen Amerikas[20].

Amerika war damals ein gewaltiger Schachteingang, der hauptsächlich auf Potosí konzentriert war. Einige bolivianische Schriftsteller behaupten, von übertriebener Begeisterung entflammt, Spanien habe in drei Jahren aus Potosí genügend Metall bezogen, um eine silberne Brücke vom Gipfel des »Cerro« bis zum Tor des königlichen Palastes jenseits des Ozeans spannen zu können. Das Bild ist zweifellos ein Werk der Phantasie, spiegelt aber das wirkliche Ausmaß der spanischen Bereicherung. Der Silberstrom nahm gigantische Dimensionen an. Die umfangreiche heimliche Silberausfuhr aus Amerika, die auf dem Schmuggelwege auf die Philippinen, nach China und nach Spanien selbst gelangte, ist in den Berechnungen Earl J. Hamiltons[21] nicht enthalten, der aber auch so aufgrund der in der »Casa de Contratación« (Handelsamt) von Sevilla erhaltenen Daten in seinem bekannten Werk über das Thema erstaunliche Ziffern bekanntgibt. Zwischen 1503 und 1660 gelangten 185 000 kg Gold und 16 Millionen kg Silber in den Hafen von San Lúcar de Barrameda. Das in etwas mehr als anderthalb Jahrhunderten nach Spanien gebrachte Silber übertraf dreimal die gesamten Reserven Europas. Dabei ist zu beachten, daß diese offiziellen Ziffern unvollständig sind.

Die den neuen Kolonialgebieten entrissenen Metalle förderten die wirtschaftliche Entwicklung Europas, und man kann sogar sagen, daß sie ermöglicht haben. Nicht einmal der umwälzende Einfluß der Eroberung der persischen Schätze, die Alexander der Große über die hellenische Welt ergoß, könnte im Umfang mit diesem gewaltigen Beitrag Amerikas zum fremden Fortschritt verglichen werden. Gewiß nicht zum Fortschritt Spaniens, obwohl die Quellen des amerikanischen Silbers Spanien gehörten. Denn, wie man im 17. Jahrhundert zu sagen pflegte, »Spanien gleicht dem Munde, der die Nahrung empfängt, sie zerkaut und zermahlt, um sie sofort an die übrigen Organe weiterzulei-

20 Earl J. Hamilton, a.a.O.
21 Earl J. Hamilton, a.a.O.

ten, der aber seinerseits von ihnen nicht mehr als einen flüchtigen Geschmack oder die Teilchen behält, die durch Zufall an seinen Zähnen hängenbleiben«[22]. Die Spanier hatten die Kuh, aber andere waren es, die die Milch tranken.

Die Krone war mit Hypotheken belastet. Sie übertrug im voraus fast alle Silberladungen an die deutschen, genovesischen, flämischen und spanischen Bankiers[23]. Auch die in Spanien selbst erhobenen Steuern erfuhren zum großen Teil dasselbe Schicksal: 1543 wurden 65 Prozent der gesamten königlichen Einnahmen zur Zahlung der in diesem Jahre fälligen Schuldenlasten verwendet. Nur in ganz geringem Maße kam das amerikanische Silber der spanischen Wirtschaft zugute; wenn es auch formell in Sevilla registriert wurde, fiel es zuletzt den Fuggern, den mächtigen Bankiers, die dem Papst die zur Beendigung der Peterskirche nötigen Beträge vorgeschossen hatten, oder anderen großen Geldverleihern dieser Epoche wie den Welsern, den Shetz oder den Grimaldis in die Hände. Das Silber wurde auch zur Bezahlung der Exporte *nichtspanischer* Waren in die Neue Welt verwendet.

Dieses reiche Imperium hatte eine arme Metropole, obgleich in ihr das Trugbild der Prosperität ständig stärker gequollenen Schaum hervorbrachte: Die Krone eröffnete überall Kriegsfronten, während die Aristokratie sich der Verschwendung hingab und auf spanischem Boden die Pfaffen und die Krieger, die Adeligen und die Bettler in dem gleichen tollen Rhythmus wucherten, in dem die Preise der Waren und der Zinssatz des Geldes stiegen. Die Industrie ging bereits in ihren ersten Anfängen in jenem Reiche ausgedehnter, unfruchtbarer Latifundien zugrunde, und die kranke Wirtschaft Spaniens war nicht imstande, dem jähen Stoß des erhöhten Bedarfes an Lebensmitteln und Waren zu widerstehen, der sich als unvermeidliche Folge der Kolonialexpansion ergab.

Die große Steigerung der öffentlichen Ausgaben und der erstickende Druck der Konsumbedürfnisse in den überseeischen Besitzungen verschärften das Handelsdefizit und trieben die Inflation an. Colbert schrieb: »Je mehr Handel ein Staat mit Spanien treibt, um so mehr Silber hat er.« In Europa fand ein heftiger Kampf um die Eroberung des spanischen Marktes statt, da dieser obendrein den amerikanischen Markt und das amerikanische Silber darbot. Ein französisches Memorandum aus dem Ende des 17. Jahrhunderts läßt uns wissen, daß Spanien damals nur 5 Prozent des Handels mit »seinen« Kolonien jenseits des Ozeans beherrschte, trotz der juristischen Fiktion des

22 Angeführt von Gustavo Adolfo Otero, a.a.O.
23 J. H. Elliott, a.a.O., und Earl J. Hamilton, a.a.O.

Monopols: etwa ein Drittel des Gesamtvolumens befand sich in holländischen und flämischen Händen; ein Viertel unterstand den Franzosen; die Genovesen überwachten mehr als 20 Prozent, die Engländer 10 Prozent und die Deutschen einen etwas geringeren Anteil[24]. Amerika war ein europäisches Geschäft.

Karl V., der durch gekaufte Wahl Erbe der Kaiser des Heiligen Reiches war, hatte nur sechzehn seiner vierzig Herrschaftsjahre in Spanien verbracht. Jener Herrscher mit vorspringendem Kinn und dem Blick eines Idioten, der den Thron bestiegen hatte, ohne ein einziges Wort der spanischen Sprache zu kennen, regierte umgeben von einem Gefolge raubsüchtiger Flamen, an die er Geleitbriefe ausstellte, um gold- und juwelenbeladene Maultiere und Pferde aus Spanien herauszuführen, und die er auch belohnte, indem er ihnen Bischofsämter und Erzbistümer, Verwaltungstitel und sogar die erste Lizenz, Negersklaven in die amerikanischen Kolonien zu bringen, verlieh. Indem er sich auf die Verfolgung des Teufels in ganz Europa stürzte, erschöpfte Karl V. die Schätze Amerikas in seinen Religionskriegen. Die Dynastie der Habsburger starb mit ihm nicht aus; Spanien sollte die Herrschaft der Österreicher fast zwei Jahrhunderte hindurch erleiden. Der große Bannerträger der Gegenreform war sein Sohn Philipp II. Von seinem gigantischen Klosterpalast, dem Eskorial aus, an den Abhängen des Guadarrama, setzte Philipp II. im Weltmaßstab die furchtbare Maschinerie der Inquisition in Gang und warf seine Heere auf die Brennpunkte des Ketzertums. Der Calvinismus hatte sich Hollands, Englands und Frankreichs bemächtigt, und die Türken verkörperten die Gefahr des Wiedereinzugs der Religion Allahs. Das Sendungsbewußtsein war kostspielig: Die wenigen Gegenstände aus Gold und Silber, wahre Wunderwerke der amerikanischen Kunst, die uneingeschmolzen aus Mexiko und Peru ankamen, wurden schnell aus der »Casa de Contratación« in Sevilla weggeführt und in die Schlünde der Schmelzöfen geworfen.
Es brannten auch die Ketzer oder die der Ketzerei Verdächtigen, von den läuternden Flammen der Inquisition versengt; Torquemada zündete die Bücher an, und der Schwanz des Teufels schaute aus allen Winkeln hervor: Der Krieg gegen das Protestantentum war außerdem der Krieg gegen den in Europa vorrückenden Kapitalismus. »Die Verewigung des Kreuzzuges«, sagte Elliot in dem bereits genannten Werk, »beinhaltete die Verewigung der veralteten Gesellschaftsordnung einer

24 Roland Mousnier, »Los siglos XVI y XVII«, Band IV der »Historia general de las civilizaciones« von Maurice Crouzet, Barcelona, 1967.

Nation von Kreuzfahrern.« Die Metalle Amerikas, Delirium und Verderben Spaniens, stellten die Mittel, um gegen die aufkeimenden Kräfte der modernen Wirtschaft zu kämpfen. Schon Karl V. hatte die kastilische Bourgeoisie in dem Kriege der »Comunidades« (Gemeinschaften) niedergedrückt, der sich in eine soziale Revolution gegen den Adel, seine Besitztümer und seine Vorrechte verwandelt hatte. Der Aufstand wurde infolge des Verrats der Stadt Burgos, die vier Jahrhunderte später die Hauptstadt des Generals Francisco Franco werden sollte, niedergeschlagen; nachdem die letzten aufrührerischen Brandherde erloschen waren, kehrte Karl V. mit einem Geleit von viertausend deutschen Söldnern zurück. Gleichzeitig wurde auch der sehr radikal orientierte Aufstand der Weber, der Spinner und der Handwerker, die in der Stadt Valencia die Macht ergriffen und sie über die ganze Region ausgebreitet hatten, in Blut erstickt.

Die Verteidigung des katholischen Glaubens wurde zu einem Vorwand für den Kampf gegen den Fortschritt der Geschichte. Die Vertreibung der Juden hatte Spanien zur Zeit des katholischen Königspaares vieler geschickter Handwerker und unentbehrlichen Kapitals beraubt. Man mißt der Vertreibung der Araber im Jahre 1609 keine so große Bedeutung zu, obwohl nicht weniger als 275 000 Mauren wie Vieh an die Grenze getrieben wurden und sich daraus unheilvolle Folgen für die Wirtschaft Valencias ergaben.
Schon vorher hatte Philipp II. aus religiösen Motiven Tausende von flämischen Handwerkern, die des Protestantismus überführt oder verdächtigt waren, verjagt: England nahm sie auf seinem Boden auf, und die britische Manufakturindustrie nahm durch sie einen bedeutenden Auftrieb.

Wie wir sehen, waren es nicht die enormen Entfernungen und die schwierigen Verbindungen, die das Haupthindernis für den industriellen Fortschritt Spaniens bildeten. Die spanischen Kapitalisten wurden durch den Kauf von Schuldverschreibungen der Krone zu Rentiers und investierten ihr Kapital nicht für die Entwicklung der Industrie. Der wirtschaftliche Überschuß wurde in unproduktive Bahnen gelenkt: die alten Reichen, die über Gut und Leben verfügenden Besitzer des Landes und der Adelstitel, errichteten Paläste und häuften Juwelen an; die als Spekulanten und Händler emporgekommenen Neureichen kauften Land und Adelstitel. Aber sowohl die einen wie die anderen zahlten praktisch keine Steuern, noch konnte man sie wegen Nichtbezahlung von Schulden ins Gefängnis bringen. Hingegen verlor, wer sich einer industriellen Tätigkeit widmete, automatisch seinen Adelsbrief[25].

In sukzessiven Handelsverträgen, die nach den in Europa erlittenen militärischen Niederlagen der Spanier unterzeichnet wurden, erteilte man Konzessionen, die den Seehandel zwischen dem Hafen von Cádiz, in den sich die Metalle Amerikas ergossen, und den französischen, englischen, holländischen und den Hansehäfen begünstigten. Achthundert bis tausend Schiffe schütteten alljährlich die von anderen Ländern hergestellten Industrieprodukte über Spanien aus. Sie nahmen das Silber Amerikas und die spanische Wolle mit, die den ausländischen Webstühlen zugeführt wurde, von wo sie, von der expandierenden europäischen Industrie bereits verwoben, wieder zurückkommen sollte. Die Monopolherren von Cádiz beschränkten sich darauf, den ausländischen Industrieprodukten, die sie in die Neue Welt versandten, ihren Gewinn aufzuschlagen: Wenn die spanische Manufakturindustrie nicht einmal in der Lage war, den internen Markt zu versorgen, wie sollte sie dann die Bedürfnisse der Kolonien befriedigen?

Die Spitzenarbeiten aus Lille und Arras, die holländischen Gewebe, die Brüsseler Wandteppiche und die florentinischen Brokate, die Kristallwaren aus Venedig, die Waffen aus Mailand und die französischen Weine und Leinwandstoffe[26] überschwemmten auf Kosten der einheimischen Produktion den spanischen Markt. Die Industrie ging im Anfangsstadium ein, und die Habsburger unternahmen alles Erdenkbare, um ihr Erlöschen zu beschleunigen. Um die Mitte des 16. Jahrhunderts ging man so weit, die Einfuhr ausländischer Webwaren zu gestatten, während man gleichzeitig jede Ausfuhr spanischer Stoffe, sofern sie nicht nach Amerika ging, verbot[27]. Umgekehrt war, wie von Ramos dargelegt wurde, die wirtschaftliche Orientierung Heinrichs VIII. oder Elisabeths I. in England völlig verschieden, insofern als in dieser aufstrebenden Nation der Gold- und Silberexport verboten, der Wechselverkehr unter Monopol gestellt, die Wollausfuhr verhindert und die aus der Nordsee kommenden Kaufleute des Hansabundes aus den britischen Häfen verjagt wurden. Die italienischen Republiken schützten indessen ihren Außenhandel und ihre Industrie durch Zölle, Vorrechte und strenge Verbote: Den Kunsthandwerkern war unter Todesstrafe untersagt, das Land zu verlassen.

25 J. Vicens Vives, »Historia social y económica de España y América«, Barcelona, 1957.

26 Jorge Abelardo Ramos, »Historia de la nación latinoamericana«, Buenos Aires, 1968.

27 J. H. Elliott, a.a.O.

Der Zusammenbruch erfaßte alles. Von den 16 000 Webstühlen, die 1558 zur Zeit des Todes von Karl V. noch in Sevilla vorhanden waren, waren nur noch vierhundert übriggeblieben, als Philipp II. vierzig Jahre darauf starb. Die sieben Millionen Schafe der andalusischen Viehzucht waren auf zwei Millionen zusammengeschrumpft. Cervantes porträtierte in dem – lange Zeit hindurch in Amerika verbotenen – Don Quijote de la Mancha die zeitgenössische Gesellschaft. Ein um die Mitte des 16. Jahrhunderts erlassenes Dekret machte die Einfuhr ausländischer Bücher unmöglich und verhinderte, daß die Studenten außerhalb Spaniens Kurse besuchten; die Zahl der Studenten in Salamanca ging in wenigen Jahrzehnten auf die Hälfte zurück; es gab neuntausend Klöster, und der Klerus nahm fast ebenso schnell zu wie der Mantel- und Degen-Adel; 160 000 Ausländer beherrschten den Außenhandel, und durch die Verschwendungssucht der Aristokratie war Spanien zu wirtschaftlicher Machtlosigkeit verurteilt. Um 1630 rafften kaum mehr als 150 Herzöge, Marquis, Grafen und Vicomtes fünf Millionen Dukaten Jahresrente zusammen, die den Glanz ihrer hochtrabenden Titel üppig nährten. Der Herzog von Medinaceli hatte siebenhundert Knechte, und dreihundert waren die Dienstboten des Großherzogs von Osuna, der sie, um den Zar von Rußland zu verspotten, Pelzmäntel tragen ließ[28]. Das 17. Jahrhundert war die Epoche des Spitzbuben, des Hungers und der Seuchen. Um 1700 zählte Spanien bereits 625 000 Adelige, Herren des Krieges, obwohl sich das Land gleichzeitig leerte: seine Bevölkerung war in etwas mehr als zwei Jahrhunderten auf die Hälfte zusammengeschmolzen und befand sich auf dem gleichen Stand wie die Englands, die sich in demselben Zeitraum verdoppelt hatte. 1700 zeigt das Ende der habsburgischen Herrschaft an. Der Bankrott war vollständig. Bei chronischer Arbeitslosigkeit, weiten, unbebauten Landgütern, chaotischen Währungsverhältnissen, ruinierter Industrie, verlorenen Kriegen, leeren Schatzkammern und einer in den Provinzen nicht anerkannten Zentralgewalt war das Spanien, dem sich Philipp V. gegenübersah, »kaum weniger verstorben als sein Herr tot«[29].
Die Bourbonen verliehen der Nation einen moderneren Anschein, aber

28 Die Art ist nicht ausgestorben. Ich öffne eine Madrider Zeitschrift vom Ende des Jahres 1969 und lese: Frau Teresa Beltrán de Lis y Pidal Gorouski y Chico de Guzmán, Herzogin von Albuquerque und Marquise der Alcañizer und der Balbasen, ist gestorben, und ihren Tod beweint der verwitwete Herzog von Albuquerque, Don Beltrán Alonso Osorio y Diez de Rivera Martos y Figueroa, Marquis der Alcañizer, der Balbasen, von Cadreita, von Cuéllar, von Cullera, von Montaos, Graf von Fuensaldaña, von Grajal, von Huelma, von Ledesma, von la Torre, von Villanueva de Cañedo, von Villahumbrosa, dreifacher Grande von Spanien.

29 John Lynch, »Administración colonial española«, Buenos Aires, 1962.

am Ende des 18. Jahrhunderts hatte der spanische Klerus nicht weniger als 200 000 Mitglieder, und die restliche unproduktive Bevölkerung hörte nicht auf, sich auf Kosten der Unterentwicklung des Landes zu entwickeln.

Die Verteilung der Funktionen zwischen Pferd und Reiter

Im ersten Band des »Kapitals« schrieb Karl Marx: »Die Entdeckung der Gold- und Silberlager in Amerika, der Kreuzzug der Vernichtung, der Versklavung und der Beerdigung der eingeborenen Bevölkerung in den Minen, der Beginn der Eroberung und die Plünderung Westindiens, die Verwandlung Afrikas in ein Gehege für die Jagd von Negersklaven sind alles Geschehnisse, die den Beginn der kapitalistischen Produktionsära ankündigen. Diese idyllischen Vorgänge sind Hauptfaktoren der ursprünglichen Kapitalanhäufung.«
Die innere und äußere Plünderung war das wichtigste Mittel zur Erstanhäufung von Kapitalien, die vom Mittelalter an den Beginn einer neuen Geschichtsepoche in der wirtschaftlichen Entwicklung der Welt ermöglichte. In demselben Maße, in dem sich die Geldwirtschaft ausbreitete, erfaßte der ungleiche Austausch immer weitere Gesellschaftsschichten und Gebiete des Planeten. Ernest Mandel hat den Wert des Amerika bis 1660 entrissenen Goldes und Silbers, die von der Holländisch-Westindischen Kompanie in Indonesien von 1650 bis 1780 erzielte Beute, die Gewinne des französischen Kapitals beim Sklavenhandel während des 18. Jahrhunderts, die durch die Sklavenarbeit in den britischen Antillen erlangten Einkünfte und die ein halbes Jahrhundert anhaltende Ausplünderung Indiens durch England zusammengezählt: das Ergebnis übersteigt den Wert des gesamten in allen europäischen Industrien bis 1800 investierten Kapitals[30]. Mandel weist darauf hin, daß diese gigantische Kapitalmasse in Europa ein günstiges Investitionsklima geschaffen, den »Unternehmungsgeist« angespornt und die Errichtung von Industrien direkt finanziert habe, die ihrerseits der industriellen Revolution gewaltigen Auftrieb verliehen. *Aber gleichzeitig verhinderte die ungeheure, internationale, Europa zugute kommende Konzentration des Reichtums den Sprung zur Anhäufung von Industriekapital in den ausgeplünderten Gebieten.* »Die zweifache Tragödie der Entwicklungsländer besteht darin, daß sie nicht nur Opfer dieses Prozesses internationaler Konzentration wurden, sondern auch

30 Ernest Mandel, »Tratado de economía marxista«, Mexiko, 1969.

darin, daß sie sich später bemühen mußten, ihren industriellen Rückstand aufzuholen, d. h. die Erstanhäufung von Industriekapital zu vollziehen, und zwar inmitten einer Welt, die von einer bereits gereiften, nämlich der westlichen Industrie mit fertiggestellten Artikeln überschwemmt wird«[31].

Die amerikanischen Kolonien waren im Zuge der Expansion des Handelskapitals entdeckt, erobert und besiedelt worden. Europa streckte seine Arme aus, um die ganze Welt mit ihnen zu erfassen. Weder Spanien noch Portugal erhielten die Gewinne aus dem unaufhaltsamen Vordringen des kapitalistischen Merkantilsystem, obwohl es ihre Kolonien waren, die, und zwar in entscheidendem Maße, das Gold und das Silber beschafften, die diese Expansion nährten. Wie dargelegt, haben die Edelmetalle Amerikas, die einerseits den trügerischen Wohlstand des spanischen Adels gespeist haben, der sein Mittelalter mit Verspätung und der geschichtlichen Entwicklung entgegentretend durchlief, gleichzeitig den Ruin Spaniens in den kommenden Jahrhunderten besiegelt. Andere Regionen Europas waren es, die den modernen Kapitalismus ausbrüten konnten, wobei sie sich in großem Maße der Enteignung der primitiven Völker Amerikas bedienten. Dem Raub der angehäuften Schätze folgte die systematische Ausbeutung der Zwangsarbeit der Eingeborenen und der von den Händlern aus Afrika fortgeschleppten Negersklaven in den Schächten und Gruben.

Europa brauchte Gold und Silber. Die zirkulierenden Zahlungsmittel wuchsen unaufhörlich um ein Vielfaches, und man mußte die Bewegungen des Kapitalismus in der Stunde seiner Geburt mit neuem Treibstoff erleichtern. Die Bourgeoisie bemächtigte sich der Städte und gründete Banken, fabrizierte Waren und tauschte sie aus, eroberte neue Märkte. Gold, Silber, Zucker: Die Kolonialwirtschaft, die mehr lieferte, als sie verbrauchte, wurde unter Zugrundelegung der Bedürfnisse des europäischen Marktes und zu seinem Vorteil organisiert. Der Wert der lateinamerikanischen Exporte an Edelmetallen übertraf lange Perioden des 16. Jahrhunderts hindurch viermal den Wert der Einfuhren, die sich aus Sklaven, Salz und Luxusartikeln zusammensetzten. Der Strom der Vermögenswerte wurde so gelenkt, daß sie von den jenseits des Meeres aufsteigenden europäischen Nationen angehäuft werden konnten. Dies war die hauptsächliche Mission, mit der die Pioniere gekommen waren, wenngleich sie die sterbenden Indianer fast ebenso häufig mit dem Evangelium wie mit der Peitsche bedachten.

Während des ganzen Prozesses, von der Etappe der Metalle bis zu der

31 Ernest Mandel, »La teoría marxiana de la acumulación primitiva y la industrialización del Tercer Mundo«, Zeitschrift »Amaru«, Nr. 6, Lima, April/Juni 1968.

späteren der Nahrungsmittellieferung, *identifizierte sich jede Region Lateinamerikas mit dem, was sie produzierte, und sie produzierte das, was man in Europa von ihr erwartete: Jedes in die Frachträume der Galeonen, die den Ozean durchquerten, verladene Produkt wurde Schicksal und Bestimmung.* Die internationale Arbeitsteilung, wie sie zusammen mit dem Kapitalismus aufstieg, ähnelte eher der Verteilung der Funktionen zwischen einem Reiter und einem Pferde, wie Paul Baran es ausdrückt[32]. Die Märkte der Kolonialwelt entwickelten sich als bloße Anhängsel des internen Marktes des aufsteigenden Kapitalismus.

Celso Furtado weist darauf hin[33], daß die europäischen Feudalherren bei der von ihnen beherrschten Bevölkerung einen wirtschaftlichen Überschuß erzielten, den sie in der einen oder anderen Form in ihren eigenen Gebieten verwandten, während das Hauptziel der Spanier, die vom König Minen, Ländereien und Eingeborene in Amerika erhielten, darin bestand, einen Überschuß abzuschöpfen, um ihn nach Europa zu transferieren. Letzten Endes läßt sich auch in unserer Zeit das Bestehen reicher kapitalistischer Zentren nicht ohne das Bestehen armer und unterjochter Randgebiete erklären: Die einen und die anderen gehören zum selben System.

Aber nicht der gesamte Überschuß wanderte nach Europa. Die Kolonialwirtschaft war von den Händlern, den Minenbesitzern und den großen Landeigentümern beherrscht, die die Nutznießung der Arbeitskraft der Eingeborenen und der Neger unter dem wachsamen und allmächtigen Blick der Krone und ihrer hauptsächlichen Partnerin, der Kirche, untereinander aufteilten. Die Macht war in den Händen der Wenigen konzentriert, die Metalle und Nahrungsmittel nach Europa schickten und aus Europa die Luxusgüter erhielten, zu deren Genuß sie ihr ständig wachsendes Vermögen verwandten. Die herrschenden Klassen hatten nicht das geringste Interesse daran, im Innern neue Wirtschaftszweige zu schaffen oder das technische und kulturelle Niveau der Bevölkerung zu heben. Das ungeheure Elend des Volkes, das vom Standpunkt der herrschenden Interessen aus so einträglich war, verhinderte die Entwicklung eines internen Absatzmarktes.

Eine französische Nationalökonomin[34] vertritt die Ansicht, daß das schlimmste Erbe Lateinamerikas aus der Kolonialzeit, aus dem sich auch sein derzeitiger erheblicher Rückstand erklärt, der Mangel an

32 Paul Baran, »Economía política del crecimiento«, Mexiko, 1959.

33 Celso Furtado, »La economía latinoamericana desde la Conquista Ibérica hasta la Revolución Cubana«, Santiago de Chile, 1969.

34 J. Beaujeau-Garnier, »L'économie de l'Amérique Latine«, Paris, 1949.

Kapital ist. Trotzdem bezeugen alle geschichtlichen Quellen, daß die Kolonialwirtschaft in der Vergangenheit für die mit dem Kolonialherrschaftssystem assoziierten Klassen enorme Reichtümer hervorgebracht hat. Die in Hülle und Fülle verfügbare Arbeitskraft, die kostenlos oder praktisch kostenlos war, und die große Nachfrage nach amerikanischen Produkten in Europa ermöglichten, wie Sergio Bagú[35] sagt, »eine frühzeitige und erhebliche Anhäufung von Kapital in den iberischen Kolonien. Die Gruppe der dadurch Begünstigten ging im Verhältnis zu der Masse der Bevölkerung immer mehr zurück, wie aus der Tatsache hervorgeht, daß die Anzahl der beschäftigungslosen Europäer und Abkömmlinge von Europäern in ständigem Wachstum begriffen war.« *Das Kapital, das nach Abzug des Löwenanteils, der dem anfänglichen Anhäufungsprozeß des europäischen Kapitalismus zugeführt wurde, in Amerika verblieb, rief in diesen Ländern keinen dem europäischen entsprechenden Prozeß, d. h. die Schaffung der Grundlagen für die industrielle Entwicklung, hervor; vielmehr wurde es für den Bau großer Paläste und prächtiger Kirchen, den Kauf luxuriöser Schmuckstücke, Kleidung und Möbel, die Unterhaltung zahlreichen Dienstpersonals und für verschwenderische Feste verwendet. In hohem Maße wurde dieser Überschuß auch im Ankauf neuer Ländereien angelegt und dadurch dem Umlauf entzogen, oder es wurde weiter für spekulative und kommerzielle Transaktionen verwendet.*

Gegen Ende der Kolonialära sollte Humboldt in Mexiko »eine enorme Masse von Kapitalien, angehäuft in den Händen der Minenbesitzer oder in denen von Kaufleuten, die sich vom Handel zurückgezogen haben«, vorfinden; nicht weniger als die Hälfte des Grundbesitzes und des gesamten Kapitals gehörte, nach seinem Zeugnis, der Kirche, die außerdem einen guten Teil des restlichen Landbesitzes durch Hypotheken unter ihrer Kontrolle hatte[36].

In Peru wurden um die Mitte des 17. Jahrhunderts große Kapitalien, die von »Encomenderos«, Minenbesitzern, Inquisitoren und Verwaltungsfunktionären des Kolonialreiches stammten, zu Handelszwecken verwendet. (Anmerkung des Übersetzers: »Encomendero«: eine Art Lehnsherr. Das Wort ist von »encomendar«, d. h. »überantworten«, »anvertrauen«, abgeleitet; der »Encomendero« ist der Grundherr, dem z. B. Indianer »anvertraut« wurden.) Die Riesenvermögen, die in Venezuela ihren Ursprung dem Kakaoanbau verdankten, der am Ende

35 Sergio Bagú, »Economía de la sociedad colonial. Ensayo de historia comparada de América Latina«, Buenos Aires, 1949.

36 Alexander von Humboldt, »Ensayo sobre el Reino de la Nueva España«, Mexiko, 1944.

des 16. Jahrhunderts eingesetzt hatte und mit der Peitsche in der Hand auf Kosten ganzer Legionen von Negersklaven blühte, wurden »in neuen Plantagen und anderen kommerziell organisierten Anbaumethoden sowie in Minen, städtischem Grundbesitz, Sklaven und Viehherden« investiert[37].

Die Ruinen Potosís: der Zyklus des Silbers

Bei seiner Analyse des Charakters der »Metropole-Satelliten«-Beziehungen im Verlaufe der Geschichte Lateinamerikas, die er als eine Kette aufeinanderfolgender Phasen der Unterordnung betrachtet, hat André Gunder Frank in seinen Werken[38] auf die Tatsache hingewiesen, daß die heutzutage am stärksten von Unterentwicklung und Elend gezeichneten Gebiete gerade die sind, die in der Vergangenheit die engsten Bande mit dem Mutterland unterhalten haben und Zeiten der Blüte gekannt haben. Potosí bietet das deutlichste Beispiel für diesen Sturz in den leeren Raum.

Die Silberminen von Guanajuato und Zacatecas in Mexiko erlebten ihre Blütezeit weitaus später. Im 16. und 17. Jahrhundert war der »Cerro Rico« (der »reiche Hügel«) von Potosí der Mittelpunkt des amerikanischen Kolonialbetriebes: von ihm hing in dieser oder jener Form die Wirtschaft Chiles ab, die ihm Weizen, Trockenfleisch, Felle und Weine lieferte, während die Viehwirtschaft und die Handwerkskunst von Córdoba und Tucumán den Bedarf an Zugtieren und Geweben deckten; in ähnlicher Abhängigkeit befanden sich die Quecksilberminen von Huancavélica und die Zone von Arica, von der aus das Silber nach Lima, dem wichtigsten Verwaltungszentrum dieser Epoche, verschifft wurde. Das 18. Jahrhundert zeigt den Anfang vom Ende der Silberwirtschaft an, deren Mittelpunkt Potosí war; trotzdem war noch zur Zeit der Unabhängigkeitserklärung die Bevölkerung des heute von Bolivien eingenommenen Territoriums größer als die damalige Bevölkerung des heutigen Argentiniens. Anderthalb Jahrhunderte später ist die Bevölkerung Boliviens ein Sechstel derer von Argentinien. Diese an Prunk- und Verschwendungssucht krankende Gesellschaft Potosís hinterließ Bolivien nur die vage Erinnerung an ihren Glanz, die Ruinen ihrer Gotteshäuser und Paläste und acht Millionen Leichen von Indianern. In unseren Tagen ist Potosí eine arme

37 Sergio Bagú, a.a.O.

38 André Gunder Frank, »Capitalism and Underdevelopment in Latin America«, New York, 1967.

Stadt im armen Bolivien: »Die Stadt, die der Welt am meisten gegeben hat und am wenigsten besitzt«, wie mir eine alte Frau in Potosí, in ihren meterlangen Schal aus Alpakawolle eingehüllt, sagte, als wir am Eingang des andalusischen Hofes ihres zwei Jahrhunderte alten Hauses miteinander sprachen. Diese zur melancholischen Erinnerung an die Vergangenheit verurteilte, von Elend und Kälte heimgesuchte Stadt ist noch heute eine offene Wunde des Kolonialsystems in Amerika: eine lebende Anklage.

Man lebt vom Schutt. 1640 veröffentlichte Pater Alvaro Alonso Barba in Madrid in der königlichen Druckerei seine hervorragende Arbeit über die Metallkunst. Das Zinn, schrieb Barba, »ist Gift«[39]. Er erwähnte Berge, wo es »viel Zinn gäbe, obwohl nur wenige es kennen und, da sie nicht das Silber fänden, nach dem alle suchten, es herumliegen ließen«. In Potosí wird jetzt das Zinn ausgebeutet, das die Spanier wie Mist wegwarfen. Die Wände der alten Häuser werden als hochwertiges Zinn verkauft. Aus den Öffnungen der fünftausend Schächte, die die Spanier im »Cerro Rico« gruben, ist der Reichtum jahrhundertelang herausgeflossen. Die Felsanhäufungen rings um die unzähligen Löcher haben alle Farben: sie sind rosa, lila, purpurn, ockerfarben, grau, golden, braun. Eine zusammengeflickte Decke. Die »Llamperos« brechen das Gestein, und die einheimischen »Palliris« picken, mit sicherer Hand zum Wägen und Aussortieren, wie Vögel die Erzreste auf der Suche nach Zinn auf. Noch steigen die Minenarbeiter in die alten Schächte, soweit sie nicht überschwemmt sind, in der einen Hand die Karbidlampe haltend, den Körper zusammengepreßt, um abzureißen, was abzureißen ist. Silber ist nicht mehr da. Nicht einmal ein Schein; die Spanier fegten die Gänge sogar mit Bürsten ab. Die »Pallacos« graben mit Picke und Schaufel kleine Tunnel aus, um Adern in den Abbruchsteinen freizulegen. »Der Berg ist noch reich«, sagte mir unbekümmert ein Arbeitsloser, der die Erde mit den Händen durchwühlte. »Gott muß existieren; sehen Sie: das Erz wächst, als ob es eine Pflanze wäre. Genauso.« Gegenüber dem »Cerro Rico« von Potosí erhebt sich der Zeuge der Zerstörung. Es ist ein Berg, der Huakajchi heißt, was in der Quechua-Sprache »Berg, der geweint hat«, bedeutet. An seinen Abhängen sprudeln viele Quellen reinen Wassers, die »Wasseraugen«, die den Durst der Bergleute löschen.

In ihrer Blütezeit, um die Mitte des 17. Jahrhunderts, hatte die Stadt zahlreiche spanische oder eingeborene Maler und Handwerker angezogen, europäische oder von Europäern abstammende Meister oder

39 Alvaro Alonso Barba, »Arte de los Metales«, Potosí, 1967.

eingeborene Schnitzer von Heiligenstatuen, die der amerikanischen Kolonialkunst ihr eigenes Merkmal aufprägten. Melchor Pérez de Holguín, der Greco Amerikas, hinterließ zahlreiche Werke religiöser Kunst, die gleichzeitig sein schöpferisches Talent und den heidnischen Hauch dieser Erde verraten: So ist es z. B. schwer, das herrliche Marienbild zu vergessen, auf dem die Jungfrau mit ausgebreiteten Armen mit der einen Brust dem Jesuskind und mit der anderen dem heiligen Josef zu trinken gibt. Die in Stein gehauenen Barockfassaden der Gotteshäuser haben den Anprall der Jahrhunderte überstanden, doch ist dies nicht bei den Bildern der Fall, die in vielen Fällen von der Feuchtigkeit tödlich angegriffen wurden, noch bei den wenig wiegenden Figuren oder Gegenständen. Touristen und Pfarrer haben aus den Kirchen all das fortgetragen, was fortzutragen sie imstande waren: von den Kelchen und den Glocken bis zu den Heiligen-Franz- und Christusfiguren aus Buchen- oder Eschenholz.

Diese verwahrlosten und in ihrer Mehrzahl schon geschlossenen Kirchen verfallen allmählich unter der Last der Jahre. Das ist bedauerlich; denn sie stellen trotz der Plünderungen auch heute noch riesige, bleibende Schätze einer Kolonialkunst dar, in der alle Baustile ineinander verschmelzen und zu neuem Feuer angefacht werden, einer Kunst, die im Talent und in der Häresie gleich wertvoll ist: das »gestufte Zeichen« in Tiahuanacu anstelle des Kreuzes Christi und das Kreuz neben der heiligen Sonne und dem heiligen Mond. Es gibt Kirchen, die zur Leistung anderer Dienste umgebaut wurden. Die Kirche des heiligen Ambrosius hat sich in das Kino »Omiste« verwandelt; über den barocken Tiefreliefs der Fassade wird im Februar 1970 die kommende Erstaufführung angekündigt: »Die Welt ist verrückt, verrückt, verrückt.« Auch aus dem Gotteshaus der Gesellschaft Jesu ist ein Kino geworden, dann ein Warenlager des Unternehmens Grace und schließlich eine Lebensmittelabgabestelle für Unbemittelte. Aber einige wenige Kirchen sind noch schlecht und recht tätig. Seit wenigstens anderthalb Jahrhunderten verbrennen die Einwohner von Potosí Altarkerzen aus Mangel an Geld, so z. B. die aus der Kirche des heiligen Franz. Man sagt, daß das Kreuz dieser Kirche jährlich einige Zentimeter wächst und daß auch der Bart des Schutzherrn von Vera Cruz wächst, eines ehrfurchtgebietenden Christus aus Silber und Seide, der in Potosí vor vier Jahrhunderten, ohne daß man wüßte, wer ihn gebracht hatte, auftauchte. Die Priester leugnen nicht, daß sie ihn von Zeit zu Zeit rasieren und rechnen ihm – sogar schriftlich – alle Wunder und sukzessiven Abwendungen von Dürre und Pest sowie kriegerische Erfolge bei der Verteidigung der bedrängten Stadt an.

Nichts vermochte, trotz alledem, der Schutzherr von Vera Cruz gegen die Dekadenz von Potosí. Die Erschöpfung des Silbers war als Strafe Gottes für die Untaten und Sünden der Minenbesitzer ausgelegt worden. Die grandiosen Messen hörten auf. Wie die Festessen und die Stierkämpfe, die Bälle und die Feuerwerke war auch der mit allem Luxus vollführte religiöse Kult letzten Endes ein Nebenprodukt der indianischen Sklavenarbeit gewesen. Die Kurpfuscherei und die Hexerei waren bei dem der kolonialen Gesellschaft eigenen Delirium der Inbrunst und der Schreckensbilder nicht von der rechtmäßigen Religion zu trennen. Die Letzte Ölung mit Glockengeläute und Pallium wie auch die Kommunion konnten den mit dem Tode Ringenden heilen, wenn auch ein saftiges Testament zur Errichtung eines Gotteshauses oder eines Silberaltars weitaus wirksamer war. Man bekämpfte das Fieber mit den Evangelien: Die Gebete in bestimmten Klöstern erfrischten den Körper; in anderen spendeten sie Wärme. »Das Credo war frisch wie die Tamarinde oder der süße Salpeter und das Salve warm wie die Orangenblüte oder der Bart am Maiskolben . . .«[40].

In der Chuquisaca-Straße kann man den von den Jahrhunderten angegriffenen Giebel der Grafen von Carma und Cayara bewundern, aber der Palast ist jetzt Sprechstundenraum eines Zahnarztes. »Wo werden sie wohl jetzt leben? Weit weg mußten sie ziehen . . .« Die an ihre Stadt gebundene alte Frau aus Potosí erzählt mir, daß erst die Reichen fortzogen, dann aber auch die Armen das gleiche taten: Potosí hat jetzt dreimal weniger Einwohner als vor vier Jahrhunderten. In der ganzen Stadt sind die alten Zinnlampen erhalten geblieben, unter deren blassem Licht, wie Don Jaime Molins berichtet, »Liebesfehden ausgetragen wurden und in Mäntel gehüllte Edelleute, elegante Damen und Falschspieler wie Kobolde dahinhuschten«. Die Stadt hat jetzt elektrisches Licht, aber es ist nur wenig bemerkbar. Auf den dunklen Plätzen finden nachts im Scheine der alten Laternen die Tombolas statt. Ich sah zu, wie inmitten einer Menschenmenge ein Stück Torte verlost wurde.

Zusammen mit Potosí geriet Sucre in Verfall. Diese Talstadt mit angenehmem Klima, die früher der Reihe nach Charcas, La Plata und Chuquisaca geheißen hatte, genoß einen guten Teil des Reichtums, der aus den Adern des »Cerro Rico« in Potosí floß. Gonzalo Pizarro, Bruder Franciscos, hatte dort einen prunkvollen Hof, gleich dem eines Königs, errichtet; Kirchen und Prachtbauten, Parks und Landgüter zur Erholung keimten hervor, zusammen mit den Rechtskundigen, den

40 Gustavo Adolfo Otero, a.a.O.

Mystikern und den redegewandten Dichtern, die der Stadt von Jahrhundert zu Jahrhundert ihr Gepräge gaben. – »Schweigen, das ist Sucre. Nur Schweigen, also. Aber früher ...«

Früher, da war es die kulturelle Hauptstadt zweier Vizekönigreiche, Sitz des wichtigsten Erzbischofstums Amerikas und des mächtigsten Gerichtshofes der Kolonie, die sehenswerteste und gebildetste Stadt Südamerikas. Doña Cecilia Contreras de Torres und Doña María de las Mercedes Torralba de Gramajo, Herrinnen von Ubina und Colquechaca, gaben Camacho-Bankette (Anmerkung des Übersetzers: Anspielung auf »Las Bodas de Camacho« im »Don Quijote«). Sie wetteiferten in der Verschwendung der märchenhaften Einkünfte, die ihnen ihre Minen in Potosí einbrachten, und warfen, nach Beendigung der Feste, das Silbergeschirr, ja selbst goldene Geräte, von den Balkonen auf die Straße, damit glückliche vorbeikommende Passanten sie aufhöben.

Die berühmten Kirchenglocken, die 1809 jubelnd die Befreiung Amerikas verkündeten, bieten heute Trauergeläute dar. Die dumpfe Glokke des heiligen Franz, die so oft Aufstände und Meutereien ankündigte, schlägt heute zur tödlichen Bewegungslosigkeit Sucres. Es hat wenig zu bedeuten, daß es von Rechts wegen die Hauptstadt Boliviens geblieben ist und daß der Oberste Gerichtshof noch immer seinen Sitz in Sucre hat. Auf den Straßen spazieren unzählige kränkliche und gelbhäutige Rechtskundige, überlebende Zeugen des Verfalls: Doktoren, die einst Zwicker auf der Nase trugen, mit schwarzem Band und allem Drum und Dran. Von den großen leeren Palästen aus schicken die vornehmen Patriarchen Sucres ihre Dienstboten Pasteten an den Waggonfenstern der Eisenbahnzüge verkaufen.

In Huanchaca, dem Schauplatz einer anderen bolivianischen Tragödie, beutete anglochilenisches Kapital im Verlauf des vorigen Jahrhunderts mehr als zwei Meter breite Silberadern mit sehr hohem Metallgehalt bis zu ihrer vollständigen Erschöpfung aus; jetzt sind nur noch von Staubwolken eingehüllte Ruinen übrig. Huanchaca ist auf den Landkarten weiter verzeichnet, als ob es noch bestünde, durch gekreuzte Spitzhacke und Schaufel als noch lebendiger Bergwerksort gekennzeichnet.

War den mexikanischen Minen von Guanajuato und Zacatecas ein besseres Schicksal bestimmt? Aufgrund der Angaben Alexander von Humboldts in seiner bereits genannten »Abhandlung über das Königreich Neuspanien« *hat man die Höhe des Mexiko zwischen 1760 und 1809, d. h. in kaum einem halben Jahrhundert, durch die Silber- und Goldausfuhren entzogenen Wirtschaftsüberschusses auf einen derzeiti-*

gen Gegenwert von fünf Milliarden Dollar geschätzt[41]. Damals gab es in Amerika keine bedeutenderen Minen als diese. Der große deutsche Gelehrte verglich das Bergwerk von Valenciana in Guanajuato mit dem Himmelsfürst in Sachsen, der damals die ergiebigste Mine Europas darstellte: Valenciana brachte zu Anfang des Jahrhunderts 36mal so viel Silber hervor und verschaffte seinen Aktionären 33mal so hohe Gewinne. Der Graf Santiago de la Laguna war von Begeisterung hingerissen, als er 1732 den Bergwerksdistrikt von Zacatecas mit folgenden Worten beschrieb: »Die wertvollen Schätze, die sein tiefer Busen verbirgt«, mit seinen Hügeln, »von denen alle die Ehrung von mehr als viertausend Stollen empfangen, um mit ihrer Leibesfrucht beiden Majestäten« (Gott und dem König) »zu gefallen«, und »auf daß alle herbeiströmten, um sich zu laben und das Große, das Reiche, das Gelehrte, das Wohlerzogene und das Edle mitzugenießen«, da er »Quelle der Weisheit, der Höflichkeit, der Waffen und des Adels ...« war[42]. Aber dieses war »das Land der Ungleichheit«, und Humboldt konnte über Mexiko schreiben: »Wohl nirgends ist die Ungleichheit schrecklicher (...). Die Architektur der öffentlichen und privaten Bauten, die Anmut der Frauenkleidung, das gesellschaftliche Gebaren; alles deutet auf ein Übermaß an Gepflegtheit, das in schroffem Gegensatz zu der Blöße, der Unwissenheit und Derbheit des niederen Volkes steht.« Die neuen Silberadern verschlangen Menschen und Maultiere auf den Kämmen der Bergketten; bei den Indianern, »die nur dazu lebten, um von der Erdoberfläche zu verschwinden«, war der Hunger ein ständiger Gast, und die Pestseuchen töteten sie wie Fliegen. In einem einzigen Jahr, 1784, hat eine Welle von Krankheiten, die durch den Mangel an Nahrungsmitteln infolge eines verheerenden Frostes hervorgerufen war, mehr als achttausend Menschenleben in Guanajuato dahingerafft.

In einer Eingabe an die Regierung sprach Lucas Alamán die dringende Forderung aus, die nationale Industrie mit Hilfe eines Systems von

41 Fernando Carmona, Vorwort zu Diego López Rosado, »Historia y pensamiento económico de México«, Mexiko, 1968.

42 D. Joseph Ribera Bernárdez, Conde Santiago de la Laguna, »Descripción Breve de la Muy Noble y Leal Ciudad de Zacatecas«, bei: Gabriel Salinas de la Torre, »Testimonios de Zacatecas«, Mexiko, 1946. – Abgesehen von diesem Werk und der Abhandlung von Humboldt, hat der Verfasser folgende Quellen benutzt: Luis Chávez Orozco, »Revolución industrial – Revolución política«, Arbeiter- und Bauernbibliothek, Mexiko, ohne Jahresangabe; Lucio Marmolejo, »Efemérides guanajuatenses, ó datos para formar la historia de la ciudad de Guanajuato«, Guanajuato, 1883; José María Luis Mora, »México y sus revoluciones«, Mexiko, 1965; und für die Daten der Jetztzeit: »La economía del estado de Zacatecas« und »La economía del estado de Guanajuato«, aus der Schriftenreihe des »Sistema de Bancos de Comercio«, Mexiko, 1968.

Verboten und hohen Abgaben gegen die ausländische Konkurrenz zu schützen. »Es ist unumgänglich, die Förderung der Industrie in Angriff zu nehmen, die die einzige Quelle des allgemeinen Wohlstands ist«, sagte er. »Der Reichtum Zacatecas wäre für Puebla nutzlos, wenn es kein Absatzmarkt für die von ihm hergestellten Waren wäre; und wenn deren Produktion wieder abnähme, wie es schon früher der Fall gewesen ist, so wäre diese jetzt blühende Provinz dem Untergang geweiht, ohne daß der Reichtum jener Minen sie vor dem Elend bewahren könnte.« Die Prophezeiung traf ein. In unseren Tagen sind Zacatecas und Guanajuato nicht einmal die wichtigsten Städte des Landstriches, in dem sie liegen. Beide darben inmitten der Gerippe der Lagerplätze aus der Zeit der Bergbaukonjunktur. Das hochgelegene und trockene Zacatecas lebt vom Ackerbau und beliefert andere Staaten mit Arbeitskräften; der jetzige Metallgehalt seiner Gold- und Silbererze ist im Vergleich zu den guten alten Zeiten verschwindend gering. Von den fünfzig Minen, die im Distrikt Guanajuato in Betrieb waren, sind nur noch zwei übrig. Die Bevölkerung nimmt nicht zu, aber die Touristen strömen herbei, um die üppige Pracht der alten Kirchen San Diego, La Valenciana, La Companía oder die Gruft zu bewundern, in deren Gewölben mehr als hundert Mumien zur Schau liegen, die die Salze der Erde unversehrt erhalten haben. Die Hälfte aller Familien des Staates Guanajuato mit durchschnittlich mehr als fünf Mitgliedern lebt derzeit in Hütten mit einem einzigen Raum.

Das Blut- und das Tränenvergießen: und trotz allem hatte der Papst entschieden, daß die Indianer eine Seele besaßen

1581 hatte Philipp II. vor dem Gerichtshof von Guadalajara erklärt, daß bereits ein Drittel der Eingeborenen Amerikas vernichtet worden war und daß die, die noch lebten, gezwungen wurden, Abgaben für die Toten zu entrichten. Der Herrscher sagte außerdem, daß die Indianer gekauft und verkauft wurden, daß sie schutzlos im Freien schliefen; daß die Mütter ihre Kinder töteten, um sie vor der Qual der Arbeit in den Minen zu bewahren[43]. Aber der Heuchelei der Krone waren weniger Grenzen gezogen als dem Imperium: die Krone erhielt ein Fünftel des Wertes der Metalle, die ihre Untertanen aus der hispanischen Neuen Welt in deren ganzer Ausdehnung gewannen, ganz abgesehen von sonstigen Steuern, und dasselbe Bild sollte im 18. Jahrhun-

43 John Collier, »The Indians of America«, New York, 1947.

dert die portugiesische Krone auf brasilianischem Boden bieten. Das Silber und das Gold Amerikas drangen, um den Engelsschen Ausdruck zu gebrauchen, wie eine ätzende Säure in alle Poren der in Europa untergehenden Feudalgesellschaft ein. Die Eingeborenen und die Negersklaven bildeten ein ungeheures »äußeres Proletariat« der europäischen Wirtschaft. Die griechisch-römische Sklaverei erlebte in einer andersgearteten Welt ihre Wiederauferstehung; zu der unseligen Lage der Bevölkerung der in Spanisch-Amerika vernichteten Eingeborenenreiche tritt das furchtbare Schicksal der Neger, die aus ihren afrikanischen Dörfern fortgeschleppt und als Zwangsarbeiter nach Brasilien und den Antillen geschafft wurden. *Die lateinamerikanische Kolonialwirtschaft verfügte über die größte Konzentration an Arbeitskraft, die man bis dahin kannte, die ihrerseits die größte Konzentration an Reichtum ermöglichte, über die eine Zivilisation in der Weltgeschichte je verfügt hat.*

Diese ungestüme Flut der Habgier, des Schreckens und der Wildheit konnte sich über diese Gebiete nur auf Kosten des Völkermordes an den Eingeborenen verbreiten. *Die Indios des amerikanischen Kontinents zählten nicht weniger als siebzig Millionen, wenn nicht sogar mehr, als die ausländischen Konquistatoren am Horizont auftauchten; anderthalb Jahrhunderte später waren sie auf nur dreieinhalb Millionen zusammengeschmolzen*[44]. Nach Angaben des Marquis von Barinas waren zwischen Lima und Paita, wo mehr als zwei Millionen Indianer gelebt hatten, 1685 nur noch viertausend Familien vorhanden. Der Erzbischof Liñán y Cisneros leugnete die Vernichtung der Indianer ab: »Was vorliegt, ist, daß sie sich verstecken«, sagte er, »um keine Steuern zu bezahlen, unter Mißbrauch der Freiheit, die sie genießen und die sie zur Zeit der Inkas nicht hatten«[45].

Das Metall strömte unaufhörlich aus den amerikanischen Erzadern, und vom spanischen Königshof kamen – ebenfalls unaufhörlich – Verordnungen, die den Indianern, deren bis zur Erschöpfung getriebene Ausbeutung das Fundament des Königreiches bildete, auf dem Papier Schutz gewährten und auf Tintenstrichen ruhende Würde zusicherten. Eine Fiktion der Legalität beschützte den Indianer; die in Wirklichkeit stattfindende Ausbeutung sog ihm das letzte Blut aus den Adern. Von der Sklaverei bis zur Dienstverdingung, von dieser bis zur Abgabenpflicht und zum Lohnsystem hatten alle Abstufungen des Rechtsverhältnisses, dem die Eingeborenen unterlagen, nur eine oberflächliche

44 Nach Darcy Ribeiro, a.a.O., unter Verwendung von Daten von Henry F. Dobyns, Paul Thompson und anderen.

45 Emilio Romero, »Historia económica del Perú«, Buenos Aires, 1949.

Änderung der tatsächlichen Lage zur Folge. Die Krone erachtete die unmenschliche Ausbeutung der eingeborenen Arbeitskraft in solchem Grade für notwendig, daß 1601 Philipp III. Verordnungen erließ, durch die die Zwangsarbeit in den Minen verboten wurde, jedoch gleichzeitig geheime Instruktionen ergehen ließ, in denen angeordnet wurde, mit ihr fortzufahren, »sofern durch jene Maßnahme die Produktion ins Wanken geriete«[46]. Zwischen 1616 und 1619 nahm ferner der Kronbeauftragte und Gouverneur Juan de Solórzano eine Untersuchung über die Arbeitsbedingungen in den Quecksilberminen von Huancavélica vor: »... das Gift fraß sich bis ins Mark ein und schwächte alle Glieder; es rief ein ständiges Zittern hervor, und die Arbeiter starben in der Regel im Verlaufe von vier Jahren«, stand in seinem Bericht an den »Indien-Rat« und an den Herrscher. Aber 1631 ordnete Philipp IV. an, mit demselben System fortzufahren, und sein Nachfolger, Karl II., setzte das Dekret neu in Kraft.
Diese Quecksilberminen wurden direkt von der Krone betrieben, im Gegensatz zu den Silberminen, die sich in Händen privater Unternehmer befanden.
In drei Jahrhunderten verschlang der »Cerro Rico« von Potosí, wie Josiah Conder berichtet, acht Millionen Menschenleben. Die Indianer wurden aus ihren Dorfgemeinden losgerissen und mit ihren Frauen und Kindern zum Cerro getrieben. Von je zehn, die in die hochgelegene, eiskalte Öde mußten, kehrten sieben niemals zurück. Luis Capoche, der Eigentümer von Minen und Fabriken war, schrieb, daß »die Wege so voll waren, als ob das Reich übersiedelte«. Die Spanier durchkämmten Hunderte von Meilen in der Runde auf der Suche nach Arbeitskräften. Viele Indianer starben, ehe sie nach Potosí gelangten. Aber es waren die furchtbaren Arbeitsbedingungen in der Mine, die die meisten Opfer forderten. Der Dominikanermönch Domingo de Santo Toás erhob vor dem »Indien-Rat« 1550 kurz nach Inbetriebnahme der Mine die Anklage, daß Potosí ein »Eingang zur Hölle« sei, der jährlich Tausende und aber Tausende von Indianern verschlänge, und daß die raubsüchtigen Minenbesitzer die Eingeborenen wie »herrenloses Vieh« behandelten. Und Bruder Rodrigo de Loaysa sollte später sagen: »Diese armen Indianer gleichen Sardinen im Meer. So wie die anderen Fische die Sardinen verfolgen, um sie zu erbeuten und zu verschlingen, so verfolgen alle in diesen Ländern die elenden Indianer ...«[47]. Die Gemeindevorsteher waren verpflichtet, die »Mitayos«

46 Enrique Finot, »Nueva historia de Bolivia«, Buenos Aires, 1946.
47 In Anm. 19 angegebenen Werken.

(Fronarbeiter), die starben, durch neue Männer zwischen 18 und 50 Jahren zu ersetzen.

In der Sammlung der »Indien-Gesetze« fehlt es nicht an Dekreten aus jener Epoche, in denen die Gleichberechtigung der Indianer und der Spanier zur Ausbeutung der Minen festgelegt und jede Verletzung der Rechte der Eingeborenen ausdrücklich verboten wird. Die formelle Geschichtsschreibung – leere Worte, mit denen in unserer Zeit die leeren Worte vergangener Zeiten aufgelesen werden – hätte keinen Grund zur Klage; aber während man in endlosen Aktenstücken über die Gesetzgebung für die Eingeborenenarbeit diskutierte und sich das Talent der spanischen Rechtsgelehrten in Tintenströmen ergoß, wurde in Amerika »das Gesetz anerkannt, aber nicht erfüllt«. In Wirklichkeit war, wie Capoche es ausdrückt, »der Indianer eine Münze, mit der man alles, was man nötig hat, wie mit Gold und Silber, nur noch viel besser, erlangt«.

Gegen Ende des 18. Jahrhunderts fiel Concolorcorvo, in dessen Adern Eingeborenenblut floß, so von den Seinen ab: »Wir leugnen nicht, daß die Minen eine beachtliche Anzahl von Indianern verzehren, aber das ist nicht auf die Arbeit, die sie in den Silber- und Quecksilberminen leisten, sondern auf ihr zügelloses Leben zurückzuführen.« Das Zeugnis Capoches, in dessen Diensten zahlreiche Indianer standen, ist hierzu besonders erhellend. Die eisigen Temperaturen, denen sie auf der Hochfläche ungeschützt ausgesetzt waren, wechselten mit der höllischen Hitze unten im Berge ab. Die Indianer gingen in die Tiefe, »und oft holte man sie tot oder mit Schädel- und Beinbrüchen heraus, und in den Fabriken verletzten sie sich täglich«. Die »Mitayos« brachen das Erz mit Stangenstößen los und schafften es nachher auf dem Rücken über mit Kerzenlicht beleuchtete Leitern an die Oberfläche; außerhalb des Schachtes bewegten sie die langen hölzernen Achsen in den Fabriken oder schmolzen das Silber am Feuer, nachdem sie es zermahlen und gewaschen hatten.

Die »Mita« kam einer Maschine zur Zermalmung von Indianern gleich. Die Anwendung des Quecksilbers zur Silbergewinnung mittels Amalgamierung hatte eine ebensolche oder noch stärker vergiftende Wirkung wie die unterirdischen Giftgase. Sie verursachte Haar- und Zahnausfall und rief unwiderstehliches Zittern hervor. Die »Verquecksilberten« schleppten sich um Almosen bittend durch die Straßen. Sechstausendfünfhundert Flackerfeuer brannten nachts an den Abhängen des »Cerro Rico«, und an ihnen wurde unter Ausnützung des Windes, den der »glorreiche heilige Augustin« vom Himmel sandte, das Silber bearbeitet. Infolge des Rauches der Schmelzöfen gedieh in einem Umkreis

von sechs Meilen um Potosí kein Gras und keine Saat, und die Gase waren für den menschlichen Körper nicht minder verhängnisvoll.
Es fehlte auch nicht an ideologischen Rechtfertigungen. Das Schröpfen der Neuen Welt wurde zu einem Akt der Barmherzigkeit oder einem Glaubensgrundsatz. Man machte die Indianer zu Lasttieren, da sie ein größeres Gewicht als der schwache Rücken des Lamas ertrugen. Der Vizekönig von Mexiko war der Ansicht, daß es für die »natürliche Schlechtigkeit« der Eingeborenen kein besseres Heilmittel gäbe als die Arbeit in den Minen. Der Graf von Buffon erklärte, daß bei den Indianern, die kalte und schwache Tiere seien, »keinerlei Anzeichen von Seele festzustellen seien«. Der Abbé De Paw erfand ein Amerika, in dem die degenerierten Indianer mit Hunden, die nicht bellen konnten, ungenießbaren Kühen und impotenten Kamelen verkehrten. Das Amerika Voltaires, von faulen und dummen Indianern bewohnt, wies Schweine mit dem Nabel am Rücken und glatzköpfige und feige Löwen auf. Bacon, De Maistre, Montesquieu, Hume, Bodin weigerten sich, die »degradierten Menschen« der Neuen Welt als ihre Nächsten anzuerkennen. Hegel sprach von der körperlichen und geistigen Impotenz Amerikas und sagte, daß die Eingeborenen dem Hauche Europas erlegen waren[48].
Im 17. Jahrhundert vertrat Pater Gregorio García die Ansicht, daß die Indianer jüdischen Ursprungs seien, da sie, gleich den Juden, »faul seien, nicht an die Wunder Jesu Christi glaubten und den Spaniern nicht für all das Wohl, das diese ihnen erwiesen hätten, dankbar seien«. Aber wenigstens bestritt dieser Priester nicht, daß die Indianer von Adam und Eva abstammten. Eine große Anzahl von Theologen und Denkern hatte sich von der 1537 erlassenen päpstlichen Bulle Pauls III. nicht überzeugen lassen, in der die Indianer zu »wirklichen Menschen« erklärt wurden. Pater Bartolomé de las Casas versetzte den spanischen Hof mit seinen zündenden Anklagen gegen die Grausamkeit der Konquistadoren in Amerika in Aufregung: 1557 erwiderte ihm ein Mitglied des Königlichen Rates, die Indianer befänden sich auf einer so tiefen Stufe der menschlichen Entwicklung, daß sie unfähig seien, der Gnade des Glaubens teilhaftig zu werden[49].
Den Konquistadoren und den Kolonisatoren wurden Eingeborene zur Katechisierung »anvertraut«. Aber da die Indianer dem »Encomendero« persönliche Dienstleistungen und Abgaben schuldig waren, blieb

48 Antonello Gerbi, »La disputa del Nuevo Mundo«, Mexiko, 1960, und Daniel Vidart, a.a.O.
49 Lewis Hanke, »Estudios sobre Fray Bartolomé de las Casas y sobre la lucha por la justicia en la conquista española de América«, Caracas, 1968.

nicht viel Zeit übrig, um sie auf den christlichen Pfad des Seelenheils zu führen. Als Belohnung für seine Dienste hatte Hernán Cortés 23 000 Lehnsleute zugewiesen bekommen; man verteilte die Indianer gleichzeitig mit den durch königliche Gunst erteilten Ländereien oder man verschaffte sich diese durch unmittelbaren Raub. Von 1536 an wurden die Indianer im »Encomienda«-Verhältnis (d. h. als »Anvertraute«) zusammen mit ihrer Nachkommenschaft für die Dauer von zwei Lebensaltern, nämlich dem des »Encomendero« und dem seines unmittelbaren Erben, zugeteilt; von 1629 an wurde das System auf drei und von 1704 an auf vier Lebensalter ausgedehnt[50]. Im 18. Jahrhundert sicherten die Indianer bereits, soweit sie am Leben blieben, ein bequemes Leben für viele zukünftige Generationen.

Längst vergangene Zeiten? Vierhundertzwanzig Jahre nach dem Erlaß der Bulle Papst Pauls III. ließ der Oberste Gerichtshof von Paraguay im September 1957 allen Richtern des Landes ein Rundschreiben zugehen, in dem erklärt wurde, daß die Indianer genauso als menschliche Wesen zu betrachten seien wie alle anderen Einwohner des Landes. Und das Anthropologische Studienzentrum der Katholischen Universität von Asunción ermittelte wenig später durch eine Umfrage in der Hauptstadt und im Innern des Landes, daß von zehn Paraguayern acht glauben, daß »die Indios wie Tiere« seien. In Caaguazú, im Alto Paraná und im Chacogebiet werden die Indios tatsächlich wie Tiere gejagt, um später zu billigen Preisen verkauft und als Sklaven ausgebeutet zu werden. Und trotzdem haben fast alle Paraguayer Indioblut in den Adern, und ganz Paraguay wird es nicht müde, Gedichte, Lieder und Reden zu Ehren der »Guaraní-Seele« zu verfassen.

Der Kampf und die Niederlage des Túpac Amaru

Als die Spanier in Amerika eindrangen, befand sich das theokratische Imperium der Inkas, dessen Macht auf das heutige Peru, Bolivien und Ekuador ausstrahlte und bis an den Norden Argentiniens und den brasilianischen Urwald reichte, auf seinem Höhepunkt; der Aztekenbund hatte im Tale von Mexiko ein hohes Organisationsniveau erreicht, und in Yukatan und Mittelamerika lebte die glanzvolle Mayazivilisation in den Völkern, die sie geerbt hatten und auf Arbeit und Krieg eingestellt waren, fort.

Diese Gesellschaftsordnungen haben trotz der lang anhaltenden Zer-

50 J. M. Ots Capdequí, a.a.O.

störung zahlreiche Zeugnisse ihrer Größe hinterlassen: religiöse Denkmäler, deren kluge Anlage die der ägyptischen Pyramiden übertraf, wirksame technische Schöpfungen im Kampf gegen die Natur, Kunstgegenstände, in denen ein ungezähmtes Talent zutage tritt. Im Museum von Lima sind Hunderte von Schädeln zu sehen, an denen die Inkachirurgen Trepanierungen vorgenommen und Gold- und Silberplatten eingesetzt hatten. Die Mayas waren große Astronomen gewesen und hatten mit erstaunlicher Präzision die Zeit und auch den Raum gemessen; sie hatten die Bedeutung der Null früher als jedes andere Volk in der Geschichte entdeckt. Die von den Azteken geschaffenen Bewässerungskanäle und künstlichen Inseln blendeten Hernán Cortés, obwohl sie nicht aus Gold waren.

Die »Conquista« zerbrach die Grundlagen dieser Zivilisationen. Aber noch schlimmere Folgen als das Feuer und das Blut des Krieges hatte die Einführung der Minenwirtschaft. Die Minen erforderten große Bevölkerungsverschiebungen und rissen die landwirtschaftlichen Gemeinschaften auseinander: ihnen fielen nicht nur zahllose Menschenleben infolge der Zwangsarbeit zum Opfer; sie vernichteten auch indirekt das kollektive Anbausystem. Die Indianer wurden in die Schächte geführt, der Knechtschaft der »Encomenderos« unterworfen und gezwungen, die Ländereien, die sie notgedrungen verließen oder vernachlässigten, für nichts herzugeben. An der Pazifikküste zerstörten die Spanier die riesigen Anbauflächen von Mais, Jukka, Schmink- und Speckbohnen, Erdnüssen, Süßkartoffeln, oder ließen ihren Verfall zu; die Wüste verschlang schnell bedeutende Landflächen, denen das Bewässerungsnetz der Inkas Leben eingehaucht hatte. Ein nordamerikanischer Sachverständiger[51] stellte 1936 die Schätzung auf, daß, wenn in jenem Jahre die Errichtung der Inkaterrassen mit modernen Methoden vorgenommen worden wäre, die Kosten etwa 30 000 Dollar pro Morgen Land betragen hätten. Sowohl die Terrassen wie die Aquädukte zur Bewässerung waren in jenem Reiche, das weder das Rad noch das Pferd, noch das Eisen kannte, dank der bewundernswerten Organisation und technischen Vollendung möglich, die ihrerseits auf einer klug durchdachten Arbeitsteilung beruhten, aber auch dank der religiösen Kraft, die sich aus der Beziehung des Menschen zur Erde ergab – der Erde, die heilig war und daher ewiges Leben besaß.

Erstaunlich war auch die Form, in der die Azteken die Natur bändigten. In unseren Tagen sind den Touristen als »schwimmende Gärten«

51 Ein Mitglied des nordamerikanischen Bodenerhaltungsdienstes, nach John Collier, a.a.O.

die wenigen übriggebliebenen Inseln auf dem trockengelegten See bekannt, auf dem sich heute über den Ruinen der Eingeborenenbauten die Hauptstadt Mexikos erhebt. Diese Inseln waren von den Azteken geschaffen worden, um dem Problem des Landmangels an dem zur Errichtung Tenochtitláns auserkorenen Ort zu begegnen. Die Indianer hatten große Mengen Lehm von den Ufern herangetragen und hatten die neuen Schlamminseln mit dünnen Schilfwänden umgeben, bis die Wurzeln der Bäume ihnen Festigkeit verliehen. Inmitten der neugeschaffenen Landflächen schlängelten sich die Wasserkanäle dahin. Auf diesen ungewöhnlich fruchtbaren Inseln wuchs die mächtige Hauptstadt der Azteken empor, mit ihren weiten Alleen, ihren Palästen voll herber Schönheit und ihren treppenförmig aufsteigenden Pyramiden: Auf magische Weise dem See entstiegen, war sie dazu verurteilt, dem Ansturm der fremden Eroberungslust zu erliegen. Vier Jahrhunderte sollte dann Mexiko dazu brauchen, um eine ebenso zahlreiche Bevölkerung zu erreichen wie die, die in jenen Zeiten bestand.
Die Eingeborenen waren, wie Darcy Ribeiro sagt, der Brennstoff des Produktionssystems der Kolonie. »Es steht fast fest«, schreibt Sergio Bagú, »daß in die spanischen Bergwerke Hunderte von indianischen Bildhauern, Architekten, Ingenieuren und Astronomen, mit der Sklavenmasse vermengt, getrieben wurden, um eine grobe und erschöpfende Förderungsarbeit zu leisten. Die Kolonialwirtschaft war an den technischen Kenntnissen dieser Menschen nicht interessiert. Sie zählten nur als unqualifizierte Arbeiter.« Aber nicht alle Splitter dieser zerbrochenen Kulturen gingen verloren. Die Hoffnung auf die Wiedergeburt der verlorenen Würde sollte zahlreiche Eingeborenenaufstände hervorrufen. 1781 belagerte Túpac Amaru Cuzco.
Dieser Mestizenhäuptling, ein direkter Nachkomme der Inkakaiser, stand an der Spitze der wichtigsten dieser messianischen und revolutionären Bewegungen. Die große Rebellion brach in der Provinz Tinta aus. Auf seinem weißen Pferd ritt Túpac Amaru auf dem Hauptplatz von Tungasuca ein, und unter Trommelgedröhn und »Pututus«-Klang kündigte er an, daß er den königlichen Landvogt Antonio Juan de Arriaga zum Tode durch den Galgen verurteilt hatte, und verfügte das Verbot der »Mita« in Potosí. Er schaffte alle Steuern und die »Zuteilung« der Arbeitskraft der Eingeborenen in allen ihren Formen ab. Die Eingeborenen gesellten sich zu Tausenden und aber Tausenden der Truppe des »Vaters aller Armen, Elenden und Hilflosen« zu. Alle, die unter seinem Befehl in diesem Kriege fallen sollten, würden wiederauferstehen, um das Glück und den Reichtum zu genießen, deren sie die Eindringlinge beraubt hatten. Siege und Niederlagen wechselten

einander ab; schließlich wurde Túpac Amaru von einem seiner Befehlshaber verraten und gefangengenommen und kettenbeladen den königlichen Truppen ausgeliefert. In seine Zelle trat der königliche Vertreter Areche und forderte unter Versprechungen die Namen der übrigen an der Rebellion Beteiligten. Túpac Amaru antwortete ihm mit Verachtung: »Hier gibt es keine Mitschuldigen außer dir und mir. Du als Unterdrücker und ich als Befreier verdienen den Tod«[52].

Túpac wurde zusammen mit seiner Ehefrau, seinen Söhnen und seinen hauptsächlichen Parteigängern auf dem Platze von Wacaypata in Cuzco gefoltert. Man schnitt ihm die Zunge ab. Seine Arme und Beine wurden an vier Pferde gebunden, die ihn in vier Stücke reißen sollten, aber sein Körper teilte sich nicht. Er wurde am Fuße des Galgens geköpft. Sein Kopf wurde nach Tinta gebracht. Einer seiner Arme kam nach Tungasuca und der andere nach Carabaya. Man brachte ein Bein nach Santa Rosa und das andere nach Livitaca. Sein Rumpf wurde verbrannt und die Asche in den Fluß Watanay gestreut. Man empfahl die Ausrottung seiner gesamten Nachkommenschaft bis zum vierten Grade.

1802 empfing Astorpilco, ein anderer von den Inkas abstammender Häuptling, Humboldt. Der Besuch fand in Cajamarca genau an dem Orte statt, wo sein Vorfahre Atahualpa zum ersten Male den Konquistador Pizarro erblickt hatte. Der Sohn des Häuptlings führte den deutschen Gelehrten durch die Ruinen des Dorfes und des einstigen Inkapalastes und sprach von den märchenhaften Schätzen, die unter dem Staub und der Asche verborgen lagen. »Habt ihr nicht manchmal Lust, nach den Schätzen zu graben, um mit ihnen eure Bedürfnisse zu befriedigen?« war die Frage, die Humboldt an ihn richtete. Und der junge Mann erwiderte: »Solch eine Lust liegt uns fern. Mein Vater sagt, wir würden damit eine Sünde begehen. Besäßen wir all die vergoldeten Zweige mit all ihren goldenen Früchten, so würden die Weißen uns hassen und uns Schaden zufügen«[53]. Der Häuptling bebaute ein kleines Feld mit Weizen. Aber auch das genügte nicht, um ihn vor der fremden Habgier zu bewahren. Die Usurpatoren zögerten nicht lange, über die Ländereien herzufallen, sobald die Pflanzungen verlockende Gewinne versprachen. Der Raub dauert seit damals an, und als man 1969 in Peru die Agrarreform verkündete, meldeten die Zeitungen noch häufig, daß die Indianer aus den auseinandergerissenen

52 Daniel Valcárcel, »La rebellión de Túpac Amaru«, Mexiko, 1947.

53 Alexander von Humboldt, »Ansichten der Natur«, Band II, angeführt bei Adolf Meyer-Abich und anderen, »Alejandro de Humboldt (1769–1969)«, Bad Godesberg, 1969.

Gemeinschaften auf den Bergen von Zeit zu Zeit mit flatternden Fahnen in die Ländereien einbrachen, die ihnen oder ihren Vorfahren geraubt worden waren, und vom Heer mit Schüssen verjagt wurden. Es mußten fast zwei Jahrhunderte nach Túpac Amaru vergehen, bis der nationalistische General Juan Velasco Alvarado den unsterblichen Satz des Häuptlings wiederaufgriff und anwandte: »Bauer! Der Landherr wird nicht weiter deine Armut fressen!«

Weitere Helden, deren Andenken trotz der erlittenen Niederlagen von der Geschichte bewahrt wurde, waren die Mexikaner Hidalgo und Morelos. Der Priester Miguel Hidalgo, der bis zu seinem 50. Lebensjahr ein sanftmütiger Landpfarrer gewesen war, ließ eines Tages die Glocken der Kirche von Dolores läuten und rief die Indianer zum Kampfe für ihre Befreiung auf. Nach weniger als sechs Wochen folgten ihm 80 000 Mann. Er ließ seine bewaffneten Scharen auf die Stadt Mexiko vorstoßen. Aber schließlich wurde er nach einer militärischen Niederlage hingerichtet und soll bei seinem Tode ein Zeugnis leidenschaftlicher Reue abgelegt haben[54]. Doch es verging nur kurze Zeit, ehe die Revolution einen neuen Führer in dem Priester José María Morelos fand: »Alle Reichen, alle Adeligen und alle führenden Funktionäre sind als Feinde zu betrachten ...« Seine Bewegung, die gleichzeitig Eingeborenenaufstand und soziale Revolution war, erlangte die Herrschaft über einen großen Teil des Gebietes von Mexiko, bis auch Morelos besiegt und erschossen wurde. Die Unabhängigkeit Mexikos, die sechs Jahre später ausgerufen wurde, »war eine rein spanische Angelegenheit, die zwischen Europäern und in Amerika geborenen Abkömmlingen von Europäern ausgetragen wurde ..., ein politischer Kampf innerhalb ein und derselben herrschenden Schicht«[55]. Der Lehnsknecht verwandelte sich in einen Tagelöhner und der Lehnsherr in einen Gutsbesitzer[56].

Die Karwoche der Indianer endet ohne Auferstehung

Zu Beginn unseres Jahrhunderts boten die Herren der »Pongos« – Indianer, die als Hausknechte arbeiteten – deren Vermietung in den Zeitungen von La Paz an. Bis zur Revolution von 1952, die den bolivianischen Indianern das mißachtete Recht auf Menschenwürde wieder-

54 Tulio Halperin Donghi, »Historia contemporánea de América Latina«, Madrid, 1969.
55 Ernest Gruening, »Mexico and its Heritage«, New York, 1928.
56 Alonso Aguilar Monteverde, »Dialéctica de la economía mexicana«, Mexiko, 1968.

gab, aßen die »Pongos«, was die Hunde übrigließen, neben denen sie auch schliefen, und mußten niederknien, wenn sie an irgendeine Person weißer Hautfarbe das Wort richten wollten. Die Eingeborenen waren Lasttiere gewesen, auf deren Rücken die Konquistadoren ihr Gepäck beförderten: Tragtiere waren Mangelware. Aber noch in unseren Tagen kann man auf dem Andenplateau überall Aimara- und Quechua-Lastträger sehen, die selbst mit den Zähnen für ein Stück harten Brotes Lasten befördern.
Die Staublungenkrankheit war die erste Berufskrankheit in Amerika; heutzutage versagen die Lungen der bolivianischen Minenarbeiter schon bei einem Alter von 35 Jahren: Der erbarmungslose Kieselstaub dringt in die Haut des Minenarbeiters, läßt sein Gesicht und seine Hände rissig werden, stumpft seinen Geruchs- und seinen Geschmackssinn ab, befällt seine Lungen, erhärtet und vernichtet diese schließlich.
Die Touristen lieben es besonders, die Eingeborenen der Hochebene in ihrer bodenständigen Tracht zu photographieren. Aber sie wissen nicht, daß die derzeitige Kleidung den Eingeborenen von Karl III. am Ende des 18. Jahrhunderts aufgezwungen wurde. Die Kleidung, zu deren Gebrauch die eingeborenen Frauen von den Spaniern gezwungen wurden, war das getreue Abbild der Landestrachten der Bäuerinnen von Estremadura, Andalusien und dem Baskenlande. Hingegen ist dies nicht bei dem Kokagenuß der Fall, der schon vor den Spaniern verbreitet war; er existierte schon zur Zeit der Inkas. Die Koka wurde nichtsdestoweniger mit Maß verteilt; die Inkaregierung hatte sie unter Monopol gestellt und gestattete ihre Anwendung nur zu rituellen Zwecken oder für die harte Minenarbeit. Die Spanier förderten den Kokagenuß mit allen Mitteln. Es war ein ausgezeichnetes Geschäft. Im 16. Jahrhundert wurde in Potosí ebensoviel für europäische Kleidung für die Unterdrücker ausgegeben wie für Koka für die unterdrückten Indianer. Vierhundert spanische Händler lebten in Cuzco vom Kokavertrieb; in die Silberminen Potosís gelangten jährlich 100 000 Körbe mit einer Million Kilo Kokablätter. Die Kirche erhob Steuern für die Droge. Der Inka Garcilaso de la Vega sagt uns in seinen »Königlichen Kommentaren«, daß der größte Teil der Einkünfte des Bischofs, der Domherren und sonstigen kirchlichen Würdenträger in Cuzco im Zehnt bestand, der auf die Koka angewandt wurde. Mit den kärglichen Münzen, die die Indianer für ihre Arbeit erhielten, kauften sie Kokablätter anstatt Nahrung; wenn sie sie kauten, konnten sie, wenn auch zum Preise der Verkürzung ihres eigenen Lebens, die ihnen auferlegte tödliche Fronarbeit besser ertragen. Außer der Koka genossen die Indianer Branntwein, und ihre Herren beklag-

ten sich über die Verbreitung der »unheilbringenden Laster«. Im jetzigen Zeitpunkt des 20. Jahrhunderts kauen die Eingeborenen von Potosí weiter Koka, um ihren Hunger und sich selbst zu töten, und verbrennen ihre Eingeweide mit purem Alkohol. Es ist die aussichtslose Vergeltung der Verdammten.

Die Indianer unterlagen und unterliegen dem Fluch ihres eigenen Reichtums – und hierin liegt eine Zusammenfassung des Dramas von ganz Lateinamerika. Als die goldenen Sandbänke des Flusses Bluefields in Nicaragua entdeckt wurden, verjagte man die Indianer alsbald aus ihren Ländereien am Ufer, und dasselbe Schicksal widerfuhr den Indianern in allen fruchtbaren Tälern und Gebieten mit Bodenschätzen südlich des Río Bravo. Das Indianerschlachten, das mit Kolumbus begonnen hatte, hörte niemals auf. In Uruguay und im argentinischen Patagonien wurden die Indianer im vorigen Jahrhundert von Truppen ausgerottet, die sie aufspürten und in den Wäldern oder in unzugänglichen Zonen einschlossen, damit sie dem planmäßigen Vorrücken der zur Viehzucht bestimmten Latifundien nicht im Wege stünden[57]. Die Yaqui-Indianer des mexikanischen Staates Sonora gingen in einem Blutbad unter, das dazu diente, ihre fruchtbaren, zum Anbau geeigneten und an Mineralschätzen reichen Ländereien ohne störende Hindernisse an verschiedene nordamerikanische Kapitalisten zu verkaufen. Um die Jahrhundertwende verfügten die fünfzig Pitahanf-Könige über mehr als 100 000 Eingeborenensklaven in ihren Plantagen. Trotz ihrer außergewöhnlichen Körperstärke starben zwei Drittel der Ya-

57 Die letzten Charrúas, die um 1832 als Viehdiebe in der wilden Landschaft des nördlichen Uruguays überlebten, erlitten den Verrat des Präsidenten Fructuoso Rivera. Durch trügerische Freundschaftsbezeigungen aus der dichtbewachsenen Waldzone gelockt, die ihnen Schutz gewährte, unberitten und unbewaffnet, wurden sie an einem Punkt, der »La boca del tigre« hieß, niedergemetzelt. »Die Trompeten riefen zum Schlachten auf«, berichtet der Schriftsteller Eduardo Acevedo Díaz (Zeitung »La Epoca«, 19. August 1890). »Die Horde wälzte sich verzweifelt umher; von ihren unbändigen Jünglingen fiel einer nach dem anderen, wie am Nacken verwundete Stiere.« Mehrere Häuptlinge kamen um. Die wenigen Indianer, die den Feuerwall durchbrechen konnten, rächten sich kurz darauf. Von dem Bruder Riveras verfolgt, lockten sie ihn in einen Hinterhalt und durchlöcherten ihn mit zahllosen Lanzenstichen zusammen mit seinen Soldaten. Der Häuptling Sepe »ließ die äußerste Spitze seiner Lanze mit einigen Nervensträngen aus dem Leichnam umwinden.« – Im argentinischen Patagonien erhielten die Soldaten um die Jahrhundertwende einen Geldbetrag für die Ablieferung jedes Hodenpaares. Der Roman von David Viñas »Los dueños de la tierra« (Buenos Aires, 1959) beginnt mit der Indianerjagd: »Denn Töten war, wie jemanden vergewaltigen, etwas Gutes. Es gefiel sogar: Man mußte laufen, man konnte schreien, man schwitzte und fühlte später Hunger (. . .) Die Schüsse waren spärlicher geworden. Bestimmt war irgendein Körper rittlings auf einem dieser Nester hängengeblieben. Ein nach hinten gebogener Indianerkörper, mit einem schwärzlichen Fleck zwischen den Schenkeln . . .«

quis, einer Rasse schöner Riesen, im ersten Jahre ihrer Sklavenarbeit[58]. Heutzutage ist die Pitahanffaser nur aufgrund des außerordentlich niedrigen Lebensniveaus der bei ihrem Anbau beschäftigten Arbeiter gegenüber den sie ersetzenden Kunststoffen konkurrenzfähig. Die Zustände haben sich gewiß geändert, aber nicht so sehr, wie man glaubt, mindestens für die Eingeborenen Yukatans: »Die Lebensbedingungen dieser Arbeiter ähneln in vielem denen der Sklavenarbeit«, sagt Professor Arturo Bonilla Sánchez[59]. An den Andenabhängen in der Nähe von Bogotá ist der eingeborene Tagelöhner dazu verpflichtet, tagelang unentgeltlich zu arbeiten, damit der Gutsbesitzer es ihm gestattet, in hellen Mondnächten seine eigene Parzelle zu bebauen: »Die Vorfahren dieses Indianers bebauten frei, ohne Schulden einzugehen, den fruchtbaren Boden des Flachlandes, der niemandem gehörte. Gratisarbeit, um das Recht zu erhalten, das armselige Bergland zu bebauen!«[60].

In unseren Tagen retten sich nicht einmal die Eingeborenen, die isoliert im tiefen Urwald leben. Um die Jahrhundertwende waren noch 230 Stämme in Brasilien vorhanden. Seither sind 90 verschwunden, dank den Feuerwaffen und den Mikroben von der Oberfläche des Planeten weggewischt. Gewalt und Krankheit, die Vorhut der Zivilisation: Der Kontakt mit dem weißen Mann ist für den Eingeborenen auch heute noch der Kontakt mit dem Tode. Die gesetzlichen Bestimmungen, die seit 1537 die brasilianischen Indianer beschützen, haben sich gegen sie gewendet. Nach dem Wortlaut aller brasilianischen Verfassungen sind sie »die ursprünglichen und natürlichen Besitzer« des Bodens, den sie bewohnen. Die Üppigkeit der Natur verurteilt sie aber dazu, Opfer von Raub und Mord zu werden. In ihrem Eroberungsdrang sind Privatpersonen und Firmen aus den Vereinigten Staaten über das Amazonasgebiet hergefallen, als ob dieses ein neuer Far West wäre. Diese nordamerikanische Invasion hat wie nie zuvor die Habgier der brasilianischen Abenteurer entfacht. Die Indianer sterben, ohne Spuren zu hinterlassen, und die Ländereien werden gegen Dollar an die neuen Interessenten verkauft. Gold und andere wertvolle Minerale, Holz und Kautschuk, alles Schätze, deren Handelswert den Eingeborenen nicht bekannt ist, kommen bei jeder der wenigen Untersuchungen, die

58 John Kenneth Turner, »México bárbaro«, Mexiko, 1967.
59 Arturo Bonilla Sánchez, »Un problema que se agrava: la subocupación rural«, in: »Neolatifundismo y explotación. De Emiliano Zapata a Anderson Clayton & Co.«, von mehreren Autoren, Mexiko, 1968.
60 René Dumont, »Tierras vivas, Problemas de la reforma agraria en el mundo«, Mexiko, 1963.

man angestellt hat, zum Vorschein. Es ist bekannt, daß die Eingeborenen von Helikoptern und Flugzeugen aus mit Maschinengewehren beschossen wurden, daß man ihnen den Blatternvirus eingeimpft, Dynamit an ihre Dörfer gelegt und ihnen mit Strychnin gemischten Zucker und Salz mit Arsen gegeben hat. Der Leiter des Indianer-Schutzdienstes selbst, der von der Diktatur Castelo Brancos ernannt worden war, um die Verwaltung zu säubern, wurde unter Vorlage von Beweisen angeklagt, 42 verschiedene Arten von Verbrechen gegen die Indianer begangen zu haben. Der Skandal kam im Jahre 1968 ans Licht.
Im allgemeinen aber sind die Eingeborenen in das Produktionssystem und den Absatzmarkt, wenn auch manchmal in indirekter Form, eingegliedert. Sie haben als Opfer an einer Wirtschafts- und Sozialordnung teil, in der ihnen die harte Rolle der Ausgebeutetsten unter den Ausgebeuteten zufällt. Sie kaufen und verkaufen die wenigen Dinge, die sie verbrauchen oder produzieren, über mächtige und geldgierige Zwischenhändler, die viel einstreichen und wenig zahlen; sie sind Tagelöhner auf den Plantagen – die billigste Arbeitskraft. In Ländern wie Guatemala bilden sie die Achse des nationalen Wirtschaftslebens: Jahr für Jahr, in unaufhörlichem Zyklus, verlassen 200 000 ihr »heiliges Land«, hochgelegene Ländereien, Zwerggrundstücke von der Größe eines Kadavers, um für die Kaffee-, Woll- und Zuckerernte in den tiefer gelegenen Gebieten zu arbeiten. Die Arbeitsvermittler transportieren sie wie Vieh auf Lastwagen, und nicht immer spielt die Geldnot die entscheidende Rolle; oft gibt der Branntwein den Ausschlag. Die Arbeitsvermittler bezahlen ein »Marimba«-Orchester und lassen starken Alkohol fließen. Wenn der Indianer aus seinem Rausch erwacht, begleiten ihn schon die Schulden. Er wird sie einlösen, indem er ein heißes Land, das er nicht kennt, bearbeitet, aus dem er nach einigen Monaten vielleicht mit einigen Cents in der Tasche, vielleicht auch mit Tuberkulose oder Malaria zurückkehren wird. Das Heer leistet bei der Aufgabe, die Zögernden zu überzeugen, wirksame Hilfe[61]. Die Enteignung der Eingeborenen – die widerrechtliche Besitzergreifung ihrer Ländereien und ihrer Arbeitskraft – ging und geht mit dem Rassendünkel Hand in Hand. Die »Conquista« und die ganze darauffolgende Epoche der Erniedrigung riß die kulturelle und soziale Eigenart, die die Eingeborenen erreicht hatten, in Stücke. Diese zermalmte Eigenart ist nichtsdestoweniger die einzige, die in Guatemala fortdauert[62]. Sie

61 Eduardo Galeano, »Guatemala, país ocupado«, Mexiko, 1967.
62 Die Quiché-Mayas glaubten an einen einzigen Gott, sie betrieben Fasten, Buße, Enthaltung und Beichte; sie glaubten an die Sintflut und den Weltuntergang; das Christentum brachte ihnen nicht viel Neues. Die religiöse Zersetzung begann mit

dauert als Tragödie fort. In der Karwoche zeigen die Prozessionen der Erben der Mayas furchtbare Darbietungen von kollektivem Masochismus. Schwere Kreuze werden mitgeschleppt; man nimmt an der Geißelung Jesu Schritt für Schritt während der endlosen Golgatha-Ersteigung teil; unter Schmerzensgeheul wird Sein Tod und Seine Beerdigung zum Kult des eigenen Todes und der eigenen Beerdigung, zur Vernichtung des fernen schönen Lebens. Die Karwoche der guatemaltekischen Indianer endet ohne Auferstehung.

Villa Rica de Ouro Preto: das Potosí des Goldes

Das Goldfieber, das den Eingeborenen des Amazonasgebietes weiter Tod oder Sklaverei bringt, ist in Brasilien ebenso wie die dadurch hervorgerufenen Verheerungen nicht neu.

Nach der Entdeckung hatte der Boden Brasiliens zwei Jahrhunderte hindurch seinen portugiesischen Herren die Metalle hartnäckig vorenthalten. Die Holzgewinnung – das Brasilienholz – war während der anfänglichen Periode der Küstenbesiedlung vorherrschend, und bald wurden große Zuckerrohrplantagen im Nordosten angelegt. Aber, im Gegenteil zu Spanisch-Amerika, schien es in Brasilien weder Gold noch Silber zu geben.

Die »Bandeirantes«[63] der Region von São Paulo hatten die weite Zone zwischen dem »Serra de Maniqueira«-Gebirge und dem Quellgebiet des Flusses São Francisco durchquert und bemerkt, daß die Betten und Ufer mehrerer Flüsse und Bäche Spuren von Schwemmgold in kleinen sichtbaren Mengen enthielten. Unter den Sand-, Erd- oder Lehmschichten kamen in dem steinigen Untergrund Goldkörner zum Vorschein, die leicht aus dem quarzhaltigen Mineral herausgeholt werden konnten. Das Gebiet von Minas Gerais hielt so seinen ungestümen Einzug in die Geschichte: Die größte bis dahin entdeckte Goldmasse wurde mit der geringsten Zeitaufwendung gewonnen. »Hier war das

der Kolonie. Die katholische Religion übernahm nur einige magische und totemistische Aspekte der Mayareligion in einem zwecklosen Versuch, den Glauben der Ideologie der Eroberer zu unterwerfen. Die Vernichtung der ursprünglichen Kultur ebnete dem Synkretismus den Weg, und so kann man z. B. derzeit Zeugnisse des Rückschritts gegenüber jener bereits erreichten Evolution vorfinden: »Der Herr Vulkan braucht gut gebratenes Menschenfleisch.« Carlos Guzmán Böckler und Jean-Loup Herbert, »Guatemala: una interpretación histórico-social«, Mexiko, 1970.

63 Die »Bandeiras« der Region von São Paulo waren umherziehende militärartig organisierte Banden von schwankender Stärke. Ihre Expedition in die Urwaldgebiete spielten bei der Besiedlung des Landesinneren eine bedeutende Rolle.

Gold wie ein Wald«, sagt heute der Bettler und läßt seinen Blick über die Kirchtürme schweifen. »Es gab Gold auf den Wegen, es wuchs wie Gras.« Er ist fünfundsiebzig Jahre alt und fühlt sich als die verkörperte Tradition der kleinen Goldminenstadt Mariana, die in der Nähe von Ouro Preto liegt und genau wie Ouro Preto wie in der Zeit schwebend stehengeblieben ist. »Der Tod ist sicher, doch die Stunde ist ungewiß. Jeder bekommt seine Zeit zugemessen«, sagt der Bettler zu mir. Er spuckt auf die Steintreppe und schüttelt den Kopf: »Sie hatten Geld wie Heu«, erzählt er, als ob er dabeigewesen wäre. »Und weil sie nicht wußten, was sie damit anfangen sollten, setzten sie eine Kirche neben die andere.«

Früher war diese Region die wichtigste ganz Brasiliens. Heute ... »Heute nicht mehr«, sagt der Alte. »Jetzt gibt es hier kein Leben mehr. Es gibt keine jungen Leute. Die jungen Leute gehen fort.« Er geht barfuß, langsam einen Fuß vor den anderen setzend, unter der lauen Spätnachmittagssonne neben mir her: »Sehen Sie? Dort, gegenüber der Kirche, ist die Sonne und der Mond. Das bedeutet, daß die Sklaven Tag und Nacht arbeiteten. Dieser Tempel wurde von den Schwarzen gebaut, der andere dort von den Weißen. Und dort drüben liegt das Haus des Monsignore Alipio, der mit genau neunundneunzig Jahren starb.«

Im Laufe des 18. Jahrhunderts übertraf die brasilianische Produktion des begehrten Erzes die Gesamtmenge an Gold, die Spanien während der zwei vorangegangenen Jahrhunderte aus seinen Kolonien ausgeführt hatte[64]. Abenteurer und Glücksjäger überfluteten das Land. Brasilien hatte 1700 300 000 Einwohner; ein Jahrhundert später, nach den goldenen Jahren, hatte sich die Bevölkerung verelffacht. Nicht weniger als 300 000 Portugiesen wanderten im 18. Jahrhundert nach Brasilien aus, »eine größere Bevölkerungsmasse (...) als die, die Spanien für seine gesamten Kolonien in Amerika beigesteuert hatte«[65]. Die Gesamtzahl der aus Afrika von der Eroberung Brasiliens an bis zur Abschaffung der Sklaverei eingeführten Negersklaven wird auf zehn Millionen geschätzt.

Salvador de Bahía war die brasilianische Hauptstadt in der Blütezeit des Zuckers im Nordosten, aber »das goldene Zeitalter« von Minas Gerais verschob die wirtschaftliche und politische Achse des Landes nach dem Süden und machte von 1763 an Rio de Janeiro, den Hafen dieser Region, zur neuen Hauptstadt Brasiliens. In dem dynamischen

64 Celso Furtado, a.a.O.
65 Celso Furtado, »Formación económica del Brasil«, Mexiko, 1959.

Mittelpunkt der neuentstandenen Minenwirtschaft wuchsen die Städte aus dem Boden – dem Boom entsprungene und im Taumel des leicht erworbenen Reichtums rasch entstandene Lagerplätze, »Weihestätten für Verbrecher, Vagabunden und Übeltäter« – nach den höflichen Worten eines Kolonialfunktionärs aus dieser Zeit. Villa Rica de Ouro Preto hatte 1711 die Kategorie einer Stadt erreicht; aus der Lawine der Bergleute hervorgegangen, stellte sie die Quintessenz der Zivilisation des Goldes dar. Simão Ferreira Machado hat sie 23 Jahre später beschrieben und dabei gesagt, daß die Macht der Kaufleute von Ouro Preto die der erfolgreichsten Handelsherren von Lissabon bei weitem übertraf: »Hierher werden, wie in einen Hafen, die grandiosen Goldmassen aller Minen geleitet und im königlichen Münzhause übernommen. Hier leben die bestkultivierten Männer, Weltleute wie Geistliche. Dies ist der Sitz des ganzen Adels und die Machtquelle des Militärs. Dies ist dank seiner natürlichen Lage das Haupt ganz Amerikas; und durch den machtvollen Schimmer seiner Reichtümer ist es die köstliche Perle Brasiliens.« Ein anderer Schriftsteller dieser Epoche, Francisco Tavares de Brito, kennzeichnete 1732 Ouro Preto als »das Potosí des Goldes«[66].

Häufig gelangten nach Lissabon Klagen und Einsprüche ob des sündenhaften Lebenswandels in Ouro Preto, Sabará, São João d'El Rei, Ribeirão do Carmo und dem ganzen turbulenten Minendistrikt. Die Vermögen entstanden und verschwanden im Handumdrehen. Pater Antonil erhob die Anklage, daß Minenbesitzer in Mengen vorhanden waren, die bereit waren, für einen Neger, der gut Trompete blasen konnte, ein Vermögen zu bezahlen, und das Doppelte für eine Mulattendirne, »um mit ihr ständige und skandalöse Sünden zu begehen«, aber die Männer in der Soutane betrugen sich nicht besser. 1705, so behauptete man, gab es in ganz Minas Gerais keinen einzigen Priester, der sich für die Verbreitung des christlichen Glaubens im Volke interessiert hätte, und sechs Jahre später ging die Krone so weit, die Niederlassung jedweden religiösen Ordens im Minendistrikt zu untersagen.

Auf jeden Fall sprossen die schönen, in dem der Region eigentümlichen originellen Barockstil gebauten und geschmückten Kirchen in Hülle und Fülle hervor. Minas Gerais zog die besten Handwerker der Epoche an. Der äußere Aspekt der Kirchen war nüchtern und schmucklos; aber in ihrem Innern, dem Sinnbild der göttlichen Seele, schimmerte das pure Gold der Altäre. Die Messen hatten äußerst hohe Preise, aber auch alles übrige war in den Minen phantastisch teuer. So wie es in Potosí

66 C. R. Boxer, »The Golden Age of Brazil« (1695–1750), Kalifornien, 1969.

der Fall gewesen war, gab sich Ouro Preto der Verschwendung des plötzlichen Reichtums hin. 1733 fand eine religiöse Festlichkeit statt, die mehr als eine Woche lang dauerte. Man veranstaltete nicht nur Prozessionen zu Fuß, zu Pferd und auf perlmutter-, gold- und seideüberzogenen Triumphwagen, mit Phantasiekostümen und glanzvollen allegorischen Darstellungen, sondern auch Ritterturniere, Stierkämpfe und Tänze auf den Straßen bei Flöten-, Dudelsack- und Gitarrenklang[67]. Die Minenarbeiter hielten nichts davon, die Erde zu bebauen, und es kam um 1700 und 1713, mitten auf dem Gipfel der Prosperität, zu Hungersnöten; die Millionäre aßen Katzen, Hunde, Ratten, Ameisen und Sperber.

Die Sklaven erschöpften ihre Lebenskraft in den Goldwäschen. »Dort arbeiten sie«, schrieb Luis Gomes Ferreira[68], »dort essen sie, und dort schlafen sie auch oft; und da sie während der Arbeit in Schweiß gebadet sind, mit den Füßen immer auf der kalten Erde, auf Steinboden oder unter Wasser, schließen sich, während sie ruhen oder essen, ihre Poren und gefrieren derart, daß sie zahlreichen gefährlichen Krankheiten, wie den sehr schwerer Brustfellentzündungen, Schlaganfällen, krampfartigen Zuckungen, Lähmungen, Lungenentzündungen und vielen anderen, besonders stark ausgesetzt sind.« Die Krankheit war ein Segen des Himmels, der sie dem Tod näher brachte. Die »Capitães do mato« (Forstkapitäne) erhielten Belohnungen in Form von Gold für die abgehackten Köpfe der geflohenen Sklaven.

Die Sklaven wurden »Stücke für Indien« genannt, wenn man sie in Luanda maß, wog und verschiffte; diejenigen, die die Überquerung des Ozeans überstanden, verwandelten sich dann auf brasilianischem Boden in die »Hände und Füße« des weißen Herrn. Angola exportierte Bantu-Sklaven und Elefantenzähne im Tausche gegen Kleider, Getränke und Feuerwaffen; aber die Minenbesitzer von Ouro Preto zogen die Neger vor, die aus der kleinen Strandzone von Whydah an der Küste von Guinea stammten, da sie kräftiger waren, länger »dauerten« und über Wunderkräfte verfügten, die sie das Gold entdecken ließen. Jeder Bergwerksbesitzer brauchte außerdem mindestens eine schwarze Geliebte aus Whydah, damit ihn das Glück bei der Erzsuche begleite[69].

67 Augusto de Lima Junior, »Vila Rica de Ouro Preto. Sintese histórica e descritive«, Belo Horizonte, 1957.

68 C. R. Boxer, a.a.O.

69 C. R. Boxer, a.a.O. In Cuba wurden den Sklavinnen medizinale Eigenschaften zugesprochen. Nach dem Zeugnis von Esteban Montejo »gab es eine Krankheitsart, die die Weißen befiel. Es war eine Krankheit in den Adern und in den männlichen Geschlechtsteilen. Man befreite sich von ihr mit den Negerinnen. Wer von ihr befallen war, schlief mit einer Negerin und übertrug sie ihr. Auf diese Weise genasen sie sofort.« Miguel Barnet, »Biografía de un cimarrón«, Buenos Aires, 1968.

Ein königliches Dekret aus dem Jahre 1711 verbot den Verkauf von Sklaven, die mit landwirtschaftlichen Arbeiten beschäftigt waren, und ihre Bestimmung zur Arbeit in den Minen, mit Ausnahme derer, die einen »perversen Charakter« an den Tag legten. Der Sklavenhunger Ouro Pretos war unersättlich. Die Neger starben schnell; nur in Ausnahmefällen hielten sie sieben ununterbrochenen Arbeitsjahren stand. Wohl aber wurden alle, ehe sie den Atlantik kreuzten, getauft. Und in Brasilien hatten sie die Pflicht, der Messe beizuwohnen, wenn ihnen auch untersagt war, sich dem Choraltar zu nähern oder sich auf die Kirchenstühle zu setzen.

Um die Mitte des 18. Jahrhunderts waren bereits zahlreiche Bergleute auf der Suche nach Diamanten in die Serra do Frio gezogen. Die Kristallgesteine, die die Goldsucher beiseite geworfen hatten, als sie die Flußbetten durchforschten, hatten sich als Diamanten erwiesen, wie man erfuhr. Minas Gerais bot Gold mit Diamanten gepaart dar. Der aufblühende Lagerplatz Tijuco verwandelte sich in den Mittelpunkt des Diamantendistrikts, und in ihm, wie in Ouro Preto, kleideten sich die Reichen nach der letzten europäischen Mode und brachten von der anderen Seite des Ozeans die luxuriösesten Gewänder, Waffen und Möbelstücke mit. Tage des Deliriums und der Verschwendung. Eine Mulattensklavin, Francisca da Silva, erlangte die Freiheit, als sie die Geliebte des Millionärs João Fernandes de Oliveira, des wahren Herrschers von Tijuco, wurde, und sie, die häßlich war und schon zwei Kinder hatte, wurde die »Xica que manda« (das Mädchen, das zu befehlen hat)[70]. Da sie niemals das Meer erblickt hatte und es in ihrer Nähe haben wollte, ließ ihr Kavalier einen großen künstlichen See anlegen, auf dem ein Schiff mit Besatzung schwamm. Noch 1818 feierte Tijuco die Hochzeit des portugiesischen Kronprinzen mit allem Prunk. Zehn Jahre vorher wunderte sich John Mawe, ein Engländer, der Ouro Preto besuchte, über dessen Armut; er fand leere und entwertete Häuser vor, mit Schildern, in denen sie zum Verkauf angeboten wurden, und mußte schmutzige und kärgliche Nahrung zu sich nehmen[71]. Nicht lange darauf erlitt Tijuco dasselbe Schicksal.

70 Joaquim Felício dos Santos, »Memorias do Distrito Diamantino«, Rio de Janeiro, 1956.

71 Augusto de Lima Junior, a.a.O.

Der Goldstrom hatte genau in dem Augenblick eingesetzt, in dem Portugal 1703 den Vertrag von Methuen mit England schloß. Dies war die Krönung einer langen Reihe von Privilegien, die die britischen Kaufleute in Portugal erlangt hatten. Gegen die Gewährung von Vorrechten für seine Weine im englischen Markt öffnete Portugal seinen eigenen Markt und den seiner Kolonien für die britischen Fabrikerzeugnisse. Nicht Wein sollte es sein, womit man die englischen Stoffe bezahlen würde, sondern Gold, das Gold Brasiliens, und die portugiesischen Webstühle sollten dabei auf der Strecke bleiben. Portugal beschränkte sich nicht darauf, seine eigene Industrie im Keim zu ersticken, sondern verhinderte auch selbst die kleinsten Anfänge jeder industriellen Entwicklung in Brasilien. 1715 verbot das Königreich das Funktionieren der Zuckerraffinerien; 1729 nannte es die Öffnung neuer Verbindungswege in der Minenregion ein Verbrechen; 1785 ordnete es an, die brasilianischen Webstühle und Spinnereien in Brand zu stecken.

England und Holland, Meister des Gold- und Sklavenschmuggels, die riesige Reichtümer durch den illegalen Handel mit »schwarzem Fleisch« zusammengetragen hatten, haben sich schätzungsweise mehr als die Hälfte des Metalles, das für die »Quinto Real« genannter Steuer vorgesehen war, die die portugiesische Krone von Brasilien zu erheben hatte, mit unerlaubten Mitteln zu eigen gemacht. Aber England bediente sich nicht nur des verbotenen Handels, um das brasilianische Gold Kurs auf London nehmen zu lassen. Es verfügte auch über legale Wege. Der Höhepunkt des Goldrausches, der die Abwanderung großer portugiesischer Bevölkerungsgruppen nach Minas Gerais mit sich brachte, führte zu einer akuten Erhöhung des Bedarfes an Industrieprodukten in der Kolonie und schuf gleichzeitig die Möglichkeit, sie zu bezahlen. In ähnlicher Art, wie das Silber von Potosí auf spanischem Boden nur abprallte, ging das Gold von Minas Gerais nur als Transitgut über Portugal. Das Mutterland wurde zu einem einfachen Zwischenhändler. 1755 versuchte der damalige portugiesische Premierminister, Marquis von Pombal, die Wiederaufnahme einer Schutzzollpolitik herbeizuführen, aber es war schon zu spät; er verkündete, daß die Engländer Portugal erobert hätten, ohne die Mißhelligkeiten eines Eroberungskrieges riskieren zu müssen[72].

Celso Furtado hat darauf hingewiesen[73], daß England, das auf dem

72 Allan K. Manchester, »British Preeminence in Brazil: its Rise and Fall«, Chapel Hill (North Carolina), 1933.

73 Celso Furtado, a.a.O. (s. Anm. 56).

Gebiete der industriellen Entwicklung eine Politik auf lange Sicht betrieb, das Gold Brasiliens zur Bezahlung lebenswichtiger Importe aus anderen Ländern verwandte und so seine Investitionen auf den Manufaktursektor konzentrieren konnte. Technologische Neuerungen konnten dank dieser historischen Höflichkeitsbezeigung Portugals schnell und wirksam angewandt werden. Das Finanzzentrum Europas übersiedelte von Amsterdam nach London. *Nach britischen Quellen erreichten die brasilianischen Goldsendungen nach London zeitweise 50 000 Pfund pro Woche. Ohne diese ungeheure Anhäufung von Metallreserven hätte England späterhin nicht Napoleon gegenübertreten können.*

Nichts blieb auf brasilianischem Boden, mit Ausnahme der Kirchen und der Kunstwerke, von dem dynamischen Impuls des Goldes zurück. Am Ende des 18. Jahrhunderts war das Land, obwohl die Diamantenlager noch nicht erschöpft waren, ausgesogen und entkräftet. Das Pro-Kopf-Einkommen der mehr als drei Millionen Brasilianer überstieg nicht die Summe von 50 Dollar – unter Zugrundelegung der gegenwärtigen Kaufkraft (nach den Berechnungen Furtados) –, und dies war der niedrigste Stand während der ganzen Kolonialepoche. Minas Gerais ging in einer langen Woge von Dekadenz unter. Unglaublicherweise gibt es einen Brasilianer, der sich für die Gefälligkeit bedankt und erklärt, daß das Kapital, das England aus Minas Gerais gezogen habe, »zur Errichtung des riesigen Banknetzes diente, das den Handel unter den Nationen förderte und die Steigerung des Lebenshaltungsniveaus der des Fortschritts fähigen Völker ermöglichte«[74]. Durch den fremden Fortschritt erbarmungslos zur Armut verurteilt, gerieten die »unfähigen« Bergbauvölker in Isolierung und mußten sich damit abfinden, ihre Nahrung dem ärmlichen Boden zu entreißen, der keine Metalle und Edelsteine mehr enthielt. Der Ackerbau zur Bestreitung des Lebensunterhalts nahm den Platz der Minenwirtschaft ein[75]. In unseren Tagen sind die Landflächen von Minas Gerais wie die des Nordostens Hochburgen des Latifundiums und der »Coroneles de hacienda« (Land-Obersten), unübersehbare Denkmäler des Rückschritts. Der Verkauf von »Mineiros« (Minenarbeitern) an Landgüter in anderen Staaten ist fast ebenso häufig wie der Sklavenhandel, dem die Bewohner des Nordostens ausgesetzt sind. Vor kurzem besuchte Franklin de Oli-

74 Augusto de Lima Junior, a.a.O. – Der Autor empfindet große Freude über »die Expansion des kolonisierenden Imperialismus, den die Ignoranten von heute, von ihren Moskauer Lehrmeistern hierzu bewogen, als Verbrechen bezeichnen«.

75 Roberto C. Simonsen, »Historia econômica do Brasil (1500–1820)«, São Paulo, 1962.

veira Minas Gerais. Er fand an der Straße zum Tal von Jequitinhonha roh zusammengezimmerte Hütten, Dörfer ohne Wasser und Elektrizität, Prostituierte, die im Durchschnitt nicht älter als 13 Jahre waren, Verrückte und Verhungerte am Wegesrand[76]. Henri Gorceix hatte mit Recht gesagt, Minas Gerais habe ein goldenes Herz in einer eisernen Brust[77], aber die Ausbeutung seines gewaltigen »quadrilátero ferrífero« (eisenhaltigen Vierecks) geschieht heutzutage auf Rechnung der Hanna Mining Co. und der Bethlehem Steel, die sich zu diesem Zweck zusammengeschlossen haben. Die Eisenlager wurden 1964, als Ergebnis einer unheilvollen Entwicklung, den Gesellschaften überlassen. Das Eisen in ausländischen Händen wird keinen größeren Reichtum hinterlassen als den, den das Gold hinterlassen hat.

Nur der Ausbruch des Talents war – abgesehen von den Löchern der Ausgrabungen und den verlassenen kleinen Städten – als Erinnerung an den Goldtaumel verblieben. Auch konnte Portugal keine schöpferischen Kräfte vor dem Verfall retten, wenn man von dem Umsturz auf ästhetischem Gebiet absieht. Das Kloster von Mafra, der Stolz von Dom João V., ließ Portugal aus seiner künstlerischen Dekadenz auferstehen. Auf seinen Glockentürmen mit 37 Glocken, seinen Weihegefäßen und seinen Kandelabern aus gediegenem Gold schimmert noch das Gold von Minas Gerais. Die Kirchen von Minas sind stark geplündert worden und Weihegegenstände in tragbarem Format sind selten anzutreffen, aber für immer sind über den Kolonialruinen die monumentalen Barockwerke, die Giebel und die Kanzeln, die Altaraufsätze, die Kirchenstühle und die menschlichen Figuren erhalten geblieben, die Antonio Francisco Lisboa, der »Aleijadinho«, »das lahme Männchen«, der geniale Sohn einer Negersklavin und eines berühmten Künstlers, entwarf, schnitzte oder meißelte. Das 17. Jahrhundert lag schon in den letzten Zügen, als das »lahme Männchen« eine Gruppe großer heiliger Figuren am Fuße der Weihestätte des »Dom Jesus de Matosinhos« in Congonhas do Campo in Stein zu formen begann. Der Goldrausch gehörte bereits der Vergangenheit an: das Werk hieß »Die Propheten«; aber es war kein Ruhm mehr vorauszusagen. Das dramatische Endzeugnis, als ob es ein grandioses Begräbnis für jene vorübergehende, zu baldigem Tod geborene Zivilisation des Goldes wäre, ist den kommenden Jahrhunderten vom talentiertesten Künstler der ganzen brasilianischen Geschichte hinterlassen worden. Der »Aleijadinho« führte,

76 Franklin de Oliveira, »A tragédia da renovação brasileira. Minas Gerais e São Paulo: a miséria dentro do progresso«, Rio de Janeiro, 1970.

77 Eponina Ruas, »Ouro Preto, Sua historia, seus templos e monumentos«, Rio de Janeiro, 1950.

von der Lepra entstellt und verstümmelt, sein Meisterwerk aus, indem er sich Hammer und Meißel an seine fingerlosen Hände band und sich täglich im Morgengrauen auf den Knien in seine Werkstätte schleppte. Die Legende versichert, daß in der Kirche »Nossa Senhora das Mercês e Misericordia« von Minas Gerais die toten Bergleute in kalten Regennächten die Messe hören. Wenn der Priester sich umwendet und seine Hände vom Hochaltar erhebt, sieht man seine Backenknochen.

König Zucker und andere Landwirtschaftsmonarchen

Die Plantagen, die Latifundien und das Schicksal

Die Gold- und Silbersuche bildete zweifellos den Hauptantrieb der »Conquista«. Aber bei seiner zweiten Reise brachte Kolumbus die ersten Zuckerrohrwurzeln von den Kanarischen Inseln mit und pflanzte sie auf dem Boden, den heute die Dominikanische Republik einnimmt. Sobald sie ausgesät waren, keimten sie schnell, zur großen Freude des Admirals[1]. Der Zucker, der in kleinem Maßstab in Sizilien, auf Madeira und den Kapverdischen Inseln angebaut wurde und den man zu hohen Preisen im Orient kaufte, war in Europa ein so begehrter Artikel, daß er zuweilen sogar im Brautschatz von Königinnen als Teil der Mitgift angeführt wurde. Er wurde in den Apotheken verkauft; man wog ihn grammweise[2]. Fast drei Jahrhunderte hindurch von der Entdeckung Amerikas an gab es für den europäischen Handel kein Agrarprodukt, das wichtiger gewesen wäre als der in diesen Ländern angebaute Zucker. Die Rohrfelder sprossen an der feuchtwarmen Nordostküste Brasiliens hervor, und später wurden auch die Inseln der Karibischen See – Barbados, Jamaika, Haiti, Guadalupe, Cuba, Santo Domingo, Puertorico – sowie Veracruz und die peruanische Küste zu ergiebigen Quellen für den großangelegten Anbau des »weißen Goldes«. Legionen von Sklaven kamen aus Afrika, um König Zucker die reichliche und kostenlose Arbeitskraft zu verschaffen, die er verlangte: zur Verbrennung bestimmten menschlichen Betriebsstoff. Die Ländereien wurden von dieser selbstsüchtigen Pflanze verwüstet, die in die Neue Welt einfiel, indem sie die Wälder verheerte, die naturgegebene Fruchtbarkeit verschwenderisch mißbrauchte und die auf dem Boden angehäufte Humuserde auslaugte. Der lange Zuckerzyklus brachte in Lateinamerika einen ebenso tödlichen Wohlstand hervor, wie ihn in Potosí, Ouro Preto, Zacatecas oder Guanajato der Gold- und Silberfuror verursacht haben. Gleichzeitig trieb er in entscheidendem Maße auf direktem oder indirektem Wege die industrielle Entwicklung Hollands, Frankreichs, Englands und der Vereinigten Staaten voran.

1 Fernando Ortiz, »Contrapunteo cubano del tabaco y es azúcar«, Havanna, 1963.
2 Caio Prado Júnior, »Historia económica del Brasil«, Buenos Aires, 1960.

Die Plantage, die ihren Ursprung dem Zuckerbedarf jenseits des Meeres verdankte, war ein Unternehmen, das einerseits der Gewinnsucht seines Eigentümers untergeordnet war und andererseits dem kapitalistischen Markt diente, den Europa auf internationaler Basis schuf. In ihrer internen Struktur jedoch waren in Anbetracht der Tatsache, daß die Plantage sich weitgehend selbst genügte, einige ihrer vorherrschenden Züge feudaler Natur. Andererseits arbeiteten auf ihr Sklaven. Drei verschiedene historische Etappen – Kapitalismus, Feudalismus, Sklaverei – fanden sich so in einer einzigen wirtschaftlichen und sozialen Einheit zusammen.

Das heutige Latifundium, das technische Hilfsmittel in genügendem Maße besitzt, um die Masse der Arbeitslosen um ein Vielfaches zu erhöhen, verfügt demnach über ein überreiches Reserveheer billiger Arbeitskräfte. Es hängt nicht mehr von der Einfuhr afrikanischer Sklaven, noch von der »Encomienda« (Anvertrauung, Zuweisung) Eingeborener ab. Das Latifundium erreicht seinen Zweck ebensogut, indem es lächerlich niedrige Arbeitslöhne bezahlt, die geleisteten Dienste in Form von Naturalien entlohnt oder gegen Gratisarbeit ein kleines Stückchen Land zur Nutzung zur Verfügung stellt. Arbeiterlegionen wandern unter dem Druck des Hungers, den jeweiligen Ernten nachziehend, von Ort zu Ort.

Die aus verschiedenen Elementen zusammengesetzte Plantagenstruktur wirkte, wie es auch beim heutigen Latifundium der Fall ist, wie ein zum Entweichen des natürlichen Reichtums erdachtes Sieb. Im Moment des Eintritts in den Weltmarkt erlebte jede Zone einen dynamischen Zyklus; später jedoch, sei es infolge der von Ersatzprodukten ausgeübten Konkurrenz, der Erschöpfung des Bodens oder dem Aufkommen anderer, besser geeigneter Zonen, kam der Verfall. Die Kultur der Armut, die auf bloßes Fortbestehen orientierte Wirtschaft, die Lethargie, das sind die Preise, die im Verlaufe der Jahre für den anfänglichen Impuls der Produktion zu bezahlen sind. Der Nordosten war die reichste Zone Brasiliens und ist heute die ärmste; in Barbados und in Haiti sind menschliche Ameisenhaufen anzutreffen, die zum Elend verurteilt sind; der Zucker wurde zum Hauptschlüssel für die Beherrschung Cubas durch die Vereinigten Staaten; ihr Preis war die Monokultur und der erbarmungslose Raubbau. Aber es war nicht nur der Zucker. Dies ist auch die Geschichte des Kakaos, dem das Vermögen der Oligarchie in Caracas seinen Ursprung verdankt; es ist die Geschichte der Baumwolle von Maranhão, deren plötzlicher Glanzzeit und plötzlichem Fall; die der Kautschukplantagen im Amazonasgebiet, die zu Friedhöfen für die Arbeiter aus dem Nordosten wurden, die für einige Münzen angeheuert wurden; die der verwüsteten Quebracho-Wälder in Nordargentinien und in Paraguay; die der Pita-Plantagen in Yukatan, wo die Yaqui-Indianer zu ihrer eigenen Vernichtung hingeschickt wurden. Es ist ebenso die Geschichte des Kaffees, der bei seinem Vorrücken Wüsten hinter sich läßt, und die der Obstpflanzungen in Brasilien, Kolumbien, Ekuador und den unglücklichen Ländern Mittelamerikas.

Den gleichen Weg gingen auch die Zonen, die Mineralschätze hervorbrachten. *Je begehrter ein Produkt auf dem Weltmarkt ist, um so größer ist das Unglück des lateinamerikanischen Volkes, das sich opfern muß, um es zu erzeugen.* Die von diesem ehernen Gesetz am wenigsten betroffene Zone des Río de la Plata, die Felle und später Fleisch und Wolle auf den Weltmarkt geworfen hat, konnte trotz alledem dem Käfig der Unterentwicklung nicht entgehen.

Der Mord an der Erde in Nordostbrasilien

Die spanischen Kolonien lieferten in erster Linie Metalle. Sehr bald hatte man in ihnen die Schätze und die Metalladern entdeckt. Der in den Hintergrund gedrängte Zucker wurde in Santo Domingo, dann in Veracruz und später an der peruanischen Küste und in Cuba angebaut. Hingegen war bis zur Mitte des 17. Jahrhunderts Brasilien der größte Zuckerproduzent der Welt. Gleichzeitig war diese protugiesische Kolonie in Amerika der wichtigste Sklavenmarkt; die sehr knappen eingeborenen Arbeitskräfte gingen bei der Zwangsarbeit rasch zugrunde, und der Zucker benötigte große Arbeiterscharen, um den Boden zu säubern und zum Anbau vorzubereiten, um das Zuckerrohr anzupflanzen, es zu ernten und fortzuschaffen und es schließlich zu mahlen und zu verfeinern. Die brasilianische Kolonialgesellschaft, ein Nebenprodukt des Zuckers, blühte in Bahía und Pernambuco, bis die Entdeckung des Goldes ihren Schwerpunkt nach Minas Gerais verlegte.

Der Boden wurde von der portugiesischen Krone den ersten großen Landherren Brasiliens zur Nutznießung überlassen. Die großartige Leistung der »Conquista« sollte mit der Organisation der Produktion Hand in Hand gehen. Nur zwölf »Kapitäne« erhielten durch Schenkungsbrief das gesamte, unendlich große, unerforschte Kolonialgebiet[3],

3 Sergio Bagú, »Economía de la sociedad colonial. Ensayo de historia comparada de América Latina«, Buenos Aires, 1949.

um es im Dienste des Monarchen auszubeuten. Nichtsdestoweniger war es holländisches Kapital, das das Geschäft zum größten Teil finanzierte, das also eher in flämischen als in portugiesischen Händen lag. Die holländischen Unternehmen waren nicht nur an der Errichtung der Zuckerfabriken und der Sklaveneinfuhr beteiligt; sie übernahmen auch unverarbeiteten Zucker in Lissabon, verfeinerten ihn mit Gewinnaufschlägen, die bis zu einem Drittel des Wertes des Endproduktes gingen[4], und verkauften ihn in Europa.

1630 eroberte die Dutch West India Company die Nordostküste Brasiliens, um die direkte Kontrolle über das Produkt zu erlangen. Als die Holländer 1654 endlich aus dem Nordosten vertrieben wurden, hatten sie schon den Grundstein dazu gelegt, daß Barbados sich mit Schleuderpreisen in einen wütenden Konkurrenzkampf stürzte. Sie hatten Neger und Zuckerrohrwurzeln dorthin gebracht, sie hatten Zuckerfabriken errichtet und sie mit allem Zubehör versehen. Die brasilianischen Exporte fielen jäh auf die Hälfte, und auf die Hälfte fielen auch am Ende des 17. Jahrhunderts die Zuckerpreise. In zwei Jahrzehnten verzehnfachte sich die Negerbevölkerung auf Barbados. Die Antillen lagen in größerer Nähe des europäischen Marktes, Barbados bot noch vollwertigen Boden, und seine Produktionsmethoden standen auf höherem technischen Niveau. Die brasilianische Erde war müde geworden. Das bedeutende Ausmaß der Sklavenrebellionen in Brasilien und das Aufkommen des Goldes im Süden, durch das den Plantagen Arbeitskräfte entrissen wurden, waren weitere Faktoren, die die Krise des Nordostens, der Zucker produzierte, auslösten. Es war eine definitive Krise. Sie dauert, sich mühsam von Jahrhundert zu Jahrhundert schleppend, bis in unsere Tage an.

Der Zucker war dem Nordosten zum Verhängnis geworden. Der feuchte, von Regenfällen begünstigte Küstenstreifen besaß einen sehr fruchtbaren, an Humus und Mineralsalzen reichen Boden, der von Bahía bis Ceará von Wäldern bedeckt war. Dieses Gebiet tropischen Urwalds verwandelte sich, wie Josué de Castro berichtet, in eine Grasebene[5]. Man hatte anfänglich Orangen- und Mango-Pflanzungen vorgenommen, die »ihrem Schicksal überlassen wurden und sich schließlich auf kleine Gemüsegärten beschränkten, die das Haus des Fabrikbesitzers umgaben und ausschließlich für die Familie des weißen Pflanzers bestimmt waren«[6]. Die Brände, durch die Erde für die Pflanzungen freigelegt wurde, verwüsteten den Wald und mit ihm die Fauna; es ver-

4 Celso Furtado, »Formación económica del Brasil«, Mexiko / Buenos Aires, 1959.
5 Josué de Castro, »Geografiía da fome«, São Paulo, 1963.
6 Josué de Castro, a.a.O.

schwanden die Hirsche, die Wildschweine, die Tapire, die Kaninchen, die Pakas und die Gürteltiere. Der Pflanzenteppich, Flora und Fauna wurden auf den Altären der Monokultur dem Zuckerrohr geopfert. Die extensive Bewirtschaftung erschöpfte den Boden schnell.
Die Eigentümer, die den besten Boden besaßen, bauten keine Nahrungsmittel an. Sie führten sie ein, wie sie auch eine lange Reihe von Luxusartikeln einführten, die aus Übersee zusammen mit den Sklaven und den Salzsäcken kamen. Der Überfluß und der Wohlstand bildeten, wie gewöhnlich, das Gegenstück zum Elend der Mehrheit der Bevölkerung, die sich in einem Zustand chronischer Unterernährung befand. Die Viehzucht wurde weit weg von dem feuchten Streifen der Küste in die trockenen Zonen des Inneren, den »Sertão«, verlegt, der bei zwei Stück Vieh pro Quadratkilometer das harte und geschmacklose, immer knappe Fleisch lieferte (und noch heute liefert).
Aus jenen Zeiten der Kolonie stammt die noch heute anzutreffende Gewohnheit, Erde zu essen. Der Mangel an Eisen verursacht Blutarmut. Ihr Instinkt treibt die Kinder des Nordostens dazu, mit der Erde die Mineralsalze zu ersetzen, die sie in ihrer normalen Nahrung nicht vorfinden; diese beschränkt sich auf Maniokmehl, Bohnen und bestenfalls gedörrtes Fleisch. Einst bestrafte man dieses »afrikanische Laster« der Kinder, indem man ihnen Maulkörbe aufsetzte oder sie in Weidenkörbe steckte, die man weit vom Boden entfernt aufhängte[7].
Der Nordosten Brasiliens ist derzeit das unterentwickeltste Gebiet der westlichen Halbkugel[8]. *Ein riesiges Konzentrationslager für 30 Millionen Menschen, das heute an den Folgen der Erbschaft der Zuckermonokultur leidet. Aus ihrer Erde sproß das einträglichste Geschäft der kolonialen Agrarwirtschaft in Lateinamerika.* Heute wird weniger als ein Fünftel der feuchten Zone Pernambucos für den Anbau von Zuckerrohr verwendet; der Rest liegt brach[9]. Die Besitzer der großen Zuckerfabriken im Zentrum erlauben sich diesen Luxus der Vergeudung und

7 Josué de Castro, a.a.O. – Ein englischer Reisender, Henry Koster, schrieb die Gewohnheit, Erde zu essen, dem Kontakt der weißen Kinder mit Negerkindern zu, »die dieses afrikanische Laster übertragen«.

8 Der Nordosten ist in vieler Hinsicht einer Art internen Kolonialismus ausgesetzt, der den industrialisierten Süden begünstigt. Innerhalb des Nordostens wiederum ist das Gebiet des »Sertão« der Zuckerzone untergeordnet, die von ihm beliefert wird; die Zuckerlatifundien hängen ihrerseits von den Industrieanlagen zur Verarbeitung des Produktes ab. Die althergebrachte Institution des »Senhor de engenho« (Plantagenherren) ist in der Krise; die Pflanzungen sind von den zentralen Zuckerfabriken verschlungen worden.

9 Nach den Untersuchungen des »Sozialforschungsinstitutes Joaquim Nabuco« von Pernambuco, zitiert von Kit Sims Taylor in: »El Nordeste brasileño: azúcar y plusvalía«, »Monthly Review«, Nr. 63, Santiago de Chile, Juni 1969.

belassen ihre ausgedehnten Latifundien in unproduktivem Zustand. Es ist nicht in den ganz oder halb trockenen Zonen des Inneren der Nordostzone, wo die Menschen am schlechtesten ernährt sind, wie irrigerweise angenommen wird. Der »Sertão«, eine Steinwüste mit dünnem Gestrüpp und spärlicher Vegetation, wird periodisch von Hungersnöten heimgesucht; die Sonne der Dürre stürzt sich auf die Erde, reißt sie auf und verwandelt sie in eine Mondlandschaft; sie zwingt die Menschen zum Verlassen des Gebietes und besät die Straßenränder mit Kreuzen. In der feuchten Küstenzone aber ist der Hunger endemisch. Dort, wo die Üppigkeit am üppigsten ist, in diesem Lande der Widersprüche, ist das Elend am elendsten; die von der Natur dazu auserwählte Region, alle Nahrungsmittel zu spenden, verweigert sie alle. Der Küstenstreifen ist in einer Ironie der Sprache noch heute als »Zona da mata« (Waldzone) bekannt, zu Ehren der weit zurückliegenden Vergangenheit und der armseligen Spuren von Wald, der die Jahrhunderte des Zuckers überlebt hat. Das Zuckerlatifundium und seine Struktur der Vergeudung zwingen weiter dazu, Nahrungsmittel aus anderen Zonen, hauptsächlich aus den Gebieten im Zentrum und Süden des Landes, zu ständig steigenden Preisen herbeizuschaffen. Die Lebenshaltungskosten in Recife sind die höchsten des Landes und übertreffen die Ziffern von Rio de Janeiro bei weitem. Die Bohnen sind im Nordosten teurer als in Ipanema, dem luxuriösesten Strand der Hauptstadt. Ein halbes Kilo Maniokmehl entspricht dem Tageslohn eines erwachsenen Arbeiters in einer Zuckerplantage, für den er von frühmorgens bis abends arbeiten muß. Wenn der Arbeiter protestiert, läßt der Aufseher den Tischler zum Maßnehmen holen. Für die Eigentümer oder ihre Verwalter ist nach wie vor in weiten Zonen das »Recht auf die erste Nacht« jeder jungen Frau in Kraft. Ein Drittel der Bevölkerung Recifes lebt ein Randdasein in den Hütten des Lumpenviertels; in dem Bezirk »Casa Amarela« stirbt mehr als die Hälfte aller Kinder, die geboren werden, ehe sie das erste Lebensjahr vollenden[10]. Die Prostitution von Kindern – zehn- bis zwölfjährige Mädchen, die von ihren Eltern verkauft werden – ist in den Städten des Nordostens häufig anzutreffen. Für einen Arbeitstag wird in einigen Plantagen ein Betrag bezahlt, der niedriger als der niedrigste Tageslohn in Indien ist. In einem Bericht der FAO, einer Organisation der Vereinten Nationen, wurde 1957 erklärt, daß in dem Orte Victoria, in der Nähe von Recife, der Mangel an Proteinen »bei den Kindern einen 40 Prozent größeren Gewichtsverlust hervorrufe, als im allgemeinen in Afrika zu

10 Franklin de Oliveira, »Revolución y contrarevolución en el Brasil«, Buenos Aires, 1965.

beobachten ist«. In zahlreichen Plantagen bestehen noch die privaten Gefängnisse, »aber die für die Morde durch Unterernährung Verantwortlichen«, sagt René Dumont, »werden in ihnen nicht gefangengehalten, da sie es sind, die die Schlüssel haben«[11].
Pernambuco erzeugt jetzt weniger als die Hälfte des Zuckers, den der Staat São Paulo erzeugt, und obendrein mit weit geringerem Ertrag pro Hektar; Pernambuco lebt nichtsdestoweniger vom Zucker, und von ihm leben seine in der feuchten Zone dicht zusammengedrängten Bewohner, während im Staate São Paulo das mächtigste Industriezentrum Lateinamerikas liegt. Im Nordosten wirkt sich nicht einmal der Fortschritt fortschrittlich aus; denn selbst der Fortschritt ist in den Händen einiger weniger Eigentümer konzentriert. Die Nahrung der Minderheit bedeutet Hunger für die Mehrheit. Ab 1870 wurde die Zuckerindustrie durch die Errichtung großer zentralisierter Zuckermühlen in erheblichem Maße modernisiert, und daraufhin »ist die Absorption von Ländereien durch die Latifundien in alarmierendem Grade fortgeschritten, wodurch sich die Nahrungsmittelnot dieser Zone verschärft hat«[12]. In dem Jahrzehnt 1950–1960 stieg infolge der fortschreitenden Industrialisierung der Zuckerkonsum in Brasilien. Die Produktion im Nordosten erhielt erheblichen Auftrieb, ohne daß jedoch die Erträge pro Hektar stiegen. Neues Land geringerer Güte wurde für den Zuckerrohranbau herangezogen, und der Zucker verschlang wieder die wenigen zur Nahrungsmittelproduktion bestimmten Flächen. Der zum Tagelöhner gewordene Bauer, der früher sein eigenes kleines Stück Land bearbeitete, verbesserte hierdurch nicht seine Lage, da er nicht genügend verdient, um sich die Nahrungsmittel kaufen zu können, die ihm sein Boden früher einbrachte[13].

Sturmschritt auf den Karibischen Inseln

Die Antillen waren die »Sugar Islands«, die Zuckerinseln. Im Verlauf ihrer sukzessiven Eingliederung in den Weltmarkt als Zuckerproduzenten sind Barbados, die Inseln Sotavento, Trinidad-Tobago, Guadalupe, Puertorico und die Dominikanische Republik bis in unsere Tage zum Zucker verurteilt geblieben. Als Gefangene der Monokultur des Zuckerrohres auf den Latifundien mit weiten und erschöpften Bodenflächen

11 René Dumont, »Tierras vivas. Problemas de la reforma agraria en el mundo«, Mexiko, 1963.
12 Josué de Castro, a.a.O.
13 Celso Furtado, »Dialética do desenvolvimento«, Rio de Janeiro, 1964.

sind die Inseln Opfer der Arbeitslosigkeit und der Armut. Der Zucker wird in großem Maßstab angebaut, und in großem Maßstab verbreitet er auch seinen Fluch. Auch Cuba hängt in starkem Maße von seinen Zuckerverkäufen ab, aber seit der Agrarreform im Jahre 1959 setzte ein intensiver Diversifizierungsprozeß der Wirtschaft der Insel ein, durch den die Arbeitslosigkeit behoben wurde: Die Cubaner arbeiten nicht mehr nur während der Zuckerernten, d. h. fünf Monate jährlich, sondern zwölf, im Zuge des ununterbrochenen, gewiß nicht leichten Aufbaus einer neuen Gesellschaft. »Sie werden vielleicht glauben, meine Herren«, sagte Karl Marx 1848, »daß die Kaffee- und Zuckerproduktion die naturgegebene Bestimmung Westindiens ist. Vor zwei Jahrhunderten hatte die Natur, die kaum etwas mit dem Handel zu tun hat, dort weder den Kaffeebaum noch das Zuckerrohr gepflanzt«[14]. Die internationale Arbeitsteilung verdankt ihre Strukturen nicht dem Heiligen Geist, sondern ist Menschenwerk, oder, um es genauer auszudrücken, sie ist ein Ergebnis der weltweiten Entwicklung des Kapitalismus.

In Wirklichkeit war Barbados die erste karibische Insel, auf der Zucker für Massenausfuhr von 1641 an angebaut wurde, obwohl die Spanier schon vorher Zuckerrohr auf Santo Domingo und in Cuba gepflanzt hatten. Es waren die Holländer, die die Pflanzungen auf der winzigen britischen Insel eingeführt hatten; 1666 gab es in Barbados bereits 800 Zuckerplantagen und mehr als 80 000 Sklaven. Früher hatte die Insel die Vorteile der Polykultur genossen. Sie produzierte auf kleinen Besitztümern Baumwolle und Tabak, Orangen, Kühe und Schweine. Die Zuckerrohrpflanzungen verschlangen die Anbauflächen und verwüsteten dichte Wälder, und zwar im Namen eines Aufstiegs, der nur von kurzer Dauer war. Sehr rasch entdeckte die Insel, daß sie nicht in der Lage war, ihre Bevölkerung zu ernähren und daß sie Zucker zu nicht konkurrenzfähigen Preisen erzeugte[15].

Der Zucker hatte sich bereits auf andere Inseln ausgebreitet, auf den Archipel von Sotavento, auf Jamaika und – auf dem Kontinent selbst – auf Guayana. Zu Beginn des 18. Jahrhunderts gab es auf Jamaika zehnmal soviel Sklaven wie weiße Siedler. Aber auch sein Boden ermüdete in kurzer Zeit. In der zweiten Hälfte des Jahrhunderts sproß der beste Zucker der Welt aus dem schwammigen Boden der Küstenebenen Haitis hervor, einer französischen Kolonie, die damals Saint

14 Karl Marx, »Discurso sobre el Libre Cambio«, in: »Miseria de la filosofía«, Moskau, ohne Angabe des Jahres.
15 Vincent T. Harlow, »A History of Barbados«, Oxford, 1926.

Domingue hieß. Der Norden und der Westen Haitis verwandelten sich in einen menschlichen Ameisenhaufen; der Zucker erforderte ständig neue Hände. 1786 kamen 27 000 Sklaven auf der Insel an und im folgenden Jahre 40 000.

Im Herbst 1791 brach die Revolution aus. In einem einzigen Monat, im September, wurden 200 Plantagen ein Raub der Flammen; die Brände und die Kämpfe gingen pausenlos weiter, während die aufständischen Sklaven die französischen Heereseinheiten zum Ozean drängten. Die Schiffe fuhren mit immer mehr Franzosen und mit immer weniger Zucker beladen ab. Der Krieg ließ Ströme von Blut fließen und verwüstete die Plantagen. Er war lang. Das vernichtete Land war gelähmt; am Ende des Jahrhunderts war die Produktion vertikal gefallen. »Im November des Jahres 1803 war fast die ganze, einst blühende Kolonie ein großer Friedhof voll Asche und Schutt«, sagt Lepkowski[16]. Die Revolution Haitis war – nicht nur zeitlich – mit der Französischen Revolution zusammengefallen, und Haiti erfuhr auch am eigenen Leibe die Blockade gegen Frankreich seitens der internationalen Koalition: England beherrschte die Meere. Aber später erlitt Haiti, als seine Unabhängigkeit mit der Zeit unvermeidlich wurde, die von Frankreich ausgehende Blockade. Dem französischen Druck nachgebend, verbot der Kongreß der Vereinigten Staaten 1806 den Handel mit Haiti. Erst 1825 erkannte Frankreich die Unabhängigkeit seiner ehemaligen Kolonie an, aber dies nur gegen Leistung einer riesigen Entschädigung in bar.

1802, kurze Zeit nachdem der General Toussaint-Louverture, der Anführer der Sklavenheere, in Gefangenschaft geraten war, hatte General Leclerc seinem Schwager Napoleon von der Insel aus geschrieben: »Dies ist meine Meinung über dieses Land: Man muß alle Neger auf den Bergen, Männer und Frauen, töten und nur die Kinder unter zwölf Jahren schonen; man muß ferner die Hälfte der auf dem Flachland lebenden Neger ausrotten und in der Kolonie nicht einen einzigen Mulatten lassen, der Epauletten trüge«[17]. Die Tropen rächten sich an Leclerc, der »vom schwarzen Brechen erfaßt«, trotz der magischen Beschwörungen Pauline Bonapartes starb[18], ohne seinen Plan ausführen zu können; aber die Geldentschädigung wirkte wie ein erdrückender

16 Tadeusz Lepkowski, »Haiti«, Band I, Havanna, 1968.

17 Tadeusz Lepkowski, a.a.O.

18 Es gibt den ausgezeichneten Roman Alejo Carpentiers »El reino de este mundo« (Montevideo, 1966) über diese sinnbetörende Periode in der Geschichte Haitis. Er enthält eine perfekte Neuschöpfung der wechselvollen Auftritte Paulines und ihres Gatten an der Karibischen See.

Steinblock auf dem Rücken der unabhängig gewordenen Haitianer, die die durch mehrere aufeinanderfolgende Feldzüge unter ihnen angerichteten Blutbäder überlebt hatten. Das Land wurde in Ruinen unabhängig und hat sich nie erholt. Heute ist es das ärmste Land Lateinamerikas.
Die Krise in Haiti rief die Zuckerkonjunktur in Cuba hervor, das sich rasch in den ersten Zuckerlieferanten der Welt verwandelte. Auch die cubanische Kaffeeproduktion, die einen weiteren, stark begehrten Überseeartikel lieferte, verdankte ihren Aufstieg dem Niedergang der Produktion Haitis, aber der Zucker gewann das Rennen der Monokultur: 1862 sollte Cuba gezwungen sein, Kaffee aus dem Ausland zu beziehen. Ein prominentes Mitglied der cubanischen »Saccharokratie« ging so weit, von den »begründeten Vorteilen, die man aus dem fremden Unglück ziehen kann«[19], zu sprechen. Der Rebellion in Haiti folgten die märchenhaften Preise in der Geschichte des Zuckers auf dem europäischen Markt, und 1806 hatte Cuba bereits seinerseits die Zukkerfabriken und die Produktivität auf das Doppelte gesteigert.

Zuckerschlösser auf dem verbrannten Boden Cubas

Die Engländer hatten 1762 vorübergehend Havanna eingenommen. Damals waren die kleinen Tabakpflanzungen und die Viehzucht die Grundlagen der auf Agrarproduktion eingestellten Wirtschaft der Insel; Havanna, militärisches Zentrum, wies eine beachtliche Entwicklung der Handwerkskunst auf, hatte eine bedeutende Gießerei, in der Kanonen hergestellt wurden, und verfügte über die erste Werft Lateinamerikas für den Bau von Handels- und Kriegsschiffen in großem Umfang.
Elf Monate genügten den britischen Besatzungstruppen, um eine Anzahl von Sklaven einzuführen, die normalerweise im Verlaufe von fünfzehn Jahren ins Land gekommen wären, und seit jener Epoche war die cubanische Wirtschaft ausschließlich auf die ausländischen Zuckerbedürfnisse eingestellt. Die Sklaven sollten die begehrte Ware für den Weltmarkt herstellen, und ihr saftiger Überpreis ist seither der einheimischen Oligarchie und den Interessen des Imperialismus zugute gekommen.
Moreno Fraginals beschreibt mit beredten Ziffern den gewaltsamen Aufstieg des Zuckers in den Jahren, die der britischen Besetzung folgten. Das spanische Handelsmonopol war de facto in Stücke zerschlagen;

19 Manuel Moreno Fraginals, »El ingenio«, Havanna, 1964.

es waren ferner alle Schranken gefallen, die die Sklaveneinfuhr gebremst hatten. Die Zuckerfabrik sog alles, Menschen und Ländereien, auf. Die Arbeiter der Werft und der Gießerei und die unzähligen kleinen Handwerker, deren Beitrag für die Entwicklung der Industrie ausschlaggebend gewesen wäre, gingen in die Zuckerfabriken; die kleinen Bauern, die auf dem Land Tabak oder in ihren Gärten Obst pflanzten, wurden ebenfalls zu Opfern der bestialischen Zerstörung des Bodens durch die Zuckerrohrpflanzungen und wurden gleichfalls von der Zuckerproduktion erfaßt. Die extensive Bewirtschaftung führte zu dem allmählichen Rückgang der Fruchtbarkeit des Bodens. Aus den Feldern Cubas schossen die Türme der Zuckerfabriken, und jede Fabrik benötigte ständig mehr Land. Das Feuer verschlang die zum Tabakanbau bestimmten Fluren und die Wälder und zerstörte die Weideplätze.

1792 kam das Dörrfleisch, das wenige Jahre vorher ein cubanischer Exportartikel gewesen war, bereits in großen Mengen aus dem Ausland, und Cuba sollte es weiterhin einführen müssen[20]. Die Werft und die Gießerei welkten dahin, die Tabakproduktion nahm jäh ab. Die tägliche Arbeitszeit der Zuckersklaven wurde auf zwanzig Stunden ausgedehnt. Über der dampfenden Erde festigte sich die Macht der »Saccharokratie«. Am Ende des 18. Jahrhunderts, dem Zeitpunkt der Euphorie der bis ins Uferlose steigenden internationalen Preise, wurde hemmungslos spekuliert. Die Grundstückspreise stiegen in Güines auf das Zwanzigfache; in Havanna war der tatsächliche Zinsfuß des Geldes achtmal höher als der gesetzlich festgelegte; in Cuba stiegen die Gebühren für Taufen, Beerdigungen und Messen im gleichen Verhältnis wie die zügellose Teuerung der Neger und der Ochsen.

Die Geschichtsschreiber anderer Zeiten hatten gesagt, daß man ganz

20 Die Anlagen zur Herstellung von Pökelfleisch hatten bereits am Rio de la Plata Fuß gefaßt. Argentinien und Uruguay, die damals nicht getrennt voneinander bestanden und auch nicht so hießen, hatten ihre Wirtschaft auf den Export von eingesalzenen Dörrfleisch, Fellen, Fett und Talg in großem Umfang eingestellt. Brasilien und Cuba, die zwei großen Sklavenzentren des 19. Jahrhunderts, waren ausgezeichnete Märkte für das Pökelfleisch, ein sehr billiges, leicht transportables und nicht weniger leicht konservierbares Nahrungsmittel, das unter der tropischen Hitze nicht verdarb. Die Cubaner nennen das Pökelfleisch noch heute »Montevideo«; aber Uruguay stellte 1965 dessen Export ein, um sich so der von der »Organisation amerikanischer Staaten« gegen Cuba verfügten Blockade anzuschließen. Auf diese Weise verlor Uruguay unsinnigerweise den letzten Absatzmarkt, der ihm für dieses Produkt verblieben war. Cuba war am Ende des 18. Jahrhunderts der erste Absatzmarkt gewesen, der sich für das uruguayische Fleisch öffnete, das in dünnen, trockenen Streifen verschifft wurde. – José Pedro Barrán und Benjamín Nahum, »Historia rural del Uruguay moderno (1851–1885)«, Montevideo, 1967.

Cuba im Schatten riesiger Palmen und dichter Wälder durchwandern könne, in denen der Mahagonibaum und die Zedern, der Ebenholzbaum und die Gadame in großen Mengen anzutreffen seien. Noch heute kann man die Edelhölzer Cubas an Tischen und Fenstern des Eskorials oder den Pforten des königlichen Palastes in Madrid bewundern, aber die Invasion des Zuckerrohres vernichtete in mehreren aufeinanderfolgenden Bränden die besten Urwälder, die den Boden Cubas bedeckten. Die extensive Zuckerrohrwirtschaft, die einen Raubbau darstellte, bedeutete nicht nur den Tod des Waldes, sondern – auf lange Sicht – auch den Tod der märchenhaften Fruchtbarkeit der Insel[21]. Heute ist der Ertrag der Zuckerpflanzungen Cubas pro Hektar weniger als ein Drittel des in Peru erzielten und 4½mal geringer als der von Hawaii[22]. Die Bewässerung und die Fruchtbarmachung des Bodens sind heute Hauptaufgaben der cubanischen Revolution. Große und kleine Wasserstaubecken werden errichtet, während gleichzeitig auf den Feldern Kanäle angelegt und auf der ausgeplünderten Erde Düngemittel ausgestreut werden.

Die »Saccharokratie« gebar ihren trügerischen Reichtum, indem sie gleichzeitig die Abhängigkeit Cubas besiegelte, das zu einer hervorragenden Faktorei wurde, dessen Wirtschaft jedoch an Diabetes erkrankte. Unter denen, die die fruchtbarsten Ländereien mit den brutalsten Mitteln verwüsteten, gab es Persönlichkeiten von hohem europäischen Bildungsniveau, die einen echten Breughel erkennen und auch kaufen konnten; von ihren häufigen Reisen nach Paris brachten sie etruskische Gefäße, griechische Amphoren und französische Gobelins mit. Zu meiner Überraschung entdeckte ich in der Küche eines vornehmen Hauses in Havanna einen riesigen Tresor mit Geheimschloß, den eine Gräfin dazu verwendete, in ihm das Tafelgeschirr aufzubewahren. Bis 1959 wurden keine Fabriken, sondern Zuckerschlösser errichtet. Der Zucker setzte Diktatoren ein und ab, verschaffte den Arbeitern Beschäftigung oder verweigerte sie ihnen und entschied den Rhythmus, in dem die tanzenden Millionen und die furchtbaren Krisen einander ablösten. Um die Mitte des 19. Jahrhunderts gab es in Trinidad mehr als 40 Zukkerfabriken, die 700 000 »Arrobas« (etwa 17 Millionen Pfund) Zucker

21 Manuel Moreno Fraginals, a.a.O. – Bis vor kurzem fuhren die »Palanqueros« auf dem Flusse Sagua. »Sie führen eine lange Stange mit eiserner Spitze mit. Mit ihr wühlen sie das Flußbett so lange auf, bis sie ein Holzstück aufspießen (. . .) So ziehen sie Tag für Tag aus dem Grunde des Flusses die Reste der Bäume hervor, die des Zuckers wegen abgeschlagen worden waren. Sie leben von den Leichen des Waldes.«

22 Celso Furtado, »La economía latinoamericana desde la Conquista Ibérica hasta la Revolución Cubana«, Santiago de Chile, 1969.

erzeugten. Die ärmeren Bauern, die Tabak pflanzten, waren mit Gewalt vertrieben worden, und in der Zone, in der man auch Vieh gezüchtet hatte und die einst Fleisch ausgeführt hatte, aß man von auswärts gebrachtes Fleisch. Kolonialpaläste schossen aus dem Boden, mit ihren Schatten und Versteck bietenden Portalen, ihren hohen Gemächern, kristallsprühenden Kronleuchtern, Perserteppichen, samtenem Schweigen und Menuettklängen in der Luft, den Salons mit Spiegeln, die das Bild der Kavaliere mit Perücke und Schnallenschuhen zurückstrahlten. Trinidad wird jetzt die Stadt der »Gehabten« genannt; denn ihre noch überlebenden weißen Bewohner sprechen immer von irgendeinem Vorfahren, der Macht und Reichtum »gehabt« hat. Aber es kam zur Krise des Jahres 1857, die Zuckerpreise fielen, und die Stadt fiel mit ihnen, um sich nie wieder zu erheben[23].

Ein Jahrhundert darauf, als die Guerillakämpfer aus der Sierra Maestra die Macht eroberten, war das Schicksal Cubas noch an den internationalen Zuckerpreis gebunden. »Ein Volk, das seinen Bestand auf ein einziges Produkt gründet, begeht Selbstmord«, hatte der Nationalheld José Martí prophezeit. – 1920, bei einem Zuckerpreis von 22 Cents pro Pfund, schlug Cuba den Weltrekord an Ausfuhren pro Einwohner, wobei es sogar England in den Hintergrund drängte, und wies die höchsten »per capita«-Einkünfte Lateinamerikas auf. Aber im Dezember desselben Jahres fiel der Zuckerpreis auf vier Cents, und 1921 brach die Krise aus: Zahlreiche Zuckerfabriken gingen bankrott und wurden von nordamerikanischem Kapital aufgesogen; alle cubanischen oder spanischen Banken – einschließlich der Nationalbank selbst – brachen zusammen. Nur die Filialen nordamerikanischer Banken überstanden den Sturm[24]. Eine derart abhängige und verwundbare Wirtschaft wie die Cubas sollte auch später dem heftigen Anprall der Krise des Jahres 1929 in den Vereinigten Staaten nicht standhalten können: der Zuckerpreis fiel 1932 auf weniger als ein Cent, und in drei Jahren verringerten sich die Ausfuhren, was ihren Wert anbelangt, auf ein Viertel. Der Prozentsatz der Arbeitslosen, der damals in Cuba zu verzeichnen war, »dürfte schwerlich von irgendeinem anderen Lande je-

23 Moreno Fraginals hat die scharfsinnige Beobachtung gemacht, daß die Namen der im 19. Jahrhundert entstandenen Zuckerfabriken die Hausse- und Baisseperioden der Zuckerkurve widerspiegelten: »Esperanza« (Hoffnung), »Nueva Esperanza« (Neue Hoffnung), »Atrevido« (Kühn), »Casualidad« (Zufall), »Aspirante« (Aspirant), »Conquista« (Eroberung), »El Buen Suceso« (Das glückliche Ereignis), »Apuro« (Drangsal), »Angustia« (Beklemmung), »Desengaño« (Enttäuschung). Es gab viele Fabriken, die – wie in einer Vorahnung – »Desengaño« (Enttäuschung) getauft worden waren.

24 René Dumont, »Cuba (intento de crítica constructiva)«, Barcelona, 1965.

mals erreicht worden sein«[25]. Die Katastrophe im Jahre 1921 war durch das Fallen des Zuckerpreises auf dem nordamerikanischen Markt hervorgerufen worden, und von Nordamerika kam alsbald ein Kredit von 50 Millionen Dollar: hinter dem Kredit kam auch der General Crowder; unter dem Vorwand, die Verwendung der Geldsummen zu überwachen, sollte Crowder de facto das Land regieren. Dank seiner guten Dienste gelangte 1924 die Diktatur Machados an die Macht, aber durch die große wirtschaftliche Depression der dreißiger Jahre wurde dieses blutige Terrorregime im Verlaufe eines Generalstreiks, der das Land lähmte, gestürzt.

Das, was mit den Preisen der Fall war, wiederholte sich mit dem Exportvolumen. Von 1948 an erlangte Cuba seine Zuckerquote wieder, um mit ihr ein Drittel des nordamerikanischen Marktes zu niedrigeren Preisen als denen, die die Produzenten in den Vereinigten Staaten erhielten, jedoch zu höheren und beständigeren als denen des Weltmarktes, zu versorgen. Schon vorher hatten die Vereinigten Staaten für die Zuckerimporte aus Cuba Zollerleichterungen gegen ähnliche Vorrechte für die Einfuhr nordamerikanischer Waren in Cuba verfügt. Alle diese »Begünstigungen« trugen zur Festigung des Abhängigkeitsverhältnisses bei. »Das Volk, das kauft, ist Herr; das Volk, das verkauft, Diener; um die Freiheit zu gewährleisten, muß ein Handelsgleichgewicht geschaffen werden; ein Volk, das sterben will, verkauft an ein einziges Volk, das, das sich retten will, an mehrere«, hatte Martí gesagt, und dasselbe wiederholte »Ché« Guevara auf der Konferenz der OAS (»Organisation amerikanischer Staaten«) 1961 in Punta del Este. Die Produktion wurde willkürlich, je nach dem Bedarf Washingtons, begrenzt. Das Niveau von 1926 (etwa fünf Millionen Tonnen) war noch in den 50er Jahren weiterhin die Durchschnittsproduktion; der Diktator Batista ergriff 1952 nach einer der größten Zuckerernten (mehr als sieben Millionen Tonnen), die bis dahin zu verzeichnen war, die Macht, und seine Mission bestand darin, die Schrauben fester anzuziehen, und tatsächlich fiel im nächsten Jahre, den Anweisungen aus dem Norden getreu, die Produktion auf vier Millionen Tonnen[26].

25 Celso Furtado, a.a.O. (s. Anm. 22).
26 Der Leiter der Zuckerplanung im Agrarministerium der Vereinigten Staaten erklärte kurz nach der Revolution: »Seit Cuba von der Bühne abgetreten ist, verfügen wir nicht mehr über den Rückhalt dieses Landes, des größten Exporteurs der Welt, der immer Reserven bereit hatte, um im Notfalle unseren Markt zu beliefern.« – Enrique Ruiz García, »América Latina: anatomía de una revolución«, Madrid, 1966.

Die geographische Nachbarschaft und das Aufkommen des Rübenzuckers in Frankreich und Deutschland während der Napoleonischen Kriege verwandelte die Vereinigten Staaten in den wichtigsten Zukkerkunden der Antillen. Schon 1850 beherrschten die Vereinigten Staaten ein Drittel des Handels Cubas und verkauften und kauften dort mehr als Spanien, obwohl die Insel damals noch spanische Kolonie war, und das Sternenbanner wehte auf den Masten von mehr als der Hälfte der Schiffe, die dort anlegten. Ein spanischer Reisender fand 1859 tief im Innern in weitab gelegenen kleinen Dörfern von Cuba Nähmaschinen nordamerikanischer Herkunft[27]. Die Hauptstraßen Havannas wurden mit Granitblöcken aus Boston bepflastert.

Als das 20. Jahrhundert anbrach, konnte man im »Louisiana Planter« folgendes lesen: »Allmählich geht die ganze Insel Cuba in nordamerikanische Hände über, was die einfachste und sicherste Art ist, ihre Annektierung durch die Vereinigten Staaten zu erreichen.« Im Nordamerikanischen Senat sprach man bereits von einem weiteren Stern auf der Fahne. Nach der Niederlage Spaniens regierte der General Leonard Wood die Insel. Gleichzeitig gingen die Philippinen und Puertorico in nordamerikanische Hände über[28]: »Sie sind uns durch den Krieg zugesprochen worden«, sagte Präsident McKinley unter Einbeziehung von Cuba, »und mit Gottes Hilfe und im Namen des Fortschritts der Menschheit und der Zivilisation ist es unsere Pflicht, uns solch großen Vertrauens würdig zu erweisen.« 1902 mußte Tomás Estrada Palma seine nordamerikanische Staatsbürgerschaft aufgeben, die er im Exil angenommen hatte; die nordamerikanischen Besatzungstruppen machten ihn zum ersten Präsidenten Cubas. 1960 erklärte der frühere amerikanische Botschafter in Cuba, Earl Smith, vor einem Unterauschuß des Senats folgendes: »Bis zur Machtübernahme durch Castro war der

27 Leland H. Jenks, »Nuestra colonia de Cuba«, Buenos Aires, 1960.

28 Puertorico – eine andere Zuckerfaktorei – geriet in Gefangenschaft. Vom nordamerikanischen Standpunkt aus sind die Bewohner Puertoricos nicht gut genug, um in einem eigenen Staate zu leben, hingegen wohl dafür geeignet, an der Front in Vietnam im Namen eines Vaterlandes, das nicht das ihre ist, zu sterben. Aus einer Berechnung geht hervor, daß – im Verhältnis zur Bevölkerungszahl – der »freie assoziierte Staat« Puertorico mehr Soldaten für den Kampf in Südostasien beigesteuert hat als der Rest der Vereinigten Staaten. Die Bewohner Puertoricos, die den obligatorischen Wehrdienst in Vietnam verweigern, werden auf fünf Jahre in die Kerker Atlantas geschickt. Zu dem Waffendienst in nordamerikanischen Reihen treten weitere, aus der Invasion des Jahres 1898 ererbte Demütigungen mit dem Segen des Gesetzes (eines Gesetzes des Kongresses der Vereinigten Staaten). Puertorico verfügt über eine symbolische Vertretung im nordamerikanischen Kongreß – ohne Stimmrecht und praktisch auch ohne Möglichkeit, seinen Standpunkt vorzu-

Einfluß der Vereinigten Staaten in Cuba so unwiderstehlich, daß der nordamerikanische Botschafter die zweitwichtigste Persönlichkeit im Lande war, deren Bedeutung manchmal sogar die des cubanischen Präsidenten überwog.«

Bis Batista zu Fall kam, verkaufte Cuba fast seinen gesamten Zucker an die Vereinigten Staaten. Fünf Jahre vorher hatte ein junger revolutionärer Rechtsanwalt vor denen, die über ihn wegen des Sturmes auf die Moncada-Kaserne Gericht hielten, die zutreffende Voraussage gemacht, daß die Geschichte ihn freisprechen würde. In seinem mitreißenden Plädoyer hatte er gesagt: »Cuba ist nach wie vor eine Faktorei, die Rohstoff produziert. Es wird Zucker ausgeführt, um Süßigkeiten einführen zu können ...«[29]. Cuba kaufte in den Vereinigten Staaten nicht nur Automobile und Maschinen, chemische Produkte, Papier und Kleidungsstücke, sondern auch Reis und Bohnen, Knoblauch und Zwiebeln, Fett, Fleisch und Baumwolle. Es kam Speiseeis aus Miami, Brot aus Atlanta und ganze Abendessen aus Paris. Das Land des Zuckers importierte etwa die Hälfte des Obstes und des Gemüses, das es verbrauchte, obwohl nur ein Drittel seiner arbeitsfähigen Bevölkerung ständig beschäftigt war und die Hälfte der Ländereien der Zuckerzentralen ausgedehnte brachliegende Flächen waren, auf denen die Unternehmen nichts produzierten[30]. Dreizehn nordamerikanische Zuckerfabriken verfügten über mehr als 47 Prozent der gesamten für Zuckeranbau bestimmten Fläche, und ihre Gewinne betrugen etwa 180 Millionen Dollar pro Ernte. Die Bodenschätze – Nickel, Eisen, Kupfer, Mangan, Chrom, Tungsten – bildeten einen Teil der strategischen Reserven der Vereinigten Staaten, und Unternehmer dieses Landes förderten und verarbeiteten die Erze je nach den schwankenden Bedürfnissen des Heeres und der Industrie im Norden. Es gab 1958 in Cuba

tragen. Für dieses Recht ein Kolonialstatut: Puertorico hatte bis zum Zeitpunkt der nordamerikanischen Besetzung eigene Währung und unterhielt einen blühenden Handel mit den wichtigsten Märkten. Heute ist der Dollar die Währung, und die Zolltarife werden in Washington festgelegt, wo auch alle den Außen- und den Binnenhandel der Insel betreffenden Entscheidungen getroffen werden. Dasselbe ist bei den auswärtigen Beziehungen, dem Transport- und Verbindungswesen, den Lohn- und Arbeitsbedingungen der Fall. Es ist der Bundesgerichtshof der Vereinigten Staaten, der die Gerichtsbarkeit über die Bewohner Puertoricos ausübt; das lokale Heer ist ein Bestandteil des Heeres im Norden. Industrie und Handel befinden sich in Händen nordamerikanischer Privatinteressen. Man wollte den Verlust der Nationalität durch Emigration definitiv werden lassen: die Not hat mehr als eine Million von Bewohnern Puertoricos dazu getrieben, zum Preise des Verlustes ihrer nationalen Eigenart ihr Glück in New York zu versuchen. Dort bilden sie ein Unterproletariat, das in den niedrigsten Vierteln zusammengedrängt lebt.

29 Fidel Castro, »La Revolución Cubana« (Reden), Buenos Aires, 1959.

30 A. Núñez Jiménez, »Geografía de Cuba«, Havanna, 1959.

eine höhere Zahl von eingetragenen Prostituierten als von Minenarbeitern[31]. Anderthalb Millionen Cubaner waren völlig oder teilweise arbeitslos, wie aus den Untersuchungen von Seuret und Pino hervorgeht, die von Núñez Jiménez zitiert werden.

Die Wirtschaft des Landes bewegte sich im Gleichklang mit den Zuckerernten. Das Kaufpotential der cubanischen Exporte überstieg zwischen 1952 und 1956 nicht das Niveau von dreißig Jahren vorher[32], obwohl der Devisenbedarf bedeutend höher geworden war. In den dreißiger Jahren, als die Krise die Abhängigkeit der cubanischen Wirtschaft nur noch verstärkte, anstatt sie zu zersprengen, war man so weit gegangen, eben eingerichtete Fabriken abzumontieren, um sie an andere Länder zu verkaufen. Als die Revolution am ersten Tage des Jahres 1959 siegte, war die Entwicklung der cubanischen Industrie ärmlich und ging langsam vor sich; mehr als die Hälfte der Produktion war in Havanna konzentriert, und die wenigen mit moderner Technologie betriebenen Fabriken wurden von den Vereinigten Staaten aus ferngelenkt. Ein cubanischer Nationalökonom, Regino Boti, Mitverfasser der von den Freischärlern der Sierra proklamierten wirtschaftlichen Grundlinien, führt als Beispiel das einer Filiale von Nestlé an, die in Bayamo Kondensmilch herstellte: »Im Falle von Betriebsstörungen telephonierte der Techniker mit Connecticut und gab an, daß in seiner Abteilung dies oder jenes nicht funktionierte. Er erhielt sofortige Anweisungen über die zu treffenden Maßnahmen und führte sie mechanisch aus ... Wenn dieser Vorgang keinen Erfolg hatte, so kam vier Stunden später ein Flugzeug mit einem Team hochqualifizierter Spezialisten, das alles in Ordnung brachte. Nach der Nationalisierung konnte man nicht mehr telephonisch Hilfe anfordern, und die wenigen Techniker, die in der Lage gewesen wären, kleinere Schäden zu beheben, hatten Cuba verlassen«[33]. Dieses Zeugnis gibt über die Schwierigkeiten Aufschluß, auf die die Revolution stieß, als sie das Abenteuer wagte, die Kolonie in ein Land zu verwandeln.

Cuba hatte durch sein Statut der Abhängigkeit abgeschnittene Beine, und es fiel ihm wahrhaftig nicht leicht, auf eigene Rechnung gehen zu lernen. Die Hälfte der cubanischen Kinder ging 1958 nicht zur Schule, aber die Unwissenheit war, wie Fidel Castro so oft mit Nachdruck erklärt hat, viel verbreiteter und schwieriger als der Analphabetismus.

31 René Dumont, a.a.O.

32 Dudley Seers, Andrés Bianchi, Richard Jolly und Max Nolff, »Cuba, the Economic and Social Revolution«, Chapel Hill (North Carolina), 1964.

33 K. S. Karol, »Les Guérrilleros au pouvoir. L'itinéraire politique de la revolution cubaine«, Paris, 1970.

In der großangelegten Kampagne des Jahres 1961 wurde ein Heer von jungen Freiwilligen mobilgemacht, um alle Cubaner lesen und schreiben zu lehren, und die Ergebnisse ließen die Welt aufhorchen: Cuba hat heute, nach Untersuchungen des internationalen Erziehungsamtes der UNESCO, den niedrigsten Prozentsatz von Analphabeten und den höchsten Prozentsatz an Schulbesuchen (Grundschule und Mittelschule) ganz Lateinamerikas. Nichtsdestoweniger kann das fluchbeladene Erbe der Ignoranz nicht über Nacht – und auch nicht in zwölf Jahren – überwunden werden. *Aber Cuba wird mit unerschöpflicher Begeisterung neu geschaffen. Es mißt seine Kräfte, seine Lebensfreude und seinen Wagemut an den Hindernissen.*

Der Zucker war das Messer und das Imperium der Mörder

»Ist auf Zucker besser als auf Sand bauen?« Diese Frage stellte sich Jean Paul Sartre 1960 in Cuba.

Am Kai des Hafens von Guayabal, wo Zucker haufenweise ausgeführt wird, schweben die Pelikane über einem riesigen Schuppen. Ich trete ein und erblicke voll Staunen eine goldfarbene Zuckerpyramide. Während sich unten die Falltüren öffnen, damit die Schüttrichter die Ladung – ohne Säcke – auf die Schiffe leiten können, ergießen sich durch die Spalte auf dem Dach neue Goldfluten eben angekommenen, aus den Mühlen der Fabriken dorthin geführten Zuckers. Das Sonnenlicht bricht durch und läßt ihn funkeln. Dieser lauwarme Berg, den ich berühre und den mein Blick nicht in seiner Gesamtheit zu umfassen vermag, ist etwa vier Millionen Dollar wert. Ich fühle, daß an diesem Ort die ganze Begeisterung und auch das Drama dieser Rekordernte von 1970 zum Ausdruck kommt, bei der trotz übermenschlicher Anstrengungen das angestrebte Ziel von zehn Millionen Tonnen nicht erreicht werden konnte. Und eine noch viel längere Geschichte zieht zusammen mit dem Zucker an meinem Blick vorbei. Ich denke an die Herrschaft der Francisco Sugar Co., des Unternehmens von Allen Dulles, wo ich eine volle Woche hindurch den Geschichten aus der Vergangenheit gelauscht und der Geburt der Zukunft beigewohnt habe: Josefina, Tochter von Caridad Rodríguez, die in einem Hörsaal, der früher Gefängniszelle war, studiert, an demselben Platz, wo ihr Vater gefangengehalten und vor seinem Tode gefoltert wurde; Antonio Bastidas, der siebzigjährige Neger, der sich in diesem Jahre eines Morgens mit beiden Händen auf den Hebel der Sirene stürzte, weil die Fabrik das vorgesehene Produktionsquantum überschritten hatte, und dabei schrie:

»Zum Teufel!« schrie er: »Wir haben's geschafft, zum Teufel!« Und niemand konnte seine verkrampften Hände vom Hebel lösen, während die Sirene, die den Ort geweckt hatte, ganz Cuba weckte; Geschichten von Zwangsräumungen, von Bestechungen, von Morden, von Hungersnot und den merkwürdigen Berufen, die die alljährlich notgedrungenerweise mehr als sechs Monate dauernde Arbeitslosigkeit hervorgebracht hatte: Grillenjäger auf den Feldern zum Beispiel. Ich denke, daß das Unglück einen aufgedunsenen Bauch gehabt hat; jetzt weiß man es. Die, die gestorben sind, sind nicht vergeblich gestorben: Amancio Rodríguez, zum Beispiel, der von Streikbrechern in einer Versammlung mit Kugeln durchlöchert wurde, derselbe, der wütend einen Blankoscheck des Unternehmens zurückgewiesen hatte; und als seine Kameraden ihn zu Grabe trugen, entdeckten sie, daß er weder Unterhosen noch Strümpfe besaß, die er ins Grab hätte mitnehmen können. Oder zum Beispiel Pedro Plaza, der im Alter von zwanzig Jahren verhaftet wurde und den Lastwagen mit Soldaten an die Minen führte, die er selbst gelegt hatte, und mit Lastwagen und Soldaten in die Luft ging. Und viele andere, an diesem Ort und an allen anderen: »Hier haben die Familien die Märtyrer sehr gern«, sagte mir ein alter Zukkerrohrarbeiter, »nachdem sie tot sind. Vorher hörte man nichts als Klagen.« Ich denke, daß es kein Zufall war, daß Fidel Castro drei Viertel seiner Guerillakämpfer unter den Bauern, Männern des Zukkers, anwarb, noch daß die Provinz Oriente gleichzeitig das größte Zuckerquantum und die meisten Aufstände in der Geschichte Cubas hervorgebracht hat. Ich kann mir den angestauten Groll erklären: Nach der großen Ernte von 1961 beschloß die Revolution, am Zucker Rache zu nehmen. Der Zucker war ein lebendiges Andenken an die erlittenen Erniedrigungen. War der Zucker auch ein Schicksal? Wurde er später zur Strafe? Kann er jetzt ein Hebel, ein Sprungbrett zur wirtschaftlichen Entwicklung werden? Unter dem Einfluß einer erklärlichen Ungeduld riß die Revolution zahlreiche Zuckerrohrpflanzungen ab, um im Handumdrehen die Agrarproduktion zu diversifizieren; sie verfiel nicht in den traditionellen Fehler, die Latifundien in unproduktive »Minifundien« zu teilen, aber in jedem sozialisierten Landgut wurden schlagartig Neupflanzungen vorgenommen, deren Verschiedenartigkeit übertrieben war. Es mußten Importe in großem Maßstab vorgenommen werden, um das Land zu industrialisieren, die Produktivität der Landwirtschaft zu steigern und zahlreiche Konsumbedürfnisse zu befriedigen, die die Revolution im Zuge der Neuverteilung des Reichtums enorm gesteigert hatte. Aber woher sollten ohne die großen Zuckerernten die nötigen Devisen für diese Importe kommen? Die

Entwicklung des Bergbaus, vor allem die Förderung des Nickelerzes, erfordert große Investitionen, die auch vorgenommen werden, und die Fischproduktion ist dank dem Anwachsen der Flotte auf das Achtfache gestiegen, was ebenfalls riesige Investitionen erfordert hat; die großen Produktionspläne für Citrusfrüchte befinden sich im Stadium der Ausführung; aber die Jahre, die zwischen Saat und Ernte liegen, machen Geduld erforderlich. Die Revolution entdeckte dann, daß sie das Messer mit dem Mörder verwechselt hatte. Der Zucker, der der Hauptfaktor der Unterentwicklung gewesen war, verwandelte sich nun in ein Werkzeug für die Entwicklung. Man konnte nicht umhin, die Früchte der Monokultur und der Abhängigkeit, die aus der Eingliederung Cubas in den Weltmarkt hervorgegangen waren, dazu zu verwenden, der Monokultur und der Abhängigkeit das Rückgrat zu brechen.

Denn die Einkünfte, die der Zucker bringt, werden nicht mehr dazu verwendet, die Struktur der Unterjochung weiter zu festigen[34]. Die Importe von Maschinen und Industrieeinrichtungen nahmen seit 1958 um 40 Prozent zu; der durch den Zucker erzielte Wirtschaftsüberschuß wird dazu bestimmt, die Grundindustrien auszubauen und zu erreichen, daß es keinen brachliegenden Boden mehr, noch zur Beschäftigungslosigkeit verurteilte Arbeiter gibt. Als die Diktatur Batistas gestürzt wurde, gab es in Cuba 5000 Traktoren und 300 000 Kraftwagen. Heute gibt es 50 000 Traktoren, die allerdings infolge schwerer organisatorischer Mängel in bedeutendem Maße verschwendet werden, und von jener Kraftwagenflotte, die zum größten Teil aus Luxusmodellen bestand, sind nur einige wenige Exemplare übrig, die einen Platz im Schrottmuseum verdienen. Die Zementindustrie und die Elektrizitätswerke haben erstaunlichen Aufschwung genommen; die großen Düngemittelfabriken, die von der Revolution errichtet wurden, haben es ermöglicht, daß heute fünfmal mehr Dünger als 1958 verwendet wird. Die überall geschaffenen Stauanlagen enthalten heute eine 73mal größere Wassermenge als die des gesamten 1958 angestauten Wassers[35],

34 Der feste Zuckerpreis, den die sozialistischen Länder garantieren, hat in dieser Hinsicht eine entscheidende Rolle gespielt. In ähnlichem Sinne wirkte sich das Scheitern der von den Vereinigten Staaten verfügten Blockade aus, die infolge des intensiven Handelsverkehrs mit den westeuropäischen Ländern in Stücke fiel. Ein Drittel der cubanischen Exporte bringt dem Lande Dollars, d. h. konvertierbare Devisen ein; der Rest wird für den Warenaustausch mit der Sowjetunion und der Rubelzone verwendet. Dieses Handelssystem bringt auch gewisse Schwierigkeiten mit sich: Die sowjetischen Turbinen für die thermoelektrischen Kraftwerke sind von hoher Qualität wie alle Erzeugnisse der sowjetischen Schwerindustrie, doch ist dies nicht bei Gebrauchsartikeln der Leicht- oder Manufakturindustrie der Fall.

35 Bericht Cubas an die Regionalkonferenz der FAO. Lesart der Presseagentur »Prensa Latina«, 13. Oktober 1970.

und die bewässerten Flächen sind mit Siebenmeilenstiefeln vorgerückt. Neue Wege, die in ganz Cuba gebaut wurden, haben der Abgeschiedenheit vieler Zonen, die zu ewiger Isolierung verurteilt schienen, ein Ende bereitet. Um die spärliche Milchproduktion des Zebuviehs zu steigern, wurden Holstein-Rassetiere nach Cuba gebracht, durch die man unter Anwendung künstlicher Befruchtung 800 000 Kreuzungskühe hervorbrachte.

Große Fortschritte wurden ferner bei der Mechanisierung des Schnitts und des Abtransports des Zuckerrohrs – in bedeutendem Maße unter Anwendung cubanischer Erfindungen – erzielt, wenngleich auch sie den Anforderungen nicht genügen. Die berufsmäßigen »Macheteros«, Zuckersträflinge, die mit dem Buschmesser in der Hand das Zuckerrohr ernteten, sind in Cuba ausgestorben: Auch für sie hat die Revolution die Möglichkeit, andere, weniger schwere Berufe zu wählen, und für ihre Kinder – durch Gewährung von Stipendien – die Möglichkeit, in den Städten zu studieren, mit sich gebracht. Die Befreiung der Erntearbeiter hat als Folgeerscheinung – und darin bestand der unerläßliche Preis, der entrichtet werden mußte – schwere Störungserscheinungen in der Wirtschaft der Insel hervorgerufen. – 1970 mußte Cuba dreimal soviel Arbeiter für die Zuckerernte, zum größten Teil Freiwillige, Soldaten oder Arbeiter aus anderen Berufszweigen, aufbieten, wodurch der normale Arbeitsprozeß auf anderen Gebieten, sowohl auf dem Lande als auch in der Stadt, geschädigt wurde. So wurden die Ernten anderer Produkte und der Arbeitsrhythmus in den Fabriken in Mitleidenschaft gezogen. Es muß in diesem Zusammenhang ferner berücksichtigt werden, daß in einer sozialistischen Gesellschaft im Gegensatz zur kapitalistischen die Arbeiter nicht mehr von der Furcht vor der Arbeitslosigkeit oder ihrer eigenen Habgier angetrieben werden. Andere Beweggründe – die Solidarität, das Kollektiv-Verantwortungsgefühl, das Bewußtsein der Pflichten und der Rechte, die den Menschen zur Überwindung seines Egoismus führen – müssen angewandt werden. Doch ändert sich die Mentalität eines ganzen Volkes nicht über Nacht. Als die Revolution die Macht eroberte, war nach den Worten Fidel Castros die Mehrzahl der Cubaner nicht einmal antiimperialistisch eingestellt.

Die Cubaner haben zusammen mit ihrer Revolution einen schrittweisen Radikalisierungsprozeß durchgemacht, und zwar im gleichen Maße, in dem die Herausforderungen und deren Beantwortung, die Schläge und die Gegenschläge zwischen Havanna und Washington aufeinanderfolgten, und auch im gleichen Maße, in dem die Revolution die soziale Gerechtigkeit ihren Versprechen getreu in konkreten Maßnahmen vorantrieb. Es wurden 170 neue Hospitäler und ebenso viele Polikliniken errichtet, und die ärztliche Behandlung wird jetzt kostenlos erteilt; die Zahl der in allen Stufen eingeschriebenen Schüler stieg auf das Dreifache, und der Unterricht ist jetzt kostenlos; heute sind mehr als 300 000 Kinder und Jugendliche im Genuß von Stipendien, und die Internate und die Kinderhorte haben sich in gewaltigem Maße vermehrt. Von 1971 an wird ein Großteil der Bevölkerung keine Miete mehr zu bezahlen haben und die Wasser- und Lichtversorgung, der Telephondienst, Begräbnisse und Sportveranstaltungen sind bereits kostenlos. Der Aufwand für Sozialdienste hat sich in wenigen Jahren verfünffacht. Aber jetzt, wo alle Bewohner Bildungsmöglichkeiten und Schuhe haben, vermehren sich die Bedürfnisse in geometrischer Progression, während die Steigerung der Produktion nur in arithmetischer Progression erfolgen kann. Der vom Konsum, der jetzt der Konsum aller und nicht einiger weniger ist, ausgeübte Druck zwingt Cuba auch zu einer schnellen Steigerung der Ausfuhren, und der Zucker ist weiterhin die wichtigste Einnahmequelle.

In der Tat macht die Revolution harte und schwere Zeiten des Übergangs und der Opfer durch. Die Cubaner selbst haben es schließlich bestätigt, daß der Sozialismus mit zusammengepreßten Zähnen aufgebaut wird und daß die Revolution kein Spaziergang ist. Letzten Endes würde die Zukunft nicht diesem Lande gehören, wenn sie ihm als Geschenk in den Schoß fiele. Zweifellos herrscht Knappheit an verschiedenen Produkten: 1970 mangelte es an Obst und Eisschränken und auch an Kleidung. Die häufigen Warteschlangen sind nicht nur eine Folge der Desorganisation in der Versorgung. Der Hauptgrund der Knappheit liegt in dem neugeschaffenen Überfluß an Konsumenten: jetzt gehört das Land allen. Es handelt sich demnach um eine Knappheit mit entgegengesetztem Vorzeichen als der, die die übrigen lateinamerikanischen Länder erleiden.

Im gleichen Sinne wirken sich die Kosten der Nationalverteidigung aus. Die Revolution ist gezwungen, mit offenen Augen zu schlafen, und auch das kommt, vom Standpunkt der Wirtschaft aus, teuer zu stehen. Diese angefeindete Revolution, die pausenlos Invasionen und Sabotageakte ertragen mußte, erliegt nicht, weil sie – welch merkwürdige Diktatur! – von ihrem Volk mit der Waffe in der Hand verteidigt wird. Die enteigneten Enteigner finden sich mit dem Gang der Ereignisse nicht ab. Die Brigade, die im April 1961 in Playa Girón landete, war nicht nur aus den früheren Militärs und Polizeifunktionären Batistas, sondern auch aus den Besitzern von mehr als 370 000 Hektar Land, fast 10 000 Liegenschaften, 70 Fabriken, 10 Zuckerzentralen, 3 Banken, 5 Bergwerken und 12 Kabaretts gebildet. Der Diktator von Guatemala, Miguel Ydígoras, stellte Ausbildungslager für die Expeditionstruppen aufgrund der Versprechungen zur Verfügung, die die Nordamerikaner ihm machten, wie er es selbst später zugegeben hat: Bezahlung in klingender Münze, die ihm niemals geleistet wurde, und eine Erhöhung der guatemaltekischen Zuckerquote im nordamerikanischen Markt.

1965 erlitt ein anderes Zuckerland, die Dominikanische Republik, die Invasion von etwa 40 000 »Marines«, die dazu entschlossen waren, »in Anbetracht der verwirrten Verhältnisse auf unbestimmte Zeit in diesem Lande zu verbleiben«, wie ihr Kommandant, der General Bruce Palmer, erklärte. Das schlagartige Fallen der Zuckerpreise war einer der Faktoren gewesen, die den Zorn des Volkes zum Ausbruch brachten; das Volk erhob sich gegen die Militärdiktatur, und die nordamerikanischen Truppen stellten bald die Ordnung wieder her. Sie ließen 4000 Tote bei den Gefechten zurück, die von den Patrioten im Nahkampf zwischen dem Fluß Ozama und der Karibischen See, in einem bedrängten Viertel der Stadt Santo Domingo, ausgetragen wurden[36]. Die Organisation amerikanischer Staaten – die das Gedächtnis des Esels hat, der niemals vergißt, wo er zu fressen bekommt – erteilte der Invasion ihren Segen und nährte sie mit weiteren Streitkräften. Man mußte ein neues Cuba im Keim ersticken.

Dank der Opferung der Sklaven auf den Karibischen Inseln entstanden die Maschine James Watts und die Kanonen Washingtons

»Ché« Guevara sagte, daß die Unterentwicklung ein Zwerg mit enorm großem Kopf und geschwollenem Bauch ist; ihre schwachen Beine und kurzen Arme stehen mit dem Rest ihres Körpers nicht im Einklang. Havanna glänzte, die Cadillacs sausten durch ihre Luxusalleen, und in dem größten Kabarett der Welt wiegten sich die schönsten »Vedetten« im Rhythmus Lecuonas; zur gleichen Zeit trank im Landesinneren von Cuba nur einer von je zehn Landarbeitern Milch, genoß kaum vier Pro-

36 Ellworth Bunker, Präsident der National Sugar Refining Co., war der Sondergesandte Lyndon B. Johnsons in der Dominikanischen Republik im Anschluß an die militärische Intervention. Die Interessen der National Sugar in diesem kleinen Land wurden unter dem aufmerksamen Blick Bunkers wahrgenommen: Die Besatzungstruppen zogen sich zurück, um – nach sehr demokratischen Wahlen – Joaquín Balaguer an der Macht zu lassen, der während der grausamen Diktatur Trujillos ständig dessen rechte Hand gewesen war. Die Bevölkerung Santo Domingos hatte auf den Straßen und auf den Dächern mit Stöcken, Messern und Geweh-

zent Fleisch und erhielten, nach Feststellungen des Nationalen Wirtschaftsrates, drei Fünftel der Landarbeiter Löhne, die drei- bis viermal niedriger als die Lebenshaltungskosten waren.

Aber der Zucker brachte nicht nur Zwerge hervor. Er brachte gleichfalls Riesen hervor oder trug zumindest in intensiver Weise zur Entwicklung der Riesen bei. *Der aus der lateinamerikanischen Tropenzone stammende Zucker verlieh der Anhäufung von Kapital zur industriellen Entwicklung Englands, Frankreichs, Hollands und auch der Vereinigten Staaten einen wichtigen Impuls, während er gleichzeitig die Wirtschaft der Nordostzone Brasiliens und die der Karibischen Inseln verstümmelte und den historischen Ruin Afrikas besiegelte. Der Dreieckhandel zwischen Europa, Afrika und Amerika hatte den Sklavenhandel zur Versorgung der Zuckerplantagen als Tragsäule.* »Die Geschichte eines einzigen Zuckerkorns ist eine ganze Lektion in Wirtschaftspolitik, Politik und auch Ethik«, sagte Auguste Cochin.

Die in Westafrika ansässigen Stämme lebten in ständigem Kampf untereinander, um mit den Kriegsgefangenen ihre Sklavenreserven zu bereichern. England war – bis es seinen Interessen nicht mehr dienlich war – der Hochmeister des Kaufs und Verkaufs von Menschenfleisch. Die Holländer besaßen nichtsdestoweniger eine längere Tradition in diesem Geschäft, da Karl V. ihnen das Monopol der Negertransporte nach Amerika zu einem viel früheren Zeitpunkt überlassen hatte als dem, an dem England dies Recht erlangte. Und was Frankreich betrifft, so teilte Ludwig XIV., der Sonnenkönig, regelmäßig mit dem König von Spanien die Hälfte der Gewinne der Guinea-Gesellschaft, die 1701 für den Sklavenhandel mit Amerika gebildet wurde, und sein Minister Colbert, der Baumeister der Industrialisierung Frankreichs, hatte guten Grund zu der Behauptung, daß der Negerhandel »für den Fortschritt der nationalen Handelsflotte empfehlenswert« war[37].

Adam Smith sagte, die Entdeckung Amerikas habe »das Merkantilsystem zu einem Grade des Glanzes und des Ruhmes emporgehoben, den es auf andere Weise niemals erreicht hätte«. Nach Sergio Bagú war

ren gegen die Tanks, die Bazookas und die Hubschrauber der ausländischen Kräfte gekämpft und die Wiedereinsetzung des verfassungsmäßig gewählten Präsidenten Juan Bosch gefordert, der durch einen Militärputsch gestürzt worden war. Die Geschichte hat manchmal ihren Spaß an Prophezeiungen. Am Tage, an dem Juan Bosch nach dreißigjähriger Tyrannei unter Trujillo seine kurze Präsidentschaft antrat, brachte Lyndon B. Johnson, der damals Vizepräsident der Vereinigten Staaten war, das offizielle Geschenk seiner Regierung nach Santo Domingo: Es war ein Ambulanzwagen.

37 L. Capitan und Henry Lorin, »El trabajo en América, antes y después de Colón«, Buenos Aires, 1948.

die in Amerika herrschende Sklavenarbeit der mächtigste Antrieb zur Anhäufung des europäischen Handelskapitals; dieses Kapital wiederum wurde zum »Grundstein, auf dem das gigantische Industriekapital der Neuzeit aufgebaut wurde«[38]. In der Zeit zwischen dem Anbruch des 16. Jahrhunderts und dem Ausklang des 19. Jahrhunderts überquerten mehrere Millionen Afrikaner – man weiß nicht, wie viele – den Ozean; wohl weiß man, daß es viel mehr waren als die aus Europa kommenden Einwanderer weißer Hautfarbe, obwohl natürlich von ihnen weitaus weniger am Leben blieben. Vom Potomac bis zum Rio de la Plata bauten die Sklaven die Häuser ihrer Herren, rodeten sie die Wälder, schnitten und mahlten sie das Zuckerrohr, pflanzten sie Baumwolle, bauten sie Kakao an, ernteten sie Kaffee und Tabak, versanken sie in den Minenschächten. Wie vielen Hiroshimas kam ihre sich ständig wiederholende Vernichtung gleich? Wie ein englischer Pflanzer aus Jamaika sagte, war es »viel leichter, Neger zu kaufen, als sie aufzuziehen«. Caio Prado errechnete, daß bis zum Beginn des 19. Jahrhunderts fünf bis sechs Millionen Afrikaner nach Brasilien gekommen waren; damals war Cuba bereits ein so großer Sklavenmarkt, wie es vorher die ganze westliche Halbkugel gewesen war[39].
Um das Jahr 1562 hatte Kapitän John Hawkins 300 Neger aus Portugiesisch-Guinea unter Anwendung von Gewalt herausgeschmuggelt. Königin Elisabeth war wütend: »Dieses Abenteuer«, erklärte sie, »ist ein himmelschreiendes Unrecht.« Aber Hawkins legte ihr dar, daß er an der Karibischen See im Tausche gegen die Sklaven eine Ladung von Zucker und Fellen, Perlen und Ingwer erhalten hatte. Die Königin verzieh dem Piraten und wurde zu seiner Handelspartnerin. Ein Jahrhundert später ließ der Herzog von York die Anfangsbuchstaben seines Titels »DY« mit Glüheisen auf die linke Hinterbacke oder die Brust der 3000 Sklaven einbrennen, die sein Unternehmen alljährlich auf die »Zuckerinseln« brachte. Die Königlich-Afrikanische Kompanie, unter deren Aktionären sich König Karl V. befand, warf Dividenden von 300 Prozent ab, obwohl von den 70 000 Sklaven, die sie von 1680 bis 1688 verschiffte, nur 46 000 die Überfahrt überlebten. Während der Reise gingen zahlreiche Afrikaner an Epidemien oder Unterernährung zugrunde oder begingen Selbstmord, indem sie die Nahrungsaufnahme verweigerten, sich an ihren Ketten erhängten oder sich in den von Haifischflossen aufgewühlten Ozean über Bord stürzten. Langsam, aber sicher brach England die Vorherrschaft Hollands im Neger-

38 Sergio Bagú, a.a.O.
39 Daniel P. Mannix und M. Cowley, »Historia de la trata de negros«, Madrid, 1962.

handel. Die South Sea Company war die wichtigste Nutznießerin des den Engländern von Spanien gewährten »Niederlassungsrechtes«, und mit ihr waren die prominentesten Persönlichkeiten der britischen Politik und Finanzwelt verknüpft; das Geschäft, das ertragreicher als jedes andere war, brachte die Londoner Börse außer Rand und Band und entfachte eine legendäre Spekulation.
Der Sklavenhandel erhob Bristol, das Sitz von Werften war, zum Range der zweitwichtigsten Stadt Englands und machte Liverpool zum größten Hafen der Welt. Die Engländer errangen die Herrschaft über die Meere. Am Ende des 18. Jahrhunderts gaben Afrika und die Länder der Karibischen See 180 000 Textilarbeitern in Manchester Arbeit; aus Sheffield kamen die Messer und aus Birmingham jährlich 150 000 Luntengewehre[40]. Die afrikanischen Häuptlinge erhielten die Erzeugnisse der brischen Industrie und übergaben den Kapitänen, die den Negerhandel betrieben, die Sklavenladungen. Viele der Sklaven glaubten, nach der Aussage eines Händlers aus jener Epoche, und in gewissem Sinne gingen sie dabei nicht irre –, »daß sie wie Hammel zur Schlachtbank geführt würden und ihr Fleisch von den Europäern sehr geschätzt sei«[41]. Die siebenschwänzigen Peitschen hatten nur geringe Wirkung gegen die Verzweiflung und Angst, die die Afrikaner in den Selbstmord trieb.
Der Teil der »Fracht«, der den Hunger, die Krankheiten und das Zusammengepferchtsein der Überfahrt überlebte, wurde, in Fetzen gehüllt, nur Haut und Knochen, am Marktplatz ausgestellt, nachdem man sie unter Dudelsackklang durch die Straßen der Kolonie hatte ziehen lassen. Die, die in allzu erschöpftem Zustand an die Karibische See gelangten, konnte man in den Sklavendepots mästen, ehe man sic den Käufern vorführte; die Kranken ließ man am Kai sterben. Die Sklaven wurden gegen Barzahlung oder auf drei Jahre ausgestellte Schuldscheine verkauft. Die Schiffe nahmen bei ihrer Rückreise nach Liverpool verschiedene Tropenprodukte mit. Zu Beginn des 18. Jahrhunderts kamen drei Viertel der von der englischen Textilindustrie verarbeiteten Baumwolle aus den Antillen, obwohl später Georgia und Lousiana ihre Hauptquellen werden sollten; um die Mitte des Jahrhunderts gab es in England 120 Zuckerraffinerien.
Ein Engländer konnte in jener Epoche mit etwa sechs Pfund im Jahre leben; die Sklavenhändler verdienten mehr als 1,1 Million Pfund, wobei ausschließlich das an der Karibischen See erhaltene Geld in Rech-

40 Eric Williams, »Capitalism and Slavery«, Chapel Hills (North Carolina), 1944.
41 Daniel P. Mannix und M. Cowley, a.a.O.

nung gestellt wird. Die saftigen Gewinne, die der zusätzliche Handel abwarf, sind dabei nicht einbezogen. Zehn große Unternehmen beherrschten zwei Drittel des Handels. In Liverpool wurde ein neues Hafensystem eingeführt; es wurden ständig mehr Schiffe, von größerer Länge und Tiefgang, gebaut. Die Kunstschmiede boten »Schlösser und Halsbänder aus Silber für Neger und Hunde« an, die eleganten Damen gingen in Begleitung eines mit einem Wams bekleideten Affen und eines Sklavenkindes mit Turban und Pumphosen aus. Ein Wirtschaftssachverständiger bezeichnete den Negerhandel als »das Grund- und Haupt-Prinzip alles übrigen: wie die Triebfeder der Maschine, die jedes Rad des Triebwerkes in Bewegung setzt«. In Liverpool und Manchester, in Bristol, London und Glasgow breiteten sich die Banken aus; die Versicherungsgesellschaft Lloyd's häufte Gewinne an, indem sie Sklaven, Schiffe und Pflanzungen versicherte. Fast von Beginn an zeigten die Annoncen in der »London Gazette« an, daß die flüchtigen Sklaven an Lloyd's zurückgegeben waren. Mit Mitteln aus dem Negerhandel wurde die große westenglische Eisenbahn gebaut und Industrien, wie die großen Schiefertafelfabriken in Wales, errichtet. *Das in dem Dreieckhandel – Industrieprodukte, Sklaven, Zucker – angehäufte Kapital ermöglichte die Erfindung der Dampfmaschine. James Watt wurde von Handelsleuten unterstützt, die auf diese Weise ihr Vermögen erlangt hatten.* Eric Williams stellt diese Behauptung in seinem gut belegten Werk über das Thema auf.

Zu Beginn des 19. Jahrhunderts wandelte sich Großbritannien zum Hauptanreger der Kampagne gegen die Sklaverei. Die englische Industrie benötigte bereits internationale Märkte von größerer Kaufkraft, was eine Ausbreitung des Lohnsystems erforderte. Außerdem war, als in den englischen Kolonien an der Karibischen See das Lohnsystem eingeführt wurde, der noch mit Sklavenarbeit erzeugte brasilianische Zukker infolge seiner relativ niedrigeren Herstellungskosten wieder zu einem gefährlichen Konkurrenten geworden[42]. Die britische Kriegsflotte stürmte die Schiffe, auf denen die Neger transportiert wurden, aber der Handel nahm weiter Aufschwung, um Cuba und Brasilien zu beliefern. Bevor die englischen Boote an die Piratenschiffe herankamen, wurden die Sklaven über Bord geworfen: drinnen blieb nur der Geruch, die heißen Kessel und an Deck ein Kapitän, der sich krank lachte. Die Unterdrückung des Handels führte zu einer Erhöhung der Preise

42 Das erste Gesetz, das die Sklaverei offiziell in Brasilien verbot, war kein brasilianisches Gesetz. Es war – und zwar nicht durch Zufall – ein englisches. Das britische Parlament nahm es am 8. August 1845 an. – Osny Duarte Pereira, »Quiem faz as leis no Brasil?«, Rio de Janeiro, 1963.

und steigerte die Gewinne in ungeheurem Maße. Um die Mitte des Jahrhunderts gaben die Händler ein altes Gewehr für jeden kräftigen Sklaven, den sie in Cuba für mehr als 600 Dollar verkauften.
Die kleinen Inseln an der Karibischen See waren für England unvergleichlich wichtiger gewesen als seine Kolonien im Norden. Barbados, Jamaika, Montserrat war es verboten, eine einzige Nadel oder ein Hufeisen auf eigene Rechnung herzustellen. Ganz anders war die Lage in Neuengland, und dies erleichterte die dortige wirtschaftliche Entwicklung und auch die politische Unabhängigkeit.
Es steht außer Zweifel, daß der Negerhandel in Neuengland den Ursprung eines bedeutenden Teiles des Kapitals darstellte, das die Industrierevolution in den Vereinigten Staaten von Amerika vorangetrieben hat. Um die Mitte des 18. Jahrhunderts brachten die Schiffe der Negerhändler aus dem Norden Fässer voll Rum aus Boston, Newport oder Providence nach Afrika; in Afrika tauschten sie sie gegen Sklaven; sie verkauften dann die Sklaven in der Karibischen See, und von dort brachten sie die Melasse nach Massachusetts, wo sie destilliert und, um den Kreis vollends zu schließen, in Rum verwandelt wurde. Der beste Antillen-Rum, der »West Indian Rum«, wurde nicht auf den Antillen hergestellt. *Mit Geldern, die ihren Ursprung in diesem Sklavenhandel hatten, errichteten die Gebrüder Brown aus Providence den Schmelzofen, der General George Washington mit Kanonen für den Unabhängigkeitskrieg versorgte*[43].
So ging die Entwicklung der entwickelten Länder unserer Tage vor sich, so die Unterentwicklung der unterentwickelten.

Der Regenbogen zeigt den Rückweg nach Guinea an

1518 schrieb der Lizentiat Alonso Zuazo in einem Bericht an Karl V. aus Santo Domingo: »Die Furcht, daß die Neger sich erheben können, ist unbegründet; Witwen gibt es auf den Inseln Portugals, die mit 800 Sklaven ein sehr ruhiges Dasein führen; alles liegt an der Art, wie man mit ihnen umgeht. Ich fand, als ich ankam, einige geriebene Burschen unter den Negern, andere, die in die Berge geflohen waren; einige habe ich ausgepeitscht, anderen die Ohren abgeschnitten; seither hat es keine Klagen mehr gegeben.« Vier Jahre später brach der erste Sklavenaufstand in Amerika aus: Die Sklaven von Diego Kolumbus, dem Sohne des Entdeckers, waren die ersten, die sich erhoben, und endeten

43 Daniel P. Mannix und M. Cowley, a.a.O.

auf den Galgen, die man auf den Wegen der Zuckerfabrik errichtet hatte[44]. Es folgten weitere Rebellionen in Santo Domingo und später auf allen Zuckerinseln der Karibischen See. Der Regenbogen zeigt noch heute die Richtung zur Rückkehr nach Guinea für das Volk von Haiti an. Auf einem Schiff mit weißen Segeln ... In Holländisch-Guayana, jenseits des Flusses Courantyne, leben seit drei Jahrhunderten die Djukas-Gemeinschaften, Abkömmlinge von Sklaven, die über die Wälder von Surinam entkommen waren. In diesen Dörfern haben sich »heilige Stätten erhalten, die denen von Guinea gleichen, und es werden Tänze und Festlichkeiten abgehalten, die ebensogut in Ghana stattfinden könnten. Man verwendet die Trommel zur Nachrichtenübermittlung in sehr ähnlicher Form wie in Ashanti«[45]. Aber lange vor dem Auszug der Djukas hatten entsprungene Sklaven in Brasilien das Negerreich »Palmares« (»Palmenwald«) im Nordosten Brasiliens gegründet, wo sie das ganze 17. Jahrhundert hindurch siegreich der Belagerung standhielten, durch die Holländer und Portugiesen in Dutzenden von Expeditionszügen dieses Reich vernichten wollten. Die erbitterten Angriffe Tausender von Soldaten erwiesen sich der Guerilla taktik gegenüber bis 1693 als nutzlos. Das unabhängige Reich Palmares – Aufruhr zur Rebellion und Fahne der Freiheit – war als ein Staat »nach dem Vorbild der vielen, die in Afrika im 17. Jahrhundert bestanden«, organisiert worden[46]. Sein Oberhaupt wurde unter den Gewandtesten und Klügsten durch Wahl bestimmt. Es herrschte »der angesehenste und im Kriege oder dem Kommando erfolgreichste Mann«[47]. In der Epoche der vollen Entfaltung der allmächtigen Zukkerplantagen war Palmares der einzige Winkel Brasiliens, wo Polykultur betrieben wurde. Von selbsterworbener oder von ihren Vorfahren in den Steppen und Tropenwäldern überlieferter Erfahrung geleitet, bauten die Neger Mais, Süßkartoffeln, Bohnen, Maniok, Bananen und andere Nahrungsmittel an. Nicht umsonst erschien die Zerstörung der Pflanzungen als das Hauptmotiv der Kolonialtruppen, die zum Wiedereinfangen der Menschen ausgeschickt waren, die, nach der Durchquerung des Meeres mit Ketten an ihren Füßen aus den Plantagen entsprungen waren.

Der Überfluß an Nahrungsmitteln stand zu der Knappheit in Gegensatz, der die Zuckerzonen der Küste inmitten der Prosperität ausge-

44 Fernando Ortiz, a.a.O.
45 Philip Reno, »El drama de la Guayana Británica. Un pueblo desde la esclavitud a la lucha por el socialismo«, »Monthly Review«, Nr. 17/18, Buenos Aires, Januar/Februar 1965.
46 Edison Carneiro, »O quilombo dos Palmares«, Rio de Janeiro, 1966.
47 Nina Rodrigues, »Os africanos no Brasil«, Rio de Janeiro, 1932.

setzt waren. Die Sklaven, die ihre Freiheit erobert hatten, verteidigten sie mit Geschick und mit Mut, da alle ihrer Früchte teilhaftig wurden: Der Landbesitz war gemeinschaftlich, und in dem Negerstaat lief kein Geld um. »In der Weltgeschichte gibt es keine Sklavenrebellion, die sich so lange gehalten hätte wie die von Palmares. Die Spartakusrebellion, die das wichtigste auf Sklaverei gegründete System der Antike erschütterte, dauerte 18 Monate«[48]. Nicht weniger als 10 000 Menschen verteidigten die letzte Festung von Palmares; die Überlebenden wurden abgeschlachtet, in Abgründe gestürzt oder an die Händler von Rio de Janeiro und Buenos Aires verkauft. Aber die Aufstände hielten an. Es sollte nur kurze Zeit vergehen, bis der Hauptmann Bartolomeu Bueno Do Prado aus dem Gebiete des Rio das Mortes mit den Trophäen zurückkehrte, die er bei der siegreichen Unterdrückung eines neuen Sklavenaufstandes errungen hatte. Er brachte 3900 Ohrenpaare in den Quersäcken auf den Rücken der Pferde mit.

Auch in Cuba sollte ein Aufstand nach dem anderen ausbrechen. Es gab Sklaven, die gruppenweise Selbstmord begingen; sie hintergingen so den Herrn »mit ihrem ewigwährenden Streik und ihrem unaufhörlichen Umherstreifen in der anderen Welt«, sagt Fernando Ortiz. Sie glaubten, daß sie so in Fleisch und Geist in Afrika wiederauferstehen würden. Die Besitzer verstümmelten die Leichname, damit sie kastriert, einarmig oder geköpft zu neuem Leben auferstünden, und auf diese Weise erreichten sie, daß viele die Idee, sich selbst zu töten, aufgaben. Um 1870 begingen die Sklaven in Cuba nicht mehr Selbstmord, wie aus einer kürzlich veröffentlichten Erzählung eines Sklaven hervorgeht, der in seiner Jugend in das Gebirge von Las Villas geflohen war. Mit einem Zaubergürtel »flogen sie fort, flogen über den Himmel und steuerten auf ihr Land zu«[49], oder sie tauchten in den Bergen unter; denn »jeder wurde eines solchen Lebens müde. Die, die sich mit ihm abfanden, hatten einen schlaffen Willen. Das Leben auf den Bergen war gesünder«[49].

Die afrikanischen Götter blieben unter den Sklaven Amerikas lebendig. Es liegt auf der Hand, daß die Neger so das Bedürfnis nach der Bekräftigung ihrer kulturellen Eigenart zum Ausdruck brachten, die ihnen das Christentum versagte. Aber es muß auch der Umstand mitgewirkt haben, daß die Kirche mit dem Ausbeutungssystem, das sie ertragen mußten, in materieller Partnerschaft stand. Zu Beginn des 18. Jahrhunderts, während auf den englischen Inseln die Sklaven, die

48 Décio de Freitas, »A guerra dos escravos«. Noch unveröffentlicht.

49 Esteban Montejo war fast ein Jahrhundert alt, als er Miguel Barnet seine Geschichte erzählte (»Biografía de un cimarrón«, Buenos Aires, 1968).

sich Verbrechen hatten zuschulden kommen lassen, zwischen den Walzen der Zuckermühlen zu Tode gepreßt und in den französischen Kolonien lebendig verbrannt oder gerädert wurden, gab der Jesuit Antonil liebliche Anweisungen für die Eigentümer der Zuckerfabriken in Brasilien aus, um derartige Exzesse zu vermeiden: »Den Verwaltern hat man es keineswegs zu gestatten, Fußtritte vor allem schwangeren Frauen auf den Bauch zu versetzen, noch auf die Sklaven mit Knüppeln einzuschlagen; denn in der Wut mißt man die Schläge nicht und kann mit ihnen einen tüchtigen Sklaven, der viel Geld kostet, am Kopfe verletzen und ihn so verlieren«[50]. In Cuba schlugen die Aufseher die schwangeren Sklavinnen, die sich etwas hatten zuschulden kommen lassen, mit Leder- oder Hanfpeitschen auf den Rücken, aber nicht ohne vorher – das Gesicht nach unten gewendet – ihren Bauch in eine Höhlung gelegt zu haben, um »das Stück« nicht zu verderben; die Priester, die als Zehnt 5 Prozent der Zuckerproduktion erhielten, gewährten den christlichen Sündenerlaß: der Aufseher züchtigte wie Jesus Christus die Sünder. Der päpstliche Missionar Juan Perpiña y Pibernat veröffentlichte seine Predigten für die Neger: »Arme Kinder! Ängstigt euch nicht ob der vielen Mühsal, die ihr als Sklaven zu erleiden habt. Sklave kann euer Körper sein: aber frei ist eure Seele, um eines Tages in die glückselige Stätte der Auserwählten einzugehen«[51].
Der Gott der Parias ist nicht immer derselbe wie der Gott des Systems, das sie zu Parias macht. Wenn auch die katholische Religion nach offiziellen Quellen 94 Prozent der Bevölkerung Brasiliens umfaßt, so hat in Wirklichkeit die Negerbevölkerung ihre afrikanischen Traditionen lebendig erhalten, und lebendig erhält sie auch, wenn auch oftmals von den heiligen Figuren des Christentums getarnt, ihren religiösen Glauben[52]. In den »Favelas« von Rio de Janeiro fleht sie ihre Götter um Hilfe:

Bahianische Kraft,
Afrikanische Kraft,
Göttliche Kraft,
Komm zu uns! Komm uns zu Hilfe!

50 Roberto C. Simonsen, »Historia econômica do Brasil (1500–1820)«, São Paulo, 1962.

51 Manuel Moreno Fraginals, a.a.O. – An einem Gründonnerstag beschloß der Graf von Casa Bayona, sich vor seinen Sklaven zu erniedrigen. Von christlichem Glaubenseifer entzündet, wusch er zwölf Negern die Füße und setzte sie zum Abendbrot an seinen Tisch. Es war buchstäblich das letzte Abendmahl. Am nächsten Tag erhoben sich die Sklaven und steckten die Fabrik in Brand. Ihre Köpfe wurden auf zwölf Lanzen im Zentrum des Hofes aufgespießt.

52 Eduardo Galeano, »Los dioses y los diablos en las favelas de Rio«, in: »Amaru«, Nr. 10, Lima, Juni 1969.

1888 wurde in Brasilien die Sklaverei abgeschafft. Aber das Latifundium wurde nicht abgeschafft, und in dem gleichen Jahre schrieb ein Augenzeuge aus Ceará: »Der Markt für menschliches Vieh war offen, solange der Hunger dauerte; denn an Käufern hat es niemals gefehlt. Selten gab es einen Dampfer, der nicht eine große Zahl von Cearensern mitnahm«[53]. Eine halbe Million von Bewohnern des Nordostens zog, vom Trugbild des Kautschuks angelockt, bis zur Jahrhundertwende in das Amazonasgebiet; seither hat der Auszug, unter dem Antrieb der periodisch wiederkehrenden Dürren, die den »Sertão« versengt haben, und der aufeinanderfolgenden Expansionswellen der Zuckerlatifundien der »Zona da mata« (Waldzone) weiter angehalten. – Durch die Dürre des Jahres 1970 wurden hungrige Menschenmassen auf die Städte des Nordostens geworfen. Sie plünderten Eisenbahnzüge und Geschäfte. Sie flehten unter lautem Geschrei um den Regen des heiligen Josef. Die »Gegeißelten« stürzten sich auf die Wege. In einer Meldung im April des Jahres 1970 wird berichtet: »Die Polizei des Staates Pernambuco hat am letzten Sonntag im Orte Belém do São Francisco 210 Landarbeiter verhaftet, die an Landeigentümer im Staate Minas Gerais für 18 Dollar pro Kopf verkauft werden sollten«[54]. Aber auch die Regierung verwendet diese Masse billiger Arbeitskraft, dieses riesige Reserveheer, für die großen öffentlichen Arbeiten. Aus dem Nordosten kamen, wie Vieh getrieben, die nackten Menschen, die über Nacht die Stadt Brasilia mitten im Urwald erbauten. Sobald sie ihre Arbeit beendet hatten, wurden die »Candangos« in die Vororte getrieben. In ihnen leben 300 000 Menschen aus dem Nordosten – zur Verrichtung jeder Art von Diensten jederzeit bereit – von den Abfällen der glänzenden Hauptstadt.

Mit Hilfe der von Menschen aus dem Nordosten geleisteten Sklavenarbeit wird derzeit die großangelegte transamazonische Straße erbaut, die Brasilien in zwei Teile spalten und durch den Urwald bis an die Grenze Boliviens vordringen wird. Im Zusammenhang mit dem

53 Rodolfo Teófilo, »História da Sêca do Ceará (1877/1880)«, Rio de Janeiro, 1922.

54 France Press, 21. April 1970. – 1938 war aus der Pilgerfahrt eines Viehtreibers auf den ausgedörrten Wegen des »Sertão« einer der besten Romane in der brasilianischen Literaturgeschichte hervorgegangen. Die Geißel der Dürre in den ausgedehnten Viehwirtschaften im Landesinneren, die von den Zuckerfabriken an der Küste abhingen, hat nicht aufgehört, und auch ihre Folgen haben sich nicht geändert. Die in »Vidas secas« beschriebene Welt ist intakt geblieben: Der Papagei ahmte das Bellen des Hundes nach, da seine Herren von der menschlichen Stimme fast keinen Gebrauch mehr machten. – Graciliano Ramos, »Vidas secas«, Havanna, 1964.

»Marsch nach dem Westen«, wie der Plan genannt wird, besteht auch ein Projekt für Landkolonisation, um »die Grenzen der Zivilisation« auszubreiten: Jeder Bauer soll eine Landfläche von 10 Hektar erhalten, vorausgesetzt, daß er das Tropenfieber des Urwaldes übersteht. Es gibt 6 Millionen Bauern ohne Land im Nordosten, während 15 000 Personen die Hälfte der Gesamtoberfläche besitzen. Die Agrarreform wird nicht in den Gebieten vorgenommen, die sich bereits im Besitz von Personen befinden, wo das Eigentumsrecht der Großgrundbesitzer nach wie vor heilig ist, sondern tief im Urwald. Die wahren Absichten der Regierung sind, wie man erkennen kann, ganz andere, nämlich die, den nordamerikanischen Großgrundbesitzern, die die Hälfte des Gebietes nördlich des Rio Negro gekauft oder sich unrechtmäßig angeeignet haben, und auch der United Steel Co., die aus der Hand des Generals Garrastazú Medici die enormen Eisen- und Manganlager des Amazonagebietes erhielt, Arbeitskräfte zu verschaffen[55].

Der Zyklus des Kautschuks: Caruso weiht mitten im Urwald ein großartiges Theater ein

Einige Autoren stellen die Schätzung auf, daß nicht weniger als eine halbe Million Menschen aus dem Nordosten während der Blütezeit des Gummis den Seuchen, dem Sumpffieber, der Tuberkulose oder der Beriberi zum Opfer gefallen ist. »Dieses greuliche Massengrab war der Preis für die Kautschukindustrie«[56]. 1878 zogen 120 000 von den 800 000 Bewohnern von Ceará in Richtung auf den Amazonasstrom, aber weniger als die Hälfte konnte bis zu ihm gelangen; die übrigen blieben, von Hunger und Krankheit besiegt, für immer auf den Wegen des »Sertão« oder in den Vorstädten von Fortaleza[57].

Aber nicht nur das Fieber war es; im Urwald erwartete sie auch eine Arbeitsweise, die der Sklaverei ziemlich ähnlich war. Die Arbeit wurde in Naturalien – Dörrfleisch, Maniokmehl, Süßigkeiten, Schnaps – bezahlt, bis der »Seringueiro« (Gummiarbeiter) seine Schulden beglich, ein Wunder, das nur sehr selten eintrat. Es bestand ein Abkommen unter den Unternehmern, den Arbeitern, die Schulden anhängig hatten,

55 Paulo Schilling, »Un nuevo genocidio«, in: »Marcha«, Nr. 1501, Montevideo, 10. Juli 1970. Im Oktober 1970 erhoben die Bischöfe von Pará vor dem Präsidenten Brasiliens Anklage gegen die brutale Ausbeutung der Arbeiter aus dem Nordosten von seiten der Firmen, die die transamazonische Straße bauten. Die Regierung nennt sie »das Werk des Jahrhunderts«.

56 Aurelio Pinheiro, »A margem do Amazonas«, São Paulo, 1937.

57 Rodolfo Teófilo, a.a.O.

keine Arbeit zu geben; bewaffnete Wächter, die an den Flußufern aufgestellt waren, schossen auf die Flüchtlinge. Schulden häuften sich auf Schulden. Zu der anfänglichen Schuld, die ihren Ursprung in der Beförderung des Arbeiters aus dem Nordosten hatte, traten die Schulden für die Arbeitsgeräte: Buschmesser, Messer, Becher. Aber da der Arbeiter auch aß und vor allem trank – denn in den Gummipflanzungen fehlte es nicht an Schnaps –, wurde die von einem Arbeiter angesammelte Schuld um so größer, je weiter der Zeitpunkt zurücklag, an dem er zu arbeiten begonnen hatte. Die Menschen aus dem Nordosten waren, da sie Analphabeten waren, den buchhalterischen Gaukelschlichen der Verwalter hilflos ausgeliefert.

Priestley hatte um 1770 beobachtet, daß der Gummi dazu dienen konnte, den Bleistiftstrich auf dem Papier zu löschen. 70 Jahre später entdeckte Charles Goodyear zur gleichen Zeit wie der Engländer Hancock den Prozeß der Vulkanisierung des Kautschuks, der ihm Biegsamkeit verlieh und ihn den Temperaturschwankungen gegenüber unempfindlich machte. Schon 1850 wurden die Räder der Fahrzeuge mit Gummi überzogen. Am Jahrhundertende kam die Automobilindustrie in den Vereinigten Staaten und mit ihr zusammen der Massenkonsum von Autoreifen auf. Der weltweite Bedarf an Kautschuk stieg jäh. Dem Gummibaum verdankte Brasilien 1890 ein Zehntel seiner Exporteinkünfte; 20 Jahre später stieg der Anteil auf 40 Prozent, womit die Verkaufsziffern fast denen des Kaffees gleichkamen, obwohl sich der Kaffee um 1910 auf dem Höhepunkt seiner Blüte befand. Der größte Teil der Kautschukproduktion kam damals aus dem Gebiet von Acre, das Brasilien Bolivien nach einer blitzartigen Militäraktion entrissen hatte[58].

Nach der Eroberung Acres verfügte Brasilien über fast alle Gummireserven der Welt; der internationale Kurs stand auf seinem Höhepunkt, und die guten Zeiten schienen auf unbegrenzte Zeit gesichert. Die »Seringueiros« genossen sie gewiß nicht. Der saure und abstoßende Geruch des Gummis drang in alle Winkel der Stadt Manaus, der internationalen Hauptstadt des Handels mit diesem Produkt. 1849 hatte Manaus 5000 Einwohner; in etwas mehr als einem halben Jahrhundert waren es 70 000. Die Kautschukmagnaten errichteten dort ihre prunkvoll geschmückten Prachtbauten. Das Amazonastheater, ein ziemlich geschmackloses Barockmonument, ist das größte Sinnbild des Taumels jener zu Beginn des Jahrhunderts zusammengerafften Ver-

58 Die Verstümmelung Boliviens umfaßte fast 200 000 Quadratkilometer. 1902 erhielt es eine Entschädigung von zwei Millionen Pfund Sterling und eine Eisenbahnlinie, die ihm den Zugang zum Madeira- und zum Amazonasstrom öffnen sollte.

mögen. Der Tenor Caruso sang für die Bewohner von Manaus am Einweihungsabend für eine märchenhafte Summe, nachdem er durch den Urwald flußaufwärts gereist war.
1913 brach mit einem Schlag das Unglück über den brasilianischen Kautschuk herein. Der Weltpreis, der drei Jahre vorher zwölf Schilling erreicht hatte, fiel auf ein Viertel. 1900 hatten die Orientländer nur 4 Tonnen Kautschuk ausgeführt; 1914 warfen die Plantagen Ceylons und des Malaiischen Archipels mehr als 70 000 Tonnen auf den Weltmarkt, und fünf Jahre später reichten ihre Ausfuhren nahe an 400 000 Tonnen heran. *1919 deckte Brasilien, das in der Praxis das Kautschukmonopol innegehabt hatte, nur noch ein Achtel des Weltkonsums. Ein halbes Jahrhundert später kauft Brasilien im Ausland mehr als die Hälfte des Kautschuks, den es benötigt.*
Was war geschehen? Um 1873 hatte Henry Wickham, ein Engländer, der Kautschukwälder am Flusse Tapajós besaß und durch seine Überspanntheiten als Botaniker bekannt war, Zeichnungen und Blätter des Gummibaums dem Direktor des Botanischen Gartens von Kew in London übersandt. Er erhielt den Auftrag, eine ausreichende Menge von Samenkörnern, die die »Hevea brasiliensis« in ihren gelben Früchten birgt, zu erlangen. Man mußte sie herausschmuggeln; denn Brasilien bestrafte die Ausfuhr von Samen streng, und es war keineswegs leicht. Die Behörden untersuchten die Schiffe von Grund auf. So kam es, daß ein Schiff der Inman Line unverhofft 2000 Kilometer über seine gewöhnliche Route hinaus ins Innere Brasiliens vordrang. Auf der Rückfahrt war Henry Wickham unter der Besatzung. Er hatte die besten Samen ausgesucht, nachdem er die Früchte in einem Eingeborenendorf zum Trocknen ausgelegt hatte, und führte sie in einer geschlossenen Kabine, in Bananenblätter gehüllt und an Stricken in der Luft hängend, um sie vor den Bordratten zu schützen, mit. Das ganze übrige Schiff war leer. In Belém do Pará, gegenüber der Flußmündung, lud Wickham die Behörden zu einem großen Bankett ein. Der Engländer hatte den Ruf, ein wenig verrückt zu sein. Man wußte im ganzen Amazonasgebiet, daß er Orchideen sammelte. Er erklärte, daß er auf Wunsch des Königs von England eine Reihe von Knollen seltener Orchideen für den Botanischen Garten von Kew mitführte. Da es sich um sehr empfindliche Pflanzen handelte, hielte er sie in einem hermetisch geschlossenen Raum bei einer speziell gewählten Temperatur. Wenn er ihn öffnete, so würden die Blumen zugrunde gehen. Auf diese Weise gelangten die Samen unbeschädigt an die Kaimauern von Liverpool. Vierzig Jahre später überschwemmten die Engländer den Weltmarkt mit dem malaiischen Kautschuk. Die in Asien gelegenen, unter Ver-

wendung der grünen Sprossen von Kew rationell angelegten Plantagen verdrängten mit Leichtigkeit die Extraktiv-Produktion Brasiliens.
Die Prosperität des Amazonasgebietes verflüchtigte sich. Der Urwald machte wieder seine Rechte geltend. Die Glücksjäger zogen in andere Gebiete; der Prachtlagerplatz zerfiel. Zwar blieben – in schwierigsten Verhältnissen – die Arbeiter zurück, die von weither herantransportiert worden waren, um in den Dienst des fremden Abenteuers gestellt zu werden, des Abenteuers, das auch für Brasilien selbst fremd war, ein Land, das nur dem Sirenengesang der weltweiten Nachfrage nach dem Rohmaterial Folge geleistet hatte, ohne aber auch nur im geringsten am wirklichen Kautschukgeschäft, d. h. der Finanzierung, dem Handel, der Verarbeitung und dem Vertrieb, beteiligt zu sein. Doch die Sirene blieb. So lange, bis im Zweiten Weltkrieg der Kautschuk des brasilianischen Amazonasgebietes einen neuen vorübergehenden Aufschwung erlebte. Die Japaner hatten den Malaiischen Archipel besetzt, und die Alliierten suchten verzweifelt nach Quellen zur Dekkung ihres Gummibedarfes. Auch der peruanische Urwald geriet in jenen vierziger Jahren durch die Gumminot ins Beben[59]. In Brasilien mobilisierte man im Zuge der sogenannten »Kautschukschlacht« neuerlich die Bauern des Nordostens. Gemäß einer Anklage, die im Kongreß vorgebracht wurde, waren es diesmal 50 000 Tote, die nach Beendigung der »Schlacht«, von Seuchen und Hunger besiegt, inmitten der Gummiwälder verwesten.

Die Kakaopflanzer brannten ihre Zigarren mit 500 000-Reis-Banknoten an

Venezuela wurde lange Zeit durch den Kakao, eine aus Amerika stammende Pflanze, gekennzeichnet. »Wir Venezolaner waren dazu geschaffen worden, Kakao zu verkaufen und in unserem eigenen Gebiet billigen Plunder aus dem Ausland zu vertreiben«, sagt Rangel[60]. Die Kakao-Oligarchen bildeten zusammen mit den Wucherern und den

59 Zu Beginn des Jahrhunderts hatten die mit Kautschukwäldern bewachsenen Berge auch Peru ein neues Eldorado vorgegaukelt. Francisco García Calderón schrieb in »El Perú contemporáneo« um das Jahr 1908, daß der Kautschuk den großen Reichtum der Zukunft darstelle. In seinem Roman »La Casa Verde« (Barcelona, 1966) läßt Mario Vargas Llosa die fieberhafte Atmosphäre in Iquitos und im Urwald wiederaufleben, bei der die Abenteurer die Indianer und sich gegenseitig ausplünderten. Die Natur nahm Rache: sie verfügte über die Lepra und andere Waffen.

60 Domingo Alberto Rangel, »El proceso del capitalismo contemporáneo en Venezuela«, Caracas, 1968.

Kaufleuten »eine hochheilige Dreieinigkeit des Rückschritts«. Zusammen mit dem Kakao und als Mitglieder seines Gefolges waren die Viehzucht auf den Steppen, die Indigopflanzungen, der Zucker- und Tabakanbau und auch einige Bergwerke anzutreffen; aber »Gran Cacao« (Groß-Kakao) war der Name, mit dem das Volk die Oligarchie von Sklavenhaltern in Caracas treffend taufte. Von 1873 an begann in Venezuela ein Zeitalter des Kaffees; der Kaffee erforderte, wie der Kakao, Gebiete mit Berghängen oder heiße Täler. Trotz des Einbruchs dieses Fremdlings breitete sich der Kakao jedenfalls weiter aus und drang in die feuchten Gelände von Carúpano vor. Venezuela blieb weiterhin ein Agrarland, das dem Leidensweg der zyklisch fallenden Kaffee- und Kakaopreise unterworfen war. Dieser Zustand hielt an, bis sich das Land 1922 unverhofft in eine Erdölquelle verwandelte. Seit damals regiert ununterbrochen das Erdöl. Das »schwarze Gold« sollte schließlich mit einer Verspätung von vier Jahrhunderten die Phantasien der spanischen Konquistadoren rechtfertigen: Auf ihrer vergeblichen Suche nach dem König, der in Gold badete, waren sie der Wahnvorstellung erlegen, ein kleines Dorf bei Maracaibo mit Venedig und die übelriechende Küste von Paria mit dem Erdenparadies zu verwechseln[61].

In den letzten Jahrzehnten des 19. Jahrhunderts brach die Gier der Europäer und der Nordamerikaner nach der Schokolade aus. Der Fortschritt der Industrie verlieh den Kakaoplantagen in Brasilien großen Auftrieb und war der Produktion der alten Plantagen von Venezuela und Ekuador förderlich. In Brasilien hielt der Kakao zur selben Zeit wie der Kautschuk seinen stürmischen Einzug auf der wirtschaftlichen Bühne und war, wie der Kautschuk, eine Arbeitsquelle für die Bauern aus dem Nordosten. Die Stadt Salvador in der »Bahía de Todos los Santos« (Allerheiligenbucht) war als brasilianische und als Zuckerhauptstadt eine der wichtigsten Städte Amerikas gewesen und erlebte damals als Kakaohauptstadt ihre Wiederauferstehung. Im Süden Bahías, von Recôncavo bis zum Staate Espírito Santo, zwischen dem an das Meer angrenzenden Flachland und der Bergkette der Küste, liefern die Latifundien in unseren Tagen nach wie vor den Rohstoff für einen bedeutenden Teil der Schokolade, die auf der Welt verbraucht wird. Genauso wie das Zuckerrohr brachte der Kakao die Monokultur und das Abbrennen von Wäldern, die Zwangsherrschaft des internationalen Kurses und das pausenlose Elend der Arbeiter mit

61. Domingo Alberto Rangel, »Capital y desarrollo«, Band I: »Le Venezuela agraria«, Caracas, 1969.

sich. Die Plantagenbesitzer, die an den Stränden von Rio de Janeiro wohnen und eher Kaufleute als Landwirte sind, lassen nicht zu, daß auch nur ein Zoll Bodens für andere Anbauarten verwendet würde. Ihre Verwalter pflegen die Löhne in Naturalien – Dörrfleisch, Mehl, Bohnen – zu bezahlen; sofern sie sie in Bargeld bezahlen, erhält der Landarbeiter für einen vollen Arbeitstag einen Lohn, der dem Preise von einem Liter Bier entspricht.

Brasilien genoß eine Zeitlang die Gunst des internationalen Marktes. Nichtsdestoweniger fand es von Beginn an ernst zu nehmende Konkurrenten in Afrika. Um die zwanziger Jahre hatte Ghana bereits den ersten Platz erobert. Die Engländer hatten den Kakaoanbau unter Anwendung moderner Methoden in diesem Lande, das damals Kolonie war und Goldküste hieß, in großem Maßstab entwickelt. Brasilien rückte als Weltlieferant des Kakaos an die zweite und einige Jahre später an die dritte Stelle. Aber trotzdem hätte man kaum vermuten können, daß den fruchtbaren Feldern Südbahias ein dürftiges Schicksal beschert war. Der Boden, der die ganze Kolonialepoche siegreich überstanden hatte, trug immer reichere Früchte: mit dem Spitzmesser schlugen die Landarbeiter die Früchte auseinander, sammelten die Kakaobohnen ein und luden sie auf die Wagen, die von Eseln zu den Trögen gebracht wurden; und man mußte ständig neue Wälder abholzen, neue Lichtungen öffnen, neue Gebiete mit der Schneide des Buschmessers und mit Flintenschüssen erobern. Die Arbeiter auf den »Fazendas« (Gütern) wußten nichts von Preisen, noch von Absatzmärkten. Sie wußten nicht einmal, wer in Brasilien regierte. Bis vor wenigen Jahren konnte man noch Arbeiter antreffen, die davon überzeugt waren, daß Kaiser Pedro II. noch über Brasilien herrschte. Die Kakaofürsten rieben sich die Hände: *sie* waren *ja* im Bilde, oder glaubten es zu sein. Der Kakaoverbrauch stieg ständig, und mit ihm stiegen die Preise und die Gewinne. Die Hafenstadt Ilheus, über die fast der ganze Kakao verschifft wurde, wurde »die Königin des Südens« genannt und, obwohl sie heute ein kümmerliches Dasein führt, in ihr sind noch die solid gebauten kleinen Palais zu sehen, die die »Fazendeiros« (Gutsbesitzer) mit überschwenglichem Luxus, jedoch äußerst geschmacklos, einrichteten. Jorge Amado hat mehrere Romane über dieses Thema geschrieben. So beschreibt er eine Hausse-Epoche folgendermaßen: »Ilheus und die Kakaozone schwammen in Gold; sie badeten in Champagner und schliefen mit Französinnen, die aus Rio de Janeiro gekommen waren. Im ›Trianon‹, dem elegantesten Kabarett der Stadt, brannte der Oberst Maneca Dantas Zigarren mit 500 000-Reis-Scheinen an, womit er die Gewohnheit aller reichen »Fazendeiros« des

Landes bei früheren Konjunkturaufstiegen des Kaffees, des Kakaos, der Baumwolle und des Zuckers nachahmte«[62]. Infolge der steigenden Preise wurde die Produktion erhöht; daraufhin fielen die Preise.

Im Verlaufe von kaum drei Jahren, zwischen 1959 und 1961, um nur ein einziges Beispiel zu nennen, ging der internationale Preis des brasilianischen Bohnenkakaos auf ein Drittel zurück. Später hat freilich die Haussetendenz die Pforten der Hoffnung zu öffnen vermocht; doch sagt die CEPAL der ansteigenden Kurve ein nur kurzes Leben voraus[63]. Die großen Kakaoverbraucher – die Vereinigten Staaten, England, die Bundesrepublik Deutschland, Holland, Frankreich – fördern den Konkurrenzkampf zwischen dem afrikanischen Kakao und dem, den Brasilien und Ekuador produzieren, um billige Schokolade essen zu können. So rufen sie, da sie die Preisgestaltung beherrschen, Baisseperioden hervor, durch die die Arbeiter, die vom Kakao ausgestoßen werden, auf der Straße landen. Die Arbeitslosen suchen Bäume, unter denen sie schlafen können, und grüne Bananen, um den Magen zu betrügen. Sie essen gewiß nicht die feine europäische Schokolade, die Brasilien, der drittwichtigste Kakaoproduzent der Welt, unglaublicherweise aus Frankreich und der Schweiz einführt. Die Schokolade kostet ständig mehr; der Kakao, im Verhältnis zu ihr, immer weniger. Zwischen 1950 und 1960 stiegen die Kakaoverkäufe Ekuadors um mehr als 30 Prozent, was ihr Volumen betrifft, jedoch um nur 15 Prozent im Wert. Die restlichen 15 Prozent waren ein Geschenk Ekuadors an die reichen Länder, die ihm in der gleichen Zeitspanne ihre Industrieprodukte zu ständig steigenden Preisen lieferten. Die Wirtschaft Ekuadors hängt vom Absatz der Bananen, des Kaffees und des Kakaos ab, dreier

62 Der Titel »Coronel« (Oberst) wird in Brasilien den traditionellen Großgrundbesitzern und über sie hinaus allen wichtigen Persönlichkeiten sehr leicht erteilt. Der Absatz stammt aus dem Roman Jorge Amados »São Jorge dos Ilheus« (Montevideo, 1946). Inzwischen »rührten nicht einmal die Kinder die Kakaofrüchte an. Sie empfanden Furcht vor jenen gelben süßkernigen Bohnen, durch die sie an dieses Leben mit Maulbeeren und Dörrfleisch gekettet waren.« Denn im Grunde »war der Kakao der große Herr, den selbst der ›Coronel‹ fürchtete« (Jorge Amado, »Cacao«, Buenos Aires, 1935). In einem anderen Roman (»Gabriela, clavo y canela«, Buenos Aires, 1969) spricht eine Figur mit kategorisch erhobenem Finger 1925 von Ilheus: »Es gibt derzeit im Norden des Landes keine Stadt, deren Fortschritt schneller vor sich ginge.« Heute ist Ilheus auch nicht der Schatten seiner selbst.

63 Unter Bezugnahme auf die Preiserhöhungen des Kakaos und des Kaffees sagt die Wirtschaftskommission für Lateinamerika (CEPAL) der Vereinten Nationen, daß sie »relativ vorübergehenden Charakter trügen« und daß sie »zum Großteil auf gelegentliche Rückschläge bei den Ernten« zurückzuführen seien. CEPAL, »Estudio económico de América Latina, 1969«, Band II: »La economía de América Latina en 1969«, Santiago de Chile, 1970.

Nahrungsmittel, die dem Wellengang der Preise besonders stark ausgesetzt sind. Nach offiziellen Feststellungen leiden sieben unter je zehn Ekuadorianern an chronischer Unterernährung, und das Land weist eine der höchsten Sterblichkeitsziffern der Welt auf.

Billige Arbeitskräfte für die Baumwolle

Brasilien nimmt den vierten Platz auf der Welt als Baumwollproduzent ein; Mexiko den fünften. Aus Lateinamerika in seiner Gesamtheit stammt mehr als ein Fünftel der Baumwolle, die die Textilindustrie des ganzen Erdballs verbraucht. Am Ende des 18. Jahrhunderts war die Baumwolle zum wichtigsten Rohstoff der aufkeimenden Industrie Europas geworden; England verfünffachte in 30 Jahren die Käufe dieser Naturfaser. Der Hafen von São Luiz de Maranhão, der einen langen, von kaum zwei Schiffen jährlich unterbrochenen Tropenschlummer gehalten hatte, wurde von der Baumwollkonjunktur jählings geweckt. Die Negersklaven strömten in die Plantagen im Norden Brasiliens, und 150 bis 200 Schiffe fuhren jährlich von São Luiz mit einer Ladung von einer Million Pfund Textilrohstoff ab. Die Hafenstadt blühte und brachte Dichter in genügender Menge hervor, um das Athen Brasiliens genannt zu werden[64], aber der Hunger gelangte gleichzeitig mit dem Wohlstand in das Gebiet von Maranhão, da sich niemand mehr darum kümmerte, Nahrungsmittel anzubauen. In manchen Zeiten gab es nur Reis zu essen[65]. So wie sie begonnen hatte, hörte diese Geschichte auch auf: Der Zusammenbruch kam plötzlich. Die großanlegte Baumwollproduktion in den Plantagen im Süden der Vereinigten Staaten, mit besserer Erde und mechanischen Hilfsmitteln zum Aushülsen und Verpacken des Produktes, senkte die Preise auf ein Drittel, und Brasilien war nicht mehr konkurrenzfähig. Eine neue Etappe der Prosperität hub infolge des Sezessionskrieges an, durch den die nordamerikanischen Lieferungen unterbrochen wurden; doch sie dauerte nur kurze Zeit. Im 20. Jahrhundert stieg die brasilianische Baumwollproduktion von 1934 bis 1939 mit außergewöhnlicher Schnelligkeit: von 126 000 Tonnen gelangte sie auf über 320 000 Tonnen. Hierauf ereignete sich eine neue Katastrophe: Die Vereinigten Staaten warfen ihre Überschüsse auf den Weltmarkt und der Preis des Produktes fiel schlagartig.
Das nordamerikanische Baumwolldumping hat nicht verhindert, daß

64 Roberto C. Simonsen, a.a.O.
65 Caio Prado Júnior, »Formação do Brasil contemporaneo«, São Paulo, 1942.

es ein nordamerikanisches Unternehmen, die Anderson Clayton & Co., ist, die die Herrschaft über dieses Produkt in Lateinamerika ausübt und hat ebensowenig verhindert, daß die Vereinigten Staaten über diese Gesellschaft mexikanische Baumwolle kaufen, um sie in anderen Ländern abzusetzen.

Die lateinamerikanische Baumwolle kann sich im internationalen Handel dank ihrer sehr niedrigen Erzeugungskosten mehr oder weniger halten. Sogar in den offiziellen Ziffern, die eine Maske der Wirklichkeit darstellen, kommt das erbärmliche Niveau der Entlohnung zum Ausdruck, die für die Arbeit bezahlt wird. In den Plantagen Brasiliens sind abwechselnd Hungerlöhne und sklavische Arbeit anzutreffen; in denen Guatemalas weisen die Eigentümer stolz darauf hin, daß sie Löhne von 19 Quetzal monatlich (der Quetzal ist nominell dem Dollar gleichwertig) bezahlen, und, als ob das schon zu viel wäre, erklären sie selbst, daß der größte Teil in Form von Naturalien, deren Preis von ihnen selbst festgelegt wird, beglichen wird[66]. In Mexiko sind die Tagelöhner, die von Ernte zu Ernte herumwandern und einen Dollar pro Arbeitstag erhalten, nicht nur periodischer Arbeitslosigkeit ausgesetzt, sondern auch, als deren Folge, unterernährt. Noch weitaus schlimmer ist die Lage der Baumwollarbeiter in Nicaragua, die von Salvador, die die Textilindustriellen Japans mit Baumwolle versorgen, verbrauchen weniger Kalorien und Proteine als die hungernden Inder. Für die Wirtschaft Perus steht die Baumwolle an zweiter Stelle als Devisenquelle aus dem Agrarsektor. José Carlos Mariátegui hatte festgestellt, daß der ausländische Kapitalismus auf seiner ewigen Suche nach Land, Arbeitskräften und Märkten die Tendenz an den Tag legte, sich der Landflächen zu bemächtigen, auf denen Exportprodukte Perus angebaut werden, und zwar vermittels der Zwangseintreibung von Hypotheken verschuldeter Landeigentümer[67]. Als die nationalistische Regierung des Generals Velasco Alvarado 1968 an die Macht kam, wurde weniger als ein Sechstel des für intensive Bewirtschaftung geeigneten Bodens tatsächlich ausgenutzt. Der beste Boden, das Flachland an der Küste, befand sich in Händen nordamerikanischer Unternehmen oder denen von Landbesitzern, die nur in geographischem Sinne einheimisch waren. Fünf große Unternehmen, unter ihnen zwei nordamerikanische, die Anderson Clayton und die Grace, hatten den Baumwoll- und den

66 Interamerikanisches Komitee für landwirtschaftliche Entwicklung, »Guatemala. Tenencia de la tierra y desarrollo socio-económico del sector agrícola«, Washington, 1965.

67 José Carlos Mariátegui, »Siete ensayos de interpretación de la realidad peruana«, Montevideo, 1970.

Zuckerexport in ihren Händen und verfügten auch über eigene »agrar-industrielle Produktions-Komplexe«. Die Zucker- und Baumwollpflanzungen an der Küste, mutmaßliche Zentren der Prosperität und des Fortschritts im Gegensatz zu den Latifundien im Bergland, zahlten den Landarbeitern Hungerlöhne, bis die Agrarreform des Jahres 1969 sie enteignete und als Kooperativen den Arbeitern übergab. Nach Feststellungen des interamerikanischen Komitees zur Entwicklung der Landwirtschaft betrugen die Einkünfte pro Familienmitglied der Tagelöhner von der Küste nicht mehr als fünf Dollar monatlich[68].

Anderson Clayton & Co. unterhält noch dreißig Zweigniederlassungen in Lateinamerika und beschäftigt sich nicht nur mit dem Baumwollverkauf, sondern verfügt auch als horizontal organisierte Monopolgesellschaft über ein Netz, das die Finanzierung des Ankaufs und die Verarbeitung der Faser und ihrer Nebenprodukte umfaßt; sie erzeugt ferner Lebensmittel in großem Maßstab. In Mexiko, zum Beispiel, beherrscht sie, obwohl sie dort keinen Boden besitzt, auf jeden Fall die Baumwollproduktion; ihr unterstehen de facto 800 000 Mexikaner, die sie ernten. Das Unternehmen kauft zu sehr niedrigen Preisen die ausgezeichnete mexikanische Wollfaser, da sie vorher den Produzenten Kredite unter Eingehung der Verpflichtung gewährt, die Ernten nur an sie, und zwar zu den von ihr selbst festgelegten Marktpreisen, zu verkaufen. Zu den Barvorschüssen tritt die Lieferung von Düngemitteln, Samen und Insektenbekämpfungsmitteln; das Unternehmen behält sich das Recht vor, die Arbeiten zur Fruchtbarmachung, Saat und Ernte zu überwachen. Sie legt Tarife nach ihrem Gutdünken für das Entkörnen der Baumwolle fest. Sie verwendet die Samen in ihren Öl-, Fett- und Margarinefabriken. In den letzten Jahren hat sich die Clayton-Gesellschaft, »die sich nicht damit begnügte, den Wollhandel zu beherrschen, sogar auf die Erzeugung von Süßigkeiten und Schokolade verlegt, wobei sie kürzlich das bekannte Unternehmen ›Luxus‹ gekauft hat«[69].

Aber Anderson Clayton befaßt sich nicht nur mit Wolle. Sie ist derzeit der wichtigste Kaffee-Exporteur Brasiliens. Schon 1950 hatte sie sich für das Geschäft interessiert. Drei Jahre später hatte sie bereits die American Coffee Corporation entthront. In Brasilien ist sie auch der erste Lebensmittelproduzent und steht auf der Liste der 35 mächtigsten Unternehmen des Landes.

68 Interamerikanisches Komitee für landwirtschaftliche Entwicklung, »Perú. Tenencia de la tierra y desarrollo socio-económico del sector agrícola«, Washington, 1966.
69 Alonso Aguilar M. und Fernando Carmona, »México: riqueza y miseria«, Mexiko, 1968.

Manchmal wird die Ansicht vertreten, daß der Kaffee auf dem internationalen Markt eine fast ebenso wichtige Stellung einnimmt wie das Erdöl. Zu Beginn der fünfziger Jahre lieferte Lateinamerika fast vier Fünftel des Kaffees, der auf der ganzen Welt verbraucht wurde; die Konkurrenz des »Robusta«-Kaffees aus Afrika, dessen Qualität minderwertig, dessen Preis aber niedriger war, hat den lateinamerikanischen Anteil in den darauffolgenden Jahren gedrückt. Nichtsdestoweniger hat derzeit ein Sechstel der Devisen, die die Zone vom Ausland erhält, seinen Ursprung im Kaffee. Von den Preisschwankungen sind fünfzehn südlich des Río Bravo gelegene Länder betroffen. Brasilien ist der größte Produzent der Welt; vom Kaffee stammt etwa die Hälfte seiner Exporteinkünfte. Salvador, Guatemala, Costa Rica und Haiti hängen ebenfalls in bedeutendem Maße vom Kaffee ab. Er stellt ferner zwei Drittel der Devisen Kolumbiens.

Der Kaffee hatte die Inflation nach Brasilien gebracht; zwischen 1824 und 1954 verdoppelte sich der Preis eines Menschen. Weder die Baumwolle im Norden noch der Zucker im Nordosten ermöglichten nach dem Ablauf der Konjunkturperioden die Bezahlung solch teurer Sklaven. Das Jahrhundert war schon fast erloschen, als die Kaffee-Großgrundbesitzer, die sich in die neue soziale Elite Brasiliens verwandelt hatten, ihre Bleistifte spitzten und Berechnungen anstellten; Löhne, deren Höhe gerade an der Grenze des dürftigsten Lebensunterhaltes lagen, kamen billiger zu stehen als der Kauf und der Unterhalt der knapp gewordenen Sklaven. Die Sklaverei wurde 1888 abgeschafft, und so kamen Arbeitsverhältnisse auf, die ein Mittelding zwischen Feudaldienst und bezahlter Arbeit darstellen und bis in unsere Tage fortbestehen. Legionen »freier« Tagelöhner sollten in Zukunft den Wanderzug des Kaffees begleiten. Das Tal des Flusses Paraíba wurde zur reichsten Zone des Landes, aber es wurde sehr rasch von dieser vergänglichen Pflanze zugrunde gerichtet, deren destruktiver Anbau Wälder verheerte, Naturreserven erschöpfte und allgemeinen Verfall zurückließ. Die Erosion ruinierte den Boden erbarmungslos.

Augenblicklich ist São Paulo der entwickeltste Staat Brasiliens, da dort das Industriezentrum des Landes liegt; aber in seinen Kaffeeplantagen sind noch in großer Menge die »Vasallenbewohner« anzutreffen, die die Pacht für das von ihnen bebaute Land mit ihrer eigenen und der Arbeit ihrer Kinder bezahlen. Der Latifundienbesitzer verfügt auch über Bauern, denen es aufgrund von Verträgen gestattet ist, vorübergehend Anbau zu betreiben, sofern sie für ihn neue Kaffeepflanzungen

anlegen. Vier Jahre später, wenn die gelben Körner die Stauden färben, ist der Wert der Erde auf ein Vielfaches gestiegen, und damit ist für den Bauern der Moment des Fortziehens gekommen.
Für die Wirtschaft Salvadors, eines kleinen Landes im Besitz einer Handvoll von Oligarchenfamilien, hat der Kaffee grundlegende Bedeutung: Die Monokultur zwingt dazu, Bohnen – die einzige Proteinenquelle für die Ernährung des Volkes –, Mais, Gemüse und andere früher immer im Lande erzeugte Nahrungsmittel im Ausland zu kaufen. Ein Viertel der Bewohner Salvadors stirbt an Avitaminose.
Haiti hat die höchste Sterblichkeitsziffer Lateinamerikas; mehr als die Hälfte der Kinder dieses Landes leidet an Blutarmut. Der rechtlich festgelegte Lohn fällt in Haiti in den Bereich der Phantasieliteratur; in den Kaffeepflanzungen schwankt der tatsächliche Lohn zwischen 7 und 15 Dollarcents pro Tag.
In Kolumbien, einem Land von Berghängen, hat der Kaffee die Oberherrschaft. Nach einem 1962 in der Zeitschrift »Time« veröffentlichten Bericht erhalten die Arbeiter als Lohn nur 5 Prozent des Gesamtpreises, den der Kaffee bei seiner Reise vom Strauch bis zu den Lippen des nordamerikanischen Konsumenten erzielt[70]. Im Gegensatz zu Brasilien wird Kaffee in Kolumbien zum größten Teil nicht in Latifundien, sondern in Minifundien produziert, die eine immer kleiner werdende Zerstäubungstendenz aufweisen. Von 1955 bis 1960 sprossen 100 000 neue, meist winzige Pflanzungen mit einer Oberfläche unter einem Hektar hervor. Kleine und sehr kleine Bauern liefern drei Viertel des von Kolumbien exportierten Kaffees; 96 Prozent der Pflanzungen sind Minifundien[71]. Juan Valdés lächelt auf den Anzeigen, aber die Atomisierung des Landbesitzes senkt den Lebensstandard der Bauern, die immer weniger verdienen, und erleichtert das Spiel der Nationalvereinigung der Kaffeeindustriellen, die die Interessen der Großgrundbesitzer vertritt und praktisch das Monopol über den Handel mit diesem Produkt ausübt. Die Parzellen mit einer Oberfläche unter einem Hektar bringen Hungereinkünfte hervor: durchschnittlich 130 Dollar *pro Jahr*[72].

70 Mario Arrubla, »Estudios sobre el subdesarrollo colombiano«, Medellín, 1969. Der Preis setzt sich folgendermaßen zusammen: 40 Prozent für die Zwischenhändler, Exporteure und Importeure; 10 Prozent für die Steuern beider Regierungen; 10 Prozent für die Transportunternehmen; 5 Prozent für Propagandakosten des panamerikanischen Kaffeeamtes in Washington; 30 Prozent für die Eigentümer der Pflanzungen und 5 Prozent für die Löhne der Arbeiter.

71 Kaffeebörse (»Banco Cafetero«), »La industria cafetera en Colombia«, Bogotá, 1962.

72 »Panorama Económico Latinoamericano«, Nr. 87, Havanna, September 1963.

Der Kaffeekurs bewirkt die Verbrennung der Ernten und bestimmt die Anzahl der Ehen

Was haben wir vor uns? Das Elektroencephalogramm eines Verrückten? 1889 war der Kaffee 2 Cents wert, und sechs Jahre später war er auf 9 Cents gestiegen; drei Jahre später war er auf 4 Cents gefallen und fünf Jahre darauf auf 2 Cents. Dies war eine kennzeichnende Periode[73]. Die Preiskurven des Kaffees, wie die aller Tropenprodukte, haben immer dem Krankheitsbild der Epilepsie geähnelt. Besonders, wenn sie den Tauschwert des Kaffees gegenüber den Maschinen und den Industrieprodukten verzeichnen. Der Landwirtschaftsminister von São Paulo, Herbert Levi, rechnete vor: Um einen Traktor kaufen zu können, benötigte Brasilien 1967 350 Kaffeesäcke, aber 14 Jahre vorher hatten 70 Säcke genügt. Präsident Getulio Vargas hatte sich 1954 eine Kugel ins Herz gejagt, und der Kaffeepreis war von dieser Tragödie keinesfalls auszuschalten: »Die Krise in der Kaffeeproduktion setzte ein«, hat Vargas in seinem bewundernswerten Testament geschrieben, »und unser wichtigstes Exportprodukt gewann an Wert. Wir beabsichtigten, seinen Preis zu halten, doch die Antwort bestand in einem heftigen Druck auf unsere Wirtschaft, der so weit ging, daß wir weichen mußten.« Vargas wollte sein Blut als Preis für die Befreiung des brasilianischen Volkes opfern.

Im Juli 1968 war der Preis des brasilianischen Kaffees in den Vereinigten Staaten im Vergleich zum Januar 1964 um 30 Prozent gesunken. Nichtsdestoweniger wurde der Kaffee für den nordamerikanischen Konsumenten nicht nur nicht billiger, sondern um 13 Prozent teurer.

Die Zwischenhändler eigneten sich demnach zwischen 1964 und 1968 diese 13 Prozent und jene 30 Prozent an. Im gleichen Zeitraum fielen die Preise, die die brasilianischen Produzenten für jeden Sack Kaffee erhielten, auf die Hälfte[74]. Wer sind die Zwischenhändler? Sechs nordamerikanische Firmen verfügen über mehr als ein Drittel des Kaffees, der aus Brasilien ausgeführt wird, und sechs weitere nordamerikanische Firmen verfügen über mehr als ein Drittel des Kaffees, der in die Vereinigten Staaten eingeführt wird: Es sind die führenden Firmen am Anfangs- und am Endpunkt der Operation[75]. Der brasilianische Staat

73 Pierre Monbeig, »Pionniers et planteurs de Sao Paulo«, Paris, 1952.

74 Angaben der Zentralbank, des Brasilianischen Kaffeeinstitutes und der FAO. Zeitschrift »Fato«, Nr. 2, Rio de Janeiro, November/Dezember 1968.

75 Aufgrund der von der Federal Trade Commission vorgenommenen Untersuchung. – Cid Silveira, »Café; um drama na economia nacional«, Rio de Janeiro, 1962.

ist es, der die überschüssigen Bestände übernimmt, wenn die Überproduktion dazu zwingt, Reserven anzuhäufen.
Aber gibt es etwa nicht ein internationales Kaffeeabkommen, um die Marktpreise auszugleichen? Das Weltinformationszentrum für Kaffee hat 1970 in Washington einen ausführlichen Bericht veröffentlicht, der dazu bestimmt war, die Parlamentarier dazu zu bewegen, daß die Vereinigten Staaten im September die Gültigkeit des ergänzenden Gesetzes in Übereinstimmung mit dem Abkommen verlängerten. In dem Bericht wird versichert, daß das Abkommen in erster Linie die Vereinigten Staaten begünstigt habe, in denen mehr als die Hälfte des auf der ganzen Welt gehandelten Kaffees verbraucht wird.
Der Kaffee begünstigt in weitaus höherem Maße die, die ihn verbrauchen, als die, die ihn erzeugen. In den Vereinigten Staaten und in Europa bewirkt er Einkünfte, schafft Arbeitsplätze und setzt große Kapitalien in Bewegung; in Lateinamerika bezahlt er Hungerlöhne und verschärft die wirtschaftliche Mißbildung der ihm dienenden Länder. In den Vereinigten Staaten verschafft der Kaffee mehr als 600 000 Menschen Arbeit: *Die Nordamerikaner, die den lateinamerikanischen Kaffee vertreiben und verkaufen, verdienen unvergleichlich höhere Summen als die, die die Kaffeebohne in Brasilien, Kolumbien, Guatemala, Salvador oder Haiti aussäen und ernten. Andererseits erfahren wir von der CEPAL, daß, so unglaublich es erscheinen mag, die aus dem Kaffee hervorgehende Bereicherung der Staatskassen der europäischen Länder eine höhere Summe darstellt als die, die in den Händen der Erzeugerländer verbleibt.* In der Tat »betrugen 1960 und 1961 die Staatsabgaben, die von den Ländern der EWG dem lateinamerikanischen Kaffee auferlegt wurden, insgesamt etwa 700 Millionen Dollar, während die Einkünfte der Erzeugungsländer (errechnet aufgrund des FOB-Wertes der entsprechenden Lieferungen) nur die Summe von 600 Millionen Dollar erreichten[76].
Im Reich dieser organisierten Absurdität verwandeln sich die Naturkatastrophen in Segnungen des Himmels für die Erzeugungsländer. Die Angriffe der Natur heben die Preise und ermöglichen den Absatz angehäufter Reserven. Die furchtbaren Fröste, die 1969 die Ernte in Brasilien zerstörten, waren der Ruin zahlreicher Produzenten, vor allem der schwächeren unter ihnen, aber sie stießen die internationalen Kaffeepreise nach oben und entlasteten in erheblichem Maße den Stock von 60 Millionen Säcken – deren Wert zwei Dritteln der Auslands-

76 CEPAL, »El comercio internacional y el desarrollo de América Latina«, Mexiko – Buenos Aires, 1964.

schuld Brasiliens entsprach –, die der Staat aufgespeichert hatte, um die Preise zu halten. Der aufgespeicherte Kaffee, der allmählich verdarb und an Wert verlor, hätte leicht auf dem Scheiterhaufen enden können. Es wäre auch nicht das erste Mal gewesen. Infolge der Krise im Jahre 1929, die einen Preissturz verursachte und den Konsum einschränkte, wurden in Brasilien 78 Millionen Kaffeesäcke verbrannt. So ging der von 200 000 Personen in fünf Ernten geleistete Arbeitsaufwand in Flammen auf[77].

Aber das Steigen der Preise hat auch keine besseren Folgen. Es führt zu einer hemmungslosen Steigerung der Aussaat und der Produktion. Der Anreiz wirkt sich wie ein Bumerang aus, da der Überfluß des Produktes die Preise zum Fallen bringt und die Katastrophe heraufbeschwört. Das war 1958 in Kolumbien der Fall, als der Kaffee geerntet wurde, der vier Jahre vorher mit so großem Enthusiasmus ausgesät worden war. Kolumbien hängt vom Kaffee und seiner Notierung im Ausland in solchem Grade ab, daß »in Antioquía die Kurve der Eheschließungen prompt der Kurve des Kaffeepreises folgt. Es ist eine typische Erscheinung für eine abhängige Wirtschaftsstruktur: Sogar der geeignete Moment für eine Liebeserklärung auf einem Bergkamm Antioquías wird in der New Yorker Börse entschieden«[78].

Zehn Jahre, die Kolumbien ausbluten ließen

Um die vierziger Jahre verfaßte der angesehene kolumbianische Nationalökonom Eduardo Nieto Arteta eine Lobeshymne auf den Kaffee. Der Kaffee hatte erreicht, was in den früheren Wirtschaftszyklen des Landes weder der Bergbau noch der Tabak, weder die Indigopflanze noch die Chinarinde jemals zustande gebracht hatten: die Schaffung einer reifen und fortschrittlichen Ordnung. Es war kein Zufall, daß die Textilfabriken und andere Manufakturindustrien in den Kaffeeprovinzen Antioquía, Caldas, Valle del Cauca und Cundinamarca entstanden. Eine Demokratie kleiner Landwirte, die Kaffee anbauten, hatte die Kolumbianer zu »mäßigen und nüchternen Menschen« gemacht. »Die wichtigsten Voraussetzungen«, sagte er, »für das normale Funktionieren des politischen Lebens in Kolumbien ist die Erreichung einer gewissen wirtschaftlichen Stabilität gewesen. Der Kaffee hat sie und mit ihr Ruhe und Mäßigung hervorgerufen«[79].

77 Roberto C. Simonsen, a.a.O.
78 Mario Arrubla, a.a.O.
79 Luis Eduardo Nieto Arteta, »Ensayos sobre economía colombiana«, Medellín, 1969.

Kurz darauf kam es zum Ausbruch der Gewalt. In Wirklichkeit hatte der Lobgesang auf den Kaffee die lange Kette von Aufständen und deren blutiger Unterdrückung in Kolumbien nicht wie durch Zauberkunst unterbrochen. Diesmal erfaßte der Bauernkrieg zehn Jahre hindurch von 1948 bis 1957 die Minifundien und die Latifundien, Steppenzonen und fruchtbare Gebiete, Täler, Wälder und Einöden der Anden, zwang ganze Dorfgemeinden zum Auszug, brachte revolutionäre Guerrillagruppen und Verbrecherbanden hervor und verwandelte das ganze Land in einen Friedhof. Man schätzt die Zahl der Toten auf 180 000[80]. *Das Blutbad fiel zeitlich mit einer Periode wirtschaftlicher Blüte der herrschenden Klasse zusammen. Ist es statthaft, die Prosperität einer Klasse mit dem Wohlbefinden eines Landes zu verwechseln?* Die Welle der Gewalt hatte mit einem Kampf zwischen Liberalen und Konservativen begonnen, aber die Dynamik des Klassenhasses prägte ihm in immer deutlicherer Form den Charakter eines Sozialkampfes auf. Jorge Eliécer Gaitán, der liberale Führer, den die Oligarchie seiner eigenen Partei, halb verächtlich und halb verängstigt, den »Wolf« oder den »Maulaffen« nannte, hatte im Volk außerordentliches Ansehen errungen und stellte eine Bedrohung der bestehenden Ordnung dar; als er den Schüssen eines Mordanschlages zum Opfer fiel, brach der Orkan los. Zuerst war es eine unaufhaltbare Menschenflut in den Straßen der Hauptstadt, der spontane »Bogotazo«, doch sogleich griff die Gewalt auf das Landesinnere über, wo schon seit einiger Zeit die von den Konservativen organisierten Banden Terror säten. Der von den Bauern seit langem mühsam unterdrückte Haß kam zum Ausbruch, und während die Regierung Polizisten und Soldaten dazu aussandte, Hoden abzuschneiden, den Leib schwangerer Frauen zu öffnen oder Kinder in die Luft zu werfen, um sie – unter dem Motto, »auch nicht den Samen am Leben zu lassen« – auf dem Bajonett aufzuspießen, zogen sich die Doktoren der Liberalen Partei in ihre Wohnsitze zurück, ohne ihre korrekten Umgangsformen und den ritterlichen Ton ihrer Manifeste aufzugeben, oder sie zogen – im schlimmsten Fall – ins Exil. Die Bauern waren es, die die Toten stellten. Der Kampf nahm Formen unglaublicher Grausamkeit an, eine Folge der vom Krieg selbst in wachsendem Maße geschürten Rachelust. Es wurden neue Todesarten erfunden: Beim »Krawattenschnitt« schien die Zunge direkt aus dem Genick herauszuwachsen. Vergewaltigungen, Brandstiftungen und Plünderungen fanden am laufenden Band statt. Die Männer wurden zerrissen oder

80 Germán Guzmán Campos, Orlando Fals Borda und Eduardo Umaña Luna, »La violencia en Colombia. Estudio de un proceso social«, Bogotá, 1963/64.

lebendig verbrannt, abgehäutet oder langsam in Stücke geteilt; die Truppen machten Dörfer und Felder dem Erdboden gleich; die Flüsse färbten sich rot; die Banditen erteilten »Aufenthaltsgenehmigungen« gegen Leistung von Abgaben in bar oder in Form von Kaffeeladungen, und die Unterdrückungskräfte vertrieben und verfolgten unzählige Familien, die auf der Suche nach Unterschlupf in die Berge geflohen waren; die Frauen gebaren in den Wäldern. Die ersten Guerillaführer ergaben sich – von Rachebedürfnis beseelt, aber ohne klaren politischen Horizont – der Zerstörung um der Zerstörung willen, der Befriedigung des Hasses mit Feuer und Schwert ohne andere Ziele. Die Namen der Hauptfiguren der Gewalt (»Leutnant Gorilla«, »Böser Schatten«, »Der Kondor«, »Rothaut«, »Der Vampir«, »Schwarzer Vogel«, »Der Steppenschreck«) deuten nicht auf ein revolutionäres Epos.
Aber der Ton des sozialen Aufruhrs kommt sogar in den Liedern zum Ausdruck, die von den Kampfverbänden gesungen wurden:

Bauer bin ich ohne Arg,
den Streit hab' ich nicht begonnen,
aber wenn einer Krawall mit mir sucht,
dann tanzt er mit der Garstigsten.

Schließlich war der unterschiedslose Terror, mit Forderungen nach Gerechtigkeit vermischt, auch in der mexikanischen Revolution Emiliano Zapatas und Pancho Villas in Erscheinung getreten. In Kolumbien wäre der angehäufte Zorn auf jeden Fall zum Ausbruch gekommen; aber es ist kein Zufall, daß aus jenem Jahrzehnt der Gewalt die später aufgetretenen politischen Guerrillagruppen hervorgegangen sind, die unter der Fahne der sozialen Revolution weite Gebiete des Landes besetzen und beherrschen konnten. Die durch die Unterdrückungsmaßnahmen in die Enge getriebenen Bauern zogen in die Berge und organisierten dort die Landarbeit und die Selbstwehr. Die sogenannten »unabhängigen Republiken« haben auch, nachdem Konservative und Liberale bereits ihren Friedenspakt in Madrid unterzeichnet hatten, weiterhin den Verfolgten Zuflucht geboten. Die Führer beider Parteien beschlossen, in einer Atmosphäre von Trinksprüchen und Frivolitäten, sich der nationalen Eintracht zuliebe der Reihe nach in der Macht abzulösen, und begannen sogleich, bereits in gegenseitigem Einvernehmen, die »Säuberungsaktion« gegen die Störungsherde des Systems. Bei einer einzigen Operation wurden, um die Rebellen von Marquetalia zu unterwerfen, anderthalb Millionen Projektile abgeschossen, 20 000 Bomben abgeworfen und auf dem Land- und dem Luftwege 16 000 Soldaten eingesetzt[81].

Ein Mann, der einem Priester die Hände abschnitt, dann dessen Körper und Haus in Brand steckte, ihn nachher zerstückelte und in ein Abflußrohr warf, schrie, als der Krieg bereits zu Ende war: »Ich bin nicht schuldig. Ich bin nicht schuldig. Laßt mich allein!« Er hatte den Verstand verloren, aber in gewisser Hinsicht hatte er ihn behalten: Der Terror der Gewalt offenbarte nur den Terror des Systems. Als das Jahrzehnt der Gewalt sein Ende erreichte, veröffentlichten die Vereinten Nationen die Ergebnisse ihrer Untersuchung über die Ernährungslage in Kolumbien. Seit damals hat sich die Situation in keiner Weise gebessert: 88 Prozent der Schulbesucher Bogotás war von Avitaminose befallen, 78 Prozent wies Riboflavinmangel auf, und mehr als die Hälfte hatte Untergewicht; unter den Arbeitern war die Avitaminose bei 71 Prozent und unter den Bauern des Tensa-Tales bei 78 Prozent festgestellt worden[82]. Die Untersuchung erwies »einen ausgeprägten Mangel an schützenden Nahrungsmitteln – Milch und deren Nebenprodukten, Eiern, Fleisch, Fisch sowie einigen Obst- und Gemüsesorten –, die in ihrem Zusammenwirken die nötigen Proteine, Vitamine und Salze liefern«. Nicht nur im Blitzlicht der Kugeln wird eine soziale Tragödie sichtbar. Die Statistiken zeigen an, daß Kolumbien einen siebenmal höheren Prozentsatz an Morden aufweist als die Vereinigten Staaten; doch geht aus ihnen auch hervor, daß ein Viertel der Kolumbianer in arbeitsfähigem Alter keine feste Arbeit hat. 250 000 Menschen treten jährlich zum erstenmal in den Arbeitsmarkt ein; die Industrie schafft jedoch keine neuen Posten, und auf dem Lande sind infolge der Latifundien- und Minifundienwirtschaft gleichfalls keine neuen Arbeitskräfte nötig; im Gegenteil: ständig werden neue Arbeitslose in die Vororte der Städte getrieben. Es gibt in Kolumbien mehr als eine Million Kinder, für die keine Schulen da sind. Dies hindert nicht, daß sich das System den Luxus gestattet, 41 verschiedene, öffentliche oder private, Universitäten, von denen jede ihre verschiedenen Fakultäten und Fachabteilungen besitzt, für die Ausbildung der Söhne der »Elite« und des zahlenmäßig geringen Mittelstandes zu unterhalten[83].

81 Germán Guzmán, »La violencia en Colombia (parte descriptiva)«, Bogotá, 1968.

82 Vereinte Nationen, »Análisis y proyecciones del desarrollo económico, III«, in: »El desarrollo económico de Colombia«, New York, 1957.

83 Professor Germán Rama stellte fest, daß einige dieser ehrwürdigen akademischen Stätten als wichtigsten Bestandteil in ihren Bibliotheken die eingebundenen Sammlungen der Auswahl aus dem »Reader's Digest« besitzen. – Germán W. Rama, »Educación y movilidad social en Colombia«, »Eco«, Nr. 116, Bogotá, Dezember 1969.

Der Zauberstab des Weltmarktes weckt Mittelamerika aus seinem Schlaf

Die auf mittelamerikanischem Boden gelegenen Länder erlitten bis um die Mitte des vorigen Jahrhunderts keine beachtlichen Erschütterungen. Abgesehen von den zum Eigenverbrauch bestimmten Lebensmitteln, erzeugte Mittelamerika Scharlach- und Indigofarbstoffe mit geringem Kapital, wenigen Arbeitskräften und einem Minimum an Sorgen. Die Koschenille, ein Insekt, das ohne Schwierigkeiten auf der stachligen Oberfläche der Nopalbäume gedieh, erfreute sich, wie die Indigopflanze, einer ständigen Nachfrage von seiten der europäischen Textilindustrie. Beide Naturfarbstoffe starben den Kunststofftod, als gegen 1850 die deutschen Chemiker die Aniline und andere billigere Farbstoffe zum Färben der Stoffe erfanden.
Dreißig Jahre nach diesem Sieg der Laboratorien über die Natur war der Augenblick für den Kaffee gekommen. Mittelamerika machte eine Wandlung durch. Aus seinen eben entstandenen Pflanzungen kam um das Jahr 1880 fast ein Sechstel der Kaffeeproduktion der ganzen Welt. Durch dieses Produkt vollzog sich die endgültige Eingliederung der Zone in den Weltmarkt. Den englischen Käufern folgten die Deutschen und die Nordamerikaner; die ausländischen Konsumenten erweckten eine einheimische Kaffeebourgeoisie zum Leben, die im Zuge der liberalen Revolution von Justo Rufino Barrios zu Beginn des Jahrzehntes 1870–1880 politische Machtpositionen erlangte. Die von auswärts diktierte Agrarspezialisierung erweckte die rasende Gier nach dem Erwerb von Land und von Menschen. Das derzeitige Latifundium entstand in Mittelamerika unter der Fahne der Arbeitsfreiheit.
Die liberalen Regierungen modernisierten die Arbeitsverhältnisse, indem sie das Lohnsystem einführten, aber die Lohnarbeiter verwandelten sich in Eigentum der frisch gebackenen Kaffeeunternehmer. Selbstredend wirkten sich in keinem Augenblick während des ganzen seither verstrichenen Jahrhunderts die Hausseperioden auf das Niveau der Einkünfte der Arbeiter aus. Dies war einer der Faktoren, die die Entwicklung eines internen Absatzmarktes in den mittelamerikanischen Ländern hemmten[84]. Wie überall entmutigte der Kaffeeanbau in seiner zügellosen Expansion den Anbau von Lebensmitteln für den internen Markt. Auch diese Länder waren dazu verurteilt, chronischen Mangel an Reis, Bohnen, Mais, Weizen, Tabak und Fleisch zu leiden. Mit Mühe

84 Edelberto Torres-Rivas, »Procesos y estructuras de una sociedad dependiente (Centroamérica)«, Santiago de Chile, 1969.

und Not blieb eine elende Landwirtschaft zur Deckung des Eigenbedarfes auf den hochgelegenen und zerklüfteten Geländen bestehen, in die das Latifundium die Eingeborenen bei der Inbesitznahme der tiefer gelegenen und fruchtbareren Ländereien drängte. Dies sind die Reserven an Arbeitskräften, über die der Weltmarkt verfügt. In einem Jahrhundert hat sich die Lage nicht geändert: Das Latifundium und das Minifundium bilden gemeinsam die Einheit eines Systems, das auf der grausamen Ausbeutung der einheimischen Arbeitskräfte beruht. Im allgemeinen, und ganz besonders in Guatemala, tritt diese Struktur der Inbesitznahme der Arbeitskraft im Gleichklang mit einem wahren System des Rassendünkels in Erscheinung: Die Indianer sind ebenso Opfer des inneren Kolonialismus, der von Weißen und Mestizen ausgeübt wird und mit dem ideologischen Segen der herrschenden Kultur zählt, wie die mittelamerikanischen Länder ihrerseits es dem ausländischen Kolonialismus gegenüber sind[85].

Seit dem Beginn des Jahrhunderts erschienen außerdem in Honduras, Guatemala und Costa Rica die Bananenenklaven. Um den Kaffee in die Hafenstädte zu transportieren, waren bereits einige vom inländischen Kapital finanzierte Eisenbahnlinien entstanden. Die nordamerikanischen Unternehmen bemächtigten sich dieser Eisenbahnen und schufen weitere zu dem ausschließlichen Zweck, die Produktion ihrer Plantagen zu befördern, während sie gleichzeitig das Monopol der Elektrizitätsversorgung, der Post und des Telegraphen- und Telephonwesens, aber auch das Monopol eines nicht minder wichtigen öffentlichen Dienstes, das der Politik, für sich in Anspruch nahmen. In Honduras »kostet ein Maultier mehr als ein Abgeordneter«, und in ganz Mittelamerika haben die Botschafter der Vereinigten Staaten höhere »präsidierende Macht« als die Präsidenten. Die United Fruit Co. hat ihre Konkurrenten in der Produktion und dem Verkauf von Bananen geschluckt, sich in den wichtigsten Großgrundbesitzer Mittelamerikas verwandelt und beherrscht mit ihren Tochtergesellschaften den Eisenbahn- und Seetransport; sie hat sich der Häfen bemächtigt und über eigene Zollämter und Polizei verfügt. Der Dollar ist de facto die mittelamerikanische Währung geworden.

85 Carlos Guzmán Böckler und Jean-Loup Herbert, »Guatemala: una interpretación histórico-social«, Mexiko, 1970.

In der geopolitischen Konzeption des Imperialismus ist Mittelamerika nichts weiter als ein natürliches Anhängsel der Vereinigten Staaten. Nicht einmal Abraham Lincoln, der auch die Annektierung dieses Territoriums erwog, konnte sich dem Bann der »offenbaren Bestimmung« der Großmacht für die angrenzenden Gebiete entziehen[86].
Um die Mitte des vorigen Jahrhunderts fiel der Seeräuber William Walker, der im Auftrage der Bankiers Morgan und Garrison handelte, in Mittelamerika an der Spitze einer Mörderbande ein, die sich selbst »die amerikanische Phalanx der Unsterblichen« nannte. Mit der offiziösen Unterstützung der Regierung der Vereinigten Staaten raubte und tötete Walker, stiftete er Brände und ließ sich in aufeinanderfolgenden Feldzügen zum Präsidenten von Nicaragua, Salvador und Honduras ausrufen. Er führte die Sklaverei in den Gebieten, die seine verheerende Besetzung erlitten, wieder ein, und setzte so das philanthropische Werk seines Landes in den kurz vorher Mexiko geraubten Provinzen fort. Nach seiner Rückkehr wurde er in den Vereinigten Staaten wie ein Nationalheld gefeiert. Seit damals waren die Invasionen, die Interventionen, die Bombardements, die Zwangsanleihen und die unter dem Kanonenrohr unterzeichneten Verträge gang und gäbe.
1912 erklärte der Präsident William H. Taft: »Der Tag liegt nicht fern, an dem drei Sternenbanner an drei gleich weit entfernten Punkten die Ausdehnung unseres Territoriums anzeigen werden: eine am Nordpol, die andere am Panamakanal und die dritte am Südpol. Es wird zur Tatsache werden, daß die ganze Hemisphäre uns gehört, wie sie uns auch, dank unserer rassischen Überlegenheit, moralisch schon jetzt gehört«[87]. Taft sagte, daß der gerade Weg der Gerechtigkeit in der Außenpolitik der Vereinigten Staaten »keineswegs eine aktive Intervention ausschließt, um für unsere Waren und unsere Kapitalisten günstige Investitionsmöglichkeiten zu gewährleisten«. Um die gleiche Zeit gab der ehemalige Präsident Teddy Roosevelt seine Erinnerungen über die erfolgreiche Landamputation zum besten, die er an Kolumbien vorgenommen hatte: »I took the Canal«, sagte der frisch gebackene Friedens-Nobelpreis-Träger, während er erzählte, wie er Panama erfunden hatte[88]. Kolumbien sollte kurz darauf eine Entschädigung von

86 Darcy Ribeiro, »Las Américas y la Civilización«, Band III: »Los pueblos trasplantados. Civilización y desarrollo«, Buenos Aires, 1970.
87 Gregorio Selser, »Diplomacia, garrote y dólares en América Latina«, Buenos Aires, 1962.
88 Claude Julien, »L'Empire Americain«, Paris, 1968.

25 Millionen Dollar erhalten: es war der Preis eines Landes, das entstanden war, damit die Vereinigten Staaten über einen Verbindungsweg zwischen beiden Ozeanen verfügten.
Der Kommandant Smedley D. Butler, der viele dieser Expeditionen anführte, faßte 1935, bereits im Ruhestande, seine eigene Tätigkeit folgendermaßen zusammen: »Ich habe 33 Jahre und 4 Monate in aktivem Dienst als Mitglied der gewandtesten Militärkraft dieses Landes verbracht: des Marineinfanteriekorps. Ich habe in allen Rangstufen gedient, vom Unterleutnant bis zum Divisionsgeneral. Und im Verlaufe dieser ganzen Periode übte ich meistens die Funktionen eines Gangsters erster Kategorie für die große Geschäftswelt, für Wallstreet und die Bankiers aus. Mit einem Wort, ich war ein Gangster des Kapitalismus. So habe ich, zum Beispiel 1914 dabei geholfen, daß Mexiko und ganz besonders Tampico eine leichte Beute für die nordamerikanischen Erdölinteressen würde. Ich habe dabei geholfen, daß Haiti, Cuba und Nicaragua Plätze zum Kassieren der Renten der National City Bank und für das Bankhaus Brown Brothers würden ... 1916 habe ich im Namen der nordamerikanischen Zuckerinteressen das Licht in die Dominikanische Republik getragen. 1903 habe ich dabei geholfen, Honduras zum Besten der nordamerikanischen Obstgesellschaften zu ›befrieden‹«[89]. In den ersten Jahren des Jahrhunderts hatte der Philosoph William James einen wenig bekannten Satz geprägt: »Das Land hat ein für allemal die Unabhängigkeitserklärung ausgespien ...« Um nur ein Beispiel zu nennen: Die Vereinigten Staaten haben Haiti 20 Jahre lang besetzt, und dort, in diesem Negerland, das Schauplatz der ersten siegreichen Sklavenrebellion gewesen war, führten sie die Rassentrennung und ein System der Zwangsarbeit ein, töteten 1500 Arbeiter bei einer ihrer Unterdrückungsaktionen (nach einer Untersuchung des nordamerikanischen Senats im Jahre 1922), und als die Regierung des Landes sich weigerte, die Nationalbank in eine Filiale der National City Bank von New York zu verwandeln, unterbrachen sie die Zahlung der Gehälter an den Präsidenten und seine Minister, damit sie von neuem darüber nachdächten[90]. Ähnliche Vorgänge haben sich auf den restlichen Inseln der Karibischen See und in ganz Mittelamerika, dem geopolitischen Raum des »Mare Nostrum« des Imperiums, zugetragen, wobei als Begleitmusik abwechselnd der »big stick« oder die »Dollardiplomatie« gespielt wurden.
Im Koran wird der Bananenbaum unter den Bäumen des Paradieses

89 Veröffentlicht in »Common Sense«, November 1935. V. Leo Huberman, »Man's Wordly Goods. The Story of the Wealth of Nations«, New York, 1936.
90 William Krehm, »Democracia y tiranías en el Caribe«, Buenos Aires, 1959.

erwähnt, aber die »Bananisierung« von Guatemala, Honduras, Costa Rica, Panama, Kolumbien und Ekuador läßt den Verdacht zu, daß es sich um einen Baum der Hölle handelt. In Kolumbien war das größte Landgut des Landes in den Besitz der United Fruit übergegangen, als 1928 ein großer Streik an der Atlantikküste ausbrach. Die Bananenarbeiter wurden gegenüber einer Eisenbahnstation mit Schüssen niedergemacht. Ein offizielles Dekret hatte verfügt: »Die Mitglieder der Exekutive sind dazu berechtigt, bewaffnete Strafaktionen durchzuführen ...«, und später war kein neues Dekret notwendig, um das Blutbad aus dem offiziellen Gedächtnis des Landes zu löschen[91]. Miguel Angel Asturias hat den Prozeß der Eroberung und der Ausplünderung Mittelamerikas beschrieben. Der »Grüne Papst« war Minor Keith, ungekrönter König der ganzen Zone, Stammvater der United Fruit, Verschlinger von Ländern: »Wir haben Häfen, Eisenbahnen, Land, Gebäude, Brunnen«, sagte der Präsident, »der Dollar strömt, man spricht englisch, und man hißt unsere Fahne ... Chicago konnte nicht umhin, auf diesen Sohn stolz zu sein, der mit einem Pistolengürtel fortging und dann zurückkehrte, um seinen Platz unter den Fleischkaisern, den Eisenbahn-, Kupfer- und Kaugummikönigen einzunehmen«[92]. In »Der 42. Breitengrad« umriß John Dos Passos die strahlende Biographie von Keith, die Biographie des Unternehmens: »In Europa und den Vereinigten Staaten hatte man begonnen, Bananen zu essen; demnach fällten sie den Urwald in ganz Mittelamerika, um Bananenbäume auszusäen und Eisenbahnen zum Transport der Bananen zu bauen, und jedes Jahr fuhren mehr Dampfer der Great White Fleet voll Bananen nach dem Norden, und das ist die Geschichte des nordamerikanischen Imperiums in der Karibischen See und die des Panamakanals und die des zukünftigen Kanals durch Nicaragua und die der ›Marines‹, der Kriegsschiffe und der Bajonette ...«

91 Dies ist das Thema des Romans von Alvaro Cepeda Samudio »La casa grande« (Buenos Aires, 1967) und wird auch in einem der Kapitel des Buches »Cien años de soledad« (Buenos Aires, 1967) von Gabriel García Márquez behandelt: »Natürlich war es ein Traum«, wiederholten immer wieder die Offiziere.

92 Der Zyklus umfaßt die Romane »Viento fuerte«, »El Papa Verde« und »Los ojos de los enterrados«, eine in Buenos Aires in den fünfziger Jahren veröffentlichte Trilogie. In »Viento fuerte« sagt Mr. Pyle, eine der Figuren dieses Romans, vorahnend: »Wenn wir, anstatt neue Pflanzungen anzulegen, den privaten Produzenten ihr Obst abkaufen, werden in Zukunft große Gewinne erzielt werden.« Das ist es, was heute in Guatemala geschieht: die United Fruit übt ihr Bananenmonopol auf dem Wege des Vertriebs aus, der wirksamer und weniger riskant als die direkte Erzeugung ist. Es sei bemerkt, daß die Bananenproduktion in den sechziger Jahren jäh fiel, und zwar von dem Augenblick an, in dem die United Fruit beschlossen hatte, ihre Pflanzungen in Guatemala, die vom Feuer der sozialen Agitation bedroht waren, zu verkaufen oder zu verpachten.

Der Boden war am Ende ebenso erschöpft wie die Arbeiter; dem Boden wurde der Humus und den Arbeitern die Lungen geraubt; aber es gab immer neuen Boden, den man ausnutzen, und neue Arbeiter, die man zugrunde richten konnte. Die Diktatoren sorgten, Operettenhelden gleich, für das Wohlergehen der United Fruit mit dem Messer zwischen den Zähnen. Später nahm die Bananenproduktion allmählich ab, und die Allmacht der Obstfirma machte mehrere Krisen durch; aber Mittelamerika ist bis in unsere Tage eine Weihestätte des Profits für Abenteurer geblieben, wenn auch der Kaffee, die Baumwolle und der Zucker die Bananen aus ihrer Vorrangstellung verdrängt haben. Noch immer sind die Bananen die wichtigste Devisenquelle für Honduras und Panama und in Südamerika für Ekuador. Um 1930 führte Mittelamerika jährlich 38 Millionen Stauden aus und die United Fruit führte an Honduras einen Cent Steuer pro Staude ab. Es gab keine Möglichkeit, die Zahlung dieser Ministeuer, die später ein klein wenig gestiegen ist, zu kontrollieren, noch gibt es sie heute; denn noch heute exportiert und importiert die United Fruit nach ihrem Belieben unter Umgehung der staatlichen Zollstellen. Die Handels- und die Zahlungsbilanz sind Phantasiewerke von Technikern mit hoher Vorstellungskraft.

Die Krise der dreißiger Jahre: »Eine Ameise zu töten ist ein größeres Verbrechen, als einen Menschen zu töten«

Der Kaffee hing vom nordamerikanischen Markt, dessen Verbrauchskapazität und dessen Preisen ab; die Bananen waren ein Geschäft von Nordamerikanern für Nordamerikaner. Die Krise des Jahres 1929 kam schlagartig. Der New Yorker Börsenkrach, der die Grundpfeiler des internationalen Kapitalismus zum Wanken brachte, hatte in der Karibischen See eine ähnliche Wirkung wie ein riesiger Steinblock, der in eine kleine Pfütze fällt. Die Kaffee- und die Bananenpreise erlitten einen jähen Sturz, und nicht weniger jäh war der Rückgang des Absatzes. Die Zwangsvertreibung von Bauern wurde mit fieberhafter Gewalt wieder aufgenommen, die Arbeitslosigkeit auf dem Lande und in den Städten nahm überhand, eine Sturmflut von Steik's brach aus; die Kredite, die Investitionen und die Staatsausgaben nahmen rapide ab, die Gehälter der Staatsbeamten in Honduras, Guatemala und Nicaragua wurden fast auf die Hälfte herabgesetzt[93]. Der Stiefel der Diktatoren trat sehr rasch die Deckel der Kochtöpfe nieder; die Politik der

93 Edelberto Torres-Rivas, a.a.O.

guten Nachbarschaft sollte in Washington eingeleitet werden, aber es war nötig, der sozialen Unruhe, die überall gärte, Einhalt zu gebieten. Rund 20 Jahre – die einen etwas mehr, die anderen etwas weniger – blieben Jorge Ubico in Guatemala, Maximiliano Hernández Martínez in Salvador, Tiburcio Carías in Honduras und Anastasio Somoza in Nicaragua an der Macht.
Die Epopöe Augusto César Sandinos bewegte das Gewissen der Welt. Der lange Kampf des Partisanenführers von Nicaragua hatte zur Forderung nach Land geführt und brachte den lang verhaltenen Zorn der Landbevölkerung zum Ausbruch. Sieben Jahre lang kämpfte sein kleines in Lumpen gekleidetes Heer gleichzeitig gegen die 12 000 nordamerikanischen Invasoren und gegen die Mitglieder der Nationalgarde. Die Granaten wurden aus Sardinenbüchsen, die mit Steinen angefüllt wurden, hergestellt, die Springfield-Gewehre wurden dem Feind entrissen, und es fehlte auch nicht an Buschmessern; der Fahnenmast war ein nicht entrindeter Pfahl, und anstelle von Stiefeln verwendeten die Bauern, um sich in den dicht bewachsenen Bergen fortbewegen zu können, eine Lederbinde, die »Caite« genannt wurde. Bei »Adelita«-Musik sangen die Guerrilleros[94]:

In Nicaragua, ihr Herren,
da prügelt die Maus die Katze.

Weder die Intensität des Feuers der Marineinfanterie noch die Bomben, die aus Flugzeugen abgeworfen wurden, reichten aus, um die Aufständischen von Las Segovias zu vernichten. Ebensowenig vermochten es die Verleumdungen, die von den Nachrichtenagenturen Associated Press und United Press, deren Berichterstatter in Nicaragua zwei Nordamerikaner waren, in deren Händen sich das Zollwesen des Landes befand, in der ganzen Welt verbreitet wurden[95]. 1932 hatte Sandino das Vorgefühl: »Ich werde nicht mehr lange leben.« Ein Jahr darauf wurde unter dem Einfluß der nordamerikanischen Politik »des guten Nachbarn« der Frieden geschlossen. Der Partisanenführer wurde vom Präsidenten zu einer entscheidenden Zusammenkunft nach Managua eingeladen. Auf dem Wege dahin fiel er in einem Hinterhalt einem Anschlag zum Opfer. Der Mörder, Anastasio Somoza, deutete später an, daß die »Hinrichtung« vom nordamerikanischen Botschafter Arthur Bliss Lane angeordnet worden war. Der damalige Heerführer Somoza

94 Gregorio Selser, »Sandino, general de hombres libres«, Buenos Aires, 1959.
95 Carleton Beals, »América ante América«, Santiago de Chile, 1940.

brauchte nicht lange dazu, um die Macht zu ergreifen. Er regierte Nicaragua ein Vierteljahrhundert hindurch, und später erbten seine Söhne den Posten. Ehe er die Präsidentenschärpe um seine Brust schlang, hatte Somoza sich selbst das Ordenskreuz für erwiesenen Mut, die Medaille der Auszeichnung und die Präsidentenmedaille für besondere Verdienste verliehen. Schon an der Macht, veranstaltete er mehrere Gemetzel und große Festlichkeiten, für die er seine Soldaten als Römer mit Sandalen und Helmen verkleidete; er wurde mit 46 Kaffeeplantagen der größte Produzent des Landes und betrieb auf weiteren 51 Gütern auch Viehzucht. Niemals mangelte es ihm jedoch an Zeit, auch Terror zu säen. Während seiner langen Regierungszeit ist er in der Tat kaum jemals in Bedrängnis geraten, und er gedachte mit gewisser Melancholie seiner Jugendjahre, in denen er Goldmünzen fälschen mußte, um sich vergnügen zu können.

Auch in Salvador kamen die Spannungen im Fahrwasser der Krise zum Ausbruch. Fast die Hälfte der Bananenarbeiter in Honduras stammten aus Salvador, und viele wurden zur Rückkehr in ihr Land gezwungen, wo es keinerlei Arbeitsmöglichkeiten gab. In der Zone von Izalco kam es 1932 zu einem großen Bauernaufstand, der sich schnell auf den ganzen Westen des Landes ausbreitete. Der Diktator Martínez entsandte seine modern ausgerüsteten Soldaten zur Bekämpfung der »Bolschewiken«. Die Indianer rannten mit Buschmessern gegen die Maschinengewehre an, und das Kapitel endete mit 10 000 Toten. Martínez, ein vegetarischer Hexenmeister und Theosoph, vertrat den Standpunkt, daß »eine Ameise zu töten ein größeres Verbrechen sei, als einen Menschen zu töten, da die Seele des Menschen bei seinem Tode in einen anderen Körper übergeht, während die Ameise endgültig stirbt«[96]. Er sagte des öfteren, daß er unter dem Schutze »unsichtbarer Legionen« stünde, die ihn über alle Verschwörungen auf dem laufenden hielten, sowie, daß er mit dem Präsidenten der Vereinigten Staaten direkten telepathischen Kontakt unterhielte. Eine Pendeluhr über seinem Teller tat ihm kund, ob die Speisen vergiftet waren; auf einer Landkarte zeigte sie ihm die Stellen an, wo Piratenschätze oder politische Gegner verborgen waren. Den Eltern seiner Opfer pflegte er Kondolenzschreiben zugehen zu lassen, und im Hofe seines Palastes grasten die Hirsche. Er regierte bis 1944.

Die Blutbäder fanden überall statt. 1933 ließ Jorge Ubico in Guatemala etwa hundert führende Mitglieder von Gewerkschaften, Studen-

96 William Krehm, a.a.O. – Krehm hat lange in Mittelamerika als Korrespondent der nordamerikanischen Zeitschrift »Time« verbracht.

tenvereinigungen und politischen Parteien erschießen, während er gleichzeitig die Gesetze zur Bekämpfung des »Landstreichertums« der Indianer wieder einführte. Jeder Indianer mußte ein Dienstbuch vorweisen, in dem seine Arbeitstage verzeichnet wurden; wurden diese für unzureichend gehalten, so bezahlte er seine Schuld im Gefängnis oder dadurch, daß er während eines halben Jahres unentgeltlich Feldarbeiten leistete. An der ungesunden Pazifikküste erhielten Tagelöhner, die bei ihrer Arbeit bis zu den Knien im Schlamm versanken, 30 Cents bezahlt, und die United Fruit konnte beweisen, daß Ubico sie dazu gezwungen hatte, die Löhne zu senken.

1944, kurz vor dem Sturz des Diktators, veröffentlichte der »Reader's Digest« einen Artikel, der einen glühenden Lobgesang darstellte: Dieser Prophet des Weltwährungsfonds hatte die Inflation vermeiden können, indem er die Löhne beim Bau der provisorischen, für Militärzwecke bestimmten Landstraße von einem Dollar auf 25 Cents täglich und bei den Arbeiten für den Luftstützpunkt in der Hauptstadt von einem Dollar auf 50 Cents gesenkt hatte. Um diese Zeit erteilte Ubico den Kaffeebaronen und den Bananenfirmen die Erlaubnis zu töten: »Die Eigentümer von Plantagen werden jeder strafrechtlichen Verantwortung enthoben ...« Das Dekret trug die Nummer 2795 und wurde 1967 unter dem demokratischen und repräsentativen Regime von Méndez Montenegro wieder in Kraft gesetzt.

Wie alle Tyrannen an der Karibischen See hielt sich Ubico für Napoleon. Er umgab sich mit Büsten und Bildern des Kaisers, der, wie er sagte, sein Profil hatte. Er schwor auf militärische Disziplin: Er militarisierte die Postangestellten, die Schulkinder und das Symphonieorchester. Die Mitglieder des Orchesters spielten in Uniform für neun Dollar monatlich die von Ubico ausgewählten Musikstücke unter Anwendung der von ihm bestimmten Technik und mit den gleichfalls von ihm bestimmten Instrumenten. Er war der Ansicht, daß die Spitäler für Weichlinge da waren, so daß die Patienten auf dem Boden der Gänge und der Korridore behandelt wurden, wenn sie das Pech hatten, nicht nur krank, sondern auch arm zu sein.

Wer hat die Gewalt in Guatemala zum Ausbruch gebracht?

1944 stürzte Ubico von seinem Postament herab, weggefegt von den Windstößen einer Revolution liberaler Prägung, die von einigen jungen Offizieren und Akademikern aus dem Mittelstand angeführt wurde. Juan José Arévalo trieb nach seiner Wahl zum Präsidenten energisch einen Erziehungsplan voran und erließ ein neues Arbeitsstatut zum Schutze der Arbeiter auf dem Lande und in den Städten. Es entstanden mehrere Gewerkschaften: die United Fruit Co., die ausgedehnte Ländereien, von denen sie nur 8 Prozent bebaute, die Eisenbahn und den Hafen beherrschte, und die in der Praxis von Steuern befreit war und keinerlei Kontrolle unterlag, war auf ihren Besitztümern nicht mehr allmächtig. 1951 enthüllte Arévalo bei seiner Abschiedsrede, daß er zweiunddreißig von diesem Unternehmen finanzierte Verschwörungen zu überwinden gehabt hatte.

Die Regierung von Jacobo Arbenz setzte den Zyklus der Reform fort und vertiefte ihn. Die Straßenbauten und der neue Hafen von San José brachen das Monopol der Obstfirma über das Transportwesen und die Ausfuhren. Ohne die Hand vor irgendeiner ausländischen Bank auszustrecken, wurden mehrere Entwicklungsprojekte in Angriff genommen, die zur Erlangung der Unabhängigkeit führen mußten. Im Juni 1952 wurde die Agrarreform angenommen. An die enteigneten Landbesitzer wurden Entschädigungen in Form von Bons bezahlt. Die Agrarreform hatte sich zum Ziel gesetzt, »die kapitalistische Wirtschaft der Bauern und die kapitalistische Landwirtschaft im allgemeinen zu entwickeln«, aber eine wütende internationale Propagandaoffensive wurde gegen Guatemala entfesselt: »Der eiserne Vorhang geht über Guatemala nieder«, kreischten die Radiostationen, die Zeitungen und die verdienstvollen Figuren der OAS (Organisation amerikanischer Staaten)[97]. Der in Fort Leavenworth (Kansas) beförderte Oberst Castillo Armas ließ auf sein eigenes Land die hierzu in den Vereinigten Staaten ausgebildeten und ausgerüsteten Truppen los. Das Bombardement durch F-7-Apparate mit nordamerikanischen Piloten deckte den Vormarsch. »Wir mußten uns einer kommunistischen Regierung entledigen, die die Macht ergriffen hatte«, erklärte neun Jahre später Dwight D. Eisenhower[98]. Durch die Ausführungen des nordamerikanischen Botschafters in Honduras vor einem Unterausschuß des Senats der Vereinigten Staaten wurde am 27. Juli 1961 enthüllt, daß die »Befreiungsaktion« des Jahres 1954 von einem Team in die Wege geleitet worden war, dem außer ihm selbst die Botschafter in Guatemala, Costa Rica und Nicaragua angehörten. Allan Dulles, der damals der erste Mann der CIA war, hatte ihnen Glückwunschtelegramme für die geleistete Arbeit gesandt. Vorher hatte der gute Allan dem Direktorium der United Fruit Co. angehört. Sein Sitz wurde ein Jahr nach der In-

97 Eduardo Galeano, »Guatemala, país ocupado«, Mexiko, 1967.
98 Rede in der American Booksellers Association, Washington, 10. Juni 1963. – Zitiert von David Wise und Tomas Ross, »El gobierno invisible«, Buenos Aires, 1966.

vasion von einem anderen führenden Mitglied der CIA, dem General Walter Bedell Smith, besetzt. Foster Dulles, ein Bruder Allans, hatte sich bei der Konferenz der OAS, die der militärischen Expedition gegen Guatemala das grüne Licht gab, vor Ungeduld erhitzt. Zufällig waren in seiner Anwaltskanzlei zur Zeit des Diktators Ubico die Entwürfe für die Verträge der United Fruit ausgearbeitet worden.
Der Sturz von Arbenz hat die spätere Geschichte des Landes mit unauslöschlichen Feuermalen gezeichnet. Dieselben Kräfte, die die Stadt Guatemala und die Häfen Puerto Barrios und San José am Nachmittag des 18. Juni 1954 bombardiert haben, sind heute an der Macht. Mehrere blutrünstige Diktaturen folgten auf die ausländische Intervention, unter ihnen die Periode von Julio César Méndez Montenegro (1966–1970), der der Diktatur den Anstrich eines demokratischen Regimes gab. Méndez Montenegro hatte eine Agrarreform versprochen, beschränkte sich aber darauf, schriftlich die Genehmigung dazu zu erteilen, daß die Gutsbesitzer Waffen trügen und diese gebrauchten. Die Arbenzsche Agrarreform war in Stücke gegangen, als Castillo Armas seinen Auftrag erfüllte und der United Fruit und anderen enteigneten Grundbesitzern ihre Ländereien zurückgab.
1967 war das schlimmste Jahr im Zyklus der Gewalt, der 1954 eingesetzt hatte. Ein aus Guatemala ausgewiesener nordamerikanischer katholischer Priester, Pater Thomas Melville, schrieb in einem Bericht an den »National Catholic Reporter« im Januar 1968: In kaum mehr als einem Jahr hatten die rechten Terroristengruppen mehr als zweitausendachthundert Intellektuelle, Studenten, Gewerkschaftsführer und Bauern ermordet, die »versucht hatten, die Krankheiten der guatemaltekischen Gesellschaft zu bekämpfen«. Die Berechnungen Pater Melvilles waren aufgrund von Pressemeldungen vorgenommen worden, aber über die Mehrzahl der Leichen wurde nie etwas gemeldet: es waren arme Indianer, deren Namen oder Herkunft nicht bekannt waren.
Die Fernschreiber der Welt erzitterten nicht unter den Erstmeldungen über die systematische Schlächterei; nach Guatemala kamen keine nachrichtenhungrigen Journalisten; keine verurteilende Stimme wurde laut. Die Welt wandte den Ereignissen den Rücken zu, aber Guatemala machte eine lange Bartholomäusnacht durch. Das Dorf Cajón del Río blieb ohne Männer und denen des Ortes Tituque wurden die Eingeweide mit Messern herausgerissen; die in Piedra Parada wurden lebendig abgehäutet und die in Agua Blanca de Ipala lebendig verbrannt, nachdem man sie vorher durch Schüsse in die Beine bewegungsunfähig gemacht hatte. Auf dem Hauptplatz von San Jorge wurde der Kopf

eines aufständischen Bauern auf einer Pike aufgespießt. In Cerro Gordo wurden die Pupillen von Jaime Velázquez mit zahlreichen Stecknadeln durchstochen; die Leiche Ricardo Mirandas wurde mit achtunddreißig Schußwunden und der Kopf Haroldo Silvas, ohne den Körper Haroldo Silvas, am Rande der Landstraße nach San Salvador gefunden; in Los Mixcos wurde Ernesto Chinchilla die Zunge abgeschnitten; an der Quelle des Ojo de Agua wurden die Gebrüder Oliva Aldana mit an den Rücken gefesselten Händen und verbundenen Augen von Schüssen durchbohrt; der Kopf José Guzmáns verwandelte sich in ein Zusammensetzspiel winziger Stücke, die über den Weg verstreut lagen. In den Städten wurden die Haustüren der Verurteilten mit schwarzen Kreuzen gekennzeichnet. Man beschoß sie beim Herausgehen mit Maschinengewehren; die Leichen wurden in Schluchten geworfen.
Später hörte die Gewalt nicht mehr auf. Während der ganzen Epoche der Verachtung und des Zornes, die 1954 begonnen hat, war und bleibt die Gewalt eine natürliche Ausscheidung Guatemalas. Ein anderer ausgewiesener Priester, Pater Blase Bonpane, prangerte in der »Washington Post« 1968 diese kranke Gesellschaft an: »Von den 70 000 Menschen, die jährlich in Guatemala sterben, sind 30 000 Kinder. Die Kindersterblichkeitsziffer ist in Guatemala vierzigmal höher als in den Vereinigten Staaten.«

Die erste Agrarreform Lateinamerikas: Anderthalb Jahrhunderte Niederlagen für José Artigas

Die Besitzlosen waren es gewesen, die mit Lanzen und Buschmessern zu Anfang des 19. Jahrhunderts den wirklichen Kampf gegen die spanische Herrschaft auf amerikanischem Boden ausgefochten hatten. Die unabhängig gewordenen Länder haben sie nicht belohnt; sie haben an den Hoffnungen derer, die ihr Blut vergossen hatten, Verrat geübt. Als es zum Frieden kam, begann eine neue Epoche täglichen Kummers. Die Landeigentümer und die Großhändler vergrößerten ihr Vermögen, während sich die Armut der unterdrückten Volksmassen weiter ausbreitete. Gleichzeitig zerfielen im Gleichklang mit den Intrigen der neuen Herren Lateinamerikas die vier Vizekönigtümer des spanischen Kolonialreiches in Stücke, und zahlreiche Länder entstanden als Splitterprodukte der zerschmetterten Nationaleinheit. Die hochtönenden republikanischen Parolen der europäischen Bourgeoisie wurden modern: Unsere Länder traten in den Dienst der englischen Industriellen und der französischen Denker. Aber unsere »nationale Bourgeoisie«

bestand aus Großgrundbesitzern, Großhändlern und Spekulanten, den Politikern im Gehrock und den mit dem Lande nicht verwurzelten Doktoren. Lateinamerika bekam bald seine bürgerlichen, stark liberal getünchten Verfassungen, aber es hatte umgekehrt keine schöpferische Bourgeoisie nach europäischem oder nordamerikanischem Muster, die die Entwicklung eines machtvollen nationalen Kapitalismus als ihre historische Aufgabe betrachtet hätte. Die Bourgeoisie dieser Länder waren als bloße Werkzeuge des internationalen Kapitalismus, als gut gedeihende Bestandteile des internationalen Räderwerks entstanden, durch das den Kolonien und den Halbkolonien das Blut abgelassen wurde. Ihre Kompagnons, die Landbesitzer, waren ihrerseits nicht daran interessiert, »das Agrarproblem«, es sei denn zu ihrem eigenen Nutzen, zu lösen. Das Latifundium festigte seine Positionen das ganze 19. Jahrhundert hindurch auf der Grundlage systematischer Plünderung. Die Agrarreform war eine zu früh aufgerichtete Fahne.
Wirtschaftliche Aussichtslosigkeit, soziale Aussichtslosigkeit, nationale Aussichtslosigkeit: eine Geschichte der Verräterei folgte auf die Unabhängigkeitskriege, und das durch seine neuen Grenzen auseinandergerissene Lateinamerika blieb weiter zu Monokultur und Abhängigkeit verurteilt. 1824 erließ Simón Bolívar das Dekret von Trujillo zum Schutze der Indianer in Peru und zur Neuordnung der Agrareigentumsverhältnisse. Die in ihm enthaltenen gesetzlichen Bestimmungen verletzten in keiner Hinsicht die Vorrechte der peruanischen Oligarchie, die trotz der guten Absichten des Befreiers unangetastet blieben, und die Indianer wurden genauso ausgebeutet wie früher. In Mexiko waren Hidalgo und Morelos schon einige Zeit vorher besiegt worden, und es mußte ein ganzes Jahrhundert vergehen, bis die Früchte ihrer Aufrufe zur Emanzipation der niedrigen Schichten und zur Wiedereroberung der unrechtmäßig in Besitz genommenen Ländereien aufkeimten.
Im Süden verkörperte José Artigas die Agrarrevolution. Dieser von der offiziellen Geschichtsschreibung so bösartig verleumdete und entstellte »Caudillo« (Volksführer) führte die Volksmassen der heute von Uruguay und den argentinischen Provinzen Santa Fe, Corrientes, Entre Ríos, Misiones und Córdoba eingenommenen Gebiete in der heroischen Epoche von 1811 bis 1820 an. Artigas wollte die wirtschaftlichen, sozialen und politischen Grundlagen eines »Großen Vaterlandes« innerhalb der Grenzen des ehemaligen Río-de-la-Plata-Vizekönigreiches schaffen und war der bedeutendste und weitblickendste der föderalistischen Befehlshaber, die gegen den erdrückenden Zentralismus des Hafens von Buenos Aires kämpften. Er führte gegen die Spa-

nier und die Portugiesen Krieg, und schließlich wurden seine Streitkräfte durch den Zangengriff aufgerieben, der von Rio de Janeiro und Buenos Aires – den Instrumenten des britischen Weltreiches – und von der Oligarchie ausging, die ihm, ihrem Stile getreu, in den Rücken fiel, sobald sie sich ihrerseits durch das vom Caudillo aufgestellte Programm von Sozialreformen verraten fühlte.

Artigas folgten die mit Lanzen bewaffneten Patrioten. Die Revolution der berittenen Hirten setzte die Grassteppe in Brand. Der von Buenos Aires geübte Verrat, der 1811 das heutige Gebiet von Uruguay der spanischen Staatsgewalt und den portugiesischen Truppen in die Hände spielte, rief den Massenauszug der Bevölkerung nach dem Norden hervor. Das Volk in Waffen wurde zum Volk auf dem Marsch; Männer und Frauen, Greise und Kinder ließen alles zurück und folgten in einem endlosen Pilgerzug den Fußstapfen des Caudillos. Im Norden, am Flusse Uruguay, schlug Artigas mit den Pferdetrupps und den zweirädrigen Gespannen sein Lager auf, und im Norden richtete er auch kurz darauf seinen Regierungssitz ein. 1815 beherrschte Artigas von seinem Lagerplatz Purificación in Paysandù aus weite Gebiete. »Was, glauben Sie, habe ich gesehen?« erzählte ein englischer Reisender[99]. »Seine Exzellenz, der Beschützer der Hälfte der Neuen Welt, saß auf einem Ochsenschädel neben einem Feuerherd, der auf dem kotigen Boden seiner Hütte brannte, aß Fleisch vom Rost und trank Wacholderschnaps aus einem Kuhhorn. Ein Dutzend in Lumpen gekleideter Offiziere umgaben ihn ...« Von überall her galoppierten Soldaten, Adjutanten und Kundschafter heran. Mit auf dem Rücken verschränkten Händen auf und ab gehend, diktierte Artigas die revolutionären Dekrete seiner Volksregierung. Zwei Sekretäre – es gab noch kein Kohlepapier – zeichneten sie auf. So entstand die erste Agrarreform Lateinamerikas, die ein Jahr hindurch in der »Provincia Oriental«, dem heutigen Uruguay, angewandt wurde und die durch eine neue portugiesische Invasion in Stücke gehen sollte, als die Oligarchie dem General Lecor die Tore Montevideos öffnete, ihn als Befreier begrüßte und im Pallium zu einem feierlichen, zu Ehren der Invasionstruppen abgehaltenen Tedeum an den Altar der Kathedrale geleitete. Vorher hatte Artigas auch Zollverordnungen erlassen, durch die der Import ausländischer Waren, die mit Manufaktur- und Handwerkserzeugnissen aus dem Inneren des Landes (die übrigens in einigen dem Caudillo unterstehenden – heute argentinischen – Gebieten eine beachtliche Entwicklung erreicht hatten) in Konkurrenz standen, mit hohen Steuern

99 J. P. und G. P. Robertson, »La Argentina en la época de la Revolución. Cartas sobre el Paraguay«, Buenos Aires, 1920.

belegt wurde, während gleichzeitig die freie Einfuhr von Produktionsmitteln, die der wirtschaftlichen Entwicklung dienlich waren, verfügt und eine geringfügige Abgabe auf die amerikanischen Produkte – wie die Yerba und den Tabak aus Paraguay – festgesetzt wurde[100]. Die Totengräber der Revolution sollten auch die Zollverordnung begraben.

Die Agrarverordnungen aus dem Jahre 1815 – freies Land, freie Menschen – war »die fortschrittlichste und glorreichste Verfassung«[101] unter allen, denen die Uruguayer in späteren Jahren unterstehen sollten. Die Ideen von Campomanes und Jovellanos, die bei dem Reformenzyklus Karls III. zum Ausdruck kamen, haben zweifellos auf die Verordnungen von Artigas Einfluß ausgeübt, aber letzten Endes stellten sie eine revolutionäre Antwort auf die Probleme des Landes dar, das wirtschaftliche Genesung und soziale Gerechtigkeit verlangte. Das Land der Feinde wurde ohne jede Entschädigung in Beschlag genommen, und ein wichtiger Hinweis ist, daß den Feinden die erdrückende Mehrheit der Latifundien gehörte. Die Söhne hatten nicht für die Schuld der Väter zu büßen. Ihnen wurde dasselbe wie den unbemittelten Patrioten zuerkannt. Der Boden wurde gemäß dem Prinzip verteilt, daß »die Unglücklichsten die Bevorrechtigsten werden sollten«. Die Indianer hatten im Konzept von Artigas »das größte Recht«. Die Grundidee dieser Agrarreform bestand darin, die unbemittelte Landbevölkerung seßhaft zu machen. »Die aufständischen Gauchos begannen, an der ehrlichen Arbeit Gefallen zu finden; sie errichteten Hütten und Gehege, sie säten den ersten Samen aus«[102].

Die ausländische Intervention bereitete allem ein Ende. Die Oligarchie erhob von neuem ihr Haupt und nahm Rache. Die neu erlassenen Dekrete erkannten den von Artigas vorgenommenen Landschenkungen jede Gültigkeit ab. Von 1820 bis ans Ende des Jahrhunderts wurden die unbemittelten Patrioten, die von der Agrarreform begünstigt worden waren, aus den Besitztümern vertrieben. Sie sollten »kein anderes Land als das ihrer Gräber« behalten. Nach seiner Niederlage war Artigas nach Paraguay fortgezogen, um nach einem langen Exil der Zurückgezogenheit und des Schweigens einsam zu sterben. Der Staatsanwalt Bernardo Bustamante erklärte, daß »die Wertlosigkeit, die die

100 Washington Reyes Abadie, Oscar H. Bruschera und Tabaré Melogno, »El ciclo artiguista«, Band IV, Montevideo, 1968.

101 Nelson de la Torre, Julio C. Rodríguez und Lucía Sala de Touron, »Artigas: tierra y revolución«, Montevideo, 1967.

102 Nelson de la Torre, Julio C. Rodríguez und Lucía Sala de Touron, a.a.O. – Von denselben Autoren, »Evolución económica de la Banda Oriental«, Montevideo, 1967, und »Estructura económico-social de la Colonia«, Montevideo, 1968.

erwähnten Urkunden kennzeichne, auf den ersten Blick ersichtlich sei«. In der Zwischenzeit schickte sich, nachdem die »Ordnung« wiederhergestellt war, seine Regierung an, die erste Verfassung eines unabhängigen Uruguays in Kraft zu setzen, das von dem großen Vaterland, für dessen Festigung Artigas vergeblich gekämpft hatte, losgerissen war.
Die Verordnung des Jahres 1815 enthielt besondere Verfügungen zur Vermeidung der Anhäufung von Landbesitz in wenigen Händen. In unseren Tagen wirkt das Landesinnere Uruguays wie eine Wüste. Fünfhundert Familien haben das alleinige Verfügungsrecht über die Hälfte des gesamten Grundbesitzes und kontrollieren gleichzeitig dank der bestehenden Machtkonstellation drei Viertel des in Industrie und Bankwesen investierten Kapitals[103]. Die Agrarreform-Entwürfe häufen sich in dem parlamentarischen Friedhof, während sich das Landesinnere entvölkert: Die Arbeitslosen schlagen sich zu den Arbeitslosen, und es gibt immer weniger Personen, die sich der Landwirtschaft widmen, wie aus den dramatischen Ziffern der sukzessiven Volkszählungen hervorgeht.
Das Land lebte von der Wolle und vom Fleisch; aber auf seinen Wiesen weiden in unseren Tagen weniger Schafe und auch weniger Kühe als zu Beginn des Jahrhunderts. Die Rückständigkeit der Produktionsmethoden kommt in dem niedrigen Ertrag der Viehzucht – die dem Liebesdrang der Stiere und dem der Schafböcke im Frühling, den periodischen Regenfällen und der naturgegebenen Fruchtbarkeit des Bodens überlassen bleibt – und dem niedrigen Ertrag auch der Anbauflächen zum Ausdruck. Die Fleischproduktion pro Tier erreicht nicht einmal die Hälfte der Produktionen in Frankreich oder Deutschland, und dasselbe ist bei der Milchproduktion der Fall, wenn man sie mit der von Neuseeland, Dänemark oder Holland vergleicht; der Wolleertrag jedes Schafes ist um ein Kilo niedriger als in Australien. Die Weizenerträge pro Hektar sind dreimal niedriger als die von Frankreich, und beim Maisanbau übertreffen die Ergebnisse in den Vereinigten Staaten die von Uruguay siebenmal[104]. Die Großgrundbesitzer, die ihre Gewinne ins Ausland verschieben, bringen den Sommer in Punta del Este zu, doch auch im Winter leben sie ihrer Tradition gemäß nicht auf ihren Gütern, die sie nur hier und da in ihren Privatflugzeugen besuchen. Als die »Asociación Rural« (die Vereinigung der

103 Vivian Trías, »Reforma agraria en el Uruguay«, Montevideo, 1962. Dieses Buch stellt ein richtiggehendes Nachschlagwerk – Familie um Familie – der uruguayischen Oligarchie dar.

104 Eduardo Galeano, »Uruguay: Promise and Betrayal«, in: »Latin America: Reform or Revolution?«, hrsg. von J. Petras und M. Zeitlin, New York, 1968.

Landeigentümer) vor einem Jahrhundert gegründet wurde, hatten bereits zwei Drittel ihrer Mitglieder ihren Wohnsitz in der Hauptstadt aufgeschlagen. Die extensive Bewirtschaftung, das Werk der Natur und die hungrigen Landarbeiter machen ihnen kein größeres Kopfzerbrechen.

Doch zweifellos bringt das Geschäft Gewinne ein. Die Renten und die Gewinne der Viehherdenbesitzer betragen derzeit nicht weniger als 75 Millionen Dollar jährlich[105]. Die Produktionsergebnisse liegen niedrig, aber der Nutzen ist infolge der ungeheuer niedrigen Unkosten trotzdem hoch. Eine Landschaft ohne Menschen; die größten Latifundien beschäftigen – und das nicht einmal das ganze Jahr hindurch – kaum zwei Personen pro 1000 Hektar. In den Elendssiedlungen am Rande der Güter drängen sich die armselig lebenden, immer verfügbaren Arbeiterreserven zusammen. Die Folklorefigur des Gauchos, die Bildern und Gesängen Stoff bietet, hat wenig mit dem Landarbeiter gemeinsam, der in Wirklichkeit die weiten und fremden Flächen bearbeitet. Hanfschuhe mit Laschen nehmen den Platz der Lederstiefel ein; ein einfacher Gürtel, oft nur eine gewöhnliche Schnur, ersetzen die breiten gold- und silberverzierten Gürtel. Die, die das Fleisch produzieren, die einheimischen Landarbeiter, essen nur selten das typische einheimische »Asado«, das saftige und zarte Fleisch, das am offenen Rost gebräunt wird. Obwohl die internationalen Statistiken lächelnd

105 Nationalökonomisches Institut, »El proceso económico del Uruguay. Contribución al estudio de su evolución y perspectivas«, Montevideo, 1969. In den Perioden des Aufstiegs der vom Staate stark subventionierten und geschützten einheimischen Industrie wurde ein guter Teil der auf dem Lande erzielten Gewinne den entstehenden Fabriken zugeführt. Als für die mit dem Tode ringende Industrie der Krisenzyklus begann, wurden die aus der Viehwirtschaft herrührenden Kapitalüberschüsse in andere Richtungen gelenkt. Die unnützesten und prunkvollsten Luxusvillen in Punta del Este *sind dem nationalen Unglück entsprossen.* Die Finanzspekulation hat dann das Fieber derjenigen entfacht, die im trüben Wasser der Inflation fischen wollen. Aber vor allem sind die Kapitale geflohen: die Kapitale und die Gewinne, die das Land Jahr für Jahr hervorbringt. Zwischen 1962 und 1966 sind nach offiziellen Daten 250 Millionen Dollar aus Uruguay in die sicheren Banken der Schweiz und der Vereinigten Staaten gewandert. Auch die Menschen – die jungen Menschen – kamen vor 20 Jahren vom Lande in die Stadt, um ihre Hände der aufsteigenden Industrie darzubieten, und heute ziehen sie auf dem Land- oder Seewege ins Ausland. Ihr Schicksal ist selbstredend anders. Die Kapitale werden mit offenen Armen empfangen; die hingegen, die in die Fremde pilgern, erwartet ein schweres Geschick, die Entwurzelung und die Schutzlosigkeit, das ungewisse Abenteuer. Das von einer wilden Krise erschütterte Uruguay von 1971 ist längst nicht mehr die Oase des Friedens und des Fortschritts, die die europäischen Einwanderer anzog, sondern ein turbulentes Land, das seine eigenen Bewohner zum Auszug verurteilt. Es bringt ebenso natürlich Gewalt hervor und exportiert Menschen, wie es Fleisch und Wolle erzeugt und ausführt.

trügerische Durchschnittszahlen bekanntgeben, ist in Wahrheit der »Ensopado«, ein aus Nudeln und Innereien von Schafen bestehendes Gericht, der Hauptbestandteil der proteinarmen Nahrung der uruguayischen Bauern[106].

Artemio Cruz und der zweite Tod Emiliano Zapatas

Genau ein Jahrhundert nach der Landverordnung von Artigas führte Emiliano Zapata in seiner revolutionären Region im Süden Mexikos eine tiefgreifende Agrarreform durch. Fünf Jahre vorher hatte der Diktator Porfirio Díaz unter Abhaltung großer Festlichkeiten den hundertsten Jahrestag des »Aufrufes von Dolores« gefeiert; die Herren im Gehrock, das offizielle Mexiko, ignorierten mit olympischer Verachtung das wahre Mexiko, von dessen Elend ihr Prunk genährt wurde. In der Republik der Parias waren die Einkünfte der Arbeiter seit dem historischen Aufstand des Pfarrers Hidalgo um keinen einzigen Cent gestiegen.

1910 besaßen kaum mehr als achthundert Großgrundbesitzer, unter ihnen viele Ausländer, fast das gesamte Territorium des Landes. Es waren vornehme Herren aus der Stadt, die in der Hauptstadt oder in Europa lebten und nur hier und da die Umgebung ihrer Latifundien besuchten, wo sie, hinter hohen, von schweren Strebebogen gehalteten Mauern aus dunklem Stein verschanzt schliefen[107]. Auf der anderen Seite der Mauer wohnten die Knechte, in Schuppen zusammengepfercht, in elenden Räumen aus Erdziegeln. Zwölf Millionen Menschen waren – bei einer Gesamtbevölkerung von fünfzehn Millionen – auf die Landlöhne angewiesen. Die Löhne wurden fast ausschließlich in den den Gütern angehörenden Kaufläden in Form von Bohnen, Mehl und Schnaps bezahlt, wobei märchenhaft hohe Preise für die Waren festgesetzt waren. Das Gefängnis, die Kaserne und die Sakristei hatten die Aufgabe, gegen die natürlichen Defekte der Indianer anzukämpfen, die, wie ein Mitglied einer prominenten Familie dieser Epoche sich ausdrückte, als »Faulpelze, Trunkenbolde und Diebe« zur Welt kamen. Die Sklaverei, bei der der Arbeiter durch Schulden, die erblich waren, oder durch Vertrag gebunden war, stellte das tatsächlich herrschende Arbeitssystem auf den Pittaplantagen von Yukatan, den Tabakpflanzungen im

106 Germán Wettstein und Juan Rudolf, »La sociedad rural«, in: »Nuestra tierra«, Nr. 16, Montevideo, 1969.
107 Jesús Silva Herzog, »Breve historia de la Revolución Mexicana«, Mexiko – Buenos Aires, 1960.

Valle Nacional, in den zur Abholzung geeigneten Wäldern und den Obstpflanzungen von Chiapas und Tabasco und den Kautschuk-, Kaffee-, Zuckerrohr-, Tabak- und Obstpflanzungen von Veracruz, Oaxaca und Morelos dar. Der nordamerikanische Schriftsteller John Kenneth Turner erhob in einem ausgezeichneten Bericht über seine Reise[108] die Anklage, daß »die Vereinigten Staaten Porfirio Díaz in der Praxis in ihren politischen Vasallen verwandelt und demzufolge aus Mexiko eine Sklavenkolonie gemacht hatten«. »Die ›Nordamerikanisierung‹ Mexikos, auf die Wallstreet so stolz ist«, sagte Turner, »wird durchgeführt, als ob sie eine Form der Rache wäre.«
1845 hatten die Vereinigten Staaten die mexikanischen Territorien Texas und Kalifornien annektiert, in denen sie die Sklaverei im Namen der Zivilisation wiederherstellten, und im Kriege verlor Mexiko auch die jetzigen nordamerikanischen Staaten Colorado, Arizona, Neu-Mexiko, Nevada, Utah und einen Teil von Oklahoma und von Kansas: insgesamt mehr als die Hälfte der Bodenfläche des Landes. »Armes Mexiko«, hört man seit damals, »so weit von Gott und so nahe den Vereinigten Staaten!« Der Rest seines verstümmelten Territoriums erlitt später die Invasion nordamerikanischer Investitionen auf dem Kupfer-, dem Erdöl-, dem Kautschuk-, dem Zucker-, dem Bank- und dem Transport-Sektor. Der American Cordage Trust, eine Tochtergesellschaft der Standard Oil (ESSO-EXXON), war an der Ausrottung der Maya- und der Yaqui-Indianer in den Pittapflanzungen Yukatans – Konzentrationslagern, in denen Erwachsene und Kinder wie Maultiere gekauft und verkauft wurden – keineswegs unbeteiligt; denn dies war das Unternehmen, das mehr als die Hälfte der Pittaproduktion aufkaufte, und es war daran interessiert, die Fasern zu niedrigen Preisen zu erwerben. In anderen Fällen fand, wie Turner entdeckte, eine direkte Ausbeutung von Sklavenarbeit statt. Ein nordamerikanischer Verwalter erzählte ihm, daß er für eine »Partie« angeworbener Arbeiter fünfzig Pesos pro Kopf bezahlte, »und wir behalten sie, so lange sie aushalten ... In weniger als drei Monaten begraben wir mehr als die Hälfte«[109].

108 John Kenneth Turner, »México bárbaro« (in den Vereinigten Staaten 1911 erschienen), Mexiko, 1967.

109 John Kenneth Turner, a.a.O. – Mexiko war das von den nordamerikanischen Investitionen bevorzugte Land: Es beherbergte um die Jahrhundertwende fast ein Drittel der im Ausland angelegten Kapitale der Vereinigten Staaten. Im Staate Chihuahua und in anderen Gebieten im Norden besaß William Randolph Hearst, der berühmte »Citizen Cane« in dem Film von Welles, mehr als drei Millionen Hektar. – Fernando Carmona, »El drama de América Latina. El caso de México«, Mexiko, 1964.

1910 kam die Stunde der Vergeltung. Mexiko erhob sich in Waffen gegen Porfirio Díaz. Ein Landcaudillo führte damals den Aufstand im Süden an: Emiliano Zapata, der Lauterste unter den Führern der Revolution, der treueste Verfechter der Interessen der Armen, der Unbeugsamste in seinem Willen zu sozialer Befreiung.
In der Dorfgemeinde Anenecuilco, in der Zapata lebte und der er mit Leib und Seele angehörte, machten die eingeborenen Bauern sieben Jahrhunderte ständiger Bearbeitung ihres Bodens geltend; sie waren schon lange vor dem Einzug von Hernán Cortés dort gewesen. Die, die sich laut beklagten, wurden in die Zwangsarbeitslager von Yukatan gebracht. Wie im ganzen Staate Morelos, dessen gute Ländereien sich im Besitz von siebzehn Eigentümern befanden, lebten die Arbeiter weitaus schlechter als die Polopferde, die von den Großgrundbesitzern in Luxusställen verwöhnt wurden. Ein Gesetz aus dem Jahre 1909 hatte zur Folge, daß weitere Grundstücke ihren rechtmäßigen Besitzern entrissen wurden, und brachte die bereits brennenden sozialen Gegensätze zur Hochglut. Emiliano Zapata, der wortkarge Reiter, der als der beste Pferdebändiger des Staates bekannt war und dessen Rechtschaffenheit und Mut allgemein anerkannt waren, wurde Guerrillero. »An den Schweif des Pferdes ihres Führers Zapata geknüpft«, bildeten die Männer aus dem Süden schnell ein Befreiungsheer[110].
Díaz wurde gestürzt, und Francisco Madero kam auf dem Steigbügel der Revolution an die Macht. Die Versprechungen zur Durchführung der Agrarreform verflüchtigten sich sehr schnell in einer Nebelwolke verfassungsrechtlicher Diskussion. Am Tage seiner Hochzeit mußte Zapata das Fest unterbrechen: Die Regierung hatte unter General Victoriano Huerta Truppen entsandt, um ihn zu vernichten. Der Held war von den Doktoren der Stadt zum »Banditen« erklärt worden. Im November 1911 gab Zapata seinen »Plan von Ayala« bekannt, wobei er verkündete: »Ich bin entschlossen, gegen alles und gegen alle zu kämpfen.«
In diesem Plan wurde dargelegt, daß »die erdrückende Mehrheit der Dorfgemeinden und der Bürger Mexikos nur über den Boden verfügten, auf dem ihre Fußsohle ruhte«; der Plan forderte weiter die völlige Nationalisierung des Eigentums der Feinde der Revolution, die Rückgabe der vom Latifundium unrechtmäßig in Besitz genommenen Ländereien an ihre rechtmäßigen Eigentümer und die Enteignung eines Drittels des Grundbesitzes der restlichen Gutsbesitzer. Der »Plan von Ayala« wurde zu einem unwiderstehlichen Magneten, durch den Tau-

110 John Womack Jr., »Zapata y la Revolución Mexicana«, Mexiko, 1969.

sende und aber Tausende von Bauern in die Reihen des Landcaudillos geführt wurden.
Etwa zehn Jahre dauerte der Kampf: gegen Díaz, gegen Madero, später gegen Huerta, den Mörder, und noch später gegen Venustiano Carranza. Die lange Zeit des Krieges war gleichzeitig eine Periode ständiger nordamerikanischer Interventionen: Die »Marines« vollführten zwei Landungen und mehrere Bombardements, die diplomatischen Vertreter zettelten mehrere politische Verschwörungen an, und der Botschafter Henry Lane Wilson organisierte mit Erfolg die Ermordung des Präsidenten Madero und die seines Vizepräsidenten. Die sukzessiven Neubesetzungen der Staatsmacht verminderten jedenfalls nicht die Heftigkeit der Angriffe gegen Zapata und seine Kräfte, da sie den unverhüllten Ausdruck des Klassenkampfes als Grundbestandteil der nationalen Revolution und somit die wirkliche Gefahr darstellten. Die Regierung und die Zeitungen tobten gegen die »vandalischen Horden« des Generals von Morelos. Mächtige Heereskräfte wurden gegen Zapata eingesetzt. Die Brandstiftungen, die Blutbäder, die Zerstörungen von Dörfern waren immer wieder vergeblich. Mehrmals gelangten die Streitkräfte Zapatas im Zuge erfolgreicher Gegenangriffe bis zu den Vororten der Hauptstadt. Nach dem Sturz des Huerta-Regimes zogen Emiliano Zapata und Pancho Villa, der »Attila des Südens« und der »Kentaure des Nordens« siegreich in die Stadt Mexiko ein und teilten vorübergehend die Macht. Ende 1914 hob eine kurze Atempause des Friedens an, die es Zapata gestattete, in Morelos eine noch radikalere Agrarreform durchzuführen als die, die im »Plan von Ayala« angekündigt war. Die Gründer der Sozialistischen Partei und einige anarchistisch orientierte Gewerkschaftsaktivisten übten auf diesen Prozeß großen Einfluß aus: Sie radikalisierten die Ideologie des Führers der Bewegung, ohne deren traditionelle Wurzeln zu verletzen, und stellten ihm die unumgängliche Organisationskraft zur Verfügung.
Die Agrarreform hatte zum Ziele, »das ungerechte Monopol des Landbesitzes für immer auszurotten, um einen sozialen Staat zu schaffen, der das jedem Menschen anhaftende Recht auf den Boden gewährleiste, der zur Erhaltung seiner selbst und seiner Familie nötig sei«. Die den Gemeinden und Einzelpersonen aufgrund des Gesetzes aus dem Jahre 1856 über Rückamortisierung entzogenen Ländereien wurden ihnen rückerstattet; man legte Höchstgrenzen für die Ausdehnung der Grundstücke je nach Klima und Bodenbeschaffenheit fest und erklärte die Güter der Feinde der Revolution zu Nationaleigentum. Letztere Verfügung hatte – wie in der Agrarreform von Artigas – einen klaren wirtschaftlichen Sinn: Die Feinde waren die Großgrundbesitzer. Es

wurden Ausbildungsschulen für landwirtschaftliche Sachverständige, Werkzeugfabriken und eine Bank für Landkredit geschaffen; die Zuckerrohrplantagen wurden nationalisiert und zu öffentlichen Diensten erklärt. Ein System lokal begrenzter Demokratien überantwortete dem Volke die Quellen der politischen Macht und die wirtschaftlichen Entscheidungen. Zapata-Schulen entstanden und breiteten sich aus; es wurden Volksausschüsse zur Verteidigung und Förderung der revolutionären Prinzipien organisiert; eine echte Demokratie nahm Gestalt an und festigte sich. Es war nicht mehr der Wille der Beamten und der Generäle, der Produktions- und Lebensformen aus eigener Machtvollkommenheit bestimmte. Die Revolution war mit der Tradition verknüpft und wirkte »in Übereinstimmung mit den Sitten und Gewohnheiten jedes Ortes ..., d. h., wenn ein bestimmter Ort das Gemeinschaftssystem anstrebt, so soll so verfahren werden, und wenn ein anderer Ort die Teilung des Bodens in Parzellen und die Anerkennung des Grundbesitzes in kleinem Umfang wünscht, so soll das geschehen«[111].

Im Frühjahr 1915 waren schon alle Felder von Morelos hauptsächlich mit Mais und anderen Nahrungsmitteln bebaut. Die Stadt Mexiko war indessen infolge des Lebensmittelmangels von unmittelbarer Hungersgefahr bedroht. Venustiano Carranza hatte die Präsidentschaft erlangt und erließ seinerseits eine Agrarreform, aber seine Befehlshaber brauchten nicht lange, um deren Begünstigungen sich selbst nutzbar zu machen. 1916 stürzten sie sich wie hungrige Wölfe auf Cuernavaca, die Hauptstadt von Morelos, und auf die übrigen von Zapata beherrschten Zonen. Die bebauten Flächen, die wieder Früchte getragen hatten, die Erze, die Felle und einige Maschinen waren eine begehrte Beute für die Offiziere, die bei ihrem Vormarsch alles verbrannten und dennoch »ein Werk des Wiederaufbaus und des Fortschritts« verkündeten.

1919 setzten eine hinterlistige Falle und ein Verrat dem Leben Emiliano Zapatas ein Ende. Tausend Mann, die im Hinterhalt lagen, entluden ihre Gewehre auf seinen Körper. Er starb im gleichen Alter wie Ché Guevara. Ihn überlebte die Legende: der Rotschimmel, der in den Bergen im einsamen Galopp den Süden suchte. Aber nicht nur die Legende. Ganz Morelos schickte sich an, »das Werk des Reformators zu vollenden, das Blut des Märtyrers zu rächen und dem Beispiel des Helden zu befolgen«, und diese Parolen fanden im ganzen Lande Echo. Die Zeit nahm ihren Lauf, und unter der Präsidentschaft von Lázaro Cárdenas (1934–1940) erwachten die Traditionen Zapatas zu neu-

111 John Womack Jr., a.a.O.

em Leben und neuer Kraft, als in ganz Mexiko die Agrarreform durchgeführt wurde. Es wurden vor allem in seiner Amtszeit 67 Millionen Hektar enteignet, die im Besitz ausländischer oder mexikanischer Unternehmen waren, und die Bauern erhielten, abgesehen vom Boden, Kredite, Beratung und organisatorische Hilfe für die Landarbeit. Die Wirtschaft und die Bevölkerung des Landes hatten ihren beschleunigten Aufstieg begonnen.

Aber der mexikanische Nationalismus wählte nicht den Weg des Sozialismus und erreichte daher nicht vollends – wie auch in anderen Ländern, die den entscheidenden Sprung ebenfalls nicht wagten – die Ziele der wirtschaftlichen Unabhängigkeit und der sozialen Gerechtigkeit. Eine Million Tote hatten in den langen Jahren der Revolution und des Krieges ihr Blut »einem grausameren, härteren und unersättlicheren Huitzilopoxtli als dem von unseren Vorfahren angebeteten geopfert: der kapitalistischen Entwicklung Mexikos unter Bedingungen, die sich aus der Unterordnung dem Imperialismus gegenüber zwangsläufig ergaben«[112]. Mehrere Gelehrte haben die Anzeichen des Verfalls der alten Tugenden untersucht. Edmundo Flores erklärt in einer offiziellen Schrift[113], daß »derzeit 60 Prozent der Gesamtbevölkerung Mexikos Einkünfte unter 120 Dollar jährlich hat und Hunger leidet«. Acht Millionen Mexikaner essen praktisch nichts anderes als Bohnen, Maistorten und scharfen Pfeffer[114]. Die tiefen Widersprüche des Systems kommen nicht nur dann zum Ausdruck, wenn fünfhundert Studenten bei der Schlächterei von Tlatelolco getötet werden. Aufgrund offizieller Daten gelangt Alonso Aguilar zu dem Schluß, daß es in Mexiko zwei Millionen Bauern ohne Land, drei Millionen Kinder, die keinen Unterricht erhalten, und etwa elf Millionen Analphabeten sowie fünf Millionen Menschen, die barfuß gehen,. gibt[115]. Das Kollektiveigentum der Mitglieder der Dorfgemeinden zerfällt in wachsendem Maße, und zusammen mit der Vervielfachung der Minifundien, die sich ihrerseits immer weiter teilen, ist ein »Latifundismus« neuer Prägung und eine neue Agrarbourgeoisie in Erscheinung getreten, die sich der kommerziell betriebenen Landwirtschaft in großem Maßstab widmet. In einem kürzlich erschienenen Buch wird angenommen, daß der dem Firmennamen Anderson Clayton hinzugefügte Ausdruck »and

112 Fernando Carmona, a.a.O.

113 Edmundo Flores, »¿Adónde va la economía de México?«, in: »Comercio Exterior«, Band XX, Nr. 1, Mexiko, Januar 1970.

114 Ana María Flores, »La magnitud del hambre en México«, Mexiko, 1961.

115 Alonso Aguilar M. und Fernando Carmona, a.a.O. – Siehe auch von denselben Autoren und Guillermo Montaño und Jorge Carrió, »El milagro mexicano«, Mexiko, 1970.

Company« diese Gruppen in sich schließt[116]. In demselben Buche führt der Sohn von Lázaro Cárdenas aus, daß »die verschleierten Latifundien vorzugsweise auf den besten und ertragreichsten Böden gebildet worden sind«.
Der Romanschriftsteller Carlos Fuentes hat, von der Agonie ausgehend, in Form eines Rückblicks das Leben eines Hauptmanns aus dem Heere Carranzas dargestellt, der sich mit Schüssen, doch auch mit Schlauheit im Kriege und im Frieden seinen Weg bahnt[117]. Artemio Cruz, ein Mann von sehr niederer Herkunft, läßt im Verlaufe der Jahre den Idealismus und den Heroismus seiner Jugend beiseite: er nimmt unrechtmäßig Land in Besitz, gründet und vergrößert Unternehmen, wird Abgeordneter und erklettert in seiner glänzenden Laufbahn soziale Gipfelpositionen, wobei er Vermögen, Macht und Ansehen aufgrund von Schiebungen, Bestechungen, Spekulation, großangelegten und gewagten Coups und der Unterdrückung der Indianermassen – mit Feuer und Schwert – anhäuft. Die Entwicklung, die die Hauptperson des Romanes durchläuft, ähnelt der der Partei, die – und darin liegt die Machtlosigkeit der Macht der mexikanischen Revolution – in unseren Tagen praktisch das Monopol über das politische Leben des Landes ausübt. Beide sind nach oben gefallen.

Das Latifundium vermehrt die Zahl der Hungrigen, aber nicht die der Brotlaibe

Die Agrarproduktion pro Einwohner Lateinamerikas ist heute niedriger als am Vorabend des Zweiten Weltkrieges. Dreißig lange Jahre sind vergangen; auf der Welt hat die Nahrungsmittelproduktion in dieser Periode in dem gleichen Maße zugenommen, wie sie in unseren Ländern abgenommen hat. Das System des Eigentums prägt dem Produktionssystem seinen Stempel auf: 1,5 Prozent der lateinamerikanischen Agrareigentümer besitzen die Hälfte des gesamten bebaubaren Bodens, und Lateinamerika gibt jährlich mehr als fünfhundert Millionen Dollar aus, um im Auslande die Nahrungsmittel zu kaufen, die es mit Leichtigkeit auf seinen unermeßlichen und fruchtbaren Landflächen produzieren könnte. Kaum 5 Prozent der Gesamtoberfläche wird bebaut: *es ist die niedrigste Proportion der Welt und demzufolge der*

116 Rodolfo Stavenhagen, Fernando Paz Sánchez, Cuauhtémoc Cárdenas und Arturo Bonilla, »Neolatifundismo y explotación. De Emiliano Zapata a Anderson Clayton & Co.«, Mexiko, 1968.

117 Carlos Fuentes, »La muerte de Artemio Cruz«, Mexiko, 1962.

höchste Grad der Vergeudung[118]. Auf den wenigen bestellten Landflächen sind die Erträge außerdem sehr niedrig. In zahlreichen Gebieten sind Holzpflüge häufiger als Traktoren anzutreffen. Moderne Methoden, deren Verbreitung nicht nur die Mechanisierung der landwirtschaftlichen Arbeiten, sondern auch die Betreuung und Verbesserung des Bodens durch Kunstdünger und Unkrautvertilgungsmittel, genetische Samen, Pestizide und künstliche Bewässerung mit sich brächten, werden nur ausnahmsweise angewandt[119]. Das Latifundium ist – manchmal als Sonnenkönig – an einer Machtkonstellation beteiligt, die – um den glücklich gewählten Ausdruck Maza Zavalas[120] zu gebrauchen – die Anzahl der Hungrigen, aber nicht die der Brotlaibe erhöht. Anstatt Arbeitskräfte aufzunehmen, stößt das Latifundium sie aus: in vierzig Jahren ist die Proportion der Landarbeiter in Lateinamerika von 63 auf 40 Prozent zurückgegangen. Es fehlt nicht an Technokraten, die unter mechanischer Anwendung fertiger Rezepte zu behaupten bereit sind, daß dies ein Anzeichen des Fortschritts sei: der Ausbau der Städte, die Massenübersiedlung der Landbevölkerung. Die Arbeitslosen, die das System unermüdlich ausspeit, strömen in der Tat in die Städte und bewirken die Ausbreitung ihrer Vororte. Aber die Fabriken, die bei fortschreitender Modernisierung ebenfalls Arbeitslose hervorbringen, gewähren diesen überschüssigen und ungelernten Arbeitskräften keine Zuflucht. *Die Lateinamerikaner, die von morgens bis abends an der Erzeugung der Nahrungsmittel arbeiten, sind gewöhnlich unterernährt: ihre Einkünfte sind schlecht; die Gewinne, die die Landwirtschaft abwirft, werden in den Städten ausgegeben oder ins Ausland transferiert.* Die besten technischen Hilfsmittel, die zur Erhöhung des mageren Bodenertrags führen, aber gleichzeitig das herrschende Eigentumssystem unberührt lassen, wirken sich, auch wenn sie zum allgemeinen Fortschritt beitragen, für die Bauern nicht als Segen aus. Weder ihr Lohn noch ihr Anteil an den Ernten steigt. Das Landesinnere spendet Armut für viele und Reichtum für ganz wenige. Die Privatflugzeuge überfliegen die elenden Steppengebiete, der unfruchtbare Luxus der großen Badeorte wächst ins Maßlose, und Europa wimmelt von geldstrotzenden lateinamerikanischen Touristen, die den Anbau ihrer Felder, aber keineswegs die Erquickung ihres Geistes vernachlässigen.

118 FAO, »Anuario de la producción«, Band 19, 1965.

119 Alberto Baltra Cortés, »Problemas del subdesarrollo económico latinoamericano«, Buenos Aires, 1966.

120 D. F. Maza Zavala, »Eplosión demográfica y crecimiento económico«, Caracas, 1970.

Paul Bairoch sieht die Hauptursache der wirtschaftlichen Schwäche der Dritten Welt in der Tatsache, daß ihre durchschnittliche Agrarproduktivität nur die Hälfte des Standes erreicht, der von den heute entwickelten Ländern knapp vor der Industrierevolution erreicht worden war[121]. In der Tat würde die Industrie, um sich harmonisch ausbreiten zu können, ein weitaus größeres Wachstum der Produktion von Nahrungsmitteln und von Agrarrohstoffen erfordern: von Nahrungsmitteln, da die Städte wachsen und essen; von Rohstoffen, da diese für die Fabriken und den Export benötigt werden, um die Agrarimporte zu vermindern und den Absatz im Ausland zu erhöhen, durch den die für die Entwicklung nötigen Devisen gewonnen werden.
Seitdem die Fortschrittsallianz die Notwendigkeit der Agrarreform in alle Himmelsrichtungen ausposaunte, haben die Oligarchie und die Technokraten unaufhörlich Projekte ausgearbeitet. Dutzende von Projekten schlafen auf den Regalen der Parlamente aller lateinamerikanischen Länder. Die Agrarreform ist kein verpöntes Thema mehr: *Die Politiker haben gelernt, daß die beste Methode, sie nicht durchzuführen, darin besteht, ständig von ihr zu sprechen.* Die gleichzeitig stattfindenden Prozesse der Konzentration des Landbesitzes auf der einen und seiner Zerstäubung auf der anderen Seite nehmen in der Mehrzahl der Länder unerschütterlich ihren Fortgang. Nichtsdestoweniger beginnen sich die Ausnahmen ihren Weg zu bahnen.
Denn das Landesinnere ist nicht nur eine Brutstätte der Armut, es ist auch eine Brutstätte von Aufständen, wenn auch die akuten sozialen Spannungen oft unter der Maske scheinbarer Schicksalsergebenheit der Massen verborgen liegen. Der Nordosten Brasiliens beispielsweise ruft auf den ersten Blick den Eindruck eines Reiches des Fatalismus hervor. Aber schließlich liegt der mystische Ausbruch der Bewohner des Nordostens gar nicht so weit zurück, bei dem sie an der Seite ihrer messianischen Führer kämpften – sonderbaren Aposteln, die das Kreuz und die Flinten gegen die regulären Heere erhoben, um das Himmelreich auf diese Erde zu tragen; und auch die wütenden Wellen der von den »Cangaceiros« entfesselten Gewalt waren vor nicht allzu langer Zeit zu verzeichnen; die Fanatiker und die Banditen, Utopie und Rache, wiesen dem noch blinden sozialen Protest der verzweifelten Bauern den Weg[122]. Die Bauernligen sollten später diese Kampftraditionen wiederaufgreifen und vertiefen.
Die Militärdiktatur, die 1964 in Brasilien die Macht an sich riß, kün-

121 Paul Bairoch, »Diagnostique de l'évolution économique du Tiers Monde. 1900–1966«, Paris, 1967.
122 Rui Facó, »Cangaceiros e fanáticos«, Rio de Janeiro, 1965.

digte sehr bald ihre Agrarreform an. Das »Brasilianische Institut zur Durchführung der Agrarreform« ist, wie Paulo Schilling treffend erklärt hat, ein einzigartiger Fall auf der Welt: Anstatt Boden an die Bauern zu verteilen, ist es der Aufgabe gewidmet, diese zu verjagen, um die spontan besetzten oder von früheren Regierungen enteigneten Landflächen wieder den Großgrundbesitzern zurückzugeben. 1966 und 1967, als die Pressezensur noch nicht mit größerer Härte angewendet wurde, pflegten die Zeitungen über die Raub- und Brandzüge und die Verfolgungen zu berichten, die Abteilungen der Militärpolizei auf Anordnung des vielbeschäftigten Institutes unternahmen.

Der argentinische Diktator Juan Carlos Onganía war nahe daran, zwei Jahre früher gestürzt zu werden, als er sich 1968 bemühte, ein neues Steuersystem für den Landbesitz einzuführen. Das Projekt hatte zum Ziel, die unproduktiven »kahlen Flächen« unnachsichtiger zu besteuern als den produktiven Boden. Die Rinderoligarchie schlug Lärm, mobilisierte ihre eigenen Säbelraßler im Generalstab, und Onganía mußte seine ketzerischen Absichten fallenlassen. Argentinien verfügt – wie auch Uruguay – über von Natur aus fruchtbare Weideflächen, die ihm – unter dem Einfluß eines milden Klimas – die Möglichkeit gegeben haben, eine für lateinamerikanische Begriffe relative Prosperität zu genießen. Aber die Erosion nagt ohne Erbarmen nach und nach die unendlichen, ihrem Schicksal überlassenen Ebenen an, die weder für Ackerbau noch für Viehzucht verwendet werden, und das gleiche trifft auf einen Großteil der Millionen Hektar zu, auf denen extensive Viehzucht betrieben wird. Wie im Falle Uruguays, jedoch in geringerem Grade, ist in dieser extensiven Bewirtschaftung die Grundursache der Krise zu suchen, die in den sechziger Jahren an den Grundpfeilern der argentinischen Wirtschaft gerüttelt hat. Die Ausbreitung der Besitzungen durch den Ankauf neuer Felder erweist sich als gewinnbringender und weniger riskant als die Anwendung der Mittel, die die moderne Technologie der Intensivproduktion zur Verfügung stellt[123]. 1931 setzte die »Sociedad Rural« (Landwirtschaftliche Vereinigung)

123 Die künstlichen Weiden stellen – vom Standpunkt des Viehherdenbesitzers – eine Kapitalumleitung für eine größere, riskantere und gleichzeitig weniger rentable Investition dar als die traditionelle Investition für extensive Viehwirtschaft. So tritt das private Interesse des Produzenten in Konflikt mit dem Interesse der Gesellschaft in ihrer Gesamtheit: Die Qualität des Viehs und seine Erträge können von einem bestimmten Punkt an nur durch eine Erhöhung der Nährkraft des Bodens gesteigert werden. Das Land verlangt, daß die Kühe mehr Fleisch und die Schafe mehr Wolle liefern, aber die Eigentümer des Bodens verdienen mehr als genug bei dem augenblicklichen Ertrag. Die Schlußfolgerungen des Instituts für Nationalökonomie der Universität Uruguays (a.a.O.) sind in dieser Hinsicht auch auf Argentinien anwendbar.

dem Traktor das Pferd entgegen: »Landwirte und Viehzüchter«, proklamierten ihre führenden Persönlichkeiten, »die Verwendung von Pferden bei den landwirtschaftlichen Arbeiten bedeutet, die eigenen Interessen und die des Landes zu schützen!« Zwanzig Jahre darauf beharrte sie in ihren Veröffentlichungen auf diesem Standpunkt: »Es ist leichter zu erreichen«, hat ein bekannter Offizier gesagt, »daß Gras in den Magen eines Pferdes als daß Benzin in den Tank eines schweren Lastwagens gelangt«[124]. Nach den Daten der CEPAL hat Argentinien im Verhältnis zur Hektaroberfläche seines Ackerbodens 16mal weniger Traktoren als Frankreich und 19mal weniger Traktoren als Großbritannien. Das Land verbraucht – ebenfalls verhältnismäßig – 140mal weniger Düngemittel als Westdeutschland[125]. Die Weizen-, Mais- und Baumwollerträge der argentinischen Landwirtschaft sind weitaus geringer als die Erträge derselben Anbaugattungen in den entwickelten Ländern.

Juan Domingo Perón hatte die Interessen der Oligarchie des Großgrundbesitzes in Argentinien herausgefordert, als er das Statut des Landarbeiters einführte und die Bezahlung des Mindestlohnes auf dem Lande erzwang. 1944 erklärte die »Sociedad Rural«: »Bei der Festlegung der Löhne ist es von grundlegender Bedeutung, den Lebensstandard des gewöhnlichen Landarbeiters in Rechnung zu ziehen. Seine materiellen Bedürfnisse sind manchmal so begrenzt, daß ein Überschuß vom sozialen Standpunkt aus nur wenig interessierende Verwendungen mit sich bringt«[126]. Die Politik der wirtschaftlichen Entwicklung, die von Perón selbst vorangetrieben wurde, hat niemals die Struktur der landwirtschaftlichen Unterentwicklung gebrochen. Im Juni 1952 leugnete Perón bei einer Rede, die er im Teatro Colón hielt, die Absicht zu hegen, eine Agrarreform durchzuführen, und die »Sociedad Rural« nahm in einer öffentlichen Erklärung hierzu Stellung: »Es war ein meisterhafter Vortrag.«

In Bolivien hat sich dank der Agrarreform des Jahres 1952 die Ernährungslage ausgedehnter ländlicher Zonen der Hochebene sichtbar gebessert, und zwar in solchem Grade, daß bei den Bauern sogar Veränderungen in ihrer Statur festgestellt wurden. Nichtsdestoweniger verbraucht die bolivianische Bevölkerung in ihrer Gesamtheit noch im-

124 Dardo Cúneo, »Comportamiento y crisis de la clase empresaria«, Buenos Aires, 1967.

125 CEPAL, »Estudio económico de América Latina«, Santiago de Chile, 1964 und 1966, und »El uso de fertilizantes en América Latina«, Santigo de Chile, 1966.

126 Darcy Ribeiro, »Las Américas y la civilización«, Band II: »Los pueblos nuevos«, Buenos Aires, 1969.

mer kaum 60 Prozent des für korrekte Ernährung nötigen Minimums an Proteinen und nur ein Fünftel des erforderlichen Kalziums.
Die Agrarreform, die 1969 die Militärregierung in Peru in Kraft setzte, war von Beginn an als ein ernst zu nehmender Versuch tiefgreifender Änderungen erkennbar. Und was die Enteignung einiger chilenischer Latifundien durch die Regierung von Eduardo Frei betrifft, so ist es nur recht und billig anzuerkennen, daß er der radikaleren Agrarreform, die der neue Präsident Salvador Allende beim Schreiben dieser Zeilen ankündigt, den Weg gebahnt hat.

Die dreizehn Kolonien im Norden und die Bedeutung, keine bedeutende Herkunft zu haben

Die private Aneignung des Bodens ging in Lateinamerika immer dessen nützlicher Bebauung voraus. Die rückschrittlichsten Aspekte der derzeit herrschenden Eigentumsverhältnisse sind nicht eine Folge von Krisen, sondern sind in Perioden größter Prosperität entstanden; umgekehrt haben die Perioden wirtschaftlicher Depression die Gier der Latifundisten, neue Gebiete ihrem Besitz einzuverleiben, abgeschwächt. In Brasilien z. B. haben der Niedergang der Zuckerindustrie und das Versiegen der Goldminen und Diamanten zwischen 1820 und 1850 eine Gesetzgebung ermöglicht, die den Besitz des Bodens denjenigen zusicherte, die auf ihm lebten und ihn Früchte tragen ließen. 1850 hat der Aufstieg des Kaffees als neues »herrschendes Produkt« die Annahme des nach dem Geschmack der Politiker und der Militärs des oligarchischen Regimes zubereiteten Landgesetzes bewirkt, das dazu bestimmt war, den Besitz des Bodens denen, die ihn bearbeiteten, im gleichen Maße abzuerkennen, in dem der riesige Raum im Inneren des Landes südwärts und westwärts erschlossen wurde. Dieses Gesetz wurde »nachträglich durch eine äußerst umfangreiche Gesetzgebung verstärkt, vervollkommnet und bekräftigt, die den Kauf als die einzig mögliche Form des Landerwerbs festlegte und ein System notarieller Eintragungen einführte, durch das es einem Bauern praktisch unmöglich gemacht wurde, seinen Besitz rechtlich zu beurkunden . . .«.
Die nordamerikanische Gesetzgebung setzte sich in der gleichen Epoche das entgegengesetzte Ziel, um die innere Kolonisierung der Vereinigten Staaten voranzutreiben. Das Lincoln-Gesetz aus dem Jahre 1862, die Homestead-Act, sicherte jeder Familie den Besitz von Parzellen mit einer Oberfläche von 65 Hektar zu. Jeder, der dieses

Gesetz in Anspruch nahm, mußte sich verpflichten, sein Grundstück mindestens fünf Jahre hindurch zu bebauen[127].

Die Landarbeiter hingegen, die seit mehr als einem Jahrhundert ihre Kräfte der inneren Entwicklung Brasiliens zur Verfügung gestellt haben, waren und sind keine freien Bauernfamilien auf der Suche nach einem Stück eigenen Landes, wie Ribeiro darlegt, sondern angeheuerte Tagelöhner im Dienste der Großgrundbesitzer, die zuvor die großen leeren Flächen in Besitz genommen haben. Das Brachland im Inneren war der Landbevölkerung immer nur auf diese Weise zugänglich. Zu fremdem Nutzen haben die Arbeiter mit dem Buschmesser in der Hand dem Urwald neues Land abgerungen. Die Besiedlung kommt einer bloßen Erweiterung der Oberfläche des Latifundiums gleich. Zwischen 1950 und 1960 haben 65 brasilianische Latifundien ein Viertel des Neulandes aufgesogen, das der Landwirtschaft eingegliedert wurde[128].

Diese zwei entgegengesetzten Systeme der inneren Kolonisierung zeigen einen der wichtigsten Unterschiede zwischen den Entwicklungsmodellen der Vereinigten Staaten und Lateinamerikas auf. Warum ist der Norden reich und der Süden arm? Der Río Bravo ist weitaus mehr als eine geographische Grenze. Ist das fehlende Gleichgewicht unserer Tage, das so schwerwiegende Folgen hat und die Voraussage Hegels über die Unvermeidbarkeit eines Krieges zwischen dem einen und dem anderen Amerika zu bestätigen scheint, aus der imperialistischen Expansion der Vereinigten Staaten hervorgegangen, oder hat es tiefere Wurzeln? In der Tat sind im Norden und im Süden schon in der Gebärmutter der Kolonie Gesellschaftssysteme entstanden, die einander sehr wenig ähnelten und ganz verschiedenen Zwecken dienten[129]. Die Pilger der »Mayflower« überquerten nicht das Meer, um legendäre Schätze zu erobern, noch um die Eingeborenenzivilisationen zu vernichten – die im Norden nicht vorhanden waren –, sondern um sich mit ihren Familien niederzulassen und in der Neuen Welt das Lebens- und Arbeitssystem, das sie in Europa geübt hatten, wiederaufzubauen. Es waren keine Glücksjäger, sondern Pioniere; sie kamen nicht, um zu erobern, sondern zu besiedeln: sie gründeten »Bevölkerungskolonien«. Im Zuge der späteren Entwicklung hat sich südlich der Delaware-Bucht eine auf Sklavenarbeit gegründete Plantagenwirtschaft ähnlich der, die

127 Edward C. Kirkland, »Historia económica de Estados Unidos«, Mexiko, 1941.
128 Celso Furtado, »Um projeto para o Brasil«, Rio de Janeiro, 1969.
129 Lewis Hanke und andere Autoren aus »Do the Americas have a Common History?« (New York) entfalten vergeblich ihre Einbildungskraft bei ihren Bemühungen, Identitäten zwischen den historischen Prozessen im Norden und im Süden festzustellen.

in Lateinamerika aufkam, entwickelt, aber mit dem Unterschied, daß in den Vereinigten Staaten das Schwergewicht von Anfang an auf den Landgütern und den Fabriken von Neuengland ruhte, aus denen später die Heere hervorgingen, die im Sezessionskrieg im 19. Jahrhundert den Sieg davontragen sollten. Die Siedler Neuenglands, die den ursprünglichen Kern der nordamerikanischen Zivilisation darstellten, haben niemals als Kolonialvertreter des in Entstehung begriffenen europäischen Kapitalismus gehandelt; von Anfang an dienten sie ihrer eigenen Entwicklung und der Entwicklung ihres neuen Landes. Die dreizehn Kolonien des Nordens dienten dem Heer von europäischen Bauern und Handwerkern, die durch den Gang der Ereignisse im Mutterland an den Rand des Arbeitsmarktes geworfen wurden, als Auffangbecken: *Freie* Arbeiter bildeten die Grundlage jener neuen Gesellschaft diesseits des Meeres.

Spanien und Portugal hingegen standen *Sklaven* als Arbeitskräfte in Hülle und Fülle zur Verfügung. Auf die Versklavung der Eingeborenen folgte die Massenverpflanzung der afrikanischen Sklaven. All die Jahrhunderte hindurch gab es ständig eine endlose Legion arbeitsloser Bauern, die in die Produktionszentren gebracht werden konnten. Die blühenden Zonen bestanden immer gleichzeitig mit anderen, die im Verfall begriffen waren, im Gleichklang mit den jeweiligen Perioden des Aufstiegs oder des Niedergangs der Exporte von Edelmetallen oder von Zucker, und die Zonen, die sich in einer Periode des Abstiegs befanden, versorgten die blühenden Zonen mit Arbeitskräften. Diese Struktur ist bis in unsere Tage erhalten geblieben und führt auch noch jetzt infolge des Drucks, den die Arbeitslosen auf den Arbeitsmarkt ausüben, ein niedriges Lohnniveau herbei und verhindert das Wachstum des internen Arbeitsmarktes. Aber außerdem haben sich – im Gegensatz zu den Puritanern des Nordens – die herrschenden Klassen der lateinamerikanischen Kolonialgesellschaft niemals auf die innere wirtschaftliche Entwicklung ausgerichtet. Ihre Gewinne kamen von auswärts; sie standen mit dem ausländischen Markt in engerer Beziehung als mit der Region, in der sie lebten. Landeigentümer, Bergwerksbesitzer und Händler waren nur zur Erfüllung dieser Aufgabe da: Europa mit Gold, Silber und Nahrungsmitteln zu versorgen. Die Ware bewegte sich nur zum Hafen und zu den überseeischen Märkten. Dies ist auch der Schlüssel, der die Expansion der Vereinigten Staaten als nationale Einheit und die Zersplitterung Lateinamerikas zu erklären vermag: Unsere Produktionszentren standen nicht miteinander in Verbindung, sondern bildeten einen Fächer, dessen Scheitelpunkt weit entfernt lag.

Man kann wohl sagen, daß die dreizehn Kolonien des Nordens das Glück im Unglück hatten. Ihre historische Erfahrung stellte die ungeheure Bedeutung, keine bedeutende Herkunft zu haben, unter Beweis. Denn im Norden Amerikas gab es weder Gold noch Silber, noch Eingeborenenzivilisationen mit dichtbewohnten, bereits zur Verrichtung von Arbeiten organisierten Bevölkerungszentren, noch fanden die englischen Pilger tropischen Boden von märchenhafter Fruchtbarkeit in dem Küstenstreifen vor, den sie besiedelten. Die Kolonien im Norden von Maryland – über Neuengland – bis Neuschottland brachten infolge des Klimas und der Beschaffenheit des Bodens genau dieselben Produkte hervor wie die britische Landwirtschaft. Sie boten demnach, wie Bagú[130] bemerkt, dem Mutterlande keine *Komplementärproduktion* dar. Ganz anders war die Lage der Antillen und die der iberischen Kolonien auf dem Festlande. Aus dem tropischen Boden sprossen der Zucker, der Tabak, die Baumwolle, die Indigopflanze und der Terpentinbaum; eine kleine karibische Insel hatte für England vom wirtschaftlichen Standpunkt mehr Bedeutung als die dreizehn Mutterkolonien der Vereinigten Staaten. Diese Umstände erklären den Aufstieg und die Festigung der Vereinigten Staaten als wirtschaftlich autonomes System.

130 Sergio Bagú, a.a.O.

Die unterirdischen Quellen der Macht

Die nordamerikanische Wirtschaft braucht die Mineralien Lateinamerikas wie die Luft zum Atmen

Astronauten hatten dem Mond die ersten menschlichen Fußspuren aufgeprägt, und im Juli 1969 gab der Vater der Wundertat, Wernher von Braun, der Presse die Absicht der Vereinigten Staaten bekannt, eine Station im fernen Weltraum zu errichten, die allerdings eher nähere Ziele verfolgte: »Von dieser wunderbaren Beobachtungsstation aus«, erklärte er, »werden wir in alle Schätze der Welt Einblick gewinnen: in die noch unbekannten Erdöllager, die Kupfer- und die Zinkminen ...«

Das Erdöl ist nach wie vor der wichtigste Brennstoff unserer Zeit, und die Nordamerikaner importieren ein Siebentel des von ihnen verbrauchten Erdöls. Um Vietnamesen töten zu können, brauchen sie Kugeln, und für die Kugeln brauchen sie Kupfer, und die Vereinigten Staaten kaufen ein Fünftel des Kupfers, das sie verwenden, außerhalb ihres Staatsgebietes. Man kann keine Flugzeuge ohne Aluminium fabrizieren, und Aluminium kann nicht ohne Bauxit hergestellt werden, und die Vereinigten Staaten verfügen praktisch über kein Bauxit, die Erzlager von Minnesota sind nahezu erschöpft, und sie haben kein Mangan.

Diese wachsende Abhängigkeit von ausländischen Versorgungsquellen führt zu einer gleichfalls wachsenden Identifizierung der Interessen der nordamerikanischen Kapitalisten in Lateinamerika mit den Erfordernissen der nationalen Sicherheit der Vereinigten Staaten. Die innere Stabilität der ersten Weltmacht ist demnach eng an die nordamerikanischen Investitionen südlich des Río Bravo gebunden. Etwa die Hälfte dieser Investitionen ist der Förderung von Erdöl und der Ausbeutung von Bodenschätzen gewidmet, die »für die Wirtschaft der Vereinigten Staaten im Frieden wie im Krieg unentbehrlich« sind[1]. Der Präsident des Ausschusses für internationale Fragen der Handelskammer dieses Landes definiert es folgendermaßen: »Aus historischer Sicht besteht eines der Hauptmotive der Vereinigten Staaten für die Vor-

1 Edwin Lieuwen, »The United States and the Challenge to Security in Latin America«, Ohio, 1966.

nahme von Auslandsinvestitionen in der Entwicklung der Ausbeutung von Naturschätzen (hauptsächlich Bodenschätzen) und insbesondere von Erdöl. Es ist nur einleuchtend, daß ein immer stärkerer Anreiz für diese Art von Investitionen zu verzeichnen ist. Unser Bedarf an Rohstoffen ist durch die Bevölkerungszunahme und das steigende Lebenshaltungsniveau in ständigem Wachstum begriffen. Gleichzeitig nähern sich unsere eigenen Vorräte der Erschöpfung ...«[2]. Die neue Technologie hat keinen Weg gefunden, um die wesentlichen Rohstoffe entbehren zu können, die die Natur – und nur sie – darbietet. Ständig vermindern sich die Möglichkeiten, daß die Bodenschätze den wachsenden Anforderungen der Industrie der Vereinigten Staaten gerecht werden[3].

Die Bodenschätze rufen auch Staatsstreiche, Revolutionen, Spionagegeschichten und Abenteuer im amazonischen Urwald hervor

In Brasilien waren die prächtigen Eisenerzlager im Tale von Paraopeba die Ursache des Sturzes zweier Präsidenten – Janio Quadros und João Goulart –, ehe Marschall Castelo Branco, der 1964 die Macht an sich riß, sie mit aller Höflichkeit der Hanna Mining Co. übertrug. Ein anderer früherer Freund des Botschafters der Vereinigten Staaten, Präsident Eurico Dutra (1946–1951), hatte einige Jahre vorher der Bethlehem Steel die vierzig Millionen Tonnen Mangan des Staates Amapá, eines der größten Lager der Welt, gegen die Entrichtung von 4 Prozent des Exportertrages an den Staat überlassen; seither übersiedelt die Bethlehem die Berge mit so großem Enthusiasmus nach den Vereinigten Staaten, daß – wie man befürchtet – in fünfzehn Jahren Brasilien kein Mangan mehr für seine eigene Hüttenindustrie haben wird. Außerdem sind von tausend Dollar, die die Bethlehem in die Förderung von Mineralien investiert, achtundachtzig ein Geschenk der brasilianischen Regierung: Steuervergünstigungen im Namen der »Entwicklung der Region«. Die Erfahrung des verlorenen Goldes von Minas Gerais – »weißes Gold, schwarzes Gold, faules Gold«, schrieb der Dichter Manuel Bandeira – hat offensichtlich keine nützliche Wirkung

2 Philip Courtney, in einer dem II. internationalen Spar- und Investitionskongreß vorgelegten Arbeit, Brüssel, 1959.

3 Harry Magdoff, »La era del imperialismo«, in: »Monthly Review«, Auszüge in spanischer Sprache, Santiago de Chile, Januar/Februar 1969, und Claude Julien, »L'Empire Americain«, Paris, 1969.

ausgeübt: Brasilien entledigt sich weiter ohne Gegenleistung der natürlichen Quellen für seine Entwicklung[4].

Der Diktator René Barrientos wiederum bemächtigte sich 1964 Boliviens und übertrug – zwischen dem einen und dem anderen Gemetzel unter Minenarbeitern – der Firma Philips Brothers die Konzession über die Mine »Matilde«, in der Blei, Silber und große Zinklager mit einem zwölfmal höheren Metallgehalt als dem der nordamerikanischen Minen lagern. Das Unternehmen wurde ermächtigt, das Zink im Rohzustand zur Verarbeitung in seine Raffinerien im Ausland zu schaffen, wobei es dem Staate genau 1,5 Prozent des Verkaufsertrages bezahlte[5].

In Peru ging 1968 auf mysteriöse Weise die Seite Nr. 11 des Abkommens verloren, das Präsident Belaúnde Terry zu Füßen einer Tochtergesellschaft der Standard Oil unterzeichnet hatte, und General Velasco Alvarado stürzte den Präsidenten, ergriff die Zügel des Landes und nationalisierte die Gruben und die Raffinerie des Unternehmens.

In Venezuela, dem großen Erdölsee der Standard Oil und der Gulf, hat die größte nordamerikanische Militärmission Lateinamerikas ihren Sitz. Die zahlreichen Staatsstreiche in Argentinien kommen vor oder nach jeder Erdölausschreibung zum Ausbruch. Das Kupfer war bei der unverhältnismäßig großen Militärhilfe im Spiele, die Chile bis zu dem Wahlsieg der von Salvador Allende angeführten linken Kräfte vom Pentagon erhielt; die nordamerikanischen Kupferreserven waren zwischen 1965 und 1969 um mehr als 60 Prozent gesunken.

1964 legte mir »Ché« Guevara in seinem Büro in Havanna dar, daß das Cuba Batistas nicht nur aus Zucker bestand: die großen Nickel- und Manganlager Cubas gaben nach seiner Beurteilung eine noch bessere Erklärung für die blinde Wut des Imperiums gegen die Revolution ab. In der Zeit, die seit jenem Gespräch verstrichen ist, sind die Nickelreserven der Vereinigten Staaten auf ein Drittel zusammengeschrumpft.

Die Erzlager hatten sehr viel mit dem Sturze der Regierung des Sozialisten Cheddi Jagan zu tun, der Ende 1964 neuerlich die Mehrheit der Stimmen in dem damaligen Britisch-Guayana erhalten hatte. Das Land, das heute Guayana heißt, ist der viertgrößte Bauxitproduzent

4 Die mexikanische Regierung hingegen bemerkte rechtzeitig, daß ihr Land, einer der wichtigsten Schwefelexporteure der Welt, sich allmählich aller Reserven entblößte. Die Texas Gulf Sulphur Co. und die Pan American Sulfur hatten versichert, daß die Reserven, die ihren Konzessionen entsprachen, sechsmal höher als in Wirklichkeit waren, und die Regierung beschloß 1965, die Verkäufe ins Ausland zu beschränken.

5 Sergio Almaraz Paz, »Réquiem para una república«, La Paz, 1969.

der Welt und nimmt unter den Manganproduzenten Lateinamerikas die dritte Stelle ein. Die CIA spielte bei der Niederlage Jagans eine entscheidende Rolle. Arnold Zander, der wichtigste Führer des Streikes, der als Provokation und Vorwand dazu diente, den Wahlsieg Jagans mit juristischen Kniffen nicht anzuerkennen, gab einige Zeit später öffentlich zu, daß seine Gewerkschaft eine Flut von Dollars von einer der Stiftungen der »Central Intelligence Agency« der Vereinigten Staaten erhalten hatte[6]. Das neue, sehr westliche und sehr christliche Regime bürgte dafür, daß die Interessen der Aluminium Company of America in Guayana keine Gefahr liefen: das Unternehmen könnte weiterhin ungestört den Bauxit ausführen und ihn an sich selbst zu demselben Preis wie 1938 verkaufen, obwohl der Aluminiumpreis seit damals auf ein Vielfaches gestiegen war[7]. Die Vereinigten Staaten erzeugen unter Verwendung fremden und sehr billigen Rohstoffes fast die Hälfte des Aluminiums der ganzen Welt.

»Der Düsenmotor, die Gasturbine und die Nuklearreaktoren haben heute enormen Einfluß auf den Bedarf an Materialien, die nur im Ausland erhältlich sind«, sagt Magdoff[8]. Der dringende Bedarf an strategischen Mineralien, die für die Sicherung des Militär- und Atompotentials unerläßlich sind, erscheint klar mit dem Massenankauf von Land – meist mit betrügerischen Mitteln – im brasilianischen Amazonasgebiet verknüpft. In dem Jahrzehnt 1960–1970 haben sich zahlreiche nordamerikanische Unternehmen, von Abenteurern und berufsmäßigen Schmugglern geleitet, in fieberhaftem »Rush« auf dieses riesige Urwaldgebiet gestürzt. Vorher hatten die Maschinen der Luftwaffe der Vereinigten Staaten – aufgrund des 1964 unterzeichneten Abkommens – das ganze Gebiet überflogen und photographiert. Sie hatten Blinkmeßgeräte zur Lokalisierung von Lagern radioaktiver Mineralien aufgrund der Ausstrahlung von Lichtwellen wechselnder Stärke, Elektromagnetometer zur Ermittlung unterirdischer, nicht eisenhaltiger Minerale und Magnetometer zur Entdeckung und Messung

6 Claude Julien, a.a.O.

7 Arthur Davis, der lange Zeit hindurch Präsident der Aluminium Co. gewesen war, starb im Jahre 1962 und hinterließ dreihundert Millionen Dollar für Wohltätigkeitsvereine unter der ausdrücklichen Bedingung, daß die Gelder nicht außerhalb des Territoriums der Vereinigten Staaten Verwendung finden durften. Nicht einmal auf diesem Wege konnte also Guayana auch nur einen Teil des Vermögens wiedererlangen, das das Unternehmen diesem Lande entrissen hatte. (Philip Reno, »Aluminium Profits and Caribbean People«, in: »Monthly Review«, New York, Oktober 1963, und vom gleichen Autor, »El drama de la Guayana Británica. Un pueblo desde la esclavitud a la lucha por el socialismo«, in: »Monthly Review«, Auszüge in spanischer Sprache, Buenos Aires, Januar/Februar 1965.)

8 Harry Magdoff, a.a.O.

des Eisens angewandt. Die Berichte und die Photographien, die bei der Untersuchung der Ausdehnung und Tiefe des verborgenen Reichtums des Amazonasgebietes aufgenommen worden waren, gelangten dank der guten Dienste des »Geological Survey« der Regierung der Vereinigten Staaten in die Hände der an der Angelegenheit interessierten Privatunternehmen[9]. In dem riesigen Gebiet wurden Vorkommen von Gold, Silber, Diamanten, Gipsmineralien, Hämatit, Magnetit, Tantal, Titan, Thorium, Uran, Quarz, Kupfer, Mangan, Blei, Sulfaten, Pottasche, Bauxit, Zink, Galmei, Chrom und Quecksilber festgestellt. So weit öffnet sich der Himmel vom unerschlossenen Dschungelgebiet des Mato Grosso bis zu den Ebenen im Süden von Goiás, daß man – wie die Zeitschrift »Time« in der letzten lateinamerikanischen Ausgabe im Jahre 1967 schwärmerisch erzählte – gleichzeitig die strahlende Sonne und ein halbes Dutzend Blitze von verschiedenen Gewittern beobachten könne. Die Regierung hatte Steuerfreiheit und andere Lockmittel für die Kolonisierung des unerschlossenen Raumes in diesem zauberhaften und wilden Universum angeboten. Nach der Zeitschrift »Time« hatten ausländische Kapitalisten bis zum Jahre 1967 für sieben Cents pro Morgen Land eine größere Oberfläche gekauft, als die Gebiete von Connecticut, Rhode Island, Delaware, Massachusetts und New Hampshire zusammen ausmachen. »Wir müssen der ausländischen Investition die Tore weit öffnen«, sagte der Leiter des staatlichen Amtes zur Entwicklung des Amazonasgebietes, »denn wir brauchen mehr, als wir bekommen können.« Um die von der nordamerikanischen Luftwaffe durchgeführte Vermessung mittels Flugzeugaufnahmen zu rechtfertigen, hatte die Regierung vorher erklärt, über keine Mittel zu verfügen. Das ist in Lateinamerika der normale Vorgang: *Man übergibt dem Imperialismus die Einnahmequellen immer im Namen des Mangels an Einnahmequellen.*

Der brasilianische Kongreß konnte eine Untersuchung vornehmen, die in einem voluminösen Bericht über das Thema gipfelte[10]. In ihm werden Fälle von Verkauf oder unrechtmäßiger Inbesitznahme von Land im Umfang von 20 Millionen Hektar aufgezählt, die auf so seltsame Weise verteilt sind, daß sie – nach den Erklärungen der Untersuchungskommission – »einen Gürtel zur Isolierung des Amazonasgebietes vom Reste Brasiliens bilden«. Die »geheime Ausbeutung sehr wertvoller

9 Hermano Alves, »Aerofotogrametría«, in: »Correio da Manhã«, Rio de Janeiro, 8. Juni 1967.

10 Bericht der Untersuchungskommission des Parlaments über den Verkauf brasilianischen Bodens an Ausländer – physische oder juristische Personen –, Brasilia, 3. Juni 1968.

Mineralschätze« wird in dem Bericht als eines der Hauptmotive der nordamerikanischen Habgier dafür angeführt, innerhalb Brasiliens eine »neue Grenze« zu ziehen. In einem zusammenfassenden Bericht einer Kommission des Heeresministeriums wird mit besonderem Nachdruck auf »das Interesse der nordamerikanischen Regierung selbst« hingewiesen, »ausgedehnte Landflächen für spätere Nutzung unter Kontrolle zu halten, sei es zur Ausbeutung der – insbesondere radioaktiven – Mineralvorkommen, sei es als Ausgangspunkt einer gelenkten Kolonisierung«. Der nationale Sicherheitsrat erklärt: »Grund zu Mißtrauen ist die Tatsache, daß die von ausländischen Elementen in Besitz genommenen Zonen oder solche, die im Begriffe stehen, von ihnen in Besitz genommen zu werden, mit Gebieten übereinstimmen, in denen Kampagnen zur Sterilisierung brasilianischer Frauen von Ausländern vorgenommen werden.« In der Tat »besetzen« – wie die Zeitung »Correio da Manhã« berichtet – »mehr als zwanzig religiöse Missionen aus dem Auslande, vor allem die der protestantischen Kirche der Vereinigten Staaten, nach und nach das Amazonasgebiet, wobei sie sich auf die an radioaktiven Mineralien, Gold und Diamanten reichsten Punkte konzentrieren ... Sie wenden in großem Ausmaß die Methode DIU (»dispositivo intra-uterino«) – eine auf die Gebärmutter einwirkende Vorrichtung – an und erteilen den zum Christentum bekehrten Indianern Englischunterricht ... Ihre Zonen sind durch bewaffnete Elemente abgeriegelt, und niemand darf sie betreten«[11]. Nicht unangebracht ist der Hinweis darauf, daß das Amazonasgebiet die ausgedehnteste unter allen von Menschen bewohnbaren öden Zonen des Planeten ist. Die »Geburtenkontrolle« wurde in diesem riesigen leeren Raum in Anwendung gebracht, um die demographische Konkurrenz der sehr wenigen Brasilianer zu unterbinden, die in abgelegenen Winkeln des Urwalds oder der unendlichen Ebenen leben und sich fortpflanzen.

Der General Riograndino Kruel erklärte seinerseits vor der Untersuchungskommission des Kongresses, daß »der Umfang des Schmuggels mit thorium- und uranhaltigen Materialien die astronomische Ziffer von einer Million Tonnen erreiche«. Einige Zeit vorher – im September 1966 – hatte Kruel in seiner Eigenschaft als Chef der Bundespolizei die »ungehörige und systematische Einmischung« eines Konsuls der Vereinigten Staaten in den Prozeß, der gegen vier wegen Schmuggels mit brasilianischen Atommineralien angeklagte nordamerikanische Staatsbürger im Gange war, angezeigt. Die Tatsache, daß bei ihnen

11 »Correio da Manhã«, Rio de Janeiro, 30. Juni 1968.

vierzig Tonnen radioaktiven Minerals gefunden wurden, war seiner Ansicht nach zu ihrer Verurteilung ausreichend. Kurz darauf flohen drei der Schmuggler auf mysteriöse Weise aus Brasilien. Der Schmuggel war kein neues Phänomen, wenn er auch stark zugenommen hatte. Mehr als hundert Millionen Dollar büßt Brasilien jährlich – und dies seit mehreren Jahren – nur durch die geheime Ausfuhr von Rohdiamanten ein[12]. Aber in Wirklichkeit ist der Schmuggel nur in relativem Maße nötig. Die legal erteilten Konzessionen entreißen Brasilien auf bequeme Weise seine wertvollsten Naturschätze.

Ein deutscher Chemiker hat die Sieger des Pazifikkrieges besiegt

Die Geschichte des Salpeters, sein Aufstieg und sein Fall, ist ein lehrreiches Beispiel für die illusorische Dauer der lateinamerikanischen Prosperitätsepochen auf dem Weltmarkt: *den immer kurzlebigen Hauch des Ruhmes und den immer dauerhaften Katastrophen.*

Um die Mitte des vergangenen Jahrhunderts schwebten die düsteren Prophezeiungen von Malthus über der Alten Welt. Die Bevölkerung Europas nahm rasend schnell zu, und es wurde unumgänglich notwendig, dem müden Boden neues Leben zu verleihen, um die Lebensmittelproduktion in angemessenem Ausmaß zu erhöhen. Der Guano enthüllte seine fruchtbarmachenden Eigenschaften in den britischen Laboratorien; von 1840 ab begann seine Ausfuhr in großem Ausmaß von der peruanischen Küste aus. Die Pelikane und die Seemöwen, die sich von den märchenhaften Fischschwärmen der Strömungen, die den Strand bespülten, nährten, hatten seit undenkbarer Zeit auf den Inseln und Eilanden große Berge von Exkrementen mit hohem Gehalt an Stickstoff, Ammoniak, Phosphaten und Alkalisalzen angehäuft; der Guano erhielt sich an den regenlosen Küsten Perus in reinem Zustand[13]. Kurz nachdem der Guano auf internationaler Ebene lanciert war, wurde von der landwirtschaftlichen Chemie die Entdeckung gemacht, daß die Nährkraft des Salpeters noch größer war, und 1850 hatte sich seine Anwendung als Düngemittel auf den Feldern Europas

12 Paulo R. Schilling, »Brasil para extranjeros«, Montevideo, 1966.

13 Ernst Samhaber, »Sudamérica, biografía de un continente«, Buenos Aires, 1946. – »Die guanoliefernden Vögel sind die wertvollsten der Welt«, schrieb Robert Cushman Murphy lange nach der Konjunkturperiode, »angesichts ihres Ertrages in Dollar bei jeder Verdauung.« Sie stehen höher, sagte er, als die Shakespearesche Nachtigall, die auf dem Balkon Julias sang, höher als die Taube, die über der Arche Noah flog, und selbstredend auch höher als die traurigen Schwalben Becquers. (Emilio Romero, »Historia económica del Perú«, Buenos Aires, 1949.)

bereits intensiv verbreitet. Die zum Weizenanbau dienenden und von der Erosion ausgesaugten Landflächen des alten Kontinents empfingen gierig die Kaliumnitratladungen, die aus den peruanischen Salpetergruben von Tarapacá und später aus der bolivianischen Provinz Antofagasta stammten[14]. Dank dem Salpeter und dem Guano, die an den Küsten des Pazifiks »fast in Reichweite der Schiffe, die sie holen kamen«[15], lagen, entfernte sich das Gespenst des Hungers aus Europa.
Ehemals waren die großen Familien Limas auf Kosten des Silbers aus Potosí gediehen, und jetzt gingen sie dazu über, vom Dreck der Vögel und den weißen und glänzenden Klumpen der Salpetergruben zu leben: gröbere Mittel für dieselben eleganten Zwecke. Aber der Raub, den die Exporteure betrieben, hatte verheerende Wirkungen: Das, was die Natur im Verlaufe von Jahrtausenden auf den Inseln angehäuft hatte, wurde in wenigen Jahren verschleudert. Gleichzeitig fristeten in der Salpeterwüste, wie Bermúdez berichtet, die Arbeiter in »elenden Hütten, die – kaum höher als der Mensch – aus Steinen, Kalkschutt und Lehm gemacht waren und aus einem einzigen Raum bestanden«, ein dürftiges Dasein.
Die Ausbeutung des Salpeters dehnte sich sehr rasch auf die bolivianische Provinz Antofagasta aus. Als die bolivianische Regierung beabsichtigte, eine Steuer für die Salpetergruben zu erheben, die auf bolivianischem Gebiet betrieben wurden, besetzten chilenische Heeresverbände die Provinz, um sie nie wieder zu verlassen. Bis zu diesem Zeitpunkt hatte dieses verlassene Gebiet als Pufferzone für die latenten Konflikte zwischen Chile, Peru und Bolivien gedient. Der Salpeter entfesselte den offenen Kampf. Der Pazifikkrieg brach 1879 aus und dauerte bis 1883 an. Die chilenischen Streitkräfte, die schon im Jahre 1879 auch die peruanischen Häfen in der Salpeterzone – Patillos, Iquique und Junín – besetzt hatten, zogen schließlich siegreich in Lima ein, und am folgenden Tage ergab sich die Festung El Callao. Die Wirtschaft des Landes verlor ihre beiden wichtigsten Einnahmequellen, die produktiven Kräfte kamen zum Stillstand, die Währung fiel, der ausländische Kredit wurde gesperrt[16]. Der Zusammenbruch brachte –

14 Oscar Bermúdez, »Historia del salitre desde sus orígenes hasta la Guerra del Pacífico«, Santiago de Chile, 1963.

15 José Carlos Mariátegui, »Siete ensayos de interpretación de la realidad peruana«, Montevideo, 1970.

16 Peru verlor die Salpeterprovinz Tarapacá sowie einige wichtige Guanoinseln, behielt aber die Guanolager an der Nordküste. Der Guano blieb für die peruanische Landwirtschaft das wichtigste Düngemittel, bis von 1960 ab der Aufstieg des Fischmehls die Pelikane und die Seemöwen vernichtete. Die – meist nordamerikanischen – Fischereiunternehmen zerstörten sehr schnell die Anschovenbänke in der

wie Mariátegui darlegt – keine Liquidierung der Vergangenheit mit sich; die Struktur der Kolonialwirtschaft blieb unangetastet, wenn ihr auch die Unterhaltsquellen fehlten. Bolivien wiederum wurde sich nicht des Verlustes bewußt, den es durch den Krieg erlitten hatte: Die derzeit wichtigste Kupfermine der Welt, die von Chuquicamata, befindet sich gerade in der heute chilenischen Provinz Antofagasta. Wie aber ist es den Siegern ergangen?

Der Salpeter und das Jod repräsentierten im Jahre 1880 fünf Prozent der Einkünfte des chilenischen Staates; zehn Jahre später hatte mehr als die Hälfte der Staatseinnahmen ihren Ursprung im Export der Nitrate aus den eroberten Gebieten. In der gleichen Zeitspanne wuchsen die englischen Investitionen in Chile auf mehr als das Dreifache an: die Salpeterregion verwandelte sich in eine britische Faktorei[17]. Die Engländer bemächtigten sich des Salpeters auf wenig kostspielige Weise. Die peruanische Regierung hatte die Salpetergruben 1875 enteignet und sie mit Schuldscheinen bezahlt; infolge des Krieges fiel der Wert dieser Dokumente fünf Jahre später auf ein Zehntel. Einige verwegene Abenteurer wie John Thomas North und sein Kompagnon Robert Harvey machten von der günstigen Gelegenheit Gebrauch. Während die Chilenen, die Peruaner und die Bolivianer sich auf dem Schlachtfeld gegenseitig mit Kugeln bedachten, widmeten sich die Engländer dem Erwerb von Schuldscheinen, und zwar dank der Kredite, die ihnen die Bank von Valparaíso und andere chilenische Banken ohne weiteres gewährten. Die Soldaten kämpften, ohne es zu wissen, für sie. Die chilenische Regierung belohnte unverzüglich die aufopfernde Tätigkeit von North, Harvey, Inglis, James, Bush, Robertson und anderen emsigen Unternehmern: 1881 verfügte sie die Rückgabe der Salpetergruben an ihre »rechtmäßigen Besitzer«, als bereits die Hälfte der Schuldscheine in die magischen Hände der britischen Spekulanten übergegangen war. Kein einziger Penny war aus England gekommen, um diesen Raub zu finanzieren.

Zu Beginn des Jahrzehnts 1890–1900 bestimmte Chile drei Viertel seiner Ausfuhren für England und bezog gleichzeitig aus England fast

Nähe der Küste, um die Schweine und das Geflügel der Vereinigten Staaten und Europas mit peruanischem Fischmehl zu füttern, und die Guanovögel zogen den Fischern immer weiter ins Meer hinaus nach. Ohne genügende Widerstandskraft für die Rückkehr, fielen sie ins Meer. Ein anderer Teil flog nicht ins Meer hinaus, und so konnte man 1962 und 1963 die Pelikanschwärme auf der Suche nach Nahrung auf der wichtigsten Hauptstraße von Lima sehen: Wenn sie keine Kraft mehr zum Fliegen hatten, starben die Pelikane auf den Straßen.

17 Hernán Ramírez Necochea, »Historia del imperialismo en Chile«, Santiago de Chile, 1960.

die Hälfte seiner Importe; sein Handel befand sich in einem noch größeren Abhängigkeitsverhältnis als dem, dem damals Indien ausgesetzt war. Durch den Krieg hatte Chile das Weltmonopol der Naturnitrate erhalten, aber der eigentliche Salpeterkönig war John Thomas North. Eines seiner Unternehmen, die Liverpool Nitrate Company, bezahlte Dividenden in Höhe von 40 Prozent. North war 1866 mit nur zehn Pfund Sterling in der Tasche seines verstaubten Anzuges im Hafen von Valparaíso angekommen; dreißig Jahre später setzten sich Prinzen und Herzoge an seinen Tisch. Lord Dorchester, Lord Randolph Churchill und der Marquis von Stockpole wohnten den extravaganten Festen bei, bei denen North, als Heinrich VIII. verkleidet, tanzte[18]. In der Zwischenzeit ruhten in seinem fernen Salpeterreich die chilenischen Arbeiter nicht einmal sonntags, arbeiteten bis zu 16 Stunden täglich und erhielten ihre Löhne in Form von Anweisungen ausbezahlt, die in den Kantinen des Unternehmens die Hälfte ihres Wertes verloren.

Zwischen 1886 und 1890 – unter der Präsidentschaft von José Manuel Balmaceda – führte der chilenische Staat – nach den Worten von Ramírez Necochea – »die großzügigsten Entwicklungspläne seiner ganzen Geschichte« durch. Balmaceda förderte den Fortschritt einiger Industriezweige, führte bedeutende öffentliche Arbeiten aus, reformierte das Erziehungswesen, ergriff Maßnahmen zur Brechung des Monopols des englischen Unternehmens, das die Eisenbahnlinie von Tarapacá betrieb, und schloß mit Deutschland ein Abkommen über die erste und einzige Anleihe ab, die Chile im vorigen Jahrhundert *nicht* von England erhielt. 1888 verkündete er die Notwendigkeit, die Salpeterdistrikte unter Bildung chilenischer Betriebe zu nationalisieren, und weigerte sich, den Engländern den salpeterhaltigen Boden, der sich in Staatsbesitz befand, zu verkaufen. Drei Jahre später brach der Bürgerkrieg aus. North und seine Kollegen finanzierten in großzügigster Weise die Rebellen[19], und die britischen Kriegsschiffe blockierten die chilenische Küste, während die Londoner Presse gegen Balmaceda, »einen Diktator schlimmster Sorte« und »Schlächter«, tobte. Balma-

18 Hernán Ramírez Necochea, »Balmaceda y la contrarrevolución de 1891«, Santiago de Chile, 1969.

19 Der Kongreß stand an der Spitze der Opposition gegen den Präsidenten, und die Schwäche, die viele seiner Mitglieder für die englischen Pfunde hatten, war notorisch. Die Bestechlichkeit der Chilenen war, wie die Engländer sagten, »eine Nationalsitte«. So stellte es 1897 Robert Harvey, der Partner von North, während des Prozesses dar, den einige kleine Aktionäre gegen ihn und andere Direktoren der The Nitrate Railways Co. anstrengten. Indem er Auslagen von hunderttausend Pfund als Bestechungsgelder bezeichnete, sagte Harvey: »Die Staatsver-

ceda beging nach seiner Niederlage Selbstmord. Unverzüglich wurden die staatlichen Investitionen für Straßen, Eisenbahnen, Besiedlung, Erziehung und öffentliche Arbeiten radikal herabgesetzt, während gleichzeitig die britischen Unternehmen ihren Herrschaftsbereich ausdehnten.

Am Vorabend des Ersten Weltkrieges hatten zwei Drittel des chilenischen Nationaleinkommens ihren Ursprung im Export von Nitraten, aber die Salpetersteppe war weiter und fremder denn je. Die Prosperität hatte nicht dazu gedient, die Entwicklung und Diversifizierung der Produktion des Landes voranzutreiben, sondern hatte im Gegenteil die strukturellen Mißbildungen nur noch verschärft. Chile hatte die Funktion eines Anhängsels der britischen Wirtschaft; der wichtigste Düngerlieferant des europäischen Marktes hatte kein Recht auf eigene Existenz. Und später besiegte ein deutscher Chemiker von seinem Laboratorium aus die Generäle, die Jahre vorher auf dem Schlachtfelde den Triumph errungen hatten. Die Vervollkommnung des Haber-Bosch-Verfahrens zur Erzeugung von Nitraten unter Verwendung des Luftstickstoffes verdrängte den Salpeter endgültig und rief den krachenden Zusammenbruch der chilenischen Wirtschaft hervor. Die Krise des Salpeters war die Krise Chiles; sie wirkte wie eine tiefe Wunde; denn Chile lebte vom und für den Salpeter – und der Salpeter war in fremden Händen.

In der trockenen Wüstenzone von Tamagural, in der der von der Erde ausgestrahlte Widerschein die Augen verbrennt, war ich Zeuge der Vernichtung von Tarapacá. Hier gab es 120 Salpeterbetriebe in der Zeit des Aufstiegs, doch jetzt arbeitet nur noch einer. Spezialarbeiter für den Abbruch von Orten traten in Erscheinung. Ich habe den Schutt und die Löcher gesehen, die gespensterhaften Dörfer, die verlassenen Schienen der Nitrate-Railways, die verstummten Telegraphendrähte, die Skelette der vom Anprall der Jahre in Ruinen verwandelten Salpeterbetriebe. »Hier ist das Geld in Strömen geflossen, und niemand glaubte, daß es jemals zu Ende ginge«, erzählten mir die wenigen Bewohner, die dort verblieben waren.

waltung in Chile ist, wie Sie wissen, sehr korrupt ... Ich will damit nicht sagen, daß es nötig sei, Richter zu bestechen, aber ich glaube, daß viele Mitglieder des Senats, deren Finanzen knapp waren, aus einem Teil dieses Geldes als Gegenleistung für ihre Stimmen Nutzen gezogen haben, sowie daß es dazu gedient hat zu verhindern, daß sich die Regierung von Grund auf weigerte, unsere Proteste und Ansprüche zu berücksichtigen ...« (Hernán Ramírez Necochea, a.a.O., S. 18).

Es dauerte nicht lange, bis das Kupfer als Hauptstütze der chilenischen Wirtschaft an die Stelle des Salpeters trat, während gleichzeitig die britische Hegemonie von der Vorherrschaft der Vereinigten Staaten abgelöst wurde. Am Vorabend der Krise von 1929 betrugen die nordamerikanischen Investitionen in Chile bereits mehr als 400 Millionen Dollar, die fast ausschließlich für die Ausbeutung des Kupfers und dessen Transport bestimmt waren. Bis zum Wahlsieg der in der »Unidad Popular« (Volkseinheit) zusammengefaßten Kräfte im Jahre 1970 befanden sich die größten Lager des roten Metalls in Händen der Anaconda Copper Mining Co. und denen der Kennecott Copper Co., zweier eng miteinander verknüpfter Unternehmen, da beide ein und demselben Weltkonsortium angehören. In einem halben Jahrhundert hatten beide in einem mächtigen Strome von auf verschiedene Weise abgezapftem Blut vier Milliarden Dollar ihren Stammhäusern aus Chile zugehen lassen und hatten als Gegenleistung eine Gesamtinvestition vorgenommen, die 800 Millionen Dollar nicht überstieg (unter Zugrundelegung ihrer eigenen künstlich aufgeblasenen Ziffern), wobei fast alles aus den dem Lande entzogenen Gewinnen stammte[20]. Die Herren des Kupfers waren die Herren Chiles. Am Montag, dem 21. Dezember 1970, richtete Salvador Allende schon als Präsident vom Balkon des Regierungspalastes das Wort an eine begeisterte Menge; er verkündete, daß er in diesem Augenblick den Entwurf einer Verfassungsreform unterzeichnet hatte, die die Nationalisierung der großen Bergwerksunternehmen ermöglichte. 1969 – sagte er – hatte die Anaconda in Chile Gewinne in der Höhe von 79 Millionen Dollar erzielt, was 80 Prozent ihrer Gewinne auf der ganzen Welt entsprach; und dennoch – fügte er hinzu – hat dic Anaconda für Chile weniger als ein Sechstel ihrer Auslandsinvestitionen bestimmt. Der »bakteriologische Krieg« der Rechten, eine planmäßig durchgeführte Propagandakampagne, dazu bestimmt, Panik zu säen, um die Nationalisierung des Kupfers und die übrigen von der Linken verkündeten Strukturänderungen zu verhindern, war so intensiv wie bei den vorherigen Wahlen gewesen. Die Zeitungen hatten Bilder von sowjetischen schweren Tanks gebracht, die vor dem Präsidentenpalais La Moneda vorfuhren; auf den Hauswänden Santiagos erschienen bärtige Guerilla-

20 Dieselben Unternehmen verarbeiteten das chilenische Erz in ihren fernen Fabriken. Anaconda American Brass, Anaconda Wire and Cable und Kennecott Wire and Cable fungieren unter den wichtigsten Bronze- und Drahtfabriken der Welt. José Cademartori, »La economía chilena«, Santiago de Chile, 1968.

kämpfer, die unschuldige junge Leute in den Tod schleppten; es klingelte an allen Türen, und eine Frau erläuterte: »Sie haben vier Kinder? Zwei werden in die Sowjetunion und zwei nach Cuba gehen.« Aber alles war unnütz. Das Kupfer »wirft sich den Poncho um die Schultern und schnallt die Sporen an«; es wird wieder chilenisch.
Die chilenische Produktion wird jetzt an verschiedene Märkte verkauft und ist in der Lage, neue und ausgedehnte Märkte in den sozialistischen Ländern zu erschließen; die Vereinigten Staaten verfügen über kein Mittel, um den Absatz des Kupfers, dessen Wiedergewinn sich die Chilenen vornehmen, im Weltmaßstab zu blockieren. Ganz anders war es vor zwölf Jahren um den cubanischen Zucker bestellt, der gänzlich für den nordamerikanischen Markt bestimmt war und von den nordamerikanischen Preisen völlig abhing. Als Eduardo Frei die Wahlen des Jahres 1964 gewann, stieg der Kupferpreis – ein Symptom sichtbarer Erleichterung – unverzüglich; als Allende die des Jahres 1970 gewann, nahm der Preis, der schon im Fallen begriffen war, noch weiter ab. Aber obwohl das Aluminium in bedeutendem Umfang das Kupfer als Elektrizitätsleiter ersetzt hat, benötigt man auch bei der Aluminiumproduktion Kupfer, und andererseits hat man keine billigeren und wirksameren Ersatzstoffe gefunden, um es aus der Stahl- und der chemischen Industrie zu verdrängen, und das rote Metall ist weiterhin der wichtigste Rohstoff bei der Erzeugung von Schießpulver, Messing und Draht[21].
Die ganze Bergkette der Kordilleren entlang besitzt Chile die größten Kupferreserven der Welt, ein Drittel des bisher entdeckten Gesamtbestandes. Das chilenische Kupfer tritt zumeist in Verbindung mit anderen Metallen wie Gold, Silber oder Molybdän auf. Dies bildet einen weiteren Anreiz zu seiner Ausbeutung. Im übrigen kommen die chilenischen Arbeiter die Unternehmen billig zu stehen: mit ihren äußerst niedrigen Betriebskosten in Chile finanzieren die Anaconda und die Kennecott reichlich ihre hohen Betriebskosten in den Vereinigten Staaten, wie auch das chilenische Kupfer unter der Etikette »Spesen im Ausland« mehr als zehn Millionen Dollar jährlich für die Unterhaltung der Büros in New York bezahlt. Der Durchschnittslohn in den chilenischen Minen erreichte 1964 kaum ein Achtel des in den Raffinerien der Kennecott in den Vereinigten Staaten bezahlten Normallohnes, obwohl die Produktivität der chilenischen wie der nord-

21 R. I. Grant-Suttie, »Sucedáneos del cobre«, in der Zeitschrift des Weltwährungsfonds und der interamerikanischen Entwicklungsbank »Finanzas y desarrollo«, Washington, Juni 1968.

amerikanischen Arbeiter auf der gleichen Stufe stand[22]. Ungleich hingegen waren und sind die Lebensbedingungen. Im allgemeinen wohnen die chilenischen Minenarbeiter in engen und schäbigen Stuben, von ihren Familien getrennt, die auswärts in elenden Hütten hausen; selbstverständlich getrennt auch vom ausländischen Personal, das in den großen Minenbetrieben ein eigenes Universum – eine Art winziger Staat im Staate – bewohnt, wo nur Englisch gesprochen wird und sogar Zeitungen für den Eigenbedarf herausgegeben werden. Die Arbeitsleistung hat sich in Chile erhöht, seitdem die Betriebe ihre Produktionsmittel mechanisiert haben. Von 1945 an ist die Kupferproduktion um 50 Prozent gestiegen; aber die Zahl der in den Minen beschäftigten Arbeiter hat sich um ein Drittel verringert.

Die Nationalisierung wird diesem Zustand, der für das Land unerträglich geworden ist, ein Ende bereiten und verhindern, daß sich bei dem Kupfer die Ausplünderung und der Sturz in den luftleeren Raum wiederholen, wie sie Chile bei dem Zyklus des Salpeters erlebt hat. Denn die Steuern, die die Unternehmen an den Staat abführen, gleichen in keiner Weise die Erschöpfung der Mineralschätze aus, die die Natur gewährt hat, die sie aber nicht erneuern wird. Im übrigen sind die Steuern relativ zurückgegangen, seitdem 1955 das System abnehmender Besteuerung bei steigender Produktion eingeführt wurde sowie infolge der von der Regierung Freis verfügten »Chilenisierung« des Kupfers. 1965 machte Frei den Staat zum Partner der Kennecott und ermöglichte den Unternehmen durch ein für sie äußerst günstiges Steuersystem, ihre Gewinne fast zu verdreifachen. Die Abgaben wurden nach den neuen Richtlinien unter Zugrundelegung eines Durchschnittspreises von 29 Dollarcents pro Pfund berechnet, obwohl der Preis infolge der großen internationalen Nachfrage bis auf 70 Cents stieg. Chile verlor durch den Unterschied zwischen Richtpreisen und tatsächlichen Preisen bei der Besteuerung eine ungeheure Summe von Dollars, wie sogar selbst Radomiro Tomic, der von den Christdemokraten als Nachfolgekandidat Freis für die nächste Amtsperiode aufgestellt worden war, zugab. 1969 schloß die Regierung Freis mit der Anaconda ein Abkommen ab, um 51 Prozent der Aktien in sechs monatlichen Raten zu kaufen, aber unter so ungünstigen Bedingungen, daß durch sie ein neuer politischer Skandal hervorgerufen wurde.

Doch die Struktur des internationalen Kupfermarktes ist in gefährlichem Grade aus den Fugen geraten, und die vier größten Erzeuger –

22 Mario Vera und Elmo Catalán, »La encrucijada del cobre«, Santiago de Chile, 1965.

Chile, Zambia, der Kongo und Peru – halten seit einiger Zeit Zusammenkünfte ab, um eine gemeinsame Politik zum Halten der Preise zu vereinbaren. Ende 1969 erklärte sich die peruanische Tochtergesellschaft der American Smelting and Refining Co. bereit, einen Vertrag zu unterzeichnen, der es ihr ermöglichen sollte, die ergiebige Mine von Cuajone zu bewahren. Unter »normalen« Umständen hätte die American Smelting niemals die Liquidierung vieler Privilegien in Kauf genommen, die einst jede ausländische Mine in eine allmächtige, den Bedürfnissen der wirtschaftlichen Entwicklung Perus absolut fernstehende Enklave verwandelt hatten; unter den neuen Bedingungen, die der aufsteigende Nationalismus erzwang, beeilte sich das Unternehmen, ihrer Genugtuung über den Inhalt des Abkommens laut Ausdruck zu verleihen. Obwohl die Auslegung des Textes des Abkommens in manchen Punkten noch stark umstritten ist, erklärt die Regierung, daß das kürzlich festgelegte Staatsmonopol über den Handel mit Mineralien auch das Kupfer von Cuajone miteinbeziehe. Außerdem behält sich der Staat die Raffinierung in den von ihm geplanten Anlagen vor. Das Unternehmen hat sich dazu verpflichtet, peruanische Techniker anzustellen und seine technologischen Neuerungen mit dem Staate zu teilen; sie hat sich weiter dazu verpflichtet, bei der Ausbeutung der Mine einen Plan zu erfüllen, in dem bestimmte Termine für die Investitionen und für die Produktion festgelegt werden. Wegen Nichterfüllung der in den neuen Minengesetzen festgelegten Bedingungen haben die Anaconda und die Smelting bereits ihre Gruben in Cerro Verde und Michiquillay verloren, zwei ausgedehnte Reservelager, die ein halbes Jahrhundert hindurch unberührt geblieben waren.

Die Zinnarbeiter unter und über der Erde

Knapp vor einem Jahrhundert kämpfte ein halbverhungerter Mann gegen die Felsen inmitten der Einöden auf der bolivianischen Hochebene. Das Dynamit explodierte. Als er sich näherte, um das durch die Explosion zerkleinerte Gestein zu sammeln, blieb er geblendet stehen. Er hielt glitzernde Bruchstücke der reichsten Zinnader der Welt in seinen Händen. Am nächsten Tage ritt er im Morgengrauen nach Huanuni. Die Analyse der Erzstufen bestätigte den Wert des Fundes. Das Zinn konnte direkt von der Ader ohne jedweden Konzentrationsprozeß in den Hafen gebracht werden. Dieser Mann verwandelte sich in den Zinnkönig, und nach seinem Tode behauptete die Zeitschrift »Fortune«, daß er zu den zehn »multimillionärsten« Multimillionären des Planeten gehörte. Er hieß Simón Patiño. Von Europa aus setzte er viele Jahre hindurch die Präsidenten und Minister Boliviens ein und ab, entwarf er die Pläne, die Hunger für seine Arbeiter bedeuteten, organisierte er die Gemetzel, verzweigte und verbreitete er sein persönliches Vermögen: Bolivien war ein Land, das nur für ihn existierte und ganz in seinen Diensten stand.

Von den heroischen Revolutionstagen im April 1952 an nationalisierte Bolivien das Zinn. Aber schon damals waren jene einst überreichen Minen arm geworden. Am Hügel Juan del Valle, wo Patiño seine märchenhafte Erzader entdeckt hatte, ist der Zinngehalt auf ein Hundertzwanzigstel seines ursprünglichen Wertes gesunken. Von den 156 000 Tonnen Gestein, die monatlich aus den Schachteingängen kommen, können nur 400 verwertet werden. Die Länge der Bohrgänge übertrifft bereits an Kilometern das Zweifache der Entfernung, die zwischen der Mine und der Stadt La Paz liegt. Der Hügel ist in seinem Innern ein von unendlich vielen Stollen, Gängen, Tunneln und Wetterschächten durchzogener Ameisenhaufen. Er ist auf dem Wege, sich in eine leere Schale zu verwandeln. Seine Höhe wird jedes Jahr geringer, und der langsame Einsturz nagt seinen Gipfel an; von weitem sieht er wie ein angefressener Zahn aus. Doch Antenor Patiño erhielt nicht nur eine erhebliche Entschädigung für die schon fast völlig erschöpften Minen, die sein Vater ausgepreßt hatte, sondern bewahrte obendrein die Kontrolle über Preis und Bestimmungsort des enteigneten Zinns. In seinen Luxusvillen in Europa lächelte er ständig. »Mister Patiño ist der liebenswürdige bolivianische Zinnkönig«, konnte man noch viele Jahre nach der Nationalisierung in den Gesellschaftsnachrichten lesen[23]. Denn die Nationalisierung, die wichtigste Errun-

23 Die »New York Times« vom 13. August 1969 bezog sich auf ihn in dieser Form bei der verzückten Beschreibung der Ferien, die der Herzog und die Herzogin von Windsor in dem vornehmen Schloß aus dem 16. Jahrhundert verbrachten, das Patiño in der Umgebung von Lissabon besitzt. »Wir lieben es, dem Dienstpersonal etwas Ruhe und Frieden zu gewähren«, gestand die Dame des Hauses ein, während sie Charlotte Curtis ihr Tagesprogramm erklärte. – Dann kommt die Zeit der Ferien im Gebirge in der Schweiz: die Photographen stürzen sich auf die Grafen und die beliebten Künstler, die in Sankt Moritz weilen; ihre Bilder werden in den Zeitschriften veröffentlicht. Eine fünfzigjährige Millionärin hat soeben ihren zweiten Mann, den Vizepräsidenten der Ford, verloren und lächelt im Blitzlicht der Kameras; sie kündigt ihre bevorstehende Trauung mit einem sehr jungen Mann an, der sie am Arme ergreift und mit erschrockenen Augen umherblickt. Daneben ein anderes Paar aus der vornehmen Welt. Er ist ein Mann von niedrigem Wuchs, mit Indianerzügen, dichtbewachsenen Augenbrauen, harten Augen, plattgedrückter Nase, hervorstehenden Backenknochen: Antenor Patiño sieht noch wie ein Bolivianer aus. In einer anderen Zeitschrift ist Antenor in der Verkleidung eines orientalischen Prinzen abgebildet, mit Turban und allem übrigen, an

genschaft der Revolution des Jahres 1952, hatte die Rolle Boliviens innerhalb der internationalen Arbeitsteilung nicht verändert. Bolivien exportierte weiter Rohmineral, und fast das gesamte Zinn wird noch immer in Liverpool in den Hochöfen der Firma Williams, Harvey and Co., die Patiño gehört, verfeinert. Die Nationalisierung der Produktionsquellen jedes beliebigen Rohstoffes ist – wie eine schmerzliche Erfahrung lehrt – unzureichend. Ein Land kann ebenso zur Machtlosigkeit verurteilt bleiben wie früher, auch wenn es nominell in den Besitz seiner Bodenschätze getreten ist. Bolivien hat während seiner ganzen Geschichte Mineralien im Rohzustand produziert. Erst 1971 hat Bolivien seine eigene staatliche Zinngießerei in Betrieb genommen, die in Oruro nach einer endlosen Geschichte von Verrat, Sabotage, Intrigen und Blutvergießen errichtet wurde[24]. Dieses Land, das bisher nicht in der Lage war, seine eigenen Metallbarren zu erzeugen, erlaubt sich nichtsdestoweniger den Luxus, acht verschiedene Rechtsfakultäten zu unterhalten, die Spezialisten zum Aussaugen des Blutes der Indianer in fabrikmäßigen Mengen hervorbringen.

Man erzählt, daß vor einem Jahrhundert der Diktator Mariano Melgarejo den englischen Botschafter dazu zwang, ein ganzes Faß Schokolade zu trinken, als Strafe dafür, daß er ein Glas »Chicha« (Mais-

der Seite mehrerer wirklicher Prinzen, die im Palais des Barons Alexis de Rédé zusammengekommen sind: die Prinzessin Margarite von Dänemark, Prinz Heinrich, María Pía von Savoyen und ihr Cousin, der Prinz Miguel de Borbón-Parma, Prinz Lobckowitz und andere Arbeiter.

24 Als der General Alfredo Ovando im Juli 1966 ankündigte, daß man mit der deutschen Firma Klöckner zu einem Abkommen über die Errichtung staatlicher Hochöfen gelangt sei, sagte er, daß »diese armen Minen, die bisher nur dazu gedient haben, Schächte in den Lungen unserer Brüder, der Minenarbeiter, zu öffnen«, eine neue Bestimmung haben sollten. Diese Männer, die ihr Leben für das Erz hergeben, schrieb Sergio Almaraz (»El poder y la caída. El estaño en la historia de Bolivia«, La Paz/Cochabamba, 1967), »besitzen es nicht. Sie haben es auch niemals besessen; weder vor noch nach 1952. Denn in Wirklichkeit ist das Zinn zur sofortigen Verwendung unbrauchbar, es sei denn in der glänzenden Form eines Zinnbarrens. Das Erz, ein schwerer, erdähnlicher Staub, ist gewiß zu nichts anderem zu gebrauchen als dazu, in den Schlund eines Hochofens geworfen zu werden.« – Almaraz erzählte die Geschichte eines Industriellen, Mariano Peró, der mehr als dreißig Jahre hindurch einen einsamen Krieg führte, damit das bolivianische Zinn in Oruro und nicht in Liverpool raffiniert würde. – 1946, wenige Tage nach dem Sturz des nationalistischen Präsidenten Gualberto Villaroel, betrat Peró den Placio Quemado. Er war hingegangen, um zwei Zinnbarren mitzunehmen. Es waren die beiden ersten Barren, die in seiner Gießerei in Oruro erzeugt worden waren, und es hatte keinen Sinn mehr, daß diese beiden Symbole, die die Nation verkörperten, weiter den Schreibtisch des Präsidenten der Republik schmückten: Villaroel war an einem Laternenpfahl auf der Plaza Murillo aufgehängt worden, und die Macht der oligarchischen »Rosca« wurde vom Augenblick seines Sturzes an wiederhergestellt. Mariano Peró hob die Barren auf und ging mit ihnen fort. Sie waren mit eingetrocknetem Blut befleckt.

branntwein) abgeschlagen hatte. Der Botschafter wurde auf einem Esel verkehrt sitzend durch die Hauptstraße von La Paz geführt. Dann wurde er nach London zurückgeschickt. Man berichtet, daß daraufhin die Königin Victoria voll Wut eine Landkarte von Südamerika verlangte, mit Kreide ein Kreuz über Bolivien malte und ausrief: »Bolivien existiert nicht.« In der Tat hat Bolivien weder damals noch später existiert. Die Plünderung des Silbers und späterhin der Raub des Zinns waren nichts weiter als die Ausübung eines natürlichen Rechtes der reichen Länder. Letzten Endes identifiziert die Konservenbüchse die Vereinigten Staaten ebensogut wie das Adleremblem. Aber die Konservenbüchse ist nicht nur ein Popsymbol der Vereinigten Staaten. *Obwohl man es nicht weiß, ist sie auch ein Symbol der Silikose in den Minen »Siglo XX« (20. Jahrhundert) oder »Huanuni«. Die bolivianischen Minenarbeiter gehen an verfaulten Lungen zugrunde, damit die Welt billiges Zinn verbrauchen kann. Das Blech enthält Zinn, und das Zinn ist nichts wert; ein halbes Dutzend Personen setzt seinen internationalen Preis fest.* Die Nordamerikaner kaufen den größten Teil des Zinns, das auf dem Planeten verarbeitet wird: Nach den Daten der FAO verbraucht der Durchschnittsbürger der Vereinigten Staaten fünfmal mehr Fleisch und Milch und zwanzigmal mehr Eier als der Bewohner Boliviens. Die Minenarbeiter Boliviens stehen noch weit unter dem niedrigen Landesdurchschnitt. Im Friedhof von Cataví, wo die Blinden gegen eine Münze für die Toten beten, ist es schmerzlich, zwischen den dunklen Grabsteinen der Erwachsenen unzählige weiße Kreuze über kleinen Gräbern anzutreffen. Von je zwei Kindern, die in der Minenzone zur Welt kommen, stirbt eines kurze Zeit, nachdem es die Augen geöffnet hat. Das andere, das überlebt, wird, wenn es erwachsen ist, bestimmt Minenarbeiter werden. Und ehe es das Alter von 35 Jahren erreicht, werden seine Lungen ruiniert sein.

Der Friedhof knirscht. Unterhalb der Gräber sind unzählige Tunnels ausgehoben worden, Stollen mit engen Eingängen, durch die sich kaum die Männer fortbewegen können, die auf der Suche nach Erz wie Maulwürfe in sie schlüpfen. Neue Zinnlager haben sich im Verlauf der Jahre in den Abladeplätzen angehäuft. Aufeinander liegende Schichten von Abfallgestein sind tonnenweise in riesigen grauen Schuttbergen zusammengetragen worden und haben so Zinn dem Zinn der Landschaft hinzugefügt. Wenn der Regen losbricht, der sich mit großer Heftigkeit aus den nahen Wolken ergießt, sieht man, wie sich die Arbeitslosen auf den lehmigen Straßen von Llallagua bücken, einer Region, in der sich die Männer in den Chichakneipen verzweifelt betrinken: sie sammeln die Zinnstücke, die das Regenwasser mitreißt, vom Boden auf und prüfen sie gleichzeitig. Hier ist das Zinn ein Gott aus Blech, der über Menschen und Dinge herrscht und allanwesend ist. Nicht nur im Leibe des alten Hügels Patiños gibt es Zinn. Es gibt Zinn – und seine Anwesenheit wird durch den schwarzen Glanz des Zinnsteins angezeigt – sogar in den Lehmsteinwänden der Lagerplätze. Zinn ist auch im gelblichen Schlamm anzutreffen, der aus der Mine hervorquillt und deren Abfälle mit sich führt, und ebenso ist es in dem vergifteten Wasser enthalten, das vom Berge abfließt; man findet Zinn in der Erde und auf den Felsen, im Sande und auf den Steinen des Flußbettes des Río Seco. In dieser trockenen und steinigen Erde, auf fast viertausend Meter Höhe, wo kein Gras wächst und alles, selbst die Bewohner, die dunkle Farbe des Zinns haben, leiden die Menschen stoisch den ihnen auferlegten Hunger und kennen keine Lebensfreude. Sie leben auf den Lagerplätzen, zusammengepfercht in Häusern mit Lehmboden und einem einzigen Raum; der schneidende Wind dringt durch die Spalten. In einem Bericht der Universität über die Mine von Colquiri wird enthüllt, daß unter den Befragten von je zehn jungen Männern sechs mit ihren Schwestern im gleichen Bett schlafen, wobei hinzugefügt wird: »Viele Eltern fühlen sich belästigt, wenn ihre Kinder sie während des Geschlechtsaktes beobachten.« Es gibt keine Badezimmer; die Latrinen sind kleine öffentliche Verschläge, die mit Schmutz bedeckt und von Fliegen umwimmelt sind. Die Leute verwenden die Abfallplätze auf offenem Gelände, wo wenigstens Luft strömt, trotz des Mülls und der angehäuften Exkremente und der sich glücklich tummelnden Schweine. Ebenso kollektiv ist die Wasserversorgung; man muß auf den Moment warten, in dem das Wasser kommt, und sich beeilen, Schlange stehen, um das Wasser in Benzinkanistern oder Krügen aus dem öffentlichen Wasserbecken zu schöpfen. Das Essen ist knapp und schlecht. Es besteht aus Kartoffeln, gemahlenem Mais und manchmal ein wenig hartem Fleisch.

Wir befanden uns tief im Innern des Hügels Juan del Valle. Das scharfe Geheul der Sirene, die die Arbeiter für die erste »Runde« zusammenrief, war im Lagerplatz vor mehreren Stunden erklungen. Beim Durchlaufen der Stollen waren wir von tropischer Hitze zu eisiger Kälte und wieder in die Hitze hinübergewechselt, wobei wir mehrere Stunden in derselben vergifteten Atmosphäre verbrachten. Beim Einatmen dieser dichten Luft voll Feuchtigkeit, Gasen, Staub und Rauch konnte man verstehen, warum die Minenarbeiter in wenigen Jahren den Geruch- und den Geschmacksinn verlieren. Alle kauten, während sie arbeiteten, Kokablätter mit Asche, und auch das war ein Teil des Vernichtungswerkes; denn die Koka stumpft bekanntlich, während sie den Hunger besänftigt und die Müdigkeit verhüllt, allmählich das Alarmsystem ab, über das der Organismus verfügt, um am Leben zu bleiben. Aber das Schlimmste war der Staub. Die Schutzhelme strahlten flatternde Lichtkreise aus, die die schwarze Höhle befleckten und vorbeiziehende Vorhänge aus dichtem, weißem Staub sichtbar werden ließen: den unerbittlichen Kieselstaub. Der tödliche Hauch der Erde hüllt allmählich alles ein. Nach einem Jahre werden die ersten Symptome spürbar, und nach zehn Jahren zieht man in den Friedhof ein. In der Mine werden die modernsten schwedischen Bohrmaschinen verwendet; aber das Lüftungssystem und die Arbeitsbedingungen haben sich im Verlaufe der Zeit nicht gebessert. Auf der Oberfläche verwenden die unabhängigen Arbeiter schwere Spitzhacken und zwölf Pfund schwere Stößel, um gegen den Fels zu kämpfen – genau wie vor hundert Jahren –, und Pressen, Loch- und Haarsiebe zur Konzentrierung des Minerals im Minenhof. Sie verdienen Cents und arbeiten wie Tiere. Trotzdem haben sie – oder zumindest viele von ihnen – den Vorteil der frischen Luft. Im Inneren der Mine hingegen sind die Arbeiter unwiderruflich zum Erstickungstod verurteilt.

Das Getöse der Bohrer hatte bereits aufgehört, und die Arbeiter machten eine Pause, während wir auf die Explosion von mehr als zwanzig Dynamit- und »Anfo«-Ladungen warteten. Die Mine bietet auch schnellen und lauten Tod: Es genügt hierzu, sich beim Zählen der Sprengschüsse zu irren oder, daß eine Zündschnur langsamer als gewöhnlich brennt. Es genügt auch, daß ein lockerer Felsblock, ein »Tojo«, sich oberhalb des Schädels loslöst. Oder es genügt die Hölle des Maschinengewehrfeuers: Die Johannisnacht 1967 war die letzte Perle in einem langen Rosenkranz von Schlächtereien. Im Morgengrauen nahmen die Soldaten auf den Hügeln mit gebeugtem Knie ihre Stellungen ein und ließen einen Orkan von Kugeln auf die von den Johannisfeuern erleuchteten Lagerplätze los[25]. Aber der langsame und lautlose

25 »Wenn ich mich aufsetze, bin ich betrunken. Zu dreien, zu vieren sehe ich die Leute. Ich kann nicht allein essen. Ein ›Huahua‹ bin ich also. Ein Kind.« Saturnino Condori, ein alter Maurer aus dem Lagerplatz der Mine »Siglo XX«, liegt seit vier Jahren in einem Bett des Hospitals von Catavi. Er ist eines der Opfer der Schlächterei in der Johannisnacht 1967. Er hatte überdies gar nicht gefeiert. Dafür, daß er am Samstag, dem 24., arbeitete, hatte man ihm dreifache Bezahlung angeboten, so daß er beschlossen hatte, sich nicht wie die übrigen in den Chicha- und Festrausch zu stürzen. Er legte sich zeitig schlafen. In dieser Nacht träumte er, daß ein Herr seinen Körper mit Stacheln bewarf: »Große Stacheln hat er mir hineingedrückt.« Er erwachte mehrmals; denn der Kugelregen ergoß sich auf den Lagerplatz seit fünf Uhr morgens. »Mein Leib ist auseinandergegangen, auseinandergebrochen war er, das halbe Zittern hat mich erwischt, und ich erschrocken, und ich erschrocken, so bin ich dagelegen. Mein Weib hat mir gesagt: Geh, lauf

Tod ist die Spezialität der Mine. Das Blutbrechen, der Husten, die Empfindung eines Bleigewichtes auf dem Rücken und ein akutes Druckgefühl in der Brust sind die Anzeichen, die ihm vorausgehen. Nach der ärztlichen Untersuchung kommen die endlosen Laufereien zu zahllosen Ämtern. Man gibt drei Monate Frist zur Räumung des Hauses.
Das Getöse der Bohrer hatte bereits aufgehört, und bald würde die Explosion jene kaffeefarbene und schlangenförmige, bisher unzugängliche Erzader freilegen. In diesem Augenblick konnten wir sprechen. Der Koka-Klumpen weitete die Wange jedes Arbeiters, und aus den Mundwinkeln sickerte grünlicher Speichel. Ein Minenarbeiter ging eilig vorüber und wühlte zwischen den Schienen des Stollens Schlamm auf. »Das ist ein Neuer«, sagte man mir. »Hast du's gesehen? Mit seiner Hose aus dem Heer und seiner gelben Jacke sieht er so jung aus. Er ist ganz neu, und wie er arbeitet. *Er fühlt noch nicht.*«
Die Technokraten und die Bürokraten sterben nicht an Silikose; aber sie leben von ihr. Der Geschäftsführer der COMIBOL (»Corporación Minera Boliviana« – Bolivianischer Minenkonzern) verdient hundertmal mehr als ein Arbeiter. Von einer steil ins Flußbett abfallenden Schlucht aus kann man – an der Grenze von Llallagua – die Pampa »María Barzola« sehen. Sie wurde so zu Ehren der Gewerkschaftsaktivistin benannt, die vor dreißig Jahren an der Spitze einer Demonstration und mit einer um den Leib gebundenen bolivianischen Fahne im Maschinengewehrfeuer fiel. Und jenseits der Pampa »María Barzola« kann man den besten Golfplatz ganz Boliviens sehen: es ist der, den die Ingenieure und führenden Funktionäre von Cataví benützen. Der Diktator René Barrientos hatte 1964 die Hungerlöhne der Minenarbeiter auf die Hälfte gesenkt und gleichzeitig die Bezüge der Techniker und der prominenten Bürokraten erhöht. Die Gehälter des höheren Personals sind geheim. Geheim und in Dollar. Es existiert ein allmächtiger »Beirat«, gebildet aus Technikern der interamerikanischen Entwicklungsbank, der »Fortschrittsallianz« und der ausländischen Gläubigerbanken, dessen Beschlüsse die Orientierung des nationalisierten Minenwesens Boliviens bestimmen, so daß derzeit der zu

fort. Aber ich, ich hab' doch nichts angestellt gehabt. Nirgendwohin bin ich gegangen. Lauf fort, lauf fort, hat sie mir gesagt. Schüsse hat's in der Nacht gegeben; was wird das nur sein, was wird es sein? – pap-pap-pap-pap-pap. Und ich selbst bald wach und bald im Schlaf, und auch so bin ich nicht fortgelaufen; mein Weib hat mir gesagt: So geh doch, so geh doch, lauf fort. Was werden sie mir tun, sage ich ihr, ich bin ein privater Maurer, was werden sie mir tun.« Er erwachte gegen acht Uhr morgens. Er setzte sich im Bett auf. Die Kugel durchschlug das Dach, durchbohrte den Hut seiner Frau, drang in seinen Körper ein und zerschmetterte ihm die Wirbelsäule.

einem Staat im Staate gewordene Minenkonzern eine lebendige Propaganda gegen Nationalisierungen im allgemeinen darstellt. Die Macht der alten oligarchischen »Rosca« (wörtlich: Schraubengewinde) ist durch die Macht der zahlreichen Mitglieder einer »neuen Klasse« ersetzt worden, die ihre besten Energien der Tätigkeit gewidmet hat, das staatliche Minenwesen von innen her zu sabotieren. Die Ingenieure haben nicht nur alle Projekte und Pläne torpediert, die zur Schaffung einer nationalen Gießerei bestimmt waren, sondern haben auch dazu beigetragen, daß die staatlichen Minen auf die alten Erzlager Patiños, Aramayos und Hochschilds, deren Reserven mit alarmierender Geschwindigkeit zu Ende gehen, beschränkt blieben. Von Ende 1964 bis April 1969 hat General Barrientos die Schallmauer bei der Übergabe der bolivianischen Bodenschätze an das imperialistische Auslandskapital durchbrochen, und dies mit der unverhohlenen Beihilfe von Technikern und Geschäftsführern. Sergio Almaraz hat in einem seiner Bücher[26] die Geschichte der Abtretung des Zinnabfalles an die International Mining Processing Co. erzählt. Mit einem angegebenen Kapital von kaum fünftausend Dollar erlangte das so pompös benannte Unternehmen einen Vertrag, der ihm Gewinne von über neunhundert Millionen einbringen wird.

Eisenzähne über Brasilien

Die Vereinigten Staaten bezahlen das Eisen, das sie aus Brasilien oder Venezuela erhalten, billiger als das Eisen, das sie auf ihrem eigenen Gebiet gewinnen. Aber nicht darin liegt der Schlüssel für die verzweifelten Anstrengungen der Nordamerikaner, sich der ausländischen Eisenvorkommen zu bemächtigen: die Inbesitznahme von Minen außerhalb ihrer Landesgrenzen ist mehr als ein gutes Geschäft; sie ist eine zwingende Erfordernis der nationalen Sicherheit. Die Bodenschätze Nordamerikas sind – wie oben dargelegt – nahezu erschöpft. Ohne Eisen kann man keinen Stahl erzeugen, und 85 Prozent der Industrieproduktion der Vereinigten Staaten enthält in irgendeiner Form Stahl. Als 1969 die Lieferungen Kanadas zurückgingen, spiegelte sich dieser Umstand in einem sofortigen Ansteigen der Eisenimporte aus Lateinamerika wider.
Der Cerro Bolívar (Bolívar-Hügel) in Venezuela ist so reich an Erz, daß die Erde, die ihm die U.S. Steel Co. abreißt, direkt in die Lade-

26 Sergio Almaraz Paz, a.a.O. (s. Anm. 5).

räume der Schiffe gebracht wird, die in die Vereinigten Staaten abfahren; auf seinen Flanken sind bereits die tiefen Wunden sichtbar, die ihm die Bulldozer nach und nach zufügen: das Unternehmen schätzt den Wert des in ihm enthaltenen Eisens auf acht Milliarden Dollar. In einem einzigen Jahr – 1960 – haben die U.S. Steel und die Bethlehem Steel Gewinne verteilt, die über 30 Prozent ihres in der venezolanischen Eisenproduktion investierten Kapitals darstellten, und diese Gewinne repräsentierten die gleiche Summe wie sämtliche an den venezolanischen Staat in den seit 1950 verstrichenen zehn Jahren abgeführten Steuern[27]. Da beide Gesellschaften das Eisen an ihre eigenen Werke in den Vereinigten Staaten verkaufen, haben sie nicht das geringste Interesse daran, die Preise zu halten; im Gegenteil, es ist für sie wünschenswert, daß das Rohmaterial sie so billig wie möglich zu stehen komme. Der internationale Eisenpreis, der zwischen 1958 und 1964 rapid gefallen war, hat sich in den darauffolgenden Jahren relativ stabilisiert und stagniert augenblicklich; der Stahlpreis ist indessen ständig in die Höhe gegangen. *Der Stahl wird in den reichen Zentren der Welt, das Eisen in den armen Vorstädten erzeugt; der Stahl bezahlt »Arbeiter-Aristokratie«-Löhne, das Eisen Minimallöhne zur Befriedigung primärster Bedürfnisse.*

Dank der Informationen, die um das Jahr 1910 der in Stockholm zusammengetretene Geologiekongreß sammelte, waren die Geschäftsleute in den Vereinigten Staaten zum erstenmal in der Lage, die Schätze, die in der Erde einer Reihe von Ländern verborgen lagen, abzuschätzen; eines von ihnen, vielleicht sogar das verlockendste, war Brasilien. Viele Jahre später – 1948 – rief die Botschaft der Vereinigten Staaten in Brasilien einen neuen Beamtenposten ins Leben, den des »Mineralattachés«, der von Anfang an mindestens ebensoviel Arbeit hatte wie der Militär- oder der Kulturattaché; so groß war die Arbeitsüberhäufung, daß sehr bald zwei Mineralattachés anstatt einem bestimmt wurden[28]. Kurz darauf erhielt die Bethlehem Steel von der Regierung Dutras die prächtigen Manganlager in Amapá. 1952 wurde es aufgrund des mit den Vereinigten Staaten abgeschlossenen Militärvertrages Brasilien verboten, Rohmaterialien von strategischem Wert – wie z. B. das Eisen – an die sozialistischen Länder zu verkaufen. Dies war eine der Ursachen des tragischen Sturzes des Präsidenten Getulio Vargas, der diese aufgezwungene Bestimmung mißachtete und 1953 und 1954

27 Salvador de la Plaza in dem Sammelband »Perfiles de le economía venezolana«, Caracas, 1964.

28 Osny Duarte Pereira, »Ferro e Indepêndencia. Um desafio à dignidade nacional«, Rio de Janeiro, 1967.

Eisen an Polen und die Tschechoslowakei zu weitaus höheren Preisen verkaufte als dem, den die Vereinigten Staaten bezahlten.
1957 kaufte die Hanna Mining Co. für sechs Millionen Dollar die Mehrzahl der Aktien einer britischen Gesellschaft, der Saint John Mining Co., die sich mit der Goldförderung in Minas Gerais seit den fernen Tagen des Kaiserreiches beschäftigte. Die Saint John war im Tale von Paraopeba tätig, in dem die größte Eisenmenge der Welt, deren Wert auf zweihundert Milliarden Dollar geschätzt wird, konzentriert ist. Die englische Firma war rechtlich nicht in der Lage, diesen märchenhaften Reichtum auszubeuten, und ebensowenig wäre es die Hanna, wie aus klaren Verfassungs- und gesetzlichen Bestimmungen hervorgeht, die Duarte Pereira in seinem Werk über das Thema anführt. Aber dies war, wie man später erfuhr, das Geschäft des Jahrhunderts gewesen.
George Humphrey, Präsident der Hanna, bekleidete damals als Finanz-Staatssekretär und als Direktor der Eximbank, der offiziellen Bank zur Finanzierung der Transaktionen des Außenhandels, eine prominente Position in der Regierung der Vereinigten Staaten. Die Saint John hatte bei der Eximbank um eine Anleihe nachgesucht; sie hatte keinen Erfolg, bis die Hanna die Firma übernahm. Von diesem Augenblick an wurde der wildeste Druck auf die jeweiligen brasilianischen Regierungen ausgeübt. Die Direktoren, Anwälte oder Berater der Hanna - Lucas Lopes, José Luiz Bulhões Pedreira, Roberto Campos, Mário da Silva Pinto, Otávio Gouveia de Bulhões – gehörten gleichzeitig, und zwar auf höchster Ebene, der brasilianischen Regierung an und bekleideten unter späteren Regierungen weiter die Posten von Ministern, Botschaftern oder Leitern von Dienststellen. Die Hanna hatte bei der Besetzung ihres Generalstabes keine schlechte Wahl getroffen. Das Bombardement wurde immer intensiver, um zu erreichen, daß der Hanna das Recht zugesprochen würde, das Eisen auszubeuten, das genaugenommen dem Staate gehörte. Am 21. August 1961 unterzeichnete Präsident Jânio Quadros einen Beschluß, durch den die illegalen, zugunsten der Hanna getroffenen Entscheidungen zurückgezogen und die Eisenlager von Minas Gerais der nationalen Reserve wieder zugeführt wurden. Vier Tage später zwangen die Militärminister Quadros, seinen Rücktritt zu präsentieren: »Furchtbare Kräfte haben sich gegen mich erhoben ...«, stand in seiner Rücktrittserklärung.
Der Volksaufstand, an dessen Spitze Leonel Brizola in Porto Alegre stand, vereitelte das Vorhaben der Militärs und führte den Vizepräsidenten von Quadros, João Goulart, an die Macht. Als im Juli 1962 ein

Minister das verhängnisvolle Dekret gegen die Hanna – das im Staatsanzeiger in verstümmelter Form erschienen war – in Anwendung bringen wollte, sandte der Botschafter der Vereinigten Staaten, Lincoln Gordon, ein Protesttelegramm an Goulart, in dem er empört gegen das Attentat Einspruch erhob, das die Regierung gegen die Interessen eines nordamerikanischen Unternehmens auszuführen drohte. Die Justiz bestätigte die Rechtsgültigkeit des Beschlusses von Quadros, aber Goulart zögerte. Zu dieser Zeit unternahm Brasilien die ersten Schritte zur Errichtung eines Zwischenhafens an der Adria, um über ihn mehrere europäische Länder – sozialistische und kapitalistische – mit Eisen zu beliefern; der direkte Verkauf des Eisens bedeutete für die großen Firmen, die die Preise im Weltmaßstab kontrollieren, eine untragbare Herausforderung. Der Zwischenhafen wurde niemals Wirklichkeit, aber andere nationalistische Maßnahmen – wie die Beschränkung des Abflusses der Gewinne der ausländischen Firmen – wurden vorgenommen und lieferten Zündstoff für die explosive politische Situation. Das Damoklesschwert des Beschlusses von Quadros hing nach wie vor über dem Kopf der Hanna. Schließlich wurde am letzten Märztage 1964 blitzartig der Staatsstreich ausgeführt, und zwar in Minas Gerais, wo sich zufällig die umstrittenen Erzlager befanden. »Für die Hanna«, schrieb die Zeitung »Fortune«, »kam die Revolte, durch die Goulart im vorigen Frühjahr gestürzt wurde, wie eine Rettung in letzter Minute durch das 1. Kavallerieregiment«[29].

Männer der Hanna übernahmen die Vizepräsidentschaft Brasiliens und drei Ministerien. Am Tage des Militärputsches hatte der »Washington Star« einen zumindest prophetischen Leitartikel veröffentlicht: »Wir stehen hier einer Situation gegenüber«, hatte sie verkündet, »in der ein guter und wirksamer Staatsstreich der konservativen Militärs im alten Stil sehr wohl den besten Interessen aller Amerikas dienen kann«[30]. Goulart war noch nicht zurückgetreten und hatte Brasilien noch nicht verlassen, als Lyndon B. Johnson sich nicht mehr länger im Zaum halten konnte und sein berühmtes Glückwunschtelegramm an den Präsidenten des brasilianischen Kongresses absandte, der die Präsidentschaft des Landes provisorisch übernommen hatte: »Das nordamerikanische Volk hat mit Besorgnis die politischen und wirtschaftlichen Schwierigkeiten beobachtet, in denen sich Ihre große Nation befand, und hat den entschlossenen Willen der brasilianischen Gesellschaft bewundert, der es ermöglicht hat, diese Schwierigkeiten im Rahmen verfassungsmäßi-

29 »Immovable Mountains«, in: »Fortune«, April 1965.
30 Zitiert von Mário Pedrosa, »A opção brasileira«, Rio de Janeiro, 1966.

ger Demokratie und ohne Bürgerkrieg zu lösen«[31]. Es war kaum ein Monat vergangen, als der Botschafter Lincoln Gordon, der in freudiger Erregung eine Rundreise durch die Kasernen unternahm, in der Kriegsakademie eine Rede hielt, in der er die Behauptung aufstellte, daß der Erfolg der Verschwörung Castelo Brancos »zusammen mit der Anwendung des Marshallplanes, der Blockade von Berlin, der Niederlage der kommunistischen Aggression in Korea und der Lösung der Raketenkrise in Cuba als eines der bedeutendsten und richtungweisendsten Ereignisse der Weltgeschichte in der Mitte des 20. Jahrhunderts eingestuft werden könnte«[32]. Ein Mitglied der Botschaft der Vereinigten Staaten mit Militärrang hatte den Verschwörern kurz vor dem Ausbruch des Staatsstreiches materielle Hilfe angeboten[33], und Gordon in Person hatte ihnen die Anerkennung einer autonomen Regierung zugesichert, falls diese sich zwei Tage in São Paulo zu halten in der Lage war[34]. Es ist nicht der Mühe wert, weitere Zeugnisse über die bedeutende Rolle anzuführen, die bei der Entwicklung und dem Ausgang der Ereignisse die wirtschaftliche Hilfe der Vereinigten Staaten, mit der wir uns im übrigen noch beschäftigen werden, oder die nordamerikanische Unterstützung auf militärischer oder gewerkschaftlicher Ebene gespielt haben[35].

Die Hanna bekam ihr Dekret am 24. Dezember 1964. Durch dieses Weihnachtsgeschenk wurde ihr nicht nur volle Gewähr dafür gegeben, die Erzlager von Paraopeba ausbeuten zu können, sondern auch die Pläne der Firma zum Ausbau eines eigenen Hafens sechzig Meilen von Rio de Janeiro und zur Errichtung einer Eisenbahnlinie für den Transport des Eisens gebilligt. Im Oktober 1965 bildete die Hanna ein Konsortium mit der Bethlehem Steel zur gemeinsamen Ausbeutung des ihr überlassenen Eisens. Diese Art von Zusammenschlüssen, die in Brasilien

31 Von Lyndon B. Johnson an Rainieri Mazzili, 2. April 1964. Lesart der Associated Press.

32 Laut Meldung der Zeitung »O Estado de São Paulo« vom 4. Mai 1964.

33 José Stacchini, »Mobilização da audacia«, São Paulo, 1965.

34 Philip Siekman, »When Executives Turned Revolutionaries«, in: »Fortune«, Juli 1964.

35 Siehe Erklärungen des Ausschusses für auswärtige Angelegenheiten des Abgeordnetenhauses der Vereinigten Staaten, zitiert von Harry Magdoff, a.a.O., und den vielsagenden Artikel von Eugene Methvin in der spanischen Ausgabe des »Reader's Digest« von Dezember 1966: Nach Methvin konnten die brasilianischen Putschisten dank der guten Dienste des »Amerikanischen Instituts zur Förderung des freien Gewerkschaftswesens« mit Sitz in Washington ihre Truppenbewegungen telegraphisch koordinieren, und das neue Militärregime belohnte dieses Institut, indem es vier in ihm ausgebildete Personen dazu bestimmte, »daß sie in den von den Roten beherrschten Gewerkschaften eine Säuberungsaktion vornähmen . . .«

sehr häufig ist, kann in den Vereinigten Staaten nicht vorgenommen werden, da die dortigen Gesetze sie nicht zulassen[36].
Die U.S. Steel blieb nicht untätig. Warum sollte nicht auch sie zu dem Fest eingeladen werden? Kurze Zeit darauf trat sie mit der staatlichen Minengesellschaft, der Companhia Vale do Rio Doce, in Partnerschaft, die sich so in weitgehendem Maße in ihr offizielles Pseudonym verwandelte. Auf diese Weise bekam die U.S. Steel, die sich mit »nur« 49 Prozent der Aktien begnügte, die Ausbeutung der Erzlager im Gebirge der Sierra de los Carajás im Amazonasgebiet zugesprochen. Ihr Umfang ist nach Aussage der Techniker mit der Eisenkrone der Hanna/Bethlehem in Minas Gerais vergleichbar. Wie üblich erklärte die Regierung, daß Brasilien nicht über genügend Kapital verfüge, um die Ausbeutung auf eigene Rechnung vorzunehmen.

Das Erdöl – die Verwünschungen und die Wundertaten

Das Erdöl ist zusammen mit dem Naturgas der wichtigste Brennstoff unter all denen geblieben, die die Welt von heute in Betrieb halten; ein Rohstoff von wachsender Bedeutung für die chemische Industrie und das grundlegendste strategische Material für Militärzwecke. Kein Magnet zieht das Auslandskapital in solchem Maße an wie das »schwarze Gold«, noch gibt es eine andere Quelle, die solch märchenhafte Gewinne verspräche; das Erdöl ist der Naturschatz, der im ganzen kapitalistischen System den höchsten Grad von Monopolisierung erreicht hat. Es gibt keine Unternehmer, die über die gleiche politische Macht verfügen, wie sie von den großen Erdölkonzernen im Weltmaßstab ausgeht. Die Standard Oil (Esso-Exxon) und die Shell setzen Könige und Präsidenten ein und ab, finanzieren Palastrevolutionen und Staatsstreiche, verfügen über unzählige Generäle, Minister und James Bonds, und in allen Breiten und in allen Sprachen ist ihr Wort über Krieg und Frieden entscheidend. Die Standard Oil of New Jersey ist das größte Industrieunternehmen der kapitalistischen Welt; außerhalb der Vereinigten Staaten gibt es keine mächtigere Industriefirma als die Royal Dutch Shell. Die Tochtergesellschaften verkaufen das Rohöl an die Nebenindustrien, die es raffinieren und die den Brennstoff zu seiner Verteilung an die Filialen weiterverkaufen: das Blut tritt auf seinem ganzen Kreislauf nicht aus dem internen Zirkulationsapparat des Kartells aus, das obendrein die Ölleitungen und einen

36 Osny Duarte Pereira, a.a.O.

großen Teil der Erdölflotte auf den sieben Weltmeeren besitzt. Die Preise werden auf internationaler Ebene manipuliert, um niedrigere Steuern zu bezahlen und höhere Gewinne zu erzielen: als Ergebnis wird das Rohöl immer billiger und das raffinierte immer teurer.
Mit dem Erdöl geschieht dasselbe wie mit dem Kaffee oder dem Fleisch: die reichen Länder verdienen viel mehr für die Mühe, die sie sich dazu nehmen, es zu verbrauchen, als die armen Länder dafür, es zu erzeugen. Der Unterschied ist zehn zu eins: von den elf Dollar, die die Reinprodukte, die aus einem Faß Erdöl hervorgehen, kosten, erhalten die Ausfuhrländer des wichtigsten Rohstoffes der Erde kaum einen Dollar[37].
Das Erdöl, das aus dem Boden der Vereinigten Staaten hervorquillt, ist durch hohe Preise begünstigt, und auch die Löhne der nordamerikanischen Erdölarbeiter sind relativ hoch, aber der Preis des Erdöls aus Venezuela und dem Mittleren Osten fiel seit 1957 und das ganze folgende Jahrzehnt hindurch ständig. Jedes Faß venezolanischen Erdöls hat z. B. 1957 durchschnittlich U.S. $ 2.65 gekostet, der Preis beträgt bei Schreiben dieses Kapitels U.S. $ 1.86. Die Regierung Rafael Calderas kündigt an, daß sie einseitig einen weitaus höheren Preis festsetzen wird, aber der neue Preis wird keinesfalls – aufgrund der Ziffern, von denen in den Kommentaren die Rede ist, und trotz des Skandals, der voraussichtlich losbrechen wird – das Niveau von 1957 erreichen. Die Vereinigten Staaten sind gleichzeitig die wichtigsten Erdölerzeuger und das wichtigste Erdöl-Einfuhr-Land der Welt. Zu der Zeit, in der der größte Teil des von den Konzernen verkauften Rohöls aus dem Boden Nordamerikas stammte, blieb der Preis hoch; während des Zweiten Weltkrieges verwandelten sich die Vereinigten Staaten in ein reines Importland, und das »Kartell« begann, eine neue Preispolitik in Anwendung zu bringen. Der Preis fiel systematisch. *Eine merkwürdige Umkehrung der »Marktgesetze«: Der Erdölpreis erleidet einen jähen Sturz, obwohl gleichzeitig die internationale Nachfrage ständig wächst*, und zwar infolge des Baus neuer Fabriken, neuer Automobile und neuer Kraftwerke. Und ein weiteres Paradoxon: *Bei gleichzeitigem Fallen des Erdölpreises steigt überall der Preis, den die Konsumenten für die Brennstoffe bezahlen.* Die Erklärung: Das Erdölgeschäft befindet sich in Händen eines allgewaltigen Kartells. Das Kartell kam im Jahre 1928 in einem nebelumhüllten Schloß im Norden Schottlands zur Welt, als die Standard Oil of New Jersey, die Shell

37 Nach Daten der Organisation der Erdöl-Ausfuhr-Länder. Francisco Mieres, »El petróleo y la problemática estructural venezolana«, Caracas, 1969.

und die jetzt British Petroleum genannte Anglo Iranian übereinkamen, den Planeten unter sich aufzuteilen. Die Standard aus New York, die California, die Gulf und die Texaco wurden später der führenden Gruppe des Kartells eingegliedert[38]. Die von Rockefeller 1870 gegründete Standard Oil hatte sich infolge der Anwendung des gegen die Trustbildung gerichteten Sherman-Gesetzes in fünfunddreißig verschiedene Firmen geteilt; die größte Schwester der zahlreichen Familie Standard ist in unseren Tagen die Firma von New Jersey. Ihre Erdölverkäufe umfassen derzeit zusammen mit denen der Standard von New York und derer von Kalifornien die Hälfte des Gesamtabsatzes des Kartells. Die Bedeutung der Erdölfirmen der Rockefellergruppe kommt in der Tatsache zum Ausdruck, daß ihre Gewinne nicht weniger als ein Drittel der Gesamtgewinne ausmachen, die nordamerikanische Firmen jeder Art auf der ganzen Welt einheimsen. Die Jersey, ein typischer internationaler Konzern, erzielt ihre größten Gewinne im Ausland; Lateinamerika bietet ihr größere Gewinne als die Vereinigten Staaten und Kanada zusammengerechnet, denn südlich des Río Bravo ergibt sich für sie eine viermal höhere Gewinnspanne[39]. *Die Tochtergesellschaften in Venezuela brachten 1957 mehr als die Hälfte der von der Standard Oil of New Jersey erzielten Gesamtgewinne hervor; im gleichen Jahre verschafften die venezolanischen Tochtergesellschaften der Shell die Hälfte ihrer Gewinne auf der ganzen Welt*[40].
Diese multinationalen Konzerne gehören jedoch nicht den zahlreichen Nationen, in deren Gebiet sie tätig sind; sie sind ganz einfach in dem Maße multinational, in dem sie aus allen Himmelsrichtungen große Erdöl- und Dollar-Ströme in die Machtzentren des kapitalistischen Systems pumpen. Sie haben es bestimmt nicht nötig, Kapital zu exportieren, um die Ausbreitung ihrer Geschäfte zu finanzieren; die Gewinne, um die die armen Länder gebracht werden, gelangen nicht nur schnurstracks in die wenigen Städte, in denen ihre wichtigsten Couponschneider wohnen, sondern werden auch teilweise wieder investiert, um das internationale Geschäftsnetz zu festigen und auszubreiten. Die Kartellstruktur bringt die Beherrschung zahlreicher Länder und die Infiltration zahlreicher Regierungen mit sich; das Erdöl durchtränkt Präsidenten und Diktatoren und verschärft die strukturellen Mißbildungen der Länder, die ihm unterliegen. Die Unternehmen sind es, die mit dem

38 Bericht des Senats der Vereinigten Staaten, »Actas secretas del ›cartel‹ petrolero«, Buenos Aires, 1961, und Harvey O'Connor, »El Imperio del petróleo«, Havanna, 1961.
39 Paul A. Baran und Paul M. Sweezy, »Monopoly Capital«, New York, 1966.
40 Francisco Mieres, a.a.O.

Bleistift auf der Weltkarte entscheiden, welche Gebiete ausgebeutet und welche als Reserve bestimmt bleiben sollen, und sie sind es, die die Preise festlegen, die die Erzeuger zu erhalten und die Verbraucher zu bezahlen haben. Der natürliche Reichtum Venezuelas und anderer lateinamerikanischer Länder mit Erdölvorkommen – die das Ziel planmäßiger Überfälle und Plünderungen sind – ist ihnen dadurch, daß er das wichtigste Werkzeug ihrer politischen Knechtschaft und sozialen Degradierung darstellt, zum Verhängnis geworden. Dies ist eine lange Kette von Wundertaten und Flüchen, Schändlichkeiten und Herausforderungen.

Cuba hatte der Standard Oil of New Jersey durch die Komplementärmethode saftige Gewinne verschafft. Die Jersey kaufte das Rohöl bei der Creole Petroleum, ihrer Tochtergesellschaft in Venezuela, raffinierte es dann und verteilte es auf der Insel, dies alles zu Preisen, die bei den jeweiligen Etappen ihren Interessen am besten entsprachen. Im Oktober 1959, d. h. bei voller Entfaltung des revolutionären Gärungsprozesses, sandte das State Department eine offizielle Note nach Havanna, in der es seiner Besorgnis über die Zukunft der nordamerikanischen Investitionen in Cuba Ausdruck verlieh: Damals hatten bereits die Bombardements der aus dem Norden kommenden »Piraten«-Flugzeuge begonnen, und die Beziehungen waren gespannt. Im Januar 1960 verkündete Eisenhower die Kürzung der Zuckerquote für Cuba, und im Februar unterzeichnete Fidel Castro ein Handelsabkommen mit der Sowjetunion, um Zucker gegen Erdöl und andere Produkte zu für Cuba günstigen Preisen auszutauschen. Die Jersey, die Shell und die Texaco weigerten sich, das sowjetische Erdöl zu raffinieren, und im Juli intervenierte die cubanische Regierung die Gesellschaften und nationalisierte sie ohne jede Entschädigung. Unter Führung der Standard of New Jersey begannen die Firmen die Blockade. Zu dem Boykott des spezialisierten Personals trat die Nichtlieferung unumgänglich notwendiger Ersatzteile für die Anlagen und der Schiffsboykott. Der Konflikt war ein Souveränitätstest[41], und Cuba bewährte sich bei ihm. Es hörte gleichzeitig auf, ein weiterer Stern auf der Fahne der Vereinigten Staaten wie ein Bestandteil des internationalen Räderwerks der Standard Oil zu sein.

Mexiko hatte zwanzig Jahre vorher ein internationales Embargo erlitten, das von der Standard Oil of New Jersey und der Royal Dutch Shell ausgesprochen worden war. Präsident Lázaro Cárdenas hatte die

41 Michael Tanzer, »The Political Economy of International Oil and the Underdeveloped Countries«, Boston, 1969.

Unternehmen nationalisiert. Nelson Rockefeller, der 1930 seinen Titel als Nationalökonom erhalten hatte, wobei er als »Doktorarbeit« einen Lobgesang auf seine Standard Oil präsentierte, fuhr nach Mexiko, um über ein Abkommen zu verhandeln; aber Cárdenas wich keinen Schritt zurück. Die Standard und die Shell, die das mexikanische Territorium untereinander aufgeteilt hatten, wobei die erstere den Norden und die zweite den Süden zugesprochen erhielt, weigerten sich nicht nur, die Beschlüsse anzuerkennen, die der Oberste Gerichtshof in Anwendung der mexikanischen Arbeitsgesetzte gefällt hatte, sondern hatten obendies die Erdöllager auf dem berühmten »goldenen Streifen« mit rasender Geschwindigkeit vernichtet und zwangen die Mexikaner, für ihr eigenes Erdöl höhere Preise zu bezahlen, als sie in den Vereinigten Staaten oder in Europa für das gleiche Erdöl erhielten[42]. In wenigen Monaten hatte das Exportfieber durch brutale Ausbeutungsmethoden viele Bohrlöcher erschöpft, die noch weitere dreißig oder vierzig Jahre produktiv gewesen wären. »Sie haben Mexiko seine reichhaltigsten Lager entrissen«, schrieb O'Connor, »und haben ihm nur eine Sammlung veralteter Raffinerien, erschöpfte Claims, die Elendsviertel der Stadt Tampico und bittere Erinnerungen hinterlassen.« In weniger als zwanzig Jahren war die Produktion auf ein Fünftel zurückgegangen. Mexiko behielt eine dekadente, auf die ausländische Nachfrage eingestellte Industrie und 14 000 Arbeiter; die Techniker zogen fort, und selbst die Transportmittel verschwanden. Cárdenas machte die Wiedergewinnung des Erdöls zur ersten nationalen Aufgabe und überwand die Krise mit Geschick und mit Mut. »Pemex« (»Petróleos Mexicanos«), die 1938 gegründete Gesellschaft, dazu bestimmt, die gesamte Produktion und den Vertrieb zu übernehmen, ist heute das größte nichtausländische Unternehmen ganz Lateinamerikas. Mit Hilfe der Gewinne, die Pemex erzielte, bezahlte die mexikanische Regierung zwischen 1947 und 1962 umfangreiche Entschädigungen an die Firmen, obwohl, wie Jesús Silva Herzog treffend schreibt, »Mexiko nicht der Schuldner dieser Piratengesellschaften, sondern ihr rechtmäßiger Gläubiger ist«[43].

Uruguay war das Land, das die erste staatliche Raffinerie in Latein-

42 Harvey O'Connor, »La crisis mundial del petróleo«, Buenos Aires, 1963. Diese Erscheinung ist nach wie vor in mehreren Ländern häufig zu beobachten. In Kolumbien z. B., wo das Erdöl ohne Beschränkungen und steuerfrei ausgeführt wird, kauft die staatliche Raffinerie bei den ausländischen Gesellschaften das kolumbianische Erdöl mit einem Aufschlag von 37 Prozent auf den Weltmarktpreis und muß es obendrein in Dollar bezahlen (Raúl Alameda Ospina in der Zeitschrift »Esquina«, Bogotá, Januar 1968).

43 Jesús Silva Herzog, »Historia de la expropiación de las empresas petroleras«, Mexiko, 1964.

amerika schuf. ANCAP, die Nationalverwaltung für Brennstoffe, Alkohol und Portlandzement, war 1931 entstanden, und die Raffinierung und der Verkauf von Rohöl fungierten als ihre wichtigsten Aufgaben. Sie war die nationale Antwort auf eine lange Geschichte von Mißbräuchen des Trusts am Río de la Plata. Parallel hierzu schloß der Staat billige Erdölkäufe bei der Sowjetunion ab. Das Kartell finanzierte unverzüglich eine wütende Verunglimpfungskampagne gegen das Industrieunternehmen des uruguayischen Staates und begann, Erpressungen und Drohungen anzuwenden. Der Palaststreich im März 1933 strömte einen gewissen Erdölgeruch aus: Die Diktatur Gabriel Terras hob das Recht der ANCAP auf, den Import von Brennstoffen zu monopolisieren, und im Januar 1938 unterzeichnete sie die »Geheimabkommen« mit dem Kartell, unheilvolle Abmachungen, die ein Vierteljahrhundert lang der Öffentlichkeit nicht bekannt waren und noch in Kraft sind. Nach ihren Bestimmungen ist das Land verpflichtet, 40 Prozent des Rohöls ohne öffentliche Ausschreibung zu kaufen, und zwar dort, wo es die Standard Oil, die Shell, die Atlantic und die Texaco bestimmen, und zu den Preisen, die vom Kartell festgelegt werden. Außerdem bezahlt der Staat, der das Raffineriemonopol behält, alle Ausgaben der Gesellschaft, unter Einschluß der Propaganda, der Vorzugslöhne und der luxuriösen Einrichtung ihrer Büros[44]. »Esso bedeutet Fortschritt«, wird im Fernsehen unter Musikbegleitung verkündet, und das Annoncenbombardement kostet die Standard Oil keinen einzigen Cent. Der Advokat der Bank der Republik ist gleichzeitig mit der Leitung der »Public Relations« der Standard betraut; der Staat bezahlt ihm beide Gehälter.

Um das Jahr 1939 wurden in der Raffinerie der ANCAP mit Erfolg die flammensprühenden Türme errichtet: die Staatsgesellschaft hatte, wie oben dargelegt, kurz nach ihrer Geburt eine Verstümmelung erlitten, aber sie war noch immer ein Beispiel für die von Sieg gekrönte Herausforderung trotz des vom Kartell ausgeübten Drucks. Der Leiter des nationalen Erdölrates Brasiliens, General Horta Barbosa, fuhr nach Montevideo und war von den dort erzielten Ergebnissen begeistert: Die uruguayische Raffinerie hatte im ersten Jahr ihrer Tätigkeit die Kosten ihrer Errichtung fast ganz bezahlen können. Dank den Bemühungen des Generals Barbosa und der Unterstützung anderer nationalistischer Militärs konnte Petrobras, die brasilianische Staatsgesellschaft, 1953 unter dem Motto »O Petróleo é nosso!« (Das Petroleum

44 Vivian Trías, »Imperialismo y petróleo en el Uruguay«, Montevideo, 1963. Siehe auch die Rede des Abgeordneten Enrique Erro in den Parlamentschroniken des Abgeordnetenhauses, Nr. 1211, Band 577, Montevideo, 8. September 1966.

ist unser!) seine Tätigkeit beginnen. Augenblicklich ist Petrobras das größte Unternehmen Brasiliens[45]. Sie nimmt Probebohrungen vor, sie fördert und raffiniert das brasilianische Erdöl. Aber auch Petrobras erlitt eine Verstümmelung. Das Kartell hat ihr zwei große Einnahmequellen entrissen: in erster Linie die Verteilung des Benzins, des Schmieröls, des gewöhnlichen Erdöls und der diversen Nebenprodukte – ein glänzendes Geschäft, das die Esso, die Shell und die Atlantic telephonisch ohne weitere Schwierigkeiten und mit so günstigen Ergebnissen abwickeln, daß dies, nach der Automobilindustrie, der wichtigste Posten der nordamerikanischen Investitionen in Brasilien ist; an zweiter Stelle die Petrochemie, eine reichhaltige Profitquelle, die vor wenigen Jahren von der Diktatur des Marschalls Castelo Branco entnationalisiert wurde. Die Verteidiger des Petrobras bemühen sich, dem schwachen Gedächtnis der Öffentlichkeit eine für den guten Willen der Monopole äußerst bezeichnende Episode wieder vor Augen zu führen[46]. Im November 1960 hatte nämlich Petrobras zwei brasilianische Techniker mit einer Neuüberprüfung der Sedimentärlager des Landes beauftragt. Als Ergebnis ihrer Berichte rückte der kleine im Nordosten gelegene Staat Sergipe an die Spitze der Erdölproduktion. Kurz vorher – im August – hatte der nordamerikanische Techniker Walter Link, der der bedeutendste Geologe der Standard Oil of New Jersey gewesen war, vom brasilianischen Staat eine halbe Million Dollar für einen Berg von Landkarten und einen umfangreichen Bericht erhalten, in dem die Sedimentärdichte Sergipes als »unbedeutend« bezeichnet wurde: sie war bis dahin unter Grad B eingestuft gewesen, und Link setzte sie auf Grad C herab. Nachher erfuhr man, daß sie in Wirklichkeit dem Grade A entsprach[47]. Nach Ansicht O'Connors hatte Link die ganze Zeit hindurch als Agent der Standard Oil gewirkt und war von vornherein dazu entschlossen gewesen, kein Erdöl zu finden, damit Brasilien weiterhin von den Importen der Tochtergesellschaften Rockefellers in Venezuela abhinge.

Auch in Argentinien behaupten die ausländischen Firmen und ihre einheimischen Wortführer immer wieder, daß unter dem Boden nur wenig Erdöl vorhanden sei, obwohl die Techniker der YPF, »Yacimientos Petrolíferos Fiscales« (Staatliche Erdöllager), mit aller Be-

45 Petrobras nimmt die erste Stelle in der Liste der fünfhundert größten Unternehmen ein; veröffentlicht von »Conjuntura econômica«, Band 24, Nr. 9, Rio de Janeiro, 1970.

46 Erklärungen des Ingenieurs Marcio Leite Cesarino, in: »Correio da Manhã«, Rio de Janeiro, 28. Januar 1967.

47 »Correio da Manhã« hat einen Auszug aus dem Dokument in ihrer Ausgabe vom 19. Februar 1967 in ausführlicher Form veröffentlicht.

stimmtheit festgestellt haben, daß etwa die Hälfte des Nationalgebietes unterirdische Erdöllager aufweist und daß gleichfalls unter der weit ausgedehnten unterseeischen Plattform der Atlantikküste reichlich Erdöl vorhanden ist. Die Staatsgesellschaft YPF war seit ihrer Schaffung bis heute ständiger und systematischer Sabotage ausgesetzt. Es gibt eine Reihe von bezeichnenden Umständen, die sich in übereinstimmender Weise bei den häufigen Staatsstreichen in den letzten vierzig Jahren wiederholt haben. Der argentinische Kongreß schickte sich am 6. September 1930 zur Annahme des Gesetzes zur Nationalisierung des Erdöls an, als der nationalistische Führer Hipólito Yrigoyen durch den Militärputsch von José Félix Uriburu seiner Präsidentenwürde verlustig ging. Die Regierung Ramón Castillos wurde im Juni 1943 gestürzt, als ihr ein Abkommen zur Unterschrift vorlag, das die Erdölgewinnung durch nordamerikanisches Kapital vorsah. Im September 1955 mußte Juan Domingo Perón ins Exil ziehen, als der Kongreß dabei war, die Konzession an die California Oil Co. zu genehmigen. Das Erdöl hat nicht nur Staatsstreiche in Lateinamerika hervorgerufen, es hat auch einen Krieg, und zwar den Chaco-Krieg (1932–1935), zwischen den beiden ärmsten Völkern Südamerikas hervorgerufen: den »Krieg der nackten Soldaten« hat René Zavaleta die gegenseitige Schlächterei Boliviens und Paraguays genannt[48]. Am 30. Mai 1934 erschütterte der Senator für Louisiana, Huey Long, die Vereinigten Staaten mit einer heftigen Rede, in der er die Anklage erhob, daß die Standard Oil of New Jersey den Konflikt künstlich hervorgerufen habe und dem bolivianischen Heer finanziellen Beistand leiste, um sich mittels seiner des paraguayischen Chacos zu bemächtigen, den sie zur Legung einer Ölleitung von Bolivien bis an den Fluß benötige und der außerdem vermutlich reich an Erdöl sei: »Diese Verbrecher sind dorthin gegangen und haben sich Mörder gedungen«, sagte er[49]. Die Paraguayer zogen ihrerseits von der Shell angetrieben zur Schlachtbank. Während ihres Vormarsches nach dem Norden entdeckten sie die Bohrlöcher der Standard auf dem Schauplatz des Konfliktes. Es war ein Streit zwischen zwei Unternehmen, die gleichzeitig Feinde und Partner innerhalb desselben Kartells waren; doch nicht sie waren es, die das Blut vergossen. Schließlich gewann Paraguay den Krieg, verlor aber

48 René Zavaleta Mercado, »Bolivia. El desarrollo de la conciencia nacional«, Montevideo, 1967.

49 Senator Long hat der Standard Oil keine Bezeichnung erspart: er nannte sie »verbrecherisch«, »Übeltäter«, »schurkisch«, »Mörder im Inland«, »Mörder im Ausland«, »Internationaler Verschwörer«, »Banditen- und Räuberbande«, »Vandalen- und Diebesgruppe«. Der Zeitschrift »Guarania« (Buenos Aires, November 1934) entnommen.

den Frieden. Spruille Braden, ein notorischer Agent der Standard Oil, stand der Kommission vor, die die Verhandlungen führte und die für Bolivien und für Rockefeller mehrere tausend Quadratkilometer bewahrte, die Paraguay beanspruchte.
In nächster Nähe des Gebietes, in dem die letzten Kämpfe stattgefunden hatten, befinden sich die Erdölquellen und die weiten Lager von Naturgas, die die Gulf Oil Co., das Unternehmen der Familie Mellon, in Bolivien im Oktober 1969 verloren hat. »Für die Bolivianer ist die Zeit der Verachtung vorbei«, rief der General Alfredo Ovando aus, als er die Nationalisierung vom Balkon des Palacio Quemado aus verkündete. Zwei Wochen vorher, als er noch nicht die Macht ergriffen hatte, hatte Ovando vor einer Gruppe nationalistischer Intellektueller geschworen, daß er die Gulf nationalisieren würde; er hatte das Dekret verfaßt, unterzeichnet und ohne Datum in einem Umschlag verwahrt. Und fünf Monate vorher war im Engpaß von Arque der Hubschrauber des Generals René Barrientos gegen die Telegraphendrähte gestoßen und abgestürzt. Die üppigste Vorstellungskraft hätte keinen so perfekten Tod erfinden können. Der Hubschrauber war ein persönliches Geschenk der Gulf Oil Co. Die Telegraphenlinie gehört bekanntlich dem Staat. Zusammen mit Barrientos verbrannten zwei Koffer voll Geld, das er mit sich führte, um es Schein um Schein unter den Bauern zu verteilen, sowie einige Maschinenpistolen, die, sobald sie Feuer fingen, rings um den brennenden Hubschrauber einen Kugelregen ergossen, so daß sich niemand nähern konnte, um den Diktator zu bergen, als dieser lebendig verbrannte.
Ovando dekretierte nicht nur die Nationalisierung: er hob den Erdölkodex auf, der zu Ehren des Advokaten, der ihn in englischer Sprache verfaßt hatte, »Davenport-Kodex« hieß. Für die Ausarbeitung des Kodex hatte Bolivien 1956 eine Anleihe von den Vereinigten Staaten erhalten; hingegen hatte die Eximbank, die New Yorker Privatbanken und die Weltbank alle Kreditansuchen für die Entwicklung der YPFB, der staatlichen Erdölgesellschaft, immer abgelehnt. Die nordamerikanische Regierung machte sich immer die Interessen der privaten Erdölkonzerne zu eigen[50]. In Anwendung des Kodex wurde nun der Gulf die

50 Es gibt hierfür zahlreiche Beispiele, sowohl in jüngerer als auch in weiter zurückliegender Vergangenheit. Irving Florman, Botschafter der Vereinigten Staaten in Bolivien, schrieb in einem Bericht an Donald Dawson, Funktionär des Weißen Hauses, am 28. Dezember 1950: »Seit dem Moment, in dem ich mein Amt hier angetreten habe, habe ich eifrig an der Verwirklichung des Planes gearbeitet, die Erdölindustrie Boliviens dem Zugang der amerikanischen Privatindustrie weitgehend zu öffnen und so unser nationales Verteidigungsprogramm in großem Maßstab zu begünstigen.« Und an anderer Stelle: »Ich wußte, daß es Sie inter-

Konzession zur Ausbeutung der reichsten Erdölfelder des Landes auf vierzig Jahre zugesprochen. Der Kodex legte eine lächerlich niedrige Beteiligung des Staates an den Gewinnen der Gesellschaft fest: für viele Jahre kaum 11 Prozent. Der Staat wurde zum Partner, was die Ausgaben des Konzessionsinhabers betraf, übte aber keinerlei Kontrolle über diese Ausgaben aus, und so gelangte man zum Gipfelpunkt auf dem Gebiete der Willfährigkeit: alle Risiken wurden von der YPFB und keines von der Gulf getragen. In der »Absichtenerklärung«, die die Gulf Ende 1966 unter der Diktatur von Barrientos unterzeichnete, wurde in der Tat festgelegt, daß bei den gemeinsam mit der YPFB durchgeführten Operationen die Gulf das gesamte von ihr bei Untersuchungen und Neubohrungen in einer Zone investierte Kapital zurückerhielte, falls kein Erdöl gefunden würde. Wenn Erdöl zum Vorschein käme, so würden die Spesen im Verlaufe der späteren Ausbeutung wieder eingebracht, aber jedenfalls würden sie sogleich in das Passivum der Staatsgesellschaft aufgenommen. Und die Gulf würde die Höhe dieser Spesen nach ihrem Geschmack festsetzen[51]. In derselben »Absichtenerklärung« schrieb sich die Gulf mit aller Ruhe auch das Eigentum der Gaslager zu, die ihr niemals zugesprochen worden waren. Ein Jahr bevor General Alfredo Ovando die Gulf in Bolivien enteignete, hatte ein anderer nationalistischer General, Juan Velasco Alvarado, die Lager und die Raffinerie der IPC (International Petroleum Co.), einer Tochtergesellschaft der Standard Oil of New Jersey, in Peru verstaatlicht. Velasco hatte an der Spitze einer Militärjunta und auf den Wellenkämmen eines großen politischen Skandals die Macht ergriffen: die Regierung von Fernando Belaúnde Terry hatte die Endseite des Abkommens von Talara »verloren«, das zwischen dem Staat und der IPC abgeschlossen worden war. Diese auf mysteriöse Weise verschwundene Seite, die Seite elf, enthielt die Garantie für den Mindestpreis, den die nordamerikanische Firma für das Rohöl Perus in ihrer Raffinerie zu bezahlen hatte. Der Skandal war hiermit nicht zu Ende. Gleichzeitig war bekanntgeworden, daß die Tochtergesellschaft der Standard im Laufe eines halben Jahrhunderts Peru um mehr als

essieren würde zu erfahren, daß die Erdölindustrie Boliviens wie auch das ganze Land jetzt der amerikanischen freien Initiative offenstehen. Bolivien ist demnach das erste Land der Welt, das eine Entnationalisierung oder umgekehrte Nationalisierung durchgeführt hat, und ich bin stolz darauf, diese Aufgabe für mein Land und die Verwaltung auszuführen imstande gewesen zu sein.« Die Photokopie dieses Briefes, der der Bibliothek Harry Trumans entnommen worden war, wurde von »NACIA Newsletter«, New York, im Februar 1969 veröffentlicht.

51 Marcelo Quiroga Santa Cruz, Interpellation im Abgeordnetenhaus am 11. und 12. Oktober 1966. »Revista jurídica«, Sonderausgabe, Cochabamba, 1967.

eine Milliarde Dollar betrogen hatte, und zwar durch Hinterziehung von Steuern und Abgaben und vielfältige andere Formen des Betrugs und der Korruption. Der Direktor der IPC hatte mit dem Präsidenten Belaúnde sechzig Zusammenkünfte gehabt, ehe das Abkommen getroffen wurde, das den Militäraufstand hervorrief; zwei Jahre hindurch, während derer die Verhandlungen mit dem Unternehmen bald fortschritten, bald unterbrochen wurden und bald von neuem begannen, hatte das State Department jede Art von Hilfe an Peru eingestellt[52]. Lateinamerika ist eine Pandorabüchse; die Fähigkeit zu überraschenden Wendungen ist in dieser gequälten Zone der Welt unerschöpflich. Dieselben Generäle, die heute in Peru ein Programm wirtschaftlicher und sozialer Reformen und eine Politik nationaler Selbstbehauptung in einem widerspruchsvollen und dennoch zielbewußten Prozeß vorantreiben, hatten kurz vorher die Guerrillakämpfer vernichtet. Viele der Fahnen der Gefallenen sind so von ihren Siegern übernommen worden. Die peruanischen Militärs hatten 1965 einige Guerrillazonen mit Napalm übersät, und die International Petroleum Co., die Tochtergesellschaft der Standard Oil of New Jersey, war es gewesen, die ihnen das Gasolin und das »know how« zur Verfügung gestellt hatte, um die Bomben in dem Luftstützpunkt Las Palmas in der Nähe von Lima zu erzeugen[53]. Die Firma konnte nicht vorausahnen, was ihr selber widerfahren sollte.

Der Maracaibo-See im Kropf der großen Metallgeier

Obwohl sein Anteil am Weltmarkt im letzten Jahrzehnt auf die Hälfte zurückgegangen ist, ist Venezuela nach wie vor der größte Erdölexporteur. Fast die Hälfte der Gewinne, die das nordamerikanische Kapital Lateinamerika entzieht, stammt aus Venezuela. Dies ist eines der reichsten Länder der Erde und gleichzeitig eines der ärmsten und von den Auswüchsen der Gewalt meistheimgesuchten. Es weist das größte Pro-Kopf-Einkommen Lateinamerikas auf und besitzt das vollständigste und ultramodernste Straßennetz; im Verhältnis zur Bevölkerungszahl trinkt keine Nation der Welt so viel schottischen Whisky.

52 Als der Skandal zum Ausbruch kam, bewahrte die Botschaft der Vereinigten Staaten ein vorsichtiges Schweigen. Einer ihrer Funktionäre ging so weit, zu behaupten, daß kein Originalexemplar des Vertrages von Talara existiere (Richard N. Goodwin, »El conflicto con la IPC. Carta de Perú«, aus »The New Yorker« entnommen und von »Conercio Exterior« wiedergegeben, Mexiko, Juli 1969).

53 Georgie Anne Geyer, »Seized U.S. Oil Firm Made Napalm«, in: »New York Post«, 7. April 1969.

Die Erdöl-, Gas- und Eisenreserven, die sein Boden zu sofortiger Ausbeutung darbietet, könnten den Reichtum jedes Venezolaners verzehnfachen; in seinen weiten, unerschlossenen Gebieten könnte die gesamte Bevölkerung Deutschlands oder Englands Platz finden. Die Bohrer haben in einem halben Jahrhundert mit dem Erdöl so märchenhaft hohe Erträge hervorgebracht, daß diese das Doppelte der bei der Durchführung des Marshallplanes für den Wiederaufbau Europas aufgewendeten Mittel betragen. Seitdem das erste Bohrloch platzte und Erdöl in Strömen aus ihm floß, hat sich die Bevölkerung auf das Dreifache und das Nationalbudget auf das Hundertfache erhöht, aber die Mehrzahl der Bevölkerung, die um die Überbleibsel einer prunksüchtigen Minderheit ringt, ist genauso arm, wie sie es zu der Zeit war, in der das Land vom Kakao und vom Kaffee abhing[54]. Die Hauptstadt Caracas wuchs in dreißig Jahren auf das Siebenfache an; die patriarchalische Stadt mit ihren luftigen Höfen, ihrem Hauptplatz und ihrer stillen Kathedrale ist jetzt mit Wolkenkratzern gespickt, die im gleichen Rhythmus wie die Bohrtürme am Maracaibo-See emporgeschossen sind. Heute wirkt sie wie ein lärmender Ultraschall-Alpdruck mit Klimaanlage, ein Zentrum der Erdölkultur. Die Stadt hat mit den Auspuffgasen der Motoren die reine Luft des Tales vergiftet; Caracas findet keinen Schlaf; denn es kann dem Drange nicht widerstehen, zu kaufen, zu verbrauchen, auszugeben, alles in Beschlag zu nehmen. Auf den Hügeln rings um Caracas betrachten eine halbe Million Ausgestoßener von ihren aus Abfällen errichteten Hütten aus die fremde Verschwendung. Etwa die Hälfte der Kinder und der Jugendlichen Venezuelas bleibt den Schulen fern.

Dreieinhalb Millionen Fässer Erdöl erzeugt Venezuela täglich, um die Industriemaschinen der kapitalistischen Welt in Bewegung zu setzen, aber die diversen Tochtergesellschaften der Standard Oil, der Shell, der Gulf und der Texaco beuten vier Fünftel ihrer Konzessionen nicht

54 Bei der Abfassung dieses Kapitels hat der Autor, abgesehen von den bereits erwähnten Werken von Harvey O'Connor und Francisco Mieres, folgende Bücher verwendet: Orlando Araújo, »Operación Puerto Rico sobre Venezuela«, Caracas, 1967; Federico Brito, »Venezuela siglo XX«, Havanna, 1967; M. A. Falcón Urbano. »Desarrollo e industrialización de Venezuela«, Caracas, 1969; Elena Hochman, Héctor Mujica und andere, »Venezuela 1°«, Caracas, 1963; William Krehm, »Democracia y tiranías en el Caribe«, Buenos Aires, 1959; die Abhandlungen von D. F. Maza Zavala, Salvador de la Plaza, Pedro Esteban Mejía und Leonardo Montiel Ortega in dem in Anm. 27 genannten Sammelband; Rodolfo Quintero, »La cultura del petróleo«, Caracas, 1968; Domingo Alberto Rangel, »El proceso del capitalismo contemporáneo en Venezuela«, Caracas, 1968; Arturo Uslar Pietri, »¿Tiene un porvenir la juventud venezolana?«, in: »Cuadernos Americanos«, Mexiko, März/April 1968; und Vereinte Nationen/CEPAL, »Studio económico de América Latina, 1969«, New York/Santiago de Chile, 1970.

aus, die infolgedessen unberührt bleiben; und vom Werte der Exporte kommt die Hälfte nie wieder ins Land. Die Propagandabroschüren der Creole (Standard) preisen das philanthropische Verhalten des Konzerns in Venezuela in der gleichen Form, in der um die Mitte des 18. Jahrhunderts die Königlich-Guipuzcoanische Gesellschaft ihre Tugenden proklamiert hatte; die Gewinne, die aus dieser ungeheuren Milchkuh gezogen werden, können, wenn man ihr Verhältnis zu dem investierten Kapital in Betracht zieht, nur mit denen verglichen werden, die die Sklavenhändler oder die Piratenschiffe erzielten. Kein Land hat dem Kapitalismus so viel in so kurzer Zeit eingebracht. Aus Venezuela ist ein Vermögen geflossen, das – wie Rangel schreibt – das von den Spaniern in Potosí zusammengeraffte oder das von den Engländern in Indien in Besitz genommene übertrifft. Bei dem ersten Treffen von Nationalökonomen, das in diesem Lande stattfand, wurde enthüllt, daß die tatsächlichen Gewinne der Erdölgesellschaften in Venezuela 1961 38 Prozent und 1962 48 Prozent betragen hatten, obwohl die Profitsätze, die in den Bilanzen der Unternehmen erschienen, 15 Prozent bzw. 17 Prozent ausmachten. Die Differenz ist den Zauberkünsten der Buchhaltung und dem geheimen Transfer von Kapitalien zuzuschreiben. Bei dem komplizierten Uhrwerk des Erdölgeschäftes und seinen vielfachen und nebeneinander bestehenden Preissystemen ist es außerdem in höchstem Maße schwierig, das Ausmaß der Gewinne abzuschätzen, die sich hinter dem künstlich hervorgerufenen Fallen des Preises des Rohöls verbergen, das von der Quelle bis zur Benzinpumpe immer durch die gleichen Adern fließt. Tatsache ist, daß in Venezuela nach offiziellen Angaben im letzten Jahrzehnt keine neuen Auslandsinvestitionen zu verzeichnen waren, sondern umgekehrt eine systematische Rücknahme der Investitionen festzustellen war. Hingegen erleidet Venezuela Jahr für Jahr den Aderlaß von siebenhundert Millionen Dollar, die offen als »Renten des Auslandskapitals« gebucht werden. Die einzigen Investitionen haben ihren Ursprung in Gewinnen, die das Land selbst hervorbringt. Gleichzeitig ergibt sich eine vertikale Senkung der Ausbeutungskosten, da die Unternehmen immer weniger Arbeitskräfte beschäftigen. Allein in der Zeitspanne von 1959 bis 1962 nahm die Zahl der Arbeiter um 10 000 ab: etwas mehr als 30 000 blieben aktiv, und Ende 1970 waren nur noch 23 000 Arbeiter in der Erdölindustrie beschäftigt. Hingegen hat die Produktion im letzten Jahrzehnt stark zugenommen. Infolge der wachsenden Arbeitslosigkeit hat sich die Krise in den Erdöldörfern am Maracaibo-See verschärft. Der See ist ein Wald von Türmen. Inmitten der eisernen Gerüste bringt das unerbittliche Aufundabgehen der Kippkräne seit einem halben Jahr-

hundert den ganzen Reichtum und das ganze Elend Venezuelas hervor. In der Nähe der Kippkräne flattern die Flammen, die vom Naturgas genährt werden; das Land erlaubt sich den Luxus, dieses Produkt zu verpuffen. Man findet Kippkräne selbst im Innern von Häusern. Das Erdöl färbt die Straßen und die Kleidung, die Lebensmittel und die Wände schwarz, und selbst die Frauen, die die Liebe berufsmäßig ausüben, tragen Beinamen, die an das Erdöl erinnern, wie z. B. »La Tubería« (Die Rohrleitung) oder »La Cuatro Válvulas« (Die Vierventilige). Diese modernen Dörfer, von Geburt an traurig, aber gleichzeitig von der Freude des leicht verdienten Geldes beseelt, entdeckten plötzlich, daß sie keine Bestimmung hatten. Sobald die Ölquellen erschöpft sind, wird das Überleben von einem Wunder abhängig. »Hier ist das Erdöl über uns hinweggeflossen«, sagten 1966 die Bewohner von Lagunillas: »Für uns wäre es besser gewesen, wenn diese Maschinen niemals gekommen wären ...« Cabimas, das ein halbes Jahrhundert lang die größte Erdölquelle Venezuelas war und Caracas und den großen Unternehmen so viel Wohlstand gebracht hatte, besitzt heute nicht einmal Kloaken. Es gibt gerade noch zwei asphaltierte Straßen.
Der Freudenrausch hatte bereits vor vielen Jahren eingesetzt. Um 1917 trat das Erdöl bereits neben den traditionellen Latifundien auf, den unendlichen und unbewohnten Gebieten und brachliegenden Feldern, in denen die Gutsbesitzer die Leistungen der Landarbeiter dadurch auf der gewünschten Stufe erhielten, daß sie sie auspeitschten oder lebendig bis an die Hüfte begruben. Ende 1922 sprang das Bohrloch von La Rosa auf, aus dem sich täglich hunderttausend Fässer ergossen. Die Bauern strömten herbei und ließen sich auf dem siedenden Boden zwischen Brettern und Ölkanistern nieder, um dem Öl ihre Arme darzubieten. Der Dialekt von Oklahoma und von Texas erklang zum erstenmal in der Steppe und dem Urwald bis in die entlegensten Winkel. Dreiundsiebzig Unternehmen entstanden im Handumdrehen. Der König des Konzessionenfaschings war der Diktator Juan Vicente Gómez, ein Viehzüchter aus den Anden, der seine siebenundzwanzigjährige Regierungszeit (1908–1935) dazu benutzte, Kinder und Geschäfte zu machen. Während die schwarzen Ströme sprudelnd zum Vorschein kamen, zog Gómez Erdölaktien aus seinen vollen Taschen und belohnte mit ihnen seine Freunde, seine Verwandten und seine Höflinge, den Arzt, der seine Prostata überwachte, und die Generäle, die seinen Rücken bewachten, die Dichter, die seinen Ruhm besangen, und den Erzbischof, der ihm Sonderdispens dazu erteilte, am Karfreitag Fleisch zu essen. Die Großmächte schmückten die Brust von Gómez mit glänzenden Auszeichnungen: Man mußte die Automobile, die die

Straßen der Welt überfluteten, mit Betriebsstoff versorgen. Die Günstlinge des Diktators verkauften die Konzessionen an die Shell oder die Standard Oil oder die Gulf; der Handel mit Beziehungen und Bestechungen entfesselte die Spekulation und die Gier nach Bodenschätzen. Die Eingeborenengemeinden wurden ihres Bodens beraubt, und viele Bauernfamilien verloren auf gütliche oder gewaltsame Weise ihre Besitzungen. Das Erdölgesetz im Jahre 1922 wurde von den Vertretern dreier Firmen aus den Vereinigten Staaten verfaßt. Die Ölfelder waren umzäunt und hatten eigene Polizei. Man verhinderte den Eintritt all jener, die keinen Arbeitsschein der Unternehmen vorweisen konnten; selbst der Verkehr auf den Landstraßen, über die das Erdöl in die Häfen gebracht wurde, war untersagt. Als Gómez 1935 starb, durchschnitten die Erdölarbeiter den Stacheldraht, der die Felder umgab, und traten in den Streik. Die folgenden Jahre waren explosiv und gefährlich.

1948 schloß sich mit dem Sturz der Regierung von Rómulo Gallegos der Reformenzyklus, der drei Jahre vorher begonnen hatte, und die siegreichen Militärs verminderten sehr schnell den Anteil des Staates an dem von den Mitgliedern des Kartells geförderten Erdöl. Die Senkung der Steuern bedeutete 1954 mehr als dreihundert Millionen Dollar an zusätzlichen Gewinnen für die Standard Oil. 1953 hatte ein Geschäftsmann aus den Vereinigten Staaten in Caracas erklärt: »Hier haben Sie die Freiheit, mit Ihrem Gelde anzufangen, was Ihnen beliebt; für mich ist diese Freiheit mehr wert als alle politischen und bürgerlichen Freiheiten zusammen«[55].

Als der Diktator Marcos Pérez Jiménez 1958 gestürzt wurde, war Venezuela eine weitausgedehnte, von Kerkern und Folterkammern umgebene Erdölquelle, die aus den Vereinigten Staaten alles importieren mußte: die Automobile und die Kühlschränke, die Kondensmilch, die Eier, den Salat, die Gesetze und die Dekrete. Das größte Rockefeller-Unternehmen, die Creole, hatte 1957 Gewinne angegeben, die fast die Hälfte ihrer Gesamtinvestitionen ausmachten. Die revolutionäre Regierungsjunta erhöhte die Einkommensteuer für Großunternehmen von 26 auf 45 Prozent. Als Repressalienmaßnahme verfügte das Kartell den sofortigen Preissturz des venezolanischen Erdöls und begann gleichzeitig mit Massenentlassungen von Arbeitern. So tief sank der Preis, daß trotz der Steuererhöhung und des größeren Exportvolumens des Erdöls 1958 der Staat sechzig Millionen Dollar weniger als im Vorjahr erhob.

55 »Time«, lateinamerikanische Ausgabe, 11. September 1953.

Die folgenden Regierungen nationalisierten die Erdölindustrie nicht, aber sie erteilten bis 1970 auch keine weiteren Konzessionen zur Förderung des schwarzen Goldes durch die ausländischen Firmen. In der Zwischenzeit beschleunigte das Kartell die Produktion ihrer Lager im Nahen Osten und in Kanada; in Venezuela hat die Ölsuche praktisch aufgehört, und die Ausfuhr stockt. Die Politik, keine neuen Konzessionen zu gewähren, hat insofern ihren Sinn verloren, als die »Corporación Venezolana del Petróleo«, die staatliche Erdölgesellschaft Venezuelas, nicht in die Bresche sprang. Die Staatsgesellschaft hat sich hingegen darauf beschränkt, da und dort ein paar Löcher zu bohren, und hat so bewiesen, daß ihre Funktion keine andere als die ist, die ihr der Präsident Rómulo Betancourt zugedacht hatte: »Nicht die Dimension eines großen Unternehmens zu erreichen, sondern bei der Aushandlung des neuen Konzessionensystems als Vermittler zu dienen.« Das neue System wurde nicht in die Praxis umgesetzt, obwohl es mehrmals angekündigt wurde. 1970, unter der christdemokratischen Regierung Rafael Calderas, versicherte man, daß die Verhandlungen zur Unterzeichnung von »Dienstverträgen« sehr weit gediehen waren, nach denen die Firmen eine Viertelmillion Hektar in Partnerschaft mit dem Staate erforschen und ausbeuten sollten. Eine weitere Form des Imperialismus mit Lendenschurz, das System der Mischunternehmen, war vormals angewandt worden, um die petrochemische Industrie – Kunstkautschuk, Polyäthylen, Ammoniak, Harnstoff – in weitgehendem Maße der Union Carbide und einer Nebenindustrie der Standard Oil auszuliefern.
Inzwischen zeigt der starke Industrialisierungsimpuls, der sich seit zwei Jahrzehnten in ausgeprägter Weise entwickelt hat, bereits sichtbare Erschöpfungserscheinungen und befindet sich in einer Situation der Machtlosigkeit, wie sie in Lateinamerika nur allzu bekannt ist: Der interne Markt, der durch die Armut der Mehrheit der Bevölkerung stark beschränkt ist, ist nicht in der Lage, die Entwicklung der Manufakturindustrie über ein bestimmtes Ausmaß hinaus zu tragen. Die Agrarreform andererseits, die von der Regierung der »Acción Democrática« in Angriff genommen worden war, ist auf der Hälfte des Weges, den sie nach den Versprechungen ihrer Schöpfer durchlaufen sollte, steckengeblieben.
Salvador Garmendia, der Romanschriftsteller, der die vorentworfene Hölle dieser ganzen auf Eroberung aufgebauten Kultur – der Erdölkultur – neu geschaffen hat, schrieb mir Mitte 1969 in einem Brief: »Hast Du einmal einen Kippkran gesehen, den Apparat, der das Rohöl hervorholt? Er hat die Form eines großen schwarzen Vogels, dessen

spitziger Kopf schwerfällig Tag und Nacht hinauf- und hinabgeht, ohne auch nur eine Sekunde stehenzubleiben: es ist der einzige Geier, der keinen Dreck frißt. Was wird an dem Tage geschehen, an dem wir das charakteristische Geräusch des Saugers hören, wenn die Flüssigkeit zu Ende ist? Die groteske Ouvertüre wird am Maracaibo-See schon langsam hörbar, wo über Nacht märchenhafte Orte mit Lichtspieltheatern, Supermarkets, ›Dancings‹ hervorgeschossen waren, wo es von Dirnen und Spielhöllen wimmelte, wo das Geld keinen Wert hatte. Vor kurzem unternahm ich eine Rundfahrt durch die Zone und empfand dabei ein bedrückendes Gefühl im Magen. Der Geruch nach Totem und nach Schrott ist stärker als der Erdölgeruch. Die Orte sind halb verlassen, von Fäulnis und den Geschwüren des Ruins angefressen, die Straßen voller Kot, die Geschäfte in Trümmern. Ein ehemaliger Taucher der Unternehmen taucht täglich, mit einer Metallsäge versehen, unter, um Stücke von verlassenen Rohrleitungen abzuschneiden und sie als Alteisen zu verkaufen. Die Menschen beginnen von den Gesellschaften zu sprechen, wie jemand, der eine Fabel aus alten, goldenen Zeiten erzählt. Man lebt von einer sagenhaften und traumartigen Vergangenheit, in der Vermögen in einem einzigen Würfelfall aufs Spiel gesetzt und siebentägige Trinkgelage an der Tagesordnung waren. Inzwischen vollführen die Kippkräne weiter ihre Kopfbewegungen, und der Dollarregen fällt auf Miraflores, den Regierungspalast, um sich in Autobahnen und sonstige Betonungeheuer zu verwandeln. Siebzig Prozent der Bevölkerung lebt am Rande von allem. In den Städten gedeiht ein leichtfertiger Mittelstand mit hohen Gehältern, der sich mit unnützen Gegenständen vollpfropft, dem Betäubungseffekt der Werbekampagnen erlegen ist und Verblödung und Geschmacklosigkeit in lärmender Weise an den Tag legt. Vor kurzem verkündete die Regierung in großer Aufmachung, das Analphabetentum liquidiert zu haben. Das Resultat: Bei den vergangenen Wahlen ergab die Zählung der ins Wahlregister eingetragenen Personen die Ziffer von einer Million Analphabeten im Alter von 18 bis 50 Jahren.«

Zweiter Teil

Die Entwicklung ist eine Reise
mit mehr Schiffbrüchigen
als Seefahrern

Die Geschichte vom frühzeitigen Tod

Die britischen Kriegsschiffe erwiesen der Unabhängigkeit ihren Gruß vom Fluß aus

1823 feierte George Canning, das Gehirn des britischen Imperiums, seine weltweiten Triumphe. Der französische Geschäftsträger hatte die Erniedrigung dieses Trinkspruches zu ertragen: »Euer sei der Sieg, gefolgt von Unheil und Ruin; unser sei der Handel ohne Ruhm für die Industrie und der ständig wachsende Wohlstand ... Das Zeitalter des Rittertums ist vorüber; es wurde von einem Zeitalter der Wirtschaftler und der Finanzsachverständigen abgelöst.« London stand am Beginn eines langanhaltenden Festes: Napoleon war einige Jahre vorher endgültig besiegt worden, und die Ära der »Pax Britannica« ging über der Welt auf. In Lateinamerika hatte die neuerrungene Unabhängigkeit die Macht der Landbesitzer und die der reich gewordenen Kaufleute in den Häfen auf unabsehbare Zeit gefestigt, auf Kosten freilich des im voraus feststehenden Ruins der eben entstandenen Länder. Die alten spanischen Kolonien und auch Brasilien waren gierige Märkte für die englischen Webwaren und die englischen Pfunde, die gute Zinsen einbrachten. Canning irrte sich nicht, als er 1824 schrieb: Es ist vollbracht, der Nagel ist befestigt, Spanisch-Amerika ist frei; und wenn wir unsere Geschäfte nicht sehr stümperhaft verwalten, ist es *englisch*[1].
Die Dampfmaschine, der mechanische Webstuhl und die Vervollkommnung der Webmaschine hatten die industrielle Revolution in England mit rasender Geschwindigkeit zur Reife gebracht. Zahllose Fabriken und Banken wurden gegründet; durch die Verbrennungsmotoren wurde die Seeschiffahrt modernisiert, und die großen Schiffe fuhren in alle Himmelsrichtungen und verbreiteten die englischen Industrieerzeugnisse über die ganze Erde. Die englische Wirtschaft bezahlte mit Baumwollgeweben die Felle aus dem Río de la Plata, den Guano und das Nitrat aus Peru, das Kupfer aus Chile, den Zucker aus Cuba, den Kaffee aus Brasilien. Die Industrieexporte, die Frachteinkünfte, das Versicherungsgeschäft, die Zinsen der Anleihen und die Gewinne, die

1 William W. Kaufmann, »La política británica y la independencia de la América Latina (1804/1828)«, Caracas, 1963.

die Investitionen abwarfen, sollten das ganze 19. Jahrhundert hindurch den üppigen Wohlstand Englands nähren. In Wirklichkeit hatten die Engländer schon vor den Unabhängigkeitskriegen einen beachtlichen Teil des legalen Handels zwischen Spanien und seinen Kolonien in ihren Händen und hatten außerdem einen umfangreichen und ständigen Strom von Schmuggelware an die Küsten Lateinamerikas geführt. Das Monopol Spaniens hatte de facto niemals bestanden: »... die Kolonie war für das Mutterland schon lange vor 1810 verlorengegangen, und die Revolution bedeutete nichts weiter als eine politische Anerkennung der bereits bestehenden Situation«[2].

Die britischen Truppen hatten Trinidad in der Karibischen See erobert und als Preis nur den Verlust eines einzigen Soldaten zu bezahlen gehabt, aber der Kommandant der Expeditionstruppen, Sir Ralph Abercromby, war davon überzeugt, daß weitere militärische Eroberungen in Spanisch-Amerika nicht leichtfallen würden. Kurz darauf scheiterten die Einfälle englischer Truppen am Río de la Plata. Die Niederlage bildete eine Bestätigung für die Meinung Abercrombys über die Wirkungslosigkeit bewaffneter Expeditionen sowie dafür, daß die historische Stunde der Diplomaten, der Handelsleute und der Bankiers geschlagen hatte; eine neue liberale Ordnung in den spanischen Kolonien sollte Großbritannien Gelegenheit geben, neun Zehntel des Handels Spanisch-Amerikas zu erobern[3]. Das Fieber der Unabhängigkeit brannte auf der spanisch-amerikanischen Erde; von 1810 an beschrieb die Londoner Politik einen zwiespältigen Zickzackkurs, dessen Schwankungen der Notwendigkeit entsprachen, den englischen Handel zu fördern sowie zu verhindern, daß Lateinamerika in nordamerikanische oder französische Hände fiele, und schließlich der Ansteckungsgefahr des Jakobinertums in den neuen Ländern, die ihre Freiheit eben erobert hatten, vorzubeugen.

Als am 25. Mai 1810 die revolutionäre Junta in Buenos Aires zusammentrat, gaben die britischen Kriegsschiffe auf dem Fluß eine Geschützsalve als Gruß ab. Der Kapitän der »Mutine« hielt im Namen Seiner Majestät eine flammende Rede: der Jubel zog in die Herzen Englands ein. In Buenos Aires brauchte man kaum drei Tage, um gewisse Beschränkungen aufzuheben, die den Handel mit dem Ausland erschwerten; zwölf Tage später wurden die Steuern, die für den Export von Fellen und Talg in Kraft waren, von 50 auf 7,5 Prozent gesenkt. Im September 1811 wurde die Junta von einem Triumvirat

2 Manfred Kossok, »El Virreinato del Río de la Plata. Su estructura económico-social«, Buenos Aires, 1959.

3 H. S. Ferns, »Gran Bretaña y Argentina en el siglo XIX«, Buenos Aires, 1966.

als regierende Körperschaft ersetzt; die Abgaben, die aus Ein- und Ausfuhren zu entrichten waren, wurden abermals gesenkt und in einigen Fällen abgeschafft. Von 1813 an, als sich die gesetzgebende Versammlung als souveräne Regierungsgewalt proklamierte, wurden die ausländischen Kaufleute der Verpflichtung entbunden, ihre Waren über einheimische Kaufleute abzusetzen: »Der Handel wurde damals wirklich frei«[4]. Schon 1812 erklärten einige britische Kaufleute in einem Bericht an das Foreign Office: »Wir haben ... die deutschen und französischen Gewebe mit Erfolg verdrängen können.« Sie hatten gleichfalls die Erzeugnisse der argentinischen Weber verdrängt, die dem Würggriff des Freihandelshafens nicht standhalten konnten.
Von Yorkshire und Lancashire, vom Cheviotgebirge und aus Wales kamen wie aus einem unerschöpflichen Quell Baum- und Schafwoll-, Eisen- und Leder-, Holz- und Porzellanwaren. Die Webstühle von Manchester, die Eisenwerke von Sheffield, die Töpferwerkstätten von Worcester und Staffordshire überschwemmten den lateinamerikanischen Markt. *Der Freihandel führte zur Bereicherung der Häfen, die vom Export lebten, und förderte das verschwenderische Leben der Oligarchien, die in ihrer Gier nur darauf bedacht waren, aller Luxusgüter der Welt teilhaftig zu werden; aber gleichzeitig brachte er den Ruin für die kaum entstandenen örtlichen Manufakturindustrien und vereitelte die Ausdehnung des internen Marktes.* Verschiedene Industrien, in Form von Heimarbeit, waren, wenn auch in prekärer Weise und bei sehr niedrigem technischem Niveau, in der Kolonialwelt trotz des vom Mutterland erlassenen Verbots aufgetreten. In den ersten Jahren des 19. Jahrhunderts waren – nach dem tödlichen Einschlag einer königlichen Verordnung aus dem Jahre 1778, durch die der freie Handel zwischen den Häfen Spaniens und Amerikas genehmigt wurde – zum erstenmal wieder Werkstätten zu neuem Leben erwacht. Eine Lawine ausländischer Waren hatte die Textilindustrie sowie die Erzeugung von Töpferei- und Metallgegenständen in der Kolonie zu Boden gedrückt, und die Handwerker hatten nicht viele Jahre zur Verfügung, um sich von dem Schlage zu erholen: die Unabhängigkeit öffnete der freien Konkurrenz der bereits entwickelten europäischen Industrie die Tore gänzlich. *Die spätere, oft wechselnde Zollpolitik der Regierungen der unabhängig gewordenen Länder sollte aufeinanderfolgende Epochen des Todes und des Wiedererwachens der einheimischen Manufakturindustrien hervorrufen, ohne daß die Möglichkeit zu dauerhafter Entwicklung bestanden hätte.*

4 H. S. Ferns, a.a.O.

Zu Anfang des 19. Jahrhunderts errechnete Alexander von Humboldt den Wert der Manufakturproduktion Mexikos mit sieben bis acht Millionen Pesos, von denen der größte Teil in Textilerzeugnissen bestand. Fachwerkstätten fabrizierten Tücher, Baumwollstoffe und Leinenwaren; mehr als zweihundert Webstühle gaben in Querétaro eintausendfünfhundert Arbeitern Beschäftigung, und in Puebla arbeiteten eintausendzweihundert Baumwollweber[5]. In Peru erreichten die groben Produkte der Kolonie niemals die Vollendung der Gewebe, die die Eingeborenen lange vor der Ankunft Pizarros hergestellt hatten, »aber ihre wirtschaftliche Bedeutung war dafür sehr groß«[6]. Der Grundpfeiler der Industrie war die Zwangsarbeit der Indianer, die von dem Morgengrauen an bis spät in die Nacht hinein in den Werkstätten eingesperrt waren. Die Unabhängigkeit machte den bis dahin erreichten Fortschritt zunichte. Die Werkstätten in Ayacucho, Cacamorsa und Tarma hatten beträchtliche Größe. Der ganze – heute abgestorbene – Ort Pacaicasa »war eine einzige große Weberei mit mehr als tausend Arbeitern«, sagte Romero in seinem Werk; aber Paucarcolla, das eine ausgedehnte Zone mit Wolldecken belieferte, verschwindet allmählich, »und derzeit funktioniert dort keine einzige Fabrik«[7]. In Chile, einer der abgelegensten Besitzungen Spaniens, begünstigte die Isolierung den Beginn der Entwicklung industrieller Tätigkeit schon bei Anbruch der Kolonialzeit. Es gab Spinnereien, Webereien, Gerbereien; chilenisches Takelwerk wurde auf allen Schiffen im Süden des Pazifischen Ozeans verwendet; man erzeugte Metallartikel aller Art, von Brennkolben und Kanonen bis zu Juwelen, Tafelgeschirr und Uhren; man baute Schiffe und Fuhrwerke[8]. Auch in Brasilien wurden die Textil- und Metallwerkstätten, die seit dem 18. Jahrhundert ihre ersten und bescheidenen Schritte wagten, durch die Einfuhren aus dem Ausland vernichtet. Beide Gewerbezweige waren trotz der Hindernisse, die ihnen durch den Kolonialpakt mit Portugal auferlegt waren, in beachtlichem Maße gediehen, aber von 1807 an war die portugiesische Monarchie, die ihren Sitz in Rio de Janeiro hatte, nichts weiter als ein Spielzeug in den Händen der Engländer, und die Macht Londons war in ganz anderer Form fühlbar. »Bis zur Öffnung der Häfen hatten

5 Alexander von Humboldt, »Ensayo sobre el Reino de la Nueva España«, Mexiko, 1944.
6 Emilio Romero, »Historia económica del Perú«, Buenos Aires, 1949.
7 Emilio Romero, a.a.O.
8 Hernán Ramírez Necochea, »Antecedentes económicos de la independencia de Chile«, Santiago de Chile, 1959.

sich die Mängel des portugiesischen Handels als Schutzwall einer kleinen örtlichen Industrie erwiesen«, sagt Caio Prado Júnior, »einer zwar armen Handwerksindustrie, die aber trotzdem dazu ausreichte, einen Teil der internen Bedürfnisse zu befriedigen. Diese kleine Industrie wird selbst bei den unbedeutendsten Produkten der freien ausländischen Konkurrenz nicht widerstehen können«[9].
Bolivien war das wichtigste Textilzentrum des Vizekönigreichs des Río de la Plata. In Cochabamba waren – nach dem Zeugnis des Bürgermeisters Francisco de Viedma – um die Jahrhundertwende achtzigtausend Personen bei der Erzeugung von Baumwollgeweben, Stoffen und Tischtüchern beschäftigt. In Oruro und La Paz waren ebenfalls Werkstätten entstanden, die zusammen mit denen von Cochabamba der Bevölkerung, den Linientruppen des Heeres und den Grenzgarnisonen Decken, »Ponchos« und sehr widerstandsfähige Flanelle lieferten. Aus Mojos, Chiquitos und Guarayos kamen sehr feine Leinen- und Baumwollstoffe, Stroh-, Vigogne- oder Schafpelzhüte und Zigarren. »Alle diese Industrien sind der Konkurrenz ähnlicher ausländischer Erzeugnisse unterlegen ...«, wird ohne großes Bedauern in einem Band festgestellt, der Bolivien anläßlich des hundertjährigen Jubiläums seiner Unabhängigkeit gewidmet wurde[10].
Das argentinische Küstengebiet war die zurückgebliebenste und am wenigsten bevölkerte Region des Landes gewesen, ehe infolge der Unabhängigkeit der Schwerpunkt des wirtschaftlichen und politischen Lebens zum Schaden der Binnenprovinzen nach Buenos Aires verlegt wurde. Zu Beginn des 19. Jahrhunderts lebte nur ein Zehntel der argentinischen Bevölkerung in Buenos Aires, Santa Fe oder Entre Ríos[11]. In Tucumán und Santiago del Estero, wo heute die Unterentwicklung ihren tiefsten Punkt erreicht, blühten die Textilwerkstätten, die drei verschiedene Sorten von »Ponchos« herstellten, die Fabriken, in denen Karren aus gutem Holz erzeugt wurden, die Zigarren- und Zigaretten-, die Leder- und die Schuhindustrie. Mendoza erzeugte zwei bis drei Millionen Liter Wein pro Jahr, der dem von Andalusien in keiner Weise unterlegen war, und San Juan erzeugte jährlich 350 000 Liter Branntwein. Mendoza und San Juan bildeten den »Engpaß des Handels« zwischen dem Atlantik und dem Pazifik in Südamerika[12].

9 Caio Prado Júnior, »Historia económica del Brasil«, Buenos Aires, 1960.
10 The University Society, »Bolivia en el primer centenario de su independencia«, La Paz, 1925.
11 Luis C. Alen Lascano, »Imperialismo y comercio libre«, Buenos Aires, 1963.
12 Pedro Santos Martínez, »Las inustrias durante el Virreinato (1776/1810)«, Buenos Aires, 1969.

Die Handelsagenten aus Manchester, Glasgow und Liverpool bereisten Argentinien und kopierten die Modelle der »Ponchos« aus Santiago und Córdoba und die der Lederartikel aus Corrientes sowie die »nach Landessitte« umgekehrten Steigbügel aus Holz. Die argentinischen »Ponchos« kosteten sieben Pesos, die aus Yorkshire drei. Die höchstentwickelte Textilindustrie der Welt errang spielend den Triumph über die einheimischen Webereien, und dasselbe war bei der Erzeugung von Stiefeln, Sporen, Pflugscharen, Zaumzeug und selbst Nägeln der Fall. Das Elend stürzte sich auf die Provinzen im Innern Argentiniens, die sich sehr bald mit ihren Lanzen gegen die Diktatur des Hafens von Buenos Aires erhoben. Die wichtigsten Kaufherren (Escalada, Belgrano, Pueyrredón, Vieytes, Las Heras, Cerdiño) hatten die Spanien entrissene Macht ergriffen[13], und der Handel gab ihnen die Möglichkeit, englische Seide und Messer, feine Tücher aus Louviers, Spitzen aus Flandern, Schweizer Säbel, holländischen Wacholderbranntwein, westfälischen Schinken und Zigarren aus Hamburg zu kaufen. Für all dies exportierte Argentinien Felle, Talg, Knochen und Pökelfleisch, und die Viehzüchter der Provinz Buenos Aires konnten dank dem Freihandel ihre Märkte ausdehnen. Der englische Konsul am La-Plata-Strom, Woodbine Parish, beschrieb 1837 einen handfesten »Gaucho« aus der Pampa: »Man betrachte alle seine Kleidungsstücke, man prüfe alles, was ihn umgibt, und mit Ausnahme dessen, was aus Leder ist, wird man kaum etwas finden, was nicht englisch wäre. Wenn seine Frau einen Rock trägt, so bestehen zehn Möglichkeiten gegen eine, daß er in Manchester hergestellt ist. Der Kessel oder der Kochtopf, in dem er seine Mahlzeit zubereitet, das irdene Geschirr, in dem er sie verzehrt, sein Messer, seine Sporen, der Zaum, der ›Poncho‹, in den er sich hüllt, alles sind aus England gebrachte Artikel«[14]. Argentinien bezog selbst die Steine für seine Gehwege aus England.

Ungefähr um die gleiche Zeit berichtete James Watson Webb, Botschafter der Vereinigten Staaten in Rio de Janeiro: »In allen Landgütern Brasiliens kleiden sich die Besitzer und ihre Sklaven mit Erzeugnissen der freien Arbeit, von denen neun Zehntel englischer Herkunft sind. Großbritannien liefert an Brasilien seine Dampf- und Segelschiffe, bepflastert und repariert die Straßen, installiert die Gasbeleuchtung in seinen Städten, baut seine Eisenbahnlinien, beutet seine

13 Ricardo Levene, Einleitung zu »Documentos para la historia argentina«, 1919, in: »Obras completas«, Buenos Aires, 1962.

14 Woodbine Parish, »Buenos Aires y las Provincias del Río de la Plata«, Buenos Aires, 1958.

Minen aus, ist sein Bankier, errichtet seine Telegraphenlinien, transportiert seine Post, erzeugt seine Möbel, Motoren, Waggons ...«[15]. Die durch den Freihandel hervorgerufene freudige Erregung brachte die Händler in den Häfen fast um den Verstand. In jenen Jahren erhielt Brasilien auch Särge, mit Innenbezug und allem Zubehör, um Verstorbene sofort aufzunehmen, Reitsättel, Glasleuchter, Schmorpfannen und Schlittschuhe, deren Verwendung an der brennend heißen Küste der Tropenzone etwas unwahrscheinlich war; auch Brieftaschen, obwohl in Brasilien kein Papiergeld existierte, und eine unerklärlich große Menge mathematischer Instrumente[16]. Der 1810 unterzeichnete Handels- und Schiffahrtsvertrag legte für den Import englischer Waren geringere Abgaben als die, die auf portugiesische Waren angewandt wurden, fest, und sein Text war mit solcher Hast aus dem Englischen übersetzt worden, daß z. B. das Wort »policy« im Portugiesischen als »policía« (Polizei) anstatt »política« (Politik) auftauchte[17]. Die Engländer genossen in Brasilien besondere Vorrechte, durch die sie der Justiz des Landes nicht unterstanden: Brasilien war »ein inoffizielles Mitglied des wirtschaftlichen Imperiums Großbritanniens«[18].

Um die Mitte des Jahrhunderts gelangte ein schwedischer Reisender nach Valparaíso und war Zeuge der Verschwendung und des Prunks, der durch die Handelsfreiheit in Chile gefördert wurde: »Die einzig mögliche Form des Aufstiegs«, schrieb er, »besteht darin, sich dem Diktat der Pariser Modezeitschriften, dem schwarzen Gehrock und allem sonstigen Drum und Dran zu unterwerfen ... Die Dame kauft sich einen eleganten Hut, durch den sie sich voll und ganz als Pariserin vorkommt, während ihr Gemahl sich eine lange und steife Krawatte umbindet, durch die er sich auf dem Gipfel der europäischen Kultur fühlt«[19]. Drei oder vier englische Handelshäuser hatten sich des chilenischen Kupfermarktes bemächtigt und lenkten die Preise gemäß den Interessen der Gießereien von Swansea, Liverpool und Cardiff. Der englische Generalkonsul informierte 1838 seine Regierung über die »wunderbare Zunahme« der Exporte von Kupfer, das »hauptsächlich, wenn nicht ausschließlich, auf britischen Schiffen oder auf britische Rech-

15 Paulo Schilling, »Brasil para extranjeros«, Montevideo, 1966.
16 Alan K. Manchester, »British Preeminence in Brazil: its Rise and Decline«, Chapel Hill, North Carolina, 1933.
17 Celso Furtado, »Formación económica del Brasil«, Mexiko/Buenos Aires, 1959.
18 J. F. Normano, »Evolução económica do Brasil«, São Paulo, 1934.
19 Gustavo Beyhaut, »Racíces contemporáneas de América Latina, Buenos Aires, 1964.

nung« transportiert wurde[20]. Die großen Häfen Lateinamerikas wurden in immer höherem Maße zu Eroberungs- und Beherrschungsinstrumenten gegen die Länder, denen sie angehörten; sie wollten Paris oder London gleichen, doch ihr Hinterland war die Wüste.

Protektionismus und Freihandel in Lateinamerika: der kurze Höhenflug von Lucas Alamán

Die Expansion der lateinamerikanischen Märkte beschleunigte die Anhäufung von Kapital in den Brutstätten der britischen Industrie. Schon seit längerer Zeit hatte sich der Atlantik in die Achse des Welthandels verwandelt, und die Engländer hatten es verstanden, die geographische Lage ihrer Insel mit vielen Häfen und auf halbem Wege vom Baltikum zum Mittelmeer, auf die Küsten Amerikas ausgerichtet, auszunützen. England organisierte ein weltumfassendes System und verwandelte sich in eine kolossale Fabrik, die den Planeten versorgte: Aus der ganzen Welt kamen die Rohstoffe, und über die ganze Welt ergossen sich die fertiggestellten Waren. Das Imperium besaß den größten Hafen und den mächtigsten Finanzapparat der damaligen Welt; es stand auf dem höchsten Niveau kaufmännischer Fachkenntnis, übte das Weltmonopol über Versicherungen und den Frachtverkehr aus und beherrschte den internationalen Goldmarkt. Friedrich List, der Vater der deutschen Zollunion, hatte erkannt, daß der Freihandel das wichtigste Exportprodukt Großbritanniens war[21]. Nichts erboste die Engländer so sehr wie das Schutzzollsystem, und manchmal haben sie das in der Sprache des Feuers und des Schwertes bekundet, wie z. B. im Opiumkrieg gegen China. Aber die freie Konkurrenz wurde für England zu einer offenbarten Wahrheit *erst von dem Augenblick an, in dem es sicher war, der Stärkere zu sein, und nach dem es außerdem seine eigene Textilindustrie unter Anwendung der strengsten protektionistischen Gesetzgebung Europas entwickelt hatte. Zur Zeit des schweren Anfangs, als die britische Industrie noch im Nachteil war, wurde der englische Bürger, der dabei ertappt wurde, unverarbeitete Wolle auszuführen, zum Verlust seiner rechten Hand verurteilt, und*

20 Hernán Ramírez Necochea, »Historia del imperialismo en Chile«, Santiago de Chile, 1960.

21 Dieser 1789 geborene deutsche Wirtschaftssachverständige propagierte in den Vereinigten Staaten und in seinem Heimatland die Doktrin des Schutzzollsystems und die Förderung der Industrie. Er beging 1846 Selbstmord, aber seine Ideen drangen in beiden Ländern durch.

im Wiederholungsfalle hängte man ihn auf; es war verboten, einen Leichnam zu begraben, ehe der Ortspfarrer bezeugt hatte, »daß das Leichentuch von einer inländischen Fabrik hergestellt war«[22].

»Alle Zerstörungserscheinungen, die durch die freie Konkurrenz innerhalb eines Landes hervorgerufen werden«, bemerkte Marx, »kommen auf dem Weltmarkt in noch größerem Maßstab zum Ausdruck«[23]. Der freie Umlauf von Waren und der freie Umlauf des Geldes zur Leistung von Zahlungen und zum Transfer von Kapital hatte dramatische Folgen.

In Mexiko kam Vicente Guerrero 1829, »von der Verzweiflung der Handwerker getragen«, an die Macht, »die von dem großen Demagogen Lorenzo de Zavala geschürt wurde, der eine hungrige und verzweifelte Masse auf die mit englischen Waren vollgestopften Läden von Parián losließ«[24]. Guerrero hielt sich nur kurze Zeit an der Macht und wurde inmitten der Gleichgültigkeit der Arbeiter gestürzt, da er dem Import der europäischen Waren keinen Einhalt bieten wollte oder konnte, »wegen deren Überfluß«, wie Chávez Orosco sagt, »die Handwerkermassen in den Städten unter dem Joch der Arbeitslosigkeit stöhnten, obwohl sie vor der Unabhängigkeit, vor allem in Zeiten, in denen in Europa Krieg geführt wurde, ihr Auskommen gehabt hatten«. Der mexikanischen Industrie hatten Kapital, ausreichende Arbeitskräfte und moderne Produktionsmethoden gefehlt; sie hatte keine angemessene Organisation noch Verbindungswege und Transportmittel gehabt, um zu den Absatzmärkten und den Versorgungsquellen zu gelangen. »Das einzige, woran sie wahrscheinlich Überfluß hatte«, sagt Alonso Aguilar, »waren störende Einflüsse, Beschränkungen und Hindernisse aller Art«[25]. Trotzdem war, wie Humboldt feststellte, die Industrie in Zeiten des Stockens des Außenhandels erwacht, in denen die Seeverbindungen unterbrochen oder erschwert waren, und hatte mit der Stahlfabrikation und der Verwertung des Eisens und des

22 Claudio Véliz, »La mesa de tres patas, in: »Desarrollo económico«, Band 3, Nr. 1/2, Santiago de Chile, September 1963.

23 »Es hat nichts Besonderes an sich, daß die Anhänger des Freihandels dazu unfähig sind, zu verstehen, auf welche Weise sich ein Land auf Kosten eines anderen bereichern kann; denn dieselben Herren sind es, die auch nicht verstehen wollen, wie sich innerhalb eines Landes eine Klasse auf Kosten einer anderen bereichern kann.« Karl Marx, »Discurso sobre el libre cambio«, in: »Miseria de la filosofía«, Moskau, ohne Angabe des Jahres.

24 Luis Chávez Orozco, »La industria de transformación mexicana (1821/1867)«, in der von der Banco Nacional de Comercio herausgegebenen Sammlung »Colección de documentos para la historia del comercio exterior de México«, Band VII, Mexiko, 1962.

25 Alonso Aguilar Monteverde, »Dialéctica de la economía mexicana«, Mexiko, 1968.

Quecksilbers begonnen. Der Liberalismus, den die Unabhängigkeit mit sich brachte, setzte der englischen Krone neue Perlen ein und lähmte die Textil- und Metallwerkstätten von Mexiko, Puebla und Guadalajara. Lucas Alamán, ein fähiger konservativer Politiker, erkannte rechtzeitig, daß die Ideen von Adam Smith Gift für die Wirtschaft des Landes enthielten, und betrieb als Minister die Gründung einer Staatsbank, der »Banco de Avío« (Ausrüstungsbank) zur Förderung der Industrialisierung. Eine Besteuerung der ausländischen Baumwollgewebe sollte dem Land die Einnahmen verschaffen, um im Auslande die Maschinen und technischen Hilfsmittel kaufen zu können, die Mexiko benötigte, um sich mit Baumwollgeweben eigener Fabrikation selbst zu versorgen. Das Land verfügte über das nötige Rohmaterial, besaß Wasserkraft, die billiger als die Kohle war, und war in der Lage, schnell gute Arbeiter auszubilden. Die Bank wurde 1830 gegründet, und bald kamen aus den besten europäischen Fabriken die modernsten Maschinen zum Spinnen und Verweben von Baumwolle; der Staat berief außerdem ausländische Textiltechniker. 1844 erzeugten die großen Anlagen von Puebla 1,4 Millionen Wolldecken. Die neue industrielle Leistungsfähigkeit überstieg den internen Bedarf; der Absatzmarkt des »Reiches der Ungleichheit«, der zum größten Teil aus hungrigen Indianern bestand, konnte die Fortsetzung jener rasend schnellen industriellen Entwicklung nicht gewährleisten. Gegen diese Mauer prallten die Bemühungen, die aus der Kolonialzeit geerbte Struktur zu durchbrechen. Trotzdem war die Industrie in solchem Maße modernisiert, daß die nordamerikanischen Textilanlagen um das Jahr 1840 durchschnittlich über weniger Spindeln verfügten als die mexikanischen[26]. Zehn Jahre später hatte sich dieses Verhältnis diametral geändert. Die mangelnde politische Stabilität, der von den englischen und französischen Kaufleuten und deren mächtigen inländischen Bundesgenossen ausgeübte Druck und das unzureichende Ausmaß des von vornherein durch die Minen- und Latifundienwirtschaft abgedrosselten internen Marktes brachten das bis dahin erfolgreiche Experiment zum Scheitern. Noch vor 1850 war der Fortschritt der mexikanischen Textilindustrie zum Stillstand gekommen. Die Schöpfer der »Banco de Avío« hatten ihren Wirkungsbereich erweitert, und als sie aufgelassen wurde, erfaßten ihre Kredite auch die Wollwebereien, die Teppichfabriken und die Eisen- und Papierproduktion. Esteban de Antuñano vertrat sogar die Notwendigkeit, daß Mexiko so bald wie möglich eine

26 Jan Bazant, »Estudio sobre la productividad de la industria algodonera mexicana en 1843/1845 (Lucas Alamán y la revolución industrial en México)«, bei: Banco Nacional de Comercio Exterior, a.a.O.

eigene Maschinenindustrie ins Leben riefe, »um dem Egoismus Europas zu begegnen«. Das größte Verdienst des Industrialisierungszyklus Alamáns und Antuñanos besteht darin, daß beide die »Identität von politischer Unabhängigkeit und wirtschaftlicher Unabhängigkeit« wiederherstellten, sowie »in der Tatsache, daß sie als einzig mögliche Verteidigung gegenüber mächtigen und angriffslustigen Völkern eine energische Ankurbelung der Industrie empfahlen«[27]. Alamán wurde selbst Industrieller, schuf die größte mexikanische Textilfabrik jener Zeit (sie hieß »Cocolapan« und besteht noch heute) und organisierte die Industriellen als »pressure group« gegenüber der sukzessiven Regierungen, die eine Freihandelspolitik betrieben[28]. Aber Alamán, Konservativer und Katholik, ging nicht so weit, das Agrarproblem aufzuwerfen, da er selbst sich der alten Ordnung ideologisch verbunden fühlte, und er wurde nicht gewahr, daß die industrielle Entwicklung in jenem Lande unendlicher Latifundien und allgemeinen Elends von vornherein dazu verurteilt war, ohne Basis in der Luft zu schweben.

Die Lanzen der Reitertrupps und der Haß, der Juan Manuel de Rosas überdauerte

Protektionismus gegen Freihandel, das Land gegen den Hafen: dies war der Kampf, der im Hintergrund der argentinischen Bürgerkriege des vergangenen Jahrhunderts loderte. Buenos Aires, das im 17. Jahrhundert nur ein großes Dorf mit vierhundert Häusern gewesen war, bemächtigte sich vom Augenblick der Mairevolution und der Unabhängigkeit an der ganzen Nation. Es war der einzige Hafen, und alle

27 Luis Chávez Orozco, a.a.O.

28 In Band III der genannten Dokumentensammlung der Banco Nacional de Comercio Exterior werden mehrere protektionistische Plädoyers, die in »El Siglo XIX« Ende 1850 veröffentlicht wurden, wiedergegeben: »Als die Eroberung durch die spanische Zivilisation mit ihren drei Jahrhunderten militärischer Beherrschung vorüber war, trat Mexiko in ein neues Zeitalter ein, das ebenfalls als eine Ära der Eroberung – allerdings auf dem Gebiete der Wissenschaft und des Handels – bezeichnet werden kann ... Ihre Streitmacht sind die Handelsschiffe; ihr Motto ist die absolute Freiheit der Wirtschaft; ihre wichtigste Norm gegenüber den weniger fortgeschrittenen Völkern ist das Gesetz der Gegenseitigkeit ... ›Schickt so viele Waren, wie ihr könnt, nach Europa‹, sagte man uns (jedoch mit Ausnahme derer, die wir verbieten); ›und als Gegenleistung laßt uns euch alle unsere Erzeugnisse schicken, auch wenn dadurch eure Handwerkskunst zugrunde gerichtet wird‹ ... Laßt uns diese Lehren, die sie (unsere Herren jenseits des Ozeans und jenseits des Río Bravo) uns erteilen, aber nicht selbst anwenden, annehmen, und möglicherweise wird dadurch unser Staatsvermögen ein wenig zunehmen ..., aber nicht die Arbeit des mexikanischen Volkes wird so gefördert werden, sondern die des englischen, des französischen, des Schweizer und des nordamerikanischen Volkes.«

Waren, die in das Land kamen oder das Land verließen, mußten unter seinem kaudinischen Joch hindurchziehen. Die Verzerrungen, die die Vorherrschaft von Buenos Aires der Nation auferlegte, sind in unseren Tagen klar sichtbar: Die Hauptstadt beherbergt zusammen mit ihren Vorstädten mehr als ein Drittel der argentinischen Gesamtbevölkerung und übt über die Provinzen verschiedenartige Formen der Bevormundung und der Ausbeutung aus. In jener Zeit hatte die Stadt das Monopol der Zollerhebung, des Bankwesens und der Geldemission inne und nahm auf Kosten der Binnenprovinzen einen schwindelerregenden Aufstieg. Fast alle Einkünfte von Buenos Aires hatten ihren Ursprung in den Zollgebühren, die der Hafen unrechtmäßig zu seinem eigenen Nutzen verwendete, und mehr als die Hälfte wurde zur Kriegsführung gegen die Provinzen aufgewendet, die auf diese Weise *für ihre eigene Vernichtung aufkamen*[29].

Um die Bedeutung zu ermessen, die den Fellen aus dem Río de la Plata damals auf dem Weltmarkt zukam, muß man sich in eine Epoche versetzen, in der Plastikmaterial und Kunststoffverkleidungen nicht einmal als Mutmaßung in der Vorstellung der Chemiker bestanden. Keine Region könnte für Viehzucht in großem Umfang besser geeignet sein als die fruchtbare Küstenebene. 1816 wurde ein neues System entdeckt, das mit Hilfe einer Arsenbehandlung die Erhaltung der Felle auf unbestimmte Zeit ermöglichte; gleichzeitig blühten und verbreiteten sich die Dörrfleischanstalten. Brasilien, die Antillen und Afrika öffneten ihre Märkte für die Einfuhr von Pökelfleisch, und im gleichen Maße, in dem das eingesalzene, in trockene Scheiben geschnittene Fleisch ausländische Verbraucher eroberte, wurde die Veränderung auch für die argentinischen Konsumenten fühlbar. Der interne Fleischkonsum wurde mit Steuern belegt, während gleichzeitig die Exporte weitgehend erleichtert wurden; in wenigen Jahren stieg der Viehpreis auf das Dreifache, und der Boden der Landgüter gewann an Wert. Die »Gauchos« waren daran gewöhnt, unter freiem Himmel in der Pampa, in der es keine Zäune gab, ohne Beschränkungen junge Tiere zu erlegen, um die besten Teile zu verzehren und den Rest wegzuwerfen, wobei sie nur die Verpflichtung hatten, das Fell an den Eigentümer des Bodens abzuliefern. Das hat sich geändert. Durch die Neuordnung der Produktion wurde der umherschweifende Gaucho einer neuen Knechtschaft unterworfen: 1815 wurde durch ein Dekret verfügt, daß jeder Landmann, der keine Besitztümer aufwies, als Landknecht be-

29 Miron Burgin, »Aspectos económicos del federalismo argentino«, Buenos Aires, 1960.

trachtet wurde, wobei er dazu verpflichtet war, ein Arbeitsbuch zu führen, das alle drei Monate mit einem Vermerk seines Dienstherren versehen werden mußte. Er war also Knecht oder Vagabund, und die Vagabunden wurden zwangsweise für die Grenzbataillone eingezogen[30]. Der unbändige Sohn des Landes, der in den Befreiungskriegen als Kanonenfutter gedient hatte, wurde so zum Paria, zum elenden Knecht oder zum Landser an der Grenze degradiert. Oder er lehnte sich auf und begab sich mit erhobener Lanze in den Wirbelwind der Reitertrupps[31]. Dieser widerspenstige Gaucho, dem alles, nur nicht der Ruhm und der Mut fehlte, nährte die Kavallerieangriffe, die immer wieder die gutbewaffneten Linientruppen von Buenos Aires zum Kampfe herausforderten. Der Uruguayer José Artigas war bis zum Augenblick seiner Niederlage und seines Exils der weitblickendste aller Volksführer gewesen, die den Kampf der einheimischen Massen gegen die an den Weltmarkt gebundenen Kaufleute und Landbesitzer leiteten, aber noch viele Jahre später konnte Felipe Varela in Nordargentinien einen großen Aufstand entfachen; denn – wie es in seinem Aufruf hieß – »Provinzbewohner sein bedeutet Bettler ohne Vaterland,

30 Juan Alvarez, »Las guerras civiles argentinas«, Buenos Aires, 1912.

31 Der Reitertrupp »kommt hier und da, wie der Wirbelwind. Er stürzt los, brüllt und zerschlägt wie der Wirbelwind, und gleich ihm bleibt er unversehens stehen und erlischt« (Dardo de la Vega Díaz, »La Rioja Heroica«, Mendoza, 1955). José Hernández, der Soldat auf seiten des Föderalismus war, sang im »Martín Fierro«, dem volkstümlichsten Buche Argentinens, das Unglückslied des aus seinem Heimatort vertriebenen und von der Obrigkeit verfolgten Gauchos:

Es wohnt der Adler in seinem Horst,
im Urwald lebt der Tiger,
der Fuchs in fremder Höhle,
und in seinem unbeständigen Geschick
nur der Gaucho umherirrend lebt,
wo immer sein Los ihn hinführen mag.

Denn:

Für ihn sind die dunklen Zellen da,
für ihn der harte Kerker,
in seinem Munde gelten die Worte nichts,
auch wenn das Recht auf seiner Seite steht,
denn Glocken aus Holz
sind die Rechte der Armen.

Jorge Abelardo Ramos stellt fest (»Revolución y contrarrevolución en la Argentina«, Buenos Aires, 1965), daß die beiden der Wirklichkeit entnommenen Namen, die im »Martín Fierro« erscheinen, Anchorena und Gaínza, zwei Namen sind, die für die Oligarchie repräsentativ sind, die die bewaffneten Scharen von Landbewohnern ausgerottet hat; in unseren Tagen sind beide in der Familie der Eigentümer der Zeitung »La Prensa« verschmolzen.

Ricardo Güiraldes zeigte in seinem »Don Segundo Sombra« (Buenos Aires, 1939) das Gegenstück des »Martín Fierro«: den gezähmten, an seinen Lohn gebundenen, seinem Herrn gegenüber unterwürfigen Gaucho, ein geeignetes Modell für rührselige Folklore oder Objekt des Mitleids.

ohne Freiheit und ohne Rechte sein«. Das Echo seiner Rebellion durchhallte das ganze Landesinnere. Mit ihm verschwand der letzte Reitertrupp; er starb 1870 in elender Lage an Tuberkulose[32]. Der Bannerträger der »Amerikanischen Union«, eines Planes zum Wiederaufbau des zerstückelten »Großen Vaterlandes«, ist noch ein Bandit, wie es bis vor nicht allzu langer Zeit auch Artigas für die argentinische Geschichte im Schulunterricht noch war.

Felipe Varela war in einem abgelegenen, kleinen Dorf in den Bergen um Catamarca zur Welt gekommen und Zeuge der Verarmung seiner von dem stolzen und fernen Hafen ruinierten Provinz gewesen. Der aus Catamarca stammende Abgeordnete Manuel Antonio Acevedo prangerte den »verhängnisvollen Wandel« an, den die Konkurrenz der ausländischen Produkte bewirkt hatte: »Catamarca muß schon seit einiger Zeit mit ansehen, daß seine Landwirtschaft weniger erzeugt als verbraucht, ohne dem abhelfen zu können; seine Industrie hat keine Absatzmärkte, die diejenigen, die sie fördern und ausüben, ermutigen könnte, und sein Handel befindet sich fast auf der letzten Stufe des Verfalls«[33]. Der Vertreter der Provinz Corrientes, Brigadegeneral Pedro Ferré, faßte 1830 die möglichen Folgen des von ihm geforderten protektionistischen Systems folgendermaßen zusammen: »Gewiß wird eine geringe Anzahl vermögender Personen darunter leiden, bestimmte vorzügliche Weine und Liköre nicht auf den Tisch stellen zu können ... Die weniger begünstigten Klassen werden keinen großen Unterschied bei den Weinen und Likören, die sie augenblicklich trinken, feststellen, es sei denn im Preis, und werden daraufhin ihren Konsum einschränken, was ich nicht für sehr schädlich halte. Unsere Landleute werden keine englischen ›Ponchos‹ anziehen; sie werden keine in England erzeugten Kugeln und Fangleinen mit sich führen; sie werden keine im Ausland erzeugte Kleidung und sonstige Gegenstände verwenden, die wir selbst herstellen können; aber dafür wird die Lage ganzer Orte Argentiniens weniger unglücklich sein, und der Gedanke an das furchtbare Elend, zu dem sie heute verurteilt sind, wird uns nicht weiter verfolgen«[34].

Die Regierung von Juan Manuel de Rosas erließ 1835 ein Zollgesetz, das die Einfuhr von Eisen- und Blechwaren, Pferdegeschirr, »Ponchos«,

32 Rodolfo Ortega Peña und Eduardo Luis Duhalde, »Felipe Varela contra el Imperio Británico«, Buenos Aires, 1966. 1870 ging auch, durch die ausländische Invasion in Blut gebadet, Paraguay unter, der einzige lateinamerikanische Staat, der nicht in das Verlies des Imperialismus geraten war.

33 Miron Burgin, a.a.O.

34 Juan Alvarez, a.a.O.

Gürteln, Leibbinden aus Schaf- oder Baumwolle und landwirtschaftlichen Produkten verbot, und belegte den Import von Waren, Schuhen, Kleidungsstücken, Reitgeschirr und alkoholischen Getränken mit hohen Abgaben. Man erhob keine Steuer auf das Fleisch, wenn dieses in Schiffen argentinischer Flagge befördert wurde. Die Wirkungen ließen nicht lange auf sich warten. Bis zur Schlacht von Caseros, durch die Rosas 1852 gestürzt wurde, durchzogen die in den Werften von Corrientes und Santa Fe gebauten Schoner und Schiffe die Flüsse, gab es in Buenos Aires mehr als hundert blühende Fabriken, und alle Reisenden stimmten darin überein, die ausgezeichnete Qualität der in Córdoba und Tucumán hergestellten Gewebe und Schuhe, der Zigarren und der Kunstgewerbeerzeugnisse aus Salta, der Weine und Schnäpse aus Mendoza und San Juan zu preisen[35]. Zehn Jahre nach dem Erlaß des Gesetzes sprengten die englischen und französischen Kriegsschiffe die quer durch den Paraná gespannten Ketten mit Kanonenschüssen, um die Flüsse im Innern Argentiniens, die Rosas fest verschlossen hielt, für die Schiffahrt zu öffnen. Der Invasion folgte die Blockade. Zehn Eingaben der Industriezentren von Yorkshire, Liverpool, Manchester, Leeds, Halifax und Bradford, die von eintausendfünfhundert Bankiers, Kaufleuten und Industriellen unterzeichnet waren, hatten die englische Regierung dazu gedrängt, Maßnahmen gegen die am Río de la Plata verfügten Handelsbeschränkungen zu ergreifen. Die Blockade erwies – trotz der durch das Zollgesetz errungenen Fortschritte – die beschränkten Fähigkeiten der einheimischen Industrie, den internen Bedarf zu decken. Auch gab es keine Industriebourgeoisie, die imstande gewesen wäre, die Entwicklung eines echten und kräftigen nationalen Kapitalismus voranzutreiben. Keine unabhängige und kraftvolle Industrialisierungspolitik war möglich, ohne gleichzeitig die Allmacht des auf Export eingestellten Latifundiums zu brechen. Rosas blieb im Grunde immer seiner Klasse treu. »Der berittenste Mann der ganzen Provinz«[36], Gitarrenspieler und Tänzer, ein erstklassiger Pferdebändiger, der sich in stürmischen und sternlosen Nächten orientierte, indem er Grashalme kaute, war ein großer Gutsbesitzer und Erzeuger von Pökelfleisch und Fellen, den die Landbesitzer zu ihrem Führer gemacht hatten. Die schwarze Legende, die nachträglich gewoben wurde, um ihn in Verruf zu bringen, kann den nationalen und gemeinnützigen Charakter vieler seiner Regierungsmaßnahmen nicht verbergen[37], aber

35 Jorge Abelardo Ramos, a.a.O.

36 José Luis Busaniche, »Rosas visto por sus contemporáneos«, Buenos Aires, 1955.

37 José Rivera Indarte inventarisierte in seinem berühmten Werk »Tablas de sangre«

der Klassengegensatz erklärt das Fehlen einer dynamischen und anhaltenden Industrialisierungspolitik, die über die Zollchirurgie hinausgegangen wäre. José Artigas hatte zwanzig Jahre vorher seine Verordnungen ausgearbeitet, die die Industrie förderten und mit einer weitgehenden Agrarreform harmonisierten. Vivan Trías hat in einem fruchtbaren Buch[38] den Protektionismus von Rosas mit der Reihe von Maßnahmen verglichen, die Artigas in der »Banda Oriental« (dem heutigen Uruguay) von 1813 bis 1815 vornahm, um die tatsächliche Unabhängigkeit der Zone des Vizekönigreiches des Río de la Plata zu erobern. Rosas verbot den Ausländern nicht, im Lande selbst Handel zu treiben, noch führte er dem Lande die Zolleinkünfte wieder zu, die Buenos Aires nach wie vor unrechtmäßig einbehielt, und ebensowenig bereitete er der Diktatur des einzigen Hafens ein Ende. Im Gegensatz dazu waren die Nationalisierung des internen Handels und der Bruch des von Buenos Aires ausgeübten Hafen- und Zollmonopols wie auch das Agrarproblem grundlegende Kapitel der Politik von Artigas gewesen. Trotz all dieser Beschränkungen rufen der Nationalismus und die Volksverbundenheit des »blauäugigen Gauchos« nach wie vor den Haß der herrschenden Klassen Argentiniens hervor. Rosas ist aufgrund eines noch gültigen Gesetzes aus dem Jahre 1857 des »Verbrechens am Vaterland« schuldig geblieben, und das Land verweigert ihm eine nationale Grabstätte für seine in Europa beerdigten Gebeine. Sein offizielles Bild ist das eines Mörders.

Nachdem die Ketzerei von Rosas überwunden war, fand die Oligarchie auf den ihr vorgezeichneten Weg zurück. 1858 eröffnete der Präsident der Kommission, dem die Leitung der Landwirtschaftsmesse oblag, die Ausstellung mit folgenden Worten: »Wir, die wir uns noch in den Kindesjahren befinden, sollten uns bescheiden damit abfinden, jenen europäischen Warenhäusern unsere Produkte und Rohmaterialien zu liefern, damit sie sie uns dank der mächtigen Hilfsmittel, über die sie verfügen, in verarbeitetem Zustand zurückgeben. Rohstoffe sind es, was Europa verlangt, um sie gegen herrliche Erzeugnisse auszutauschen«[39].

(Blutsverzeichnisse) die Verbrechen von Rosas, um die Empfindsamkeit Europas in Erschütterung zu versetzen. Nach dem Londoner »Atlas« hat das englische Bankhaus Samuel Lafone dem Schriftsteller einen Penny für jeden Toten bezahlt. Rosas hatte den Gold- und Silberexport verboten und so dem Imperialismus einen harten Schlag zugefügt; er hatte ferner die »Banco Nacional« aufgelöst, die ein Werkzeug des britischen Handels war. John F. Cady, »La intervención extranjera en el Río de la Plata«, Buenos Aires, 1943.

38 Vivian Trías, »Juan Manuel de Rosas«, Montevideo, 1970.

39 Rede von Gervasio A. de Posadas. Zitiert von Dardo Cúneo, »Comportamiento y crisis de la clase empresaria«, Buenos Aires, 1967. – 1876 sollte der Finanzminister

Der ruhmreiche Domingo Faustino Sarmiento und andere liberale Schriftsteller sahen in den ländlichen Reitertrupps nichts anderes als ein Symbol der Barbarei, des Rückschritts und der Ignoranz, den Anachronismus der von Viehhirten getragenen Kampagne gegenüber der Zivilisation, die von der Stadt verkörpert wurde: der »Poncho« und die Pumphose des Gauchos gegen den Gehrock; die Lanze und das Messer gegen die Linientruppen; der Analphabetismus gegen die Schule[40]. 1861 schrieb Sarmiento an Mitre: »Bemühen Sie sich nicht, Gauchoblut zu sparen; es ist das einzig Menschenartige, das bei Ihnen anzutreffen ist. Dies ist ein Dünger, der zum Nutzen des Landes verwendet werden muß.« Solche Verachtung und solcher Haß schlossen eine Ablehnung des eigenen Vaterlandes in sich, die selbstredend auch in der Wirtschaftspolitik zum Ausdruck kam: »Wir sind weder Industrielle noch Seefahrer«, sagte Sarmiento, »und Europa wird uns noch viele Jahrhunderte hindurch seine Erzeugnisse im Tausche gegen unsere Rohstoffe liefern«[41]. Präsident Bartolomé Mitre führte von 1862 an einen Vernichtungskrieg gegen die Provinzen und gegen die letzten Volksführer. Sarmiento wurde zum »Kriegsdirektor« ernannt, und die Truppen zogen in den Norden, um Gauchos, »zweifüßige Tiere von solch perversem Charakter«, zu töten. In La Rioja war der Steppengeneral Peñaloza (»El Chacho« – Der Junge), der seinen Einfluß auf Mendoza und San Juan ausdehnte, eines der letzten Widerstandsbollwerke gegen den Hafen, und Buenos Aires hielt den Augenblick für gekommen, mit ihm Schluß zu machen. Sein Kopf wurde abgehackt und in der Mitte der »Plaza de Olta« öffentlich zur Schau gestellt. Die Eisenbahn und die Straßen besiegelten den Niedergang der Provinz La Rioja, wo 1810 die Revolution begonnen hatte; der Freihandel hatte die Arbeitslosigkeit ihrer Handwerker hervorgerufen und hatte die chronische Armut der Region verschärft. Im 20. Jahrhundert fliehen in La Rioja die Bauern aus ihren Dörfern in den Bergen oder in den Ebenen und ziehen nach Buenos Aires, um dort ihre Hände anzubieten: sie gelangen, ebenso wie die bescheidenen Bauern aus anderen Provinzen, nur bis an die Tore der Stadt. In den Vororten müssen sie neben weiteren siebenhunderttausend Bewohnern der Elendsviertel (»Villas Miserias«) Platz finden und ernähren sich schlecht und recht von

im Kongreß sagen: »... Wir dürfen keinen übertrieben hohen Zoll festsetzen, der die Einfuhr von Schuhen unmöglich machte, so daß, während hier vier Flickschuster gediehen, tausend ausländische Schuhfabrikanten kein einziges Paar Schuhe verkaufen könnten.«

40 Armando Raúl Bazán, »Las bases sociales de la montonera«, in der Zeitschrift »Revista de historia americana y argentina«, Nr. 7 und 8, Mendoza, 1962/63.

41 Domingo Faustino Sarmiento, »Facundo«, Buenos Aires, 1952.

den Brotkrumen, die ihnen aus dem Bankett der großen Hauptstadt zugeworfen werden. »Bemerken Sie irgendwelche Veränderungen bei denen, die weggezogen sind und als Besucher zurückkehren?« fragten die Soziologen vor einigen Jahren die hundertfünfzig Personen, die in einem Dorf von La Rioja zurückgeblieben waren. Mit Neid stellten die, die geblieben waren, fest, daß Buenos Aires die Kleidung, das Benehmen und die Sprechart der Emigranten gebessert hatte. Einige fanden sie sogar »weißer«[42].

Der Krieg des Dreibundes gegen Paraguay zerstörte den einzigen erfolgreichen Versuch einer unabhängigen Entwicklung

Der Mann saß schweigend neben mir. Sein Profil, seine spitze Nase, seine hervorstehenden Backenknochen zeichneten sich in der stechenden Mittagssonne ab. Wir fuhren in Richtung auf Asunción, von der Südgrenze her, in einem Omnibus, der für zwanzig Personen bestimmt war und auf unerklärliche Weise fünfzig enthielt. Nach einigen Stunden machten wir halt. Wir ließen uns in einem offenen Hof im Schatten eines dickblättrigen Baumes nieder. Unseren Augen bot sich der blendende Glanz der weiten, unbewohnten und unberührten roten Erde dar: von Horizont zu Horizont unterbricht nichts die Durchsichtigkeit des Himmels in Paraguay. Wir rauchten. Mein Reisegefährte, ein guaraní sprechender Bauer, flocht einige wenige und traurige Worte auf spanisch ein: »Wir Paraguayer sind arm und wenige«, sagte er mir. Er erzählte mir, daß er nach Encarnación gefahren war, um Arbeit zu suchen, daß er aber keine gefunden hatte. Er hatte kaum ein paar Pesos für die Rückreise auftreiben können. Vor Jahren, als er noch jung war, hatte er in Buenos Aires und in Südbrasilien sein Glück versucht. Jetzt näherte sich die Baumwollernte, und viele paraguayische Tagelöhner zogen wie jedes Jahr nach Argentinien. »Aber ich bin schon dreiundsechzig Jahre alt. Mein Herz erträgt nicht mehr so viele Leute zusammen.«

Eine halbe Million ist die Anzahl der Paraguayer, die in den letzten zwanzig Jahren endgültig ihr Vaterland verlassen haben. *Das Elend stößt die Bewohner dieses Landes in die Fremde, obwohl es bis vor einem Jahrhundert das fortgeschrittenste ganz Südamerikas war.* Die Bevölkerungsziffer Paraguays ist jetzt kaum höher als damals, und es

42 Mario Margulis, »Migración y marginalidad en la sociedad argentina«, Buenos Aires, 1968.

gehört zusammen mit Bolivien zu den zwei ärmsten und zurückgebliebensten Ländern des Kontinents. Die Paraguayer leiden noch heute an der Erbschaft eines Vernichtungskrieges, der in der Geschichte Lateinamerikas als deren schmählichstes Kapitel erscheint. Er hieß der »Dreibund-Krieg«. Brasilien, Argentinien und Uruguay führten den Völkermord aus. Kein Stein wurde auf dem anderen und kein männlicher Bewohner zwischen den Trümmern am Leben gelassen. Obwohl England nicht direkt an der furchtbaren Schandtat beteiligt war, waren es seine Kaufleute, seine Bankiers und seine Industriellen, die aus dem an Paraguay verübten Verbrechen Nutzen zogen. *Die Invasion wurde von Anfang bis zu Ende von der Bank of London, dem Bankhaus Baring Brothers und der Bank Rothschild mit Anleihen finanziert, durch deren Wucherzinsen das Schicksal der siegreichen Länder verpfändet wurde*[43].

Bis zu seiner Zerstörung stand Paraguay als Ausnahme in Lateinamerika da: es war die einzige Nation, die keine Verunstaltungen durch das Auslandskapital erlitten hatte. Die lange und mit eiserner Hand geführte Regierung des Diktators Gaspar Rodríguez de Francia (1814–1840) hatte in der Gebärmutter der Isolierung eine autonome und dauerhafte Entwicklung der Wirtschaft hervorgebracht. Der allgewaltige paternalistische Staat nahm bei der Aufgabe, die Nation zu organisieren, ihre Einnahmequellen und ihr Schicksal zu lenken, den Platz der nicht vorhandenen nationalen Bourgeoisie ein. Francia hatte sich auf die Bauernmassen gestützt, um die paraguayische Oligarchie niederzudrücken, und hatte die Befriedung des Landes erreicht, indem er es durch strenge Absperrungsmaßnahmen vor jedem Kontakt mit den übrigen Ländern des ehemaligen Vizekönigreiches des Río de la Plata bewahrte. Die Enteignungen, die Verbannungen, die Einkerkerungen, die Verfolgungen und die Geldbußen hatten nicht dazu gedient, die Herrschaft der Landbesitzer und der Kaufleute im Lande zu festigen, sondern umgekehrt dazu, sie zu zerstören. Die politische Frei-

43 Beim Schreiben dieses Kapitels hat der Autor folgende Werke eingesehen: Juan Bautista Alberdi, »Historia de la guerra del Paraguay«, Buenos Aires, 1962; Pelham Horton Box, »Los orígenes de la guerra de la Triple Alianza«, Buenos Aires/Asunción, 1958; Efraím Cardozo, »El Imperio del Brasil y el Río de la Plata«, Buenos Aires, 1961; Julio César Chaves, »El Presidente López«, Buenos Aires, 1955; Carlos Pereyra, »Francisco Solano López y la guerra del Paraguay«, Buenos Aires, 1945; Juan F. Pérez Acosta, »Carlos Antonio López, obrero máximo. Labor administrativa y constructiva«, Asunción, 1948; José María Rosa, »La guerra del Paraguay y las montoneras argentinas«, Buenos Aires, 1965; Bartolomé Mitre und Juan Carlos Gómez, »Cartas polémicas sobre la guerra del Paraguay«, mit Vorwort von J. Natalicio González, Buenos Aires, 1940. Ferner eine noch unveröffentlichte Arbeit von Vivian Trías über dieses Thema.

heit und das Oppositionsrecht existierten nicht und tauchten auch später nicht auf, aber in der damaligen historischen Etappe litten nur die, die ihren verlorenen Privilegien nachweinten, unter dem Mangel an Demokratie. Es gab keine großen Privatvermögen, als Francia starb, und Paraguay war das einzige Land Lateinamerikas, in dem keine Bettler, keine Hungerleidenden und keine Diebe anzutreffen waren[44]. Diejenigen, die das Land bereisten, fanden dort eine Oase der Ruhe inmitten von Zonen vor, die ausnahmslos von ständigen Bürgerkriegen heimgesucht waren. Der nordamerikanische Agent Hopkins berichtete 1845 seiner Regierung, daß es in Paraguay »kein Kind gäbe, das nicht lesen und schreiben konnte ...«. Es war auch das einzige Land, das nicht ständig seinen Blick auf die andere Seite des Meeres gerichtet hatte. Der Außenhandel war nicht die Achse des nationalen Lebens; die liberale Doktrin, d.h. der ideologische Ausdruck der internationalen Gliederung der Märkte, hatte keine Antwort für die Aufgabe, die Paraguay – durch seine binnenländische Isolierung gezwungen, nach innen zu wachsen – seit dem Beginn des Jahrhunderts sich selbst gestellt hatte. Die Vernichtung der Oligarchie ermöglichte die Konzentrierung der wichtigsten wirtschaftlichen Funktionen in den Händen des Staates, um diese autarke Entwicklungspolitik innerhalb der Grenzen des Landes voranzutreiben.

Die späteren Regierungen von Carlos Antonio López und seinem Sohne Francisco Solano setzten dieses Werk mit steigendem Elan fort. Die Wirtschaft befand sich in stetigem Wachstum. Als die Angreifer 1865 am Horizont auftauchten, besaß Paraguay eine Telegraphen- und eine Eisenbahnlinie sowie eine beträchtliche Anzahl von Fabriken, in denen Baumaterial, Gewebe, Leinen, »Ponchos«, Papier und Tinte, Töpferwaren und Schießpulver hergestellt wurden. Die Mitarbeit von zwei-

44 Francia gehört als eines der schrecklichsten Exemplare der Bestiensammlung der offiziellen Geschichtsschreibung an. Die durch den Liberalismus hervorgerufenen Verzerrungen sind in Lateinamerika keineswegs nur bei den herrschenden Klassen anzutreffen; manche linksorientierte Intellektuelle, die die Geschichte unserer Länder mit fremden Brillengläsern zu betrachten pflegen, teilen auch gewisse Mythen der Rechten, ihre Heiligsprechungen und ihre Bannsprüche. Der »Canto General« Pablo Nerudas (Buenos Aires, 1955), eine wunderbare dichterische Ehrerbietung an die Völker Lateinamerikas, zeigt deutlich diesen falschen Standpunkt. Neruda ignoriert Artigas und Carlos Antonio und Francisco Solano López; hingegen identifiziert er sich mit Sarmiento. Francia bezeichnet er als »aussätzigen König, umgeben / von der Weite der Matefelder«, der »Paraguay verschlossen hielt wie ein Nest / seiner Majestät« und »Folter und Schlamm an seine Grenzen / kettete«. – Mit Rosas ist er nicht liebenswürdiger: Er erhebt seine Stimme gegen die »Dolche, das Gelächter der Mazorca / über dem gequälten« ... »mit Kolbenstößen ausgeplünderten, / im Dunste der Morgendämmerung geschlagenen, / in Blut und Wahn gestürzten, ausgeleerten, / von grimmigen Aufsehern durchzogenen Argentinien«!

hundert vom Staate sehr gut bezahlten ausländischen Technikern spielte dabei eine entscheidende Rolle. Von 1850 an erzeugte die Gießerei von Ibycui Kanonen, Mörser und Kugeln aller Kaliber; im Arsenal von Asunción wurden bronzene Kanonen, Haubitzen und Kugeln hergestellt. Das Eisengewerbe des Landes befand sich, wie fast alle übrigen grundlegenden Wirtschaftszweige, in Händen des Staates. Das Land verfügte über eine nationale Handelsflotte, und von den Schiffen, die die paraguayische Flagge im Flusse Paraná, bei der Überquerung des Atlantischen Ozeans oder im Mittelmeer zur Schau trugen, waren mehrere in der Werft von Asunción gebaut worden. Der Staat übte in der Praxis das Monopol über den Außenhandel aus: die Matebaum- und Tabakpflanzungen versorgten den Süden des Kontinents; die wertvollen Edelhölzer wurden nach Europa exportiert. Die Handelsbilanz warf einen großen Überschuß ab. Paraguay hatte eine feste und stabile Währung und war vermögend genug, um riesige öffentliche Investitionen vornehmen zu können, *ohne das Auslandskapital heranzuziehen.* Das Land war keinen Centavo im Ausland schuldig, obwohl es in der Lage war, das beste Heer Südamerikas zu unterhalten, englische Techniker zu verpflichten, die sich in den Dienst des Landes – und nicht das Land in ihren Dienst – stellten, und einige junge paraguayische Universitätsstudenten zur Vervollkommnung ihrer Studien nach Europa zu schicken. Der aus der Agrarproduktion hervorgehende Wirtschaftsüberschuß wurde nicht für den unfruchtbaren Luxus einer nicht bestehenden Oligarchie verschwendet, noch floß er in die Taschen der Zwischenhändler, noch in die magischen Hände der Geldverleiher, noch trug er zu den Gewinnen bei, die durch Frachtenbeförderung und Versicherungen erzielt wurden und die das britische Weltreich nährten. Der imperialistische Schwamm sog nicht den Reichtum auf, den das Land hervorbrachte. 98 Prozent des paraguayischen Staatsgebietes war öffentliches Eigentum; der Staat überließ den Bauern die Ausbeutung von Parzellen, doch mußten sie sich dazu verpflichten, sie zu besiedeln und ständig zu bebauen; sie hatten auch kein Recht, sie zu verkaufen. Die von den Eingeborenen bewahrte Tradition von jährlich zwei Ernten, die von den Konquistadoren aufgegeben worden war, erwachte zu neuem Leben. Der lebendige Hauch der Jesuitentradition ebnete diesem schöpferischen Prozeß zweifellos den Weg[45].

45 Die fanatischen Mönche der Gesellschaft Jesu, der »schwarzen Garde des Papstes«, hatten die Verteidigung der mittelalterlichen Ordnung gegenüber den neuen Kräften übernommen, die in Europa auf die Bühne der Geschichte drangen. Aber in Spanisch-Amerika entwickelte sich das Missionswerk der Jesuiten im Zeichen des Fortschritts. Sie kamen, um mit dem Beispiel der Selbstentsagung und der Askese

Der Staat führte äußerst wachsame Maßnahmen, die überdies 1864 noch verschärft wurden, zum Schutze der nationalen Industrie und des internen Marktes durch; die Flüsse im Innern des Landes standen den britischen Schiffen nicht offen. *Der englische Handel verbarg nicht seine Unruhe, nicht nur, weil sich jener nationale Widerstandsherd im Herzen des Kontinents als unbesiegbar erwies, sondern auch – und vor allem – wegen der Kraft des Beispiels, das das paraguayische Experiment in gefährlicher Weise auf die Nachbargebiete ausstrahlte.*

Aber während Paraguay diesen Prozeß erfolgreich fortsetzte, wurde die Notwendigkeit, die Eingeschlossenheit zu durchbrechen, in immer stärkerem Maße fühlbar. Die industrielle Entwicklung erforderte intensivere und direktere Kontakte mit dem Weltmarkt. Paraguay war de facto von Argentinien und Brasilien blockiert. Andererseits war es für seine Nachbarn, um ihre oligarchische Ordnung zu festigen, unumgänglich geworden, dem Skandal jenes verhaßten Landes, das sich selbst genügte und sich vor den englischen Kaufleuten nicht auf den Knien niederlassen wollte, ein Ende zu bereiten.

Der englische Botschafter in Buenos Aires, Edward Thornton, nahm an der Seite des Präsidenten Bartolomé Mitre als Berater an den Kriegsvorbereitungen in beträchtlichem Maße teil. Das Komplott, das in dem argentinisch-brasilianischen Abkommen gipfelte, besiegelte das Schicksal Paraguays. Venancio Flores fiel in Uruguay mit dem Segen

eine katholische Kirche zu läutern, die sich der Muße und dem hemmungslosen Genuß der Güter hingegeben hatte, die die »Conquista« dem Klerus zur Verfügung gestellt hatte. Die Missionen in Paraguay waren es, die das höchste Niveau erreichten; in kaum mehr als anderthalb Jahrhunderten (1603–1768) erwiesen sie die Fähigkeiten und die Ziele ihrer Schöpfer. Die Jesuiten zogen mit der Sprache der Musik die Guaraní-Indianer an, die im Urwald Schutz gesucht oder in ihm verblieben waren, ohne sich dem »zivilisatorischen Prozeß« der Lehnherren und der Landbesitzer einzugliedern. Hundertfünfzigtausend Guaraní-Indianer konnten zu ihrer ursprünglichen Gemeinschaftsorganisation zurückfinden und ihre eigenen Methoden auf dem Gebiete des Handwerks und der Kunst zu neuem Leben erwecken. In den Missionen war das Latifundium ausgeschaltet; die Erde wurde teils zur Befriedigung der Bedürfnisse des einzelnen, teils zur Ermöglichung von Arbeiten im Allgemeininteresse und dem Erwerb von Arbeitsgeräten – die Kollektiveigentum waren – bebaut. Das Leben der Indianer war mit weiser Voraussicht organisiert; in den Werkstätten und den Schulen wurden Musiker und Handwerker, Landwirte, Weber, Schauspieler, Maler und Baumeister herangebildet. Das Geld war unbekannt; den Kaufleuten war der Zutritt untersagt, und sie mußten von Herbergen aus, die in gewisser Entfernung lagen, ihren Handel betreiben. – Die Krone gab schließlich dem Druck der einheimischen Lehnherren nach, und die Jesuiten wurden aus Amerika vertrieben. Die Landbesitzer und die Sklavenhändler begannen eine wilde Jagd nach Indianern. Die Leichen hingen in den Missionen an den Bäumen; ganze Dörfer wurden auf den Sklavenmärkten Brasiliens verkauft. Viele Indianer fanden wieder im Urwald Zuflucht. Die Bibliotheken der Jesuiten wurden als Brennstoff für die Öfen oder zur Erzeugung von Patronen verwendet. Jorge Abelardo Ramos, »Historia de la Nación Latinoamericana«, Buenos Aires, 1968.

der beiden großen Nachbarn ein und errichtete, nach dem Gemetzel von Paysandú, in Montevideo seine Rio de Janeiro und Buenos Aires hörige Regierung. Der Dreibund arbeitete. Der paraguayische Präsident Solano López hatte mit dem Kriege gedroht, falls Uruguay angegriffen würde: er wußte, daß sich auf diese Weise die eiserne Zange um die Gurgel seines durch seine geographische Lage und seine Feinde eingekreisten Landes schloß. Der liberale Geschichtsschreiber Efraím Cardozo findet es trotzdem nicht schwer, die Behauptung aufzustellen, daß López Brasilien gegenübergetreten sei, weil er beleidigt war: der Kaiser hatte ihm die Hand einer seiner Töchter verweigert. Der Konflikt war gegeben. Aber er war das Werk Merkurs, nicht Cupidos.
Die Presse von Buenos Aires nannte den paraguayischen Präsidenten López den »Attila Amerikas«: »Man muß ihn wie eine Schlange töten«, wurde in den Leitartikeln gefordert. Im September 1864 berichtete Thornton nach London: »Die Einfuhrzölle fast aller Artikel betragen 20 oder 25 Prozent ›ad valorem‹; aber da dieser Wert aufgrund des handelsüblichen Preises der Waren errechnet wird, erreicht der zu entrichtende Zoll häufig 40 bis 45 Prozent des fakturierten Preises. Die Ausfuhrzölle betragen 10 bis 20 Prozent des Wertes ...«
Der Vertrag mit Brasilien und Uruguay wurde am 1. Mai 1865 unterzeichnet; seine drakonischen Bestimmungen wurden erst ein Jahr später, und zwar von der britischen Zeitung »The Times«, veröffentlicht, die ihren Inhalt von den Bankiers erhalten hatte, die Gläubiger Argentiniens und Brasiliens waren. Die zukünftigen Sieger teilten im vorhinein die Überreste des Besiegten untereinander auf. Argentinien sicherte sich das ganze Gebiet von Misiones und den unendlichen Chaco; Brasilien verschlang ein riesiges Gebiet westlich von seinen Grenzen. Uruguay, das von einer Marionette beider Mächte regiert wurde, bekam nichts.
Mitre kündigte an, daß er Asunción in drei Monaten einnehmen würde. Aber der Krieg dauerte fünf Jahre. Es war eine Schlächterei. Als der paraguayische Präsident schließlich mit Kugeln und Lanzenstichen im Dickicht des Cerro Corá ermordet wurde, konnte er noch die Worte aussprechen: »Ich sterbe mit meinem Land!« Und es war wahr: Paraguay starb mit ihm. Paraguay hatte zu Beginn des Krieges eine etwas niedrigere Bevölkerung als Argentinien. Nur zweihundertfünfzigtausend Paraguayer – weniger als ein Sechstel – waren 1870 am Leben. Das Reich der Sklavenhalter unter Pedro II., dessen Truppen aus Sklaven und aus Sträflingen bestanden, hatte einen Gebietszuwachs von mehr als sechzigtausend Quadratkilometern zu verzeichnen und gewann auch neue Arbeitskräfte; denn die paraguayischen Kriegs-

gefangenen wurden – das Sklavenmal mit Glüheisen eingeprägt – zur Arbeit in die Kaffeeplantagen von São Paulo geschickt. Das Argentinien des Präsidenten Mitre bekam vierundneunzigtausend Quadratkilometer paraguayischer Erde. Uruguay, wo die Nachfolger von Artigas bereits getötet oder besiegt worden waren und die Oligarchie das Heft in ihrer Hand hatte, nahm an dem Kriege als unbedeutender Partner teil und ging leer aus. Alle drei Länder erlitten einen finanziellen Zusammenbruch, der ihre Abhängigkeit England gegenüber verschärfte. Die Schlächterei in Paraguay hat sie für immer gezeichnet[46].

Brasilien hatte die Aufgabe erfüllt, die das britische Weltreich ihm seit der Zeit, in der die Engländer den portugiesischen Thron nach Rio de Janeiro verlegten, zugedacht hatte. Zu Beginn des 19. Jahrhunderts hatten die Instruktionen Cannings an den Botschafter Lord Strangford an Klarheit nichts zu wünschen übriggelassen: »... aus Brasilien einen Stapelplatz für die englischen Industrieerzeugnisse zu machen, die für ganz Südamerika bestimmt waren.« Kurz bevor er den Krieg begann, hatte der argentinische Präsident eine neue *britische* Eisenbahnlinie in seinem Lande eingeweiht und dabei eine flammende Rede gehalten: »Worin besteht die Kraft, die diesen Fortschritt ermöglicht? Meine Herren: Es ist das englische Kapital!« *Aus dem besiegten Paraguay verschwand nicht nur die Bevölkerung; es verschwanden gleichfalls die Zolltarife, die Hochöfen der Gießereien, die Sperre der Flüsse für den freien Handel, die wirtschaftliche Unabhängigkeit und weite Zonen seines Territoriums.* Kaum war der Krieg zu Ende, ging auf die noch rauchenden Ruinen Paraguays die erste ausländische Anleihe seiner Geschichte nieder. Sie war selbstredend britisch. Sie betrug nominell eine Million Pfund Sterling, aber weit weniger als die Hälfte gelangte nach Paraguay; in den folgenden Jahren stieg die Schuld durch die Neufinanzierungen auf drei Millionen. Auch Paraguay garantierte nach der Niederlage die Handelsfreiheit. Die Baumwollpflanzungen wurden aufgegeben, und Manchester richtete die Textilindustrie zugrunde; die einheimische Industrie ist niemals wiedererstanden.

Die »Rote Partei«, die heute in Paraguay am Ruder ist, macht sich

46 Solano López ist ein noch lebendiges Brandmal. Als das Historische Nationalmuseum von Rio de Janeiro im September 1969 die bevorstehende Einweihung einer dem paraguayischen Präsidenten gewidmeten Vitrine ankündigte, reagierten die Militärs wütend. Der General Mourão Filho, der den Staatsstreich von 1964 entfacht hatte, erklärte der Presse gegenüber: »Ein Sturm des Wahnsinns durchläuft das Land ... Solano López ist eine Figur, die als Paradigma des südamerikanischen uniformierten Diktators aus unserer Geschichte für immer gelöscht werden muß. Er war ein blutgieriger Mörder, der Paraguay vernichtete, indem er es in einen unmöglichen Krieg stürzte.«

fröhlich das ehrwürdige Andenken der Helden zunutze, aber unter ihrer Gründungsurkunde stehen die Unterschriften von zweiundzwanzig Verrätern an Marschall Solano López, von »Legionären« im Dienste der brasilianischen Besatzungstruppen. Der Diktator Alfredo Stroessner, der seit fünfzehn Jahren Paraguay in ein großes Konzentrationslager verwandelt hat, hat seine militärische Spezialausbildung in Brasilien erhalten, und die brasilianischen Generäle schickten ihn mit hohen Auszeichnungen und flammenden Lobsprüchen in sein Land zurück: »Er ist einer großen Zukunft würdig ...« Während seiner Herrschaft hat Stroessner die in Paraguay in den letzten Jahrzehnten dominierenden angloargentinischen Interessen zugunsten Brasiliens und dessen nordamerikanischen Gebietern verdrängt. Seit 1870 wechseln sich Brasilien und Argentinien, die Paraguay »befreit« haben, um es mit zwei Mündern zu verspeisen, gegenseitig in der Nutznießung der Überbleibsel des besiegten Landes ab, sind aber ihrerseits der imperialistischen Politik der jeweils herrschenden Großmacht ausgesetzt. Paraguay erleidet gleichzeitig die Aktion des Imperialismus und des Subimperialismus. Einst war das britische Weltreich das wichtigste Glied in der Kette der sukzessiven Abhängigkeiten. Heute unterhalten die Vereinigten Staaten, die die geopolitische Bedeutung dieses im Zentrum Südamerikas verankerten Landes nicht verkennen, auf paraguayischem Boden unzählige Berater, die die Streitkräfte ausbilden und orientieren, die Wirtschaftspläne auskochen, in den Universitäten Strukturänderungen nach ihrem Gutdünken vornehmen, ein neues »demokratisches« Schema für die Politik erfinden und die guten Dienste des Systems mit erdrückenden Anleihen entgelten[47].

Der Subimperialismus oder der Imperialismus zweiten Grades kommt auf tausend Arten zum Ausdruck. Als Präsident Johnson 1965 beschloß, die Dominikaner in ein Blutbad zu tauchen, sandte Stroessner paraguayische Soldaten nach Santo Domingo, um an der Arbeit teilzunehmen; das Bataillon hieß »Marschall Solano López« – und hierin lag eine düstere Ironie. Die Paraguayer unterstanden einem brasilianischen General, da Brasilien es war, das die Ehren des Verrats empfing; der General Panasco Alvim führte die lateinamerikanischen Truppen an, die bei dem Gemetzel mitschuldig wurden.

47 Kurz vor den Wahlen Anfang 1968 besuchte der General Stroessner die Vereinigten Staaten. »Als ich mit Präsident Johnson zusammentraf«, erklärte er der France Press, »legte ich ihm dar, daß ich schon seit zwölf Jahren das erste Amt des Staates aufgrund der Entscheidung der Wahlurnen ausübe. Johnson antwortete mir, daß dies ein weiterer Grund sei, um es in der kommenden Amtsperiode weiter zu bekleiden.«

Stroessner hält sich für einen Erben der López. Aber kann das Paraguay vor einem Jahrhundert mit dem Paraguay von heute, der Hochburg des Schmuggels im Platabecken und dem Reiche der öffentlich organisierten Korruption, ungestraft verglichen werden? In einer politischen Kundgebung, bei der die Regierungspartei unter Hochrufen und Applaus die Vertretung sowohl des einen wie auch des anderen Paraguays für sich in Anspruch nahm, verkaufte ein kleiner Junge geschmuggelte Zigaretten, die er auf einem umgebundenen Tablett trug – die eifrigen Besucher der Versammlung rauchten nervös Kent, Marlboro, Camel und Benson & Hedges. In Asunción trinkt der spärliche Mittelstand Balantine's-Whisky anstatt paraguayischen Zuckerrohrschnaps. Man entdeckt die letzten Modelle der luxuriösesten in den Vereinigten Staaten oder Europa fabrizierten Automobile, die auf dem Schmuggelwege oder nach Entrichtung der sehr niedrigen Steuern ins Land gekommen sind, während man gleichzeitig auf den Straßen Ochsengespanne sieht, die die Früchte langsam auf den Markt fahren; der Boden wird mit Holzpflügen bearbeitet, und die Taxis sind Impala-70-Modelle. Stroessner sagt, daß der Schmuggel »der Preis des Friedens« sei; die Generäle füllen sich die Taschen und zetteln keine Verschwörungen an. Die Industrie liegt unter diesen Umständen natürlich im Sterben, anstatt sich zu entwickeln. Der Staat erfüllt nicht einmal das Dekret, nach dem bei öffentlichen Käufen Produkte inländischer Fabriken vorzuziehen sind. Die einzigen Erfolge, die die Regierung auf diesem Gebiete stolz vorweist, sind die Anlagen der Coca Cola, der Crush und der Pepsi Cola, die Ende 1966 als nordamerikanischer Beitrag zum Fortschritt des paraguayischen Volkes errichtet wurden.

Der Staat erklärt, nur dann bei der Neuschaffung von Unternehmen eingreifen zu wollen, »wenn der Privatsektor kein Interesse an den Tag legte«[48], und die Zentralbank läßt den Weltwährungsfonds wissen, daß sie »beschlossen habe, ein System des freien Devisenmarktes einzuführen und die bestehenden Beschränkungen des Handels und der Devisentransaktionen aufzuheben«; in einer vom Industrie- und Handelsministerium herausgegebenen Broschüre werden die an Investitionen interessierten Kreise darauf aufmerksam gemacht, daß das Land »dem Auslandskapital Sonderkonzessionen einräume«. Die ausländischen Firmen werden von der Zahlung von Steuern und Zöllen befreit, »um ein günstiges Investitionsklima zu schaffen«. Ein Jahr nach

48 Präsidentenstelle der Nation, Technisches Planungssekretariat, »Plan nacional de desarrollo económico y social«, Asunción, 1966.

ihrer Niederlassung in Asunción erlangt die National City Bank New York das gesamte investierte Kapital wieder. Die ausländischen Banken, die das interne Sparwesen beherrschen, verschaffen Paraguay Auslandskredite, die seine wirtschaftliche Mißbildung verschärfen und seine Souveränität in noch stärkerem Maße verpfänden. Auf dem Lande verfügt 1,5 Prozent der Eigentümer über 90 Prozent des genutzten Bodens, und weniger als 2 Prozent der Gesamtoberfläche wird bebaut. Der offizielle Besiedlungsplan für das Dreieck von Caaguazú bietet den hungrigen Bauern mehr Gräber als Wohlstand[49]. Das Vaterland verweigert seinen Söhnen das Recht auf Arbeit und das tägliche Brot: die Paraguayer wandern massenweise aus.
Die Hochöfen der Gießereien von Ybycuí, in denen die Kanonen zur Verteidigung des besetzten Vaterlandes gegossen wurden, erhoben sich in einer Landschaft, die heute »Mina-cué« genannt wird, was in der Guaraní-Sprache bedeutet: »Es war eine Mine.« Dort steht noch heute in einem moskitoverseuchten Morast neben einer eingestürzten Mauer das Fundament des großen Schornsteins, den die Invasoren vor einem Jahrhundert mit Dynamit in die Luft gesprengt hatten, und man kann noch heute die verrosteten Eisenstücke der zerstörten Anlagen betrachten. Nur ein paar in Lumpen gekleidete Bauern leben noch dort, die nicht einmal wissen, was das für ein Krieg war, in dem dies alles zerstört wurde. Aber sie erzählen, daß man in manchen Nächten noch heute das Dröhnen der Maschinen, den Klang von Hammerschlägen, das Donnern der Kanonen und das Geschrei der Soldaten hören kann.

Die Anleihen und die Eisenbahnen als Elemente der Mißbildung der Wirtschaft in Lateinamerika

Der Vicomte Chateaubriand, Außenminister Frankreichs unter der Herrschaft Ludwigs XVIII., schrieb mit Verbitterung und vermutlich auch aufgrund guter Informationsquellen: »Im Moment der Emanzipation verwandelten sich die spanischen Kolonien in eine Art englischer

49 Viele Bauern haben sich schließlich dazu entschlossen, in das Gebiet von Minifundien im Zentrum des Landes zurückzukehren, oder haben einen neuen Auszug nach Brasilien angetreten, wo ihre billigen Arme in den Matepflanzungen von Curitiba und Mato Grosso oder in den Kaffeeplantagen von Paraná feilgeboten werden. Die Lage der Neusiedler, die ohne die geringste technische Beratung und ohne jede Kredithilfe dem Urwald gegenüberstehen, ist verzweifelt. Die Erde ist von der Regierung »zugeteilt«, doch müssen sie ihr genügend Früchte abringen, um sich zu ernähren und sie zu *bezahlen* – denn, wenn der Bauer nicht den festgelegten Preis bezahlt, erhält er kein Eigentumsrecht.

Kolonien«[50]. Er nannte dabei einige Ziffern. Er sagte, daß England von 1822 bis 1826 den befreiten spanischen Kolonien zehn Anleihen gewährt habe, deren nominelle Höhe etwa einundzwanzig Millionen Pfund Sterling betragen habe, daß aber nach Abzug der Zinsen und der Vermittlungsgebühren die Summe, die tatsächlich auf amerikanischen Boden gelangt sei, kaum sieben Millionen ausgemacht hätte. Gleichzeitig waren in London mehr als vierzig Aktiengesellschaften zur Ausbeutung der Naturschätze Lateinamerikas – Minen, Agrarwirtschaft – und zur Errichtung von Unternehmen für die Leistung öffentlicher Dienste geschaffen worden. Die Banken schossen wie Pilze aus dem britischen Boden: in einem einzigen Jahr – 1836 – wurden achtundvierzig gegründet. Das Auftauchen der englischen Eisenbahnen in Panama um die Mitte des Jahrhunderts und das der ersten Straßenbahnlinie, die 1868 von einer britischen Firma in der brasilianischen Stadt Recife eingeweiht wurde, verhinderte nicht, daß die englischen Banken weiterhin die Schatzämter der Regierungen finanzierten[51]. Die lateinamerikanischen Staatsschuldscheine waren – bei ihren Krisen und ihren Perioden des Aufstiegs – auf dem englischen Finanzmarkt in aktivem Umlauf. Die öffentlichen Dienste waren in britischen Händen, aber die neuen Staaten sahen sich bei ihrer Entstehung von den Militärausgaben überfordert und mußten außerdem für das Defizit, das sich durch die Zahlungen ins Ausland ergab, aufkommen. Der Freihandel bedeutete eine wahnsinnige Zunahme der Importe, vor allem derer von Luxusartikeln, und um einer Minderheit zu gestatten, der Mode getreu zu leben, gingen die Regierungen Anleihen ein, die ihrerseits die Notwendigkeit weiterer Anleihen bewirkten: die Länder verpfändeten von vornherein ihr Schicksal und entäußerten sich ihrer wirtschaftlichen Freiheit und ihrer politischen Souveränität. Der gleiche Vorgang vollzog sich – und vollzieht sich weiterhin in unseren Tagen, wenn auch heute die Gläubiger und die Methoden andere sind – in ganz Lateinamerika mit Ausnahme Paraguays; doch diese Ausnahme wurde beseitigt. Die Finanzierung aus dem Ausland wurde wie das Morphium unentbehrlich. Man öffnete Löcher, um Löcher zu dichten. Die Verschlechterung des Preisverhältnisses im Handelsaustausch ist auch keine ausschließliche Erscheinung unserer Tage. Nach Celso Furtado[52] sind die Preise der brasilianischen Exportartikel von 1821 bis 1830 und von 1841 bis 1850 fast auf die Hälfte gefallen, während die

50 R. Scalabrini Ortiz, »Política británica en el Río de la Plata«, Buenos Aires, 1940.
51 J. Fred Rippy, »British investments in Latin America (1822–1949)«, Minneapolis, 1959.
52 Celso Furtado, a.a.O.

Preise der aus dem Ausland importierten Waren gleichblieben; die verwundbare lateinamerikanische Wirtschaft glich den Verlust durch Anleihen aus.
»Die Finanzen dieser jungen Staaten«, schreibt Schnerb, »sind nicht saniert ... Es erweist sich als notwendig, zur Inflation, die die Geldentwertung bewirkt, und zu schwer lastenden Anleihen zu greifen. Die Geschichte dieser Republiken ist in gewisser Hinsicht die der wirtschaftlichen Verpflichtungen, die sie gegenüber der absorbierenden europäischen Finanzwelt eingegangen sind«[53]. Die Bankrotte, die Zahlungseinstellungen und die verzweifelten Neufinanzierungen waren in der Tat häufig. Die englischen Pfunde zerliefen wie Wasser zwischen den Fingern. Von der Anleihe über eine Million Pfund, die die Regierung von Buenos Aires 1824 bei dem Hause Baring Brothers eingegangen war, erhielt Argentinien nicht mehr als 570 000, aber nicht in Gold, wie festgelegt war, sondern in Papiergeld. Die Anleihe bestand in der Erteilung von Zahlungsanweisungen an die englischen Kaufleute, die ihren Sitz in Buenos Aires hatten, und diese verfügten über kein Gold, um es an das Land abzuliefern, da ihre Aufgabe gerade darin bestand, alles Edelmetall, dessen sie habhaft werden konnten, nach London zu schicken. Man erhielt demnach Wechsel, aber man mußte trotzdem funkelndes Gold zurückzahlen. Erst zu Beginn unseres Jahrhunderts tilgte Argentinien diese Schuld, die im Verlaufe sukzessiver Erneuerungen auf vier Millionen Pfund angewachsen war[54]. Die Provinz Buenos Aires in ihrer Gesamtheit – alle ihre Einkünfte, ihr öffentlicher Grund und Boden – waren als Garantie für die Erfüllung der Zahlung verpfändet gewesen. In der Epoche, in der über die Anleihe verhandelt wurde, sagte der damalige Finanzminister: »Wir sind nicht in der Lage, gegen den ausländischen Handel, besonders den englischen, vorzugehen; denn da wir jener Nation gegenüber stark verschuldet sind, setzen wir uns einem Bruch aus, der großen Schaden anrichten würde ...« Die Verwendung der Schulden als Erpressungsmittel ist demnach keine neuere nordamerikanische Erfindung.
Die Wuchertransaktionen bewirkten die Einkerkerung der freien Länder. Um die Mitte des 19. Jahrhunderts verschlang der Schuldendienst bereits fast 40 Prozent des brasilianischen Budgets, und überall lag ein ähnliches Panorama vor. Die Eisenbahnen waren auch ein entscheidender Bestandteil des eisernen Käfigs der Abhängigkeit: sie dehnten –

53 Robert Schnerb, »Le XIXe siècle. L'apogée de l'expansion européenne (1815–1914)«, Band VI der von Maurice Crouzet geleiteten allgemeinen Geschichte der Zivilisationen, Paris, 1968.
54 R. Scalabrini Ortiz, a.a.O.

bereits in der Epoche der vollen Entfaltung des Monopolkapitalismus – den Einfluß des Imperialismus bis ins Hinterland der kolonialen Wirtschaftssysteme aus. Ein bedeutender Teil der Anleihen wurde zur Finanzierung von Eisenbahnen bestimmt, um die Verschiffung der Mineralien und der Nahrungsmittel ins Ausland zu erleichtern. Die Eisenbahnstränge bildeten nicht ein Netz, das dazu bestimmt gewesen wäre, die verschiedenen Regionen des Innern einander zu nähern, sondern verbanden die Produktionszentren mit den Häfen. Auf der Landkarte bieten die Eisenbahnlinien noch immer das Bild einer Hand mit ausgespreizten Fingern: Auf diese Weise verhinderten die so oft als Vorboten des Fortschritts begrüßten Eisenbahnen die Bildung und die Entwicklung des internen Marktes. Sie taten es auch auf andere Weise, vor allem mit Hilfe einer Tarifpolitik, die den Interessen der britischen Vorherrschaft entsprach. Die Frachtsätze für Produkte, die in Argentinien fertiggestellt wurden, waren zum Beispiel weitaus höher als die für unverarbeitete Produkte. Die Eisenbahntarife wirkten sich wie ein Fluch aus, der es unmöglich machte, Zigaretten in den Tabakanbauzonen herzustellen, in den Wollzentren Spinnereien und Webereien zu errichten oder das Holz in den Waldzonen zu verarbeiten[55/56].
Es war kein englisches Kapital, das die ersten Schienen in Argentinien, Brasilien, Chile, Guatemala, Mexiko und Uruguay legte. Auch nicht in Paraguay – wie oben dargelegt –, aber die vom paraguayischen Staat mit dem Beitrag von ihm verpflichteter europäischer Techniker errichteten Eisenbahnen gingen nach der Niederlage in englische Hände über. Dasselbe Schicksal erlitten die Bahnlinien und die Züge in den restlichen Ländern, ohne daß auch nur ein einziger Cent neu investiert worden wäre; außerdem traf der Staat Vorkehrungen, um den Unternehmen Mindestgewinne vertraglich zuzusichern und ihnen auf diese Weise etwaige unangenehme Überraschungen zu ersparen. Viele Jahrzehnte später – am Ende des Zweiten Weltkrieges –, als die Eisenbahnen keine Dividenden mehr trugen und mehr oder weniger außer Gebrauch gekommen waren, gingen sie neuerdings in Staatsbesitz über. Fast alle Länder kauften den Engländern das alte Eisen ab und nationalisierten auf diese Weise die Verluste der Unternehmen. In der Blütezeit der Eisenbahnen hatten die englischen Firmen oft beträchtliche Landkonzessionen auf beiden Seiten der Schienenstränge, abgesehen von den Eisenbahnlinien an sich und dem Rechte, neue Zweigbahnen zu bauen, erhalten. Der Boden war ein ausgezeichnetes zu-

55 R. Scalabrini Ortiz, a.a.O.
56 J. Eduardo Retondo, »El bosque y la industria forestal en Santiago del Estero«, Santiago del Estero, 1962.

sätzliches Geschäft: Das märchenhafte Geschenk, das die Brazil Railway 1911 erhielt, verursachte die Verbrennung unzähliger Hütten und die Vertreibung oder den Tod der Bauernfamilien, die in dem Konzessionsgebiet wohnten. Dies war der Auslöser des »Contestado«-Aufstands, einer der eindrucksvollsten Episoden in der Geschichte Brasiliens, in der der Volkszorn zum Ausbruch kam.

Protektionismus und Freihandel in den Vereinigten Staaten: Der Erfolg war nicht das Werk einer unsichtbaren Hand

Als 1865 der Dreibund die bevorstehende Zerstörung Paraguays ankündigte, feierte Ulysses Grant in Appomatox die Ergebung des Generals Robert Lee. Der Sezessionskrieg endete mit dem Sieg der Industriezentren im Norden – klaren Vertretern einer protektionistischen Politik – gegenüber den Baumwoll- und Tabakpflanzern im Süden, die Parteigänger des Freihandels waren. *Der Krieg, der Lateinamerika das Schicksal einer Kolonie einbrachte, brach zur gleichen Zeit aus, in der der Krieg zu Ende ging, der die Festigung der Stellung der Vereinigten Staaten als Weltmacht ermöglichte.* Grant, der kurz darauf Präsident der Vereinigten Staaten wurde, erklärte: »Jahrhundertelang hat England auf den Zollschutz vertraut und ihn bis zu den letzten Konsequenzen entwickelt und hierdurch zufriedenstellende Ergebnisse erzielt. Es besteht kein Zweifel darüber, daß es seine derzeitige Macht diesem System verdankt. Nach zwei Jahrhunderten hat es England für günstig befunden, den Freihandel zu wählen, da es der Ansicht ist, daß der Zollschutz ihm nichts mehr zu bieten hat. Nun gut, meine Herren; die Kenntnis, die ich über mein Land besitze, veranlaßt mich zu dem Glauben, daß in zweihundert Jahren Amerika, wenn es aus dem Zollschutz alles erhalten haben wird, was dieser ihm bieten kann, ebenfalls den Freihandel wählen wird«[57].

Zweieinhalb Jahrhunderte vorher hatte der aufkeimende englische Kapitalismus seine Menschen, sein Kapital, seine Lebensformen, seine Impulse und Pläne in die Kolonien im Norden Amerikas verpflanzt. Die dreizehn Kolonien, die ein Ventil für die überschüssige Bevölkerung Europas darstellten, machten sich rasch das Handicap zunutze, das aus der Armut ihres Bodens erwuchs, und *riefen sehr bald ein Industrialisierungsbewußtsein ins Leben, dessen Wachstum das Mutterland keine*

57 Zitiert von Andre Gunder Frank, »Capitalism and Underdevelopment in Latin America«, New York, 1967.

ernst zu nehmenden Hindernisse entgegensetzte. 1631 ließen die eben angekommenen Siedler Bostons einen von ihnen gebauten 30-Tonnen-Kutter, »Blessing of the Bay«, vom Stapel, und seit damals hat der Schiffbau erstaunlichen Aufschwung genommen. Die in den Wäldern reichlich vorhandenen Eichen gaben ausgezeichnetes Holz für die Bodenbretter und die Schiffsgerippe ab; aus Fichtenholz wurden das Deck und die Masten angefertigt. Massachusetts subventionierte den Anbau von Hanf für Stricke und Taue und förderte auch die örtliche Erzeugung von Zelttüchern und Segelwerk. Die Behörden der Kolonien erteilten Subventionen und Prämien für Erzeugnisse aller Art. Man förderte den Anbau von Flachs und die Erzeugung von Wolle – dem Material für die Gewebe aus rohem Zwirn –, die, wenn sie auch nicht allzu elegant aussahen, so doch widerstandsfähig und vor allem *inländisch waren.* Zur Ausbeutung der Eisenlager von Lyn wurde 1643 der erste Schmelzofen eingerichtet; kurze Zeit darauf versorgte Massachusetts bereits die ganze Region mit Eisen. Da die der Textilproduktion als Anreiz gewährten Vorteile nicht ausreichend schienen, griff diese Kolonie zu Zwangsmaßnahmen: 1655 wurde unter Androhung schwerer Strafen gesetzlich verfügt, daß in jeder Familie mindestens ein Spinner ständig und intensiv tätig sei. In derselben Epoche waren alle Grafschaften Virginias angewiesen, Kinder zur Unterweisung im Textilhandwerk auszusuchen. Gleichzeitig wurde die Ausfuhr von Fellen verboten, damit sich diese im Lande in Stiefel, Riemen und Sattelzeug verwandelten. »Die Nachteile, mit denen die Kolonialindustrie zu kämpfen hat, können vielerlei Gründe haben; doch sind diese bestimmt nicht in der englischen Kolonialpolitik zu suchen«, sagt Kirkland[58]. Ganz im Gegenteil: Die Verbindungsschwierigkeiten hatten zur Folge, daß die erlassenen Verbote bei einer Entfernung von dreitausend Meilen fast jede Wirkungskraft verloren; die Tendenz zur Selbstversorgung wurde hierdurch begünstigt. Die Kolonien im Norden sandten kein Silber, kein Gold und keinen Zucker nach England, und umgekehrt verursachten ihre Konsumbedürfnisse ein Übermaß an Einfuhren, das auf irgendeine Weise ausgeglichen werden mußte. Die überseeischen Handelsbeziehungen waren nicht sehr intensiv; es war unumgänglich, die lokale Manufakturindustrie zu entwickeln, um zu überleben. Im 18. Jahrhundert schenkte England seinen Kolonien im Norden noch so wenig Aufmerksamkeit, daß es nichts unternahm, um zu verhindern, daß die fortgeschrittensten technischen Methoden des Mutterlandes in ihren Werkstätten eingeführt wurden, ein Prozeß, der

58 Edward C. Kirkland, »Historia económica de Estados Unidos«, Mexiko, 1941.

de facto die auf dem Papier stehenden Verbote des Kolonialpaktes Lügen strafte. *Dies traf keineswegs auf die lateinamerikanischen Kolonien zu, die dem im Aufstieg begriffenen europäischen Kapitalismus die Luft, das Wasser und das Salz lieferten und die bequem den Luxuskonsum ihrer herrschenden Klassen befriedigen konnten, indem sie aus Übersee die feinsten und teuersten Erzeugnisse einführten. Das einzige Betätigungsfeld, das in Lateinamerika expansiv war, war das Exportwesen, und so war es auch in den folgenden Jahrhunderten: Die wirtschaftlichen und politischen Interessen der Bourgeoisie der Minen- oder Landbesitzer liefen niemals mit der Notwendigkeit einer nach innen gerichteten wirtschaftlichen Entwicklung zusammen, und die Kaufleute waren an die Neue Welt nicht in höherem Maße gebunden als an die ausländischen Märkte, an die sie Metalle und Nahrungsmittel verkauften, und an die ausländischen Quellen der Fabrikwaren, die sie kauften.*

Zur Zeit der nordamerikanischen Unabhängigkeitserklärung war die Bevölkerung dieses Landes zahlenmäßig der von Brasilien gleich. Das portugiesische Mutterland, das so unterentwickelt wie das spanische war, exportierte seine Unterentwicklung in die Kolonie. Die brasilianische Wirtschaft war auf die Bedürfnisse Englands eingestellt worden, um dessen Goldbedarf das ganze 18. Jahrhundert hindurch zu decken. Die Klassenstruktur der Kolonie spiegelte diese Lieferantenfunktion wider. Die herrschende Klasse Brasiliens bestand im Gegensatz zu der der Vereinigten Staaten nicht aus Landwirten, Fabrikunternehmern und Kaufleuten, die den inländischen Handel betrieben. Die wichtigsten Wortführer, die die Ideale der herrschenden Klassen beider Länder zum Ausdruck bringen, Alexander Hamilton und der Vicomte von Cairú, zeigen deutlich den Unterschied, der zwischen ihnen besteht[59]. Beide waren in England Schüler von Adam Smith gewesen. Aber während sich Hamilton in einen Vorkämpfer der Industrialisierung verwandelt hatte und die Förderung und den Schutz der inländischen Manufakturindustrie durch den Staat propagierte, glaubte Cairú an die unsichtbare Hand, die bei der Magie des Liberalismus auftritt: »Laissez faire, laissez passer«, wobei noch »Laßt verkaufen« hinzuzufügen wäre.

Als das 18. Jahrhundert zu Ende ging, hatten die Vereinigten Staaten schon die zweitgrößte Handelsflotte der Welt, die ausschließlich aus Schiffen bestand, die in ihren eigenen Werften gebaut worden waren, und die Textil- und Hüttenindustrien befanden sich in voller und auf-

59 Celso Furtado, a.a.O.

strebender Entwicklung. Kurze Zeit darauf entstand die Maschinenindustrie; die Fabriken mußten ihre Ausrüstung nicht mehr im Ausland kaufen. Die inbrünstigen Puritaner der »Mayflower« hatten auf den Fluren Neuenglands den Grundstein zu einer Nation gelegt; an der Küste mit ihren tiefen Buchten, längs der breiten Flußmündungen war eine Industriebourgeoisie unaufhaltsam aufgeblüht. Der Handelsaustausch mit den Antillen, der den Verkauf afrikanischer Sklaven einschloß, hat, wie in einem anderen Kapitel dargelegt wurde, hierbei eine ausschlaggebende Rolle gespielt, aber die großartige Leistung der Nordamerikaner hätte keine Erklärung, wenn sie nicht von Beginn an vom brennendsten Nationalismus beseelt gewesen wäre. George Washington hatte in seiner Abschiedsbotschaft diesen Rat zum Ausdruck gebracht: die Vereinigten Staaten sollten einen einsamen Weg befolgen[60]. Emerson proklamierte im Jahre 1837: »Wir haben zu lange auf die überfeinen Musen Europas gehört. Wir werden auf unseren eigenen Füßen vorwärtsschreiten, mit unseren eigenen Händen arbeiten, nach unseren eigenen Überzeugungen sprechen«[61].

Die öffentlichen Mittel trugen zur Ausbreitung des internen Marktes bei. Der Staat legte Wege und Eisenbahnlinien an, baute Brücken und Kanäle[62]. Die Landbesitzer im Süden waren hingegen dem Freihandel zugetan. Die Baumwollproduktion verdoppelte sich alle zehn Jahre, und wenn sie auch der ganzen Nation große Handelsgewinne einbrachte und die modernen Webstühle von Massachusetts mit Material versorgte, hing sie doch vor allem von den europäischen Märkten ab. Die Aristokratie im Süden war in erster Linie an den Weltmarkt in lateinamerikanischem Stil gebunden; aus der Arbeit ihrer Sklaven gingen 80 Prozent der Baumwolle hervor, die in den europäischen Spinnereien Verwendung fand. Als im Norden zu dem Industrieprotektionismus auch noch die Abschaffung der Sklaverei trat, machte sich der Widerspruch im Kriege Luft. Nord und Süd verkörperten in der Tat zwei einander entgegengesetzte Welten, zwei verschiedene historische Zeitalter, zwei widerstreitende Auffassungen der nationalen Bestim-

60 Claude Fohlen, »L'Amérique anglo-saxonne de 1815 à nos jours«, Paris, 1965.

61 Robert Schnerb, a.a.O.

62 »Das Staatskapital geht das Anfangsrisiko ein ... Die öffentliche Hilfe an die Eisenbahnen erleichtert nicht nur das Aufbringen von Kapital, sondern vermindert auch die Baukosten. In einigen Fällen, unter ihnen bei Nebenlinien, haben die öffentlichen Mittel den Bau von Eisenbahnen ermöglicht, die sonst nicht hätten entstehen können. Bei einer noch größeren Anzahl von Fällen wurde die Durchführung von Plänen beschleunigt, die bei Verwendung von Privatkapital sicherlich verzögert worden wären« (Harry H. Pierce, »Railroads of New York. A study of Government Aid, 1826–1875«, Cambridge, Massachusetts, 1953).

mung. *Das 20. Jahrhundert hat diesen Krieg des 19. Jahrhunderts gewonnen:*

> *Und jeder freie Mann möge singen ...*
> *Der alte König Wolle ist tot und begraben,*

rief ein Dichter des siegreichen Heeres aus[63]. Nach der Niederlage General Lees wurden die Zollsätze, die während des Konfliktes als Einnahmequelle erhöht worden waren und nachher in Kraft blieben, um die siegreiche Industrie zu schützen, als heilig betrachtet. 1890 nahm der Kongreß den ultraprotektionistischen sogenannten MacKinley-Tarif an, und durch das Dingley-Gesetz wurden die Zollgebühren 1897 neuerlich erhöht. Kurz darauf sahen sich die entwickelten Länder Europas ihrerseits genötigt, gegenüber dem Einbruch der in gefährlicher Weise konkurrenzfähigen nordamerikanischen Waren Zollschranken zu schaffen. Das Wort »Trust« war 1882 zum ersten Male ausgesprochen worden; das Erdöl, der Stahl, die Nahrungsmittel, die Eisenbahnen und der Tabak befanden sich in Händen der Monopole, die mit Siebenmeilenstiefeln vorrückten[64].

Am Ende des vorigen Jahrhunderts waren die Vereinigten Staaten bereits die erste Industriemacht des Planeten; in den dreißig Jahren, die seit dem Bürgerkrieg verstrichen waren, hatten die Fabriken ihre Produktionsfähigkeit versiebenfacht. Der nordamerikanische Kohlebestand war schon dem Englands gleichwertig und der des Stahls doppelt so groß; die Eisenbahnlinien waren neunmal so lang. Das Zentrum des kapitalistischen Universiums begann, seinen Sitz zu verlegen.

63 Claude Fohlen, a.a.O.

64 Der Süden wurde zu einer inländischen Kolonie der Kapitalisten aus dem Norden. Nach dem Kriege wurde die Propaganda für die Errichtung von Spinnereien in beiden Karolinas, Georgia und Alabama zu einer Art Kreuzzug. Aber dies war nicht der Sieg einer moralbedingten Sache; die neuen Industrien entstanden nicht aus rein humanitären Beweggründen: Der Süden bot weniger teure Arbeitskräfte, billigere Energiequellen und sehr hohe Gewinne dar, die manchmal bis zu 75 Prozent betrugen. Das Kapital kam aus dem Norden, um den Süden an den Schwerpunkt des Systems zu fesseln. Die in Nordkarolina konzentrierte Tabakindustrie befand sich unter der direkten Aufsicht des Duke-Trusts, der nach New Jersey übersiedelt war, um eine günstigere Gesetzgebung auszunützen; die Tennessee Coal and Iron Co., die das Eisen und die Kohle Alabamas ausbeutete, kam 1907 unter die Kontrolle der U.S. Steel, die seither die Preise festlegt und auf diese Weise die lästige Konkurrenz ausgeschaltet hat. Zu Beginn des Jahrhunderts war das Pro-Kopf-Einkommen im Süden im Vergleich zu dem Stand vor dem Kriege auf die Hälfte zurückgegangen (C. Vann Woodward, »Origins of the New South, 1879–1913«, in: »A History of the South«, von mehreren Verfassern, Baton Rouge, 1948).

Wie England exportierten auch die Vereinigten Staaten vom Zweiten Weltkrieg an die Doktrin der Währungsfreiheit, den freien Handel und die freie Konkurrenz, aber *für fremden Gebrauch*. Der Weltwährungsfonds und die Weltbank entstanden gleichzeitig, um den unterentwickelten Ländern das Recht abzuerkennen, ihre nationalen Industrien zu schützen und um in ihnen der Intervention des Staates entgegenzuwirken. Der Privatinitiative wurden unfehlbare Heilwirkungen zugeschrieben. Die Vereinigten Staaten hingegen gaben ihre Wirtschaftspolitik nicht auf, die heute weiterhin streng protektionistisch ist und die der Stimme ihrer eigenen Geschichte gewiß aufmerksames Gehör schenkt. Im Norden hat man niemals die Krankheit mit dem Heilmittel verwechselt.

Die derzeitige Struktur der Ausplünderung

Ein Talisman, der keine Zauberkraft mehr besitzt

Als Lenin im Frühjahr 1916 sein Buch über den Imperialismus schrieb, umfaßte das nordamerikanische Kapital weniger als ein Fünftel der direkten Privatinvestitionen ausländischen Ursprungs in Lateinamerika. Heute umfaßt es etwa drei Viertel. Der Imperialismus, den Lenin kannte – die Raubgier der Industriezentren auf ihrer Suche nach weltumspannenden Märkten für den Export ihrer Waren; die fieberhaften Bemühungen um die Inbesitznahme aller möglichen Rohstoffquellen; die Eisen-, Kohle- und Erdölplünderung; die Eisenbahnen als Verbindungsnetz zur Beherrschung der unterworfenen Gebiete; die Wucheranleihen der Finanzmonopole; die Militärexpeditionen und die Eroberungskriege –, war ein Imperialismus, der die Plätze, an denen eine Kolonie oder eine Halbkolonie die Errichtung einer eigenen Fabrik gewagt hätte, mit Salz bestreut hätte. Vom Zweiten Weltkrieg an wird in Lateinamerika der Rückzug der europäischen Interessen zugunsten des unaufhaltsamen Vorrückens der nordamerikanischen Investitionen immer deutlicher. Und wir wohnen seit damals einem bedeutenden Wandel in der Bestimmung der Investitionen bei. Schritt um Schritt, Jahr für Jahr geht der Prozentsatz des für öffentliche Dienste und Bergbau bestimmten Kapitals zurück, während sich gleichzeitig das Ausmaß der Investitionen für Erdöl und vor allem in der Manufakturindustrie erhöht. Derzeit ist von je drei in Lateinamerika investierten Dollar ein Dollar in der Industrie angelegt[1].

Aufgrund geringfügiger Investitionen überspringen die Filialen der großen Konzerne mit einem Satz die paradoxerweise gegen die ausländische Konkurrenz errichteten lateinamerikanischen Zollschranken und bemächtigen sich des Industrialisierungsprozesses der betroffenen Länder von innen her. Hierzu führen sie Fabriken aus oder – was noch

1 Vor vierzig Jahren stellten die nordamerikanischen Investitionen auf dem Gebiete der verarbeitenden Industrien nur 6 Prozent des gesamten Kapitals der Vereinigten Staaten in Lateinamerika dar. 1960 näherte sich der Anteil bereits 20 Prozent; er ist später weiter bis zu ca. einem Drittel der Gesamtsumme angestiegen. Vereinte Nationen, CEPAL, »El financiamiento externo de América Latina«, New York / Santiago de Chile, 1964, und »Estudio económico de América Latina« der Jahre 1967, 1968 und 1969.

häufiger der Fall ist – bedrängen und verschlingen schließlich die bereits bestehenden inländischen Fabriken. Hierbei zählen sie mit der begeisterten Unterstützung seitens der Mehrzahl der Landesregierungen und mit den Erpressungsmöglichkeiten, die die internationalen Kreditinstitute in ihren Dienst stellen. Das Kapital des Imperialismus erobert die Märkte *von innen her*, indem es die Schlüsselpositionen der örtlichen Industrie einnimmt. Es erobert oder errichtet die entscheidenden Festungen, von denen aus es den Rest beherrscht. Die OAS (»Organisation amerikanischer Staaten«) beschreibt diesen Prozeß so: »Die lateinamerikanischen Unternehmen sind in den bereits bestehenden Industrien, vor allem denen, deren Technologie weniger kompliziert ist, vorherrschend, während die nordamerikanische Privatinvestition und wahrscheinlich auch die aus anderen Industriestaaten laufend ihren Anteil an bestimmten dynamischen Industrien erhöht, die einen relativ hohen Grad technologischen Fortschritts erfordern und die bei der Festlegung des Kurses der wirtschaftlichen Entwicklung eine größere Rolle spielen«[2].

So ergibt sich ein viel stärkerer Dynamismus bei den nordamerikanischen Fabriken südlich des Río Bravo als bei der lateinamerikanischen Industrie im allgemeinen. Der Rhythmus des Wachstums in den drei größten Ländern legt hierüber ein beredtes Zeugnis ab: Unter Zugrundelegung der Indexziffer 100 für das Jahr 1961 erreichte die Industrieproduktion in Argentinien 1965 die Ziffer 112,5, und im gleichen Zeitraum stieg der Umsatz der Filialen nordamerikanischer Unternehmen auf 166,3; für Brasilien betragen die jeweiligen Ziffern 109,2 und 120; für Mexiko 142,2 und 186,8[3].

Das Interesse der imperialistischen Konzerne, sich in das Wachstum der lateinamerikanischen Industrie dominierend einzuschalten und es zu ihren Gunsten auszunutzen, bedeutet natürlich keineswegs eine Abkehr von allen anderen traditionellen Formen der Ausbeutung. Zwar war die Eisenbahn der United Fruit Co. in Guatemala nicht mehr rentabel und machten die Electric Bond & Share und die International Telephone and Telegraph Corporation ausgezeichnete Geschäfte, als sie in Brasilien nationalisiert wurden, wobei sie für ihre verrosteten Einrichtungen und ihre museumsreifen Maschinen mit eitel Gold entschädigt

2 Generalsekretariat der Organisation amerikanischer Staaten, »El financiamiento externo para el desarrollo de la América Latina«, Washington, 1969 (beschränkt verbreitetes Dokument; sechste Jahresversammlung des CIES).

3 Daten des Handelsdepartments der Vereinigten Staaten und des interamerikanischen Komitees der Fortschrittsallianz, Generalsekretariat der Organisation amerikanischer Staaten, a.a.O.

wurden. Aber die Aufgabe der öffentlichen Dienste, um zu gewinnbringenderen Tätigkeiten überzugehen, bedeutet keineswegs die Aufgabe der Rohstoffe. Welches Schicksal wäre dem Imperium ohne das Erdöl und ohne die Mineralschätze Lateinamerikas beschieden? *Im übrigen tasten die Investitionen, durch die die lateinamerikanischen Fabriken in bloße Bestandteile des internationalen Räderwerks der Riesenkonzerne verwandelt werden, in keiner Weise die internationale Arbeitsteilung an. Das System kommunizierender Gefäße, durch dessen Röhren das Kapital und die Waren zwischen den armen und den reichen Ländern strömen, erleidet nicht die geringste Veränderung. Lateinamerika führt weiter seine Arbeitslosigkeit und seine Not aus: die Rohstoffe, die der Weltmarkt benötigt und von deren Absatz die Wirtschaft der Zone abhängt.*
Es mangelt nicht an Politikern und Technokraten, die sagen, im Gegensatz zum früheren übe dieser neuorientierte Imperialismus eine in der Tat zivilisatorische und segensreiche Wirkung auf die beherrschten Länder aus, so daß zum erstenmal der Inhalt der von der jeweils dominierenden Macht angestimmten Liebeserklärungen mit ihren tatsächlichen Absichten übereinstimme. Die schuldigen Gewissen bedürften keiner Rechtfertigung mehr, denn sie wären ja nicht mehr schuldig; der derzeitige Imperialismus strahle Technologie und Fortschritt aus; es wäre sogar verfehlt und geschmacklos, diesen alten und hassenswerten Ausdruck zu verwenden, um ihn zu definieren. Sobald freilich der Imperialismus seine eigenen Tugenden zu preisen anhebt, ist es angebracht, den Inhalt der Taschen nachzuprüfen. Man wird dann feststellen, daß dieses neue Imperialismusmodell nicht den Wohlstand seiner Kolonien herbeiführt, wenn es auch die Entwicklungspole bereichert; daß es die sozialen und regionalen Spannungen nicht mäßigt, sondern verschärft; daß es die Not noch weiter verbreitet und den Reichtum in noch stärkerem Maße konzentriert; daß es zwanzigmal niedrigere Löhne als in Detroit bezahlt und dreimal höhere Preise als in New York fordert; daß es den inländischen Markt und die Schlüsselpositionen des Produktionsapparates beherrscht; daß es die Vormundschaft über den Fortschritt übernimmt und ihm Ziele und Grenzen setzt; daß es über das nationale Kreditwesen verfügt und den Außenhandel nach seinem Belieben orientiert; daß es nicht nur die Industrie, sondern auch die Gewinne, die die Industrie hervorbringt, entnationalisiert; daß es die Erschließung neuer Einnahmequellen vereitelt, indem es den Hauptteil des Wirtschaftsüberschusses ins Ausland ableitet; daß es kein Kapital zur Entwicklung beisteuert, sondern umgekehrt dem Lande entzieht. Die CEPAL hat angegeben, daß die Ausblutung, die

der Transfer der mit den direkten Investitionen der Vereinigten Staaten in Lateinamerika erzielten Gewinne darstellt, in den letzten Jahren fünfmal so groß war wie die Bluttransfusion in Form von Neuinvestitionen.

Im stählernen Rahmen eines Weltkapitalismus, dessen Zentrum die großen nordamerikanischen Konzerne sind, läßt sich die Industrialisierung Lateinamerikas in immer geringerem Maße mit dem Fortschritt und der nationalen Befreiung identifizieren. *Der Talisman hat bei den entscheidenden Niederlagen des vergangenen Jahrhunderts seine Zauberkräfte eingebüßt, als die Häfen den Sieg über die Länder davontrugen und die Handelsfreiheit die eben entstandene einheimische Industrie vernichtete. Das 20. Jahrhundert hat keine starke und schöpferische Industriebourgeoisie hervorgebracht, die imstande gewesen wäre, das Werk neu zu beginnen und bis zu den letzten Konsequenzen fortzuführen. Alle Versuche sind auf halbem Wege steckengeblieben. Der Industriebourgeoisie Lateinamerikas widerfuhr dasselbe Schicksal wie den Zwergen: sie erreichte das Stadium der Altersschwäche, ohne sich je entwickelt zu haben.* Unsere Bourgeois sind heute Vertreter oder Funktionäre der allmächtigen ausländischen Konzerne.

Die Wachtposten selbst sind es, die die Tore öffnen:
Die schuldhafte Unfruchtbarkeit der nationalen Bourgeoisie

Es ist gewiß kein konkurrierender Kapitalismus, der heute Fabriken neben Waren und Kapital exportiert, alles durchdringt und alles aufkauft; es ist vielmehr die vom Kapitalismus im Weltmaßstab vorgenommene industrielle Integration im Zeitalter der großen multinationalen Konzerne, der unendlich verzweigten Monopole, die die verschiedenartigsten Betätigungsfelder in den verschiedensten Winkeln des Erdballs umfassen[4]. Der Konzentrierungsprozeß des nordamerikanischen Kapitals tritt in Lateinamerika in akuterer Form als in den Vereinigten Staaten selbst auf; eine Handvoll Unternehmen überwacht die erdrückende Mehrheit aller Investitionen. *Für sie bedeutet die Nation nicht die Erfüllung einer Aufgabe, die Verteidigung einer Fahne oder den Kampf um eine bessere Zukunft; die Nation ist nichts weiter als ein Hindernis, das übersprungen werden muß, da die Souveränität manchmal unbequem ist, und ein saftiger Bissen, der zu verschlingen ist.* Bedeutet hingegen die Nation für die herrschenden Klas-

4 Paul A. Baran und Paul M. Sweezy, »Monopoly Capital«, New York, 1966.

sen innerhalb jedes Landes eine Mission, die zu erfüllen ist? Das imperialistische Kapital hat in seinem rasenden Galopp die lokale Industrie wehrlos und ihrer historischen Rolle unbewußt vorgefunden. *Die Bourgeoisie ist ohne Tränen- und ohne Blutvergießen Partner der ausländischen Invasion geworden;* was den Staat betrifft, so ist sein Einfluß auf die lateinamerikanische Wirtschaft dank der guten Dienste des Weltwährungsfonds auf ein Minimum zurückgegangen. Die nordamerikanischen Konzerne sind in Europa im Eroberungsschritt eingedrungen und haben sich die wirtschaftliche Entwicklung der Alten Welt in solchem Maße untertan gemacht, daß, wie angekündigt wird, die dort errichteten nordamerikanischen Industriebetriebe bald die dritte Industriemacht des Planeten – nach den Vereinigten Staaten und der Sowjetunion – darstellen werden[5]. Wenn die europäische Bourgeoisie bei all ihrer Tradition und Energie nicht imstande war, die Flut einzudämmen, wie konnte man dann von der lateinamerikanischen Industrie erwarten, am heutigen Punkte der Geschichte das unmögliche Abenteuer einer unabhängigen kapitalistischen Entwicklung zu wagen? Im Gegenteil: In Lateinamerika hat sich der Prozeß der Entnationalisierung als weitaus schneller und billiger erwiesen und hat auch unvergleichlich schlimmere Folgen gehabt.

Das Wachstum der Fabrikindustrie in Lateinamerika ist in unserem Jahrhundert weder im Rahmen einer auf nationale Entwicklung bedachten Planung gezeugt, noch war es die Krönung eines Reifeprozesses der produktiven Kräfte oder das Ergebnis des Ausbruchs interner – schon »überwundener« – Konflikte zwischen den Landbesitzern und einem kurz nach seiner Geburt bereits zugrunde gegangenen Handwerkerstand. Die lateinamerikanische Industrie entstand im Leibe des Agrarexport-Sektors selbst und war dazu bestimmt, den akuten, durch das Fallen des Außenhandels hervorgerufenen Störungen des Gleichgewichts zu begegnen. In der Tat haben die beiden Weltkriege und vor allem die erdrückende Depressionswelle, die der Kapitalismus nach der Explosion des »Schwarzen Freitags« im Oktober 1929 erlitt, einen heftigen Rückgang der Exporte der Region herbeigeführt und infolgedessen auch die Einfuhrkapazität schlagartig gesenkt. Die internen Preise der plötzlich knapp gewordenen ausländischen Industrieartikel stiegen vertikal. Doch entstand damals nicht eine Industriellenklasse, die von der traditionellen Abhängigkeit frei gewesen wäre; der große Industrialisierungsimpuls kam von seiten des Kapitals, das sich in den Händen der Ladenbesitzer und Importeure

5 J. J. Servan-Schreiber, »El desafío americano«, Santiago de Chile, 1968.

angehäuft hatte. Die großen Viehzüchter waren es, die die Devisenkontrolle in Argentinien vorantrieben; der Präsident der »Sociedad Rural«, der Vereinigung der Agrarproduzenten, erklärte 1933, nachdem er Agrarminister geworden war: »Die Isolierung, in die uns eine aus den Fugen gegangene Welt versetzt hat, zwingt uns dazu, im Lande das zu erzeugen, was wir in den Ländern, die bei uns nicht kaufen, nicht mehr erwerben können«[6]. Die Kaffee-»Fazendeiros« legten in der Industrialisierung São Paulos einen bedeutenden Teil ihres im Handel mit dem Ausland angehäuften Kapitals an: »Im Gegensatz zu der Industrialisierung in den heute entwickelten Ländern«, wird in einem Dokument der Regierung festgestellt[7], »fand der brasilianische Industrialisierungsprozeß nicht allmählich im Rahmen eines allgemeinen wirtschaftlichen Wandels statt. Er war eher eine schnelle und intensive Erscheinung, die auf die bereits bestehende sozioökonomische Struktur verpflanzt wurde, ohne diese von Grund auf zu verändern, wodurch tiefe Gegensätze zwischen verschiedenen Sektoren und Regionen entstanden, die die brasilianische Gesellschaft kennzeichnen.«

Die neue Industrie verschanzte sich von Beginn an hinter den Zollmauern, die die Regierungen zu ihrem Schutze errichteten, und wuchs dank der Maßnahmen, die der Staat ergriff, um die Einfuhren zu beschränken und zu kontrollieren, spezielle Devisenkurse festzulegen, Steuererleichterungen zu schaffen, die Produktionsüberschüsse aufzukaufen oder zu finanzieren, Wege für den Transport der Rohstoffe und der Waren zu bauen und Energiequellen zu schaffen oder zu erweitern. Die nationalistisch orientierten und mit weitgehendem Echo im Volke zählenden Regierungen von Getulio Vargas (1930–1945 und 1951–1954), Lázaro Cárdenas (1934–1940) und Juan Domingo Perón (1946–1955) brachten in Brasilien, Mexiko und Argentinien die Notwendigkeit des Starts, der Entwicklung oder der Festigung der nationalen Industrie, je nach den einzelnen Fällen und Zeitspannen, zum Ausdruck. In Wirklichkeit war der »Unternehmungsgeist«, ein Wort, mit dem man eine Reihe von charakteristischen Eigenschaften der Industriebourgeoisie in den entwickelten kapitalistischen Ländern bezeichnet, in Lateinamerika ein Kennzeichen des Staates, vor allem in diesen Perioden des entscheidenden Impulses. *Der Staat nahm den Platz einer sozialen Klasse ein, deren Erscheinen die Geschichte ohne*

6 Angeführt von Alfredo Parera Dennis, »Naturaleza de las relaciones entre las clases dominantes argentinas y las metrópolis«, bei: »Fichas de investigación económica y social«, Buenos Aires, Dezember 1964.

7 Ministério do Planejamento e Coordenação Geral, »A industrialização brasileira: diagnóstico e perspectivas«, Rio de Janeiro, 1969.

großen Erfolg verlangte; er verkörperte die Nation und erzwang den politischen und wirtschaftlichen Zugang der Massen zu den Vorteilen der Industrialisierung. In dieser Gebärmutter, dem Werk der populären Volksführer, wurde keine Industriebourgeoisie herangezogen, die sich von der Gesamtheit der bis dahin herrschenden Klassen wesentlich unterschieden hätte. Perón brachte beispielsweise die Panik des Industriellenverbandes zum Ausbruch, dessen Führer nicht ganz ohne Grund befürchteten, daß das Gespenst der Provinz-Reitertrupps in der Rebellion des Proletariats der Vororte von Buenos Aires wiederauferstünde. Die Vertreter der konservativen Koalition erhielten, ehe Perón sie in den im Februar 1946 stattgefundenen Wahlen schlug, einen berühmt gewordenen Scheck des Führers der Industriellen; als das Regime Peróns zehn Jahre später fiel, bestätigten die Besitzer der wichtigsten Fabriken neuerlich, daß ihre Gegensätze mit der Oligarchie, der sie schließlich selbst angehörten, nicht grundsätzlicher Art waren. 1956 beschloß der Industriellenverband, die Vereinigung der Agrarproduzenten und die Handelsbörse die Bildung einer gemeinsamen Front zur Wahrung des Vereinigungsrechtes, der Unternehmungs- und Handelsfreiheit sowie der freien Auswahl des Personals[8]. Der nationalistische Zyklus von Lázaro Cárdenas war der einzige, der sich an die Landbesitzer heranwagte und die Agrarreform vorantrieb, die das Land schon seit 1910 in Aufregung versetzte; in den übrigen Ländern und nicht nur in Argentinien und Brasilien haben die industrialisierungsfreundlichen Regierungen die Struktur des Latifundiums unangetastet gelassen, das weiterhin die Entwicklung des internen Marktes und der Agrarproduktion abgewürgt hat[9].

Die industrielle Entwicklung hat die Notwendigkeit einer Erhöhung der Importe von Maschinen, Ersatzteilen, Brennstoffen und Zwischen-

8 Dardo Cúneo, »Comportamiento y crisis de la clase empresaria«, Buenos Aires, 1967.

9 Chile, Kolumbien und Uruguay haben auch Industrialisierungsprozesse zur Ersetzung von Importen in den hier beschriebenen Epochen mitgemacht. Der uruguayische Präsident José Batlle y Ordóñez (1903–1907 und 1911–1915) war lange Zeit vorher ein Prophet der bürgerlichen Revolution in Lateinamerika gewesen. Der Achtstundentag wurde in Uruguay früher als in den Vereinigten Staaten gesetzlich festgelegt. Das Experiment des Wohlfahrtsstaates Batlles blieb nicht darauf beschränkt, die fortschrittlichste soziale Gesetzgebung seiner Zeit anzuwenden; er trieb auch tatkräftig die kulturelle Entwicklung und die Erziehung der Massen voran und nationalisierte die öffentlichen Dienste und mehrere Produktionszweige von beachtlicher Bedeutung für die Wirtschaft. Aber er tastete die Macht der Landeigentümer nicht an und nationalisierte auch nicht die Banken, noch den Außenhandel. Heute erleidet Uruguay die Konsequenzen dieser – vielleicht unvermeidlichen – Unterlassungen des Propheten und die des von seinen Erben begangenen Verrates.

produkten mit sich gebracht[10], aber die Exporte, aus denen die Devisen hervorgingen, konnten den Anforderungen nicht gerecht werden, da sie aus dem von seinen Gebietern zur Rückständigkeit verurteilten Agrarsektor stammten. Unter der Regierung Peróns ging der argentinische Staat so weit, den Getreideexport unter Monopol zu stellen; hingegen rührte er auch nicht oberflächlich an dem System des Landbesitzes und nationalisierte weder die großen nordamerikanischen und britischen Schlacht- und Kühlhäuser noch den Wollexport[11]. Die Förderung der Schwerindustrie durch den Staat erwies sich als viel zu schwach, und der Staat erkannte nicht rechtzeitig, daß, wenn er nicht das Entstehen einer eigenen Technologie ermöglichte, seine nationalistische Politik ihren Flug mit beschnittenen Flügeln antrat. Bereits im Jahre 1953 empfing Perón, der in frontalem Kampf mit dem Botschafter der Vereinigten Staaten an die Macht gekommen war, den Besuch Milton Eisenhowers mit Lobsprüchen und warb um die Mitarbeit des ausländischen Kapitals, um die dynamischen Industrien zu entwickeln[12]. Die ausländischen Oligopole, die über die modernste Technologie verfügen, bemächtigten sich in einem kaum getarnten Prozeß der nationalen Industrie in allen Ländern Lateinamerikas, einschließlich derer von Mexiko, und zwar vermittels des Verkaufes von Fabrikationsmethoden, von Patenten und neuen Ausrüstungen. Wall Street hatte Lombard Street endgültig verdrängt.
1965 äußerte sich Roberto Campos, der Wirtschaftszar der Diktatur Castelo Brancos, folgendermaßen: »Die Ära der begnadeten, von einem romantischen Hauch umgebenen Volksführer ist vorbei; sie weicht der Technokratie«[13]. Die nordamerikanische Botschaft hatte in direkter Form bei dem Staatsstreich mitgewirkt, durch den die Regie-

10 »Der Übergang zur inländischen Produktion einer bestimmten Ware ›ersetzt‹ kaum einen Teil des zusätzlichen Wertes, der früher außerhalb des Wirtschaftssystems erzeugt wurde ... Wenn sich der Verbrauch dieser ›ersetzten‹ Ware rasch verbreitet, kann der daraus hervorgehende Bedarf an Importen in kurzer Zeit die angestrebte Devisenersparnis übersteigen ...« María de Conceição Tavares, »O processo de substituição de importações como modelo de desenvolvimento recente na América Latina«, CEPAL / ILPES, Rio de Janeiro, ohne Angabe des Jahres.

11 Ismael Viñas und Eugenio Gastiazoro, »Economía y dependencia (1900–1968)«, Buenos Aires, 1968.

12 Der Wirtschaftsminister beantwortete so die Frage des Reporters der Zeitschrift »Visión« (27. November 1953): »Außer der Erdölindustrie, welche anderen Industriezweige wünscht Argentinien in Zusammenarbeit mit dem Auslandskapital zu entwickeln?« Antwort: »Um genauer zu sein, würden wir bei einer Abstufung der Prioritäten das *Erdöl* nennen ... An zweiter Stelle die *Hüttenindustrie* ... die *Petrochemie* ... die Fabrikation von *Transportmitteln* ... die Fabrikation von *Radfelgen und Achsen* und den Bau von *Dieselmotoren* im Lande« (zitiert von Alfredo Parera Dennis, a.a.O.).

13 Octavio Ianni, »A colapso do populismo no Brasil«, Rio de Janeiro, 1968.

rung João Goularts zu Fall gebracht wurde. Der Sturz Goularts, des Erben von Vargas in Stil und Zielen, bedeutete die Liquidierung des Populismus und der Massenpolitik. »Wir sind eine besiegte, beherrschte, eroberte, zerstörte Nation«, schrieb mir ein Freund aus Rio de Janeiro wenige Monate nach dem Triumph der Militärverschwörung. Eine 1966 und 1967 vorgenommene Umfrage enthüllte, daß 84 Prozent der brasilianischen Großindustriellen der Ansicht waren, daß Goulart eine schädliche Wirtschaftspolitik betrieben hatte. Unter ihnen befanden sich zweifellos viele von den Wortführern der nationalen Bourgeoisie, auf die Goulart sich zu stützen versucht hatte, um den Aderlaß der Wirtschaft des Landes durch den Imperialismus aufzuhalten[14]. Derselbe Prozeß der Unterdrückung und Erdrosselung des Volkes fand unter dem Regime des Generals Juan Carlos Onganía in Argentinien statt; er hatte in Wirklichkeit 1955 mit der Niederlage des Peronismus begonnen, wie er auch in Brasilien in Wirklichkeit mit dem Pistolenschuß eingesetzt hatte, durch den sich Vargas das Leben nahm. Die Entnationalisierung der Industrie in Mexiko stimmte gleichfalls zeitlich mit einer Verschärfung der Unterdrückungspolitik von seiten der Partei, die die alleinige Regierungsmacht ausübt, überein.

Fernando Henrique Cardoso hat darauf hingewiesen[15], daß die Manufaktur- oder »traditionelle« Industrie, die unter den Regierungen der Volksparteien mit deren großzügiger Unterstützung großen Aufschwung genommen hatte, eine Expansion des Massenkonsums erfordert: Leute, die Hemden oder Zigaretten kaufen. Die »dynamische« Industrie hingegen – Zwischenprodukte und Ausrüstungen – wendet sich an einen begrenzten Markt, an dessen Spitze die Großunternehmen und der Staat stehen: wenige Konsumenten mit großer finanzieller Leistungsfähigkeit. *Die dynamische Industrie, die sich derzeit in ausländischen Händen befindet, stützt sich auf das vorherige Bestehen der traditionellen Industrie und macht sich diese untertan.* In den traditionellen Sektoren mit geringem technologischem Niveau hat das inländische Kapital eine gewisse Machtstellung behalten; je weniger ein Kapitalist durch technologische oder finanzielle Abhängigkeit an das internationale Produktionssystem gebunden ist, um so leichter ist er bereit, die Agrarreform und die Hebung der Konsumfähigkeit der niedrigen Klassen mit Hilfe des gewerkschaftlichen Kampfes zu billi-

14 Luciano Martins, »Industrialização, burguesia nacional e desenvolvimento«, Rio de Janeiro, 1968.

15 Fernando Henrique Cardoso, »Política e desenvolvimento em sociedades dependentes: ideologías do empresariado industrial argentino e brasileiro«, São Paulo, 1968.

gen. *Die Großunternehmer sprechen sich entschieden gegen die Agrarreform aus; ihre Mehrzahl bestreitet, daß der Fabriksektor von denen des Agrarsektors abweichende Interessen habe, und ist der Ansicht, daß für die Entwicklung der Industrie keinem Punkte größere Bedeutung zukäme als der Zusammenarbeit aller produktiven Kräfte und der Stärkung des westlichen Blocks.* Nur zwei Prozent der Großindustriellen Argentiniens und Brasiliens vertreten bei einer Befragung die Ansicht, daß man in politischer Hinsicht vor allem mit den Arbeitern zählen müsse. Die befragten Personen waren in ihrer Mehrzahl *inländische Unternehmer.*

Konnte man aber überhaupt bei der jetzigen Situation ein anderes Resultat erwarten? Die Industriebourgeoisie ist ein Teil der herrschenden Klasse, die ihrerseits vom Ausland beherrscht wird. Die wichtigsten Großgrundbesitzer an der Küste Perus, deren Besitzungen jetzt von der Regierung Velasco Alvarados enteignet wurden, sind außerdem Eigentümer von einunddreißig Verarbeitungsindustrien und vieler anderer Unternehmen verschiedenster Art[16]. Dasselbe ist in allen übrigen Ländern der Fall[17]. Mexiko bildet keine Ausnahme: Die den großen nordamerikanischen Konsortien untergeordnete nationale Bourgeoisie fürchtet den Druck der Massen weit mehr als die Unterdrückung durch den Imperialismus, in dessen Schoß sie sich entwickelt, ohne die Unabhängigkeit und schöpferische Vorstellungskraft an den Tag zu legen, die ihr zugeschrieben werden[18]. In Argentinien war der Gründer des Jockeyclubs, des gesellschaftlichen Zentrums der Großgrundbesitzer, gleichzeitig Führer der Industriellen gewesen[19], und auf diese

16 François Bourricaud, Jorge Bravo Bresani, Henri Favre, Jean Piel, »La oligarquía en el Perú«, Lima, 1969. Die Angabe ist dem Beitrag Favres entnommen.

17 Ricardo Lagos Escobar, »La concentración del poder económico. Su teoría. Realidad chilena«, Santiago de Chile, 1961, und Vivan Trías, »Reforma agraria en el Uruguay«, Montevideo, 1962, bieten unwiderlegliche Beispiele: Einige hundert Familien sind Eigentümer der Fabriken und des Bodens, der großen Geschäfte und der Banken.

18 Die mexikanischen Kapitalisten werden immer vielseitiger und ehrgeiziger. Unabhängig von dem Geschäft, das ihnen als Ausgangspunkt zum Erwerb ihres Vermögens gedient hat, verfügen sie über ein wirksames Netz von Kanälen, das allen oder zumindest den Prominentesten immer die Möglichkeit bietet, auf dem Wege der Freundschaft, der geschäftlichen Partnerschaft, der Ehe, der Patenschaft, des gegenseitigen Erweisens von Gefälligkeiten, der Zugehörigkeit zu bestimmten Clubs oder Vereinigungen, der häufigen gesellschaftlichen Treffen und selbstredend der Ähnlichkeit ihrer politischen Positionen ihre Interessen zu vermehren und zu verflechten.« Alonso Aguilar Monteverde, in: »El milagro mexicano«, von mehreren Autoren, Mexiko, 1970.

19 Es handelte sich um Carlos Pellegrini. Als ihn der Jockeyclub durch die Veröffentlichung seiner Reden ehrte, wurden diejenigen ausgelassen, in denen industriefreundliche Standpunkte zum Ausdruck kamen. Dardo Cúneo, a.a.O.

Weise wurde gegen Ende des vorigen Jahrhunderts eine unsterbliche Tradition geboren: *Die reichen Industriellen heiraten die Töchter von Großgrundbesitzern, um sich auf dem Wege der Ehe die Pforten der exklusivsten Salons der Oligarchie zu öffnen, oder sie kaufen zu demselben Zweck Land; und umgekehrt ist die Zahl der Viehzüchter nicht unbeträchtlich, die zumindest in den Konjunkturperioden die in ihren Händen befindlichen Kapitalüberschüsse in der Industrie angelegt haben.* Faustino Fano, der einen guten Teil seines Vermögens als Textilhändler und -industrieller erwarb, war bis zu seinem Tode im Jahre 1967 vier aufeinanderfolgende Amtsperioden hindurch Präsident der »Sociedad Rural«, der Vereinigung der Agrarproduzenten: »Fano hat den falschen Gegensatz zwischen Agrarwirtschaft und Industrie liquidiert«, war in den Nachrufen zu lesen, die die Zeitungen ihm widmeten.

Welche Fahne weht über den Maschinen?

Die alte Frau bückte sich und bewegte die Hände, um das Feuer anzufachen. In dieser Haltung, mit gekrümmtem Rücken und ausgestrecktem, ganz von Falten umlaufenem Hals, ähnelte sie einer alten, schwarzen Schildkröte. Aber jenes armselige, abgetragene Kleid bot gewiß nicht denselben Schutz wie ein Panzer, und außerdem war sie ja nur der Jahre wegen so langsam. Hinter ihr stand – windschief – ihre Hütte aus Holz und Blech, und weiter hinten andere, ähnliche Hütten in demselben Vorort von São Paulo; vor ihr begann in einem kohlefarbenen Kessel das Kaffeewasser schon zu sieden; sie führte eine Blechdose an ihre Lippen; bevor sie trank, warf sie den Kopf zurück und schloß die Augen. Sie sagte: »O Brasil é nosso« (Brasilien gehört uns). Im Zentrum derselben Stadt und im selben Augenblick dachte, wenn auch in einer anderen Sprache, der Betriebsdirektor der Union Carbide genau dasselbe, während er ein kristallenes Glas erhob, um die Einverleibung einer weiteren brasilianischen Plastikfabrik durch sein Unternehmen zu feiern. Einer von beiden war im Irrtum.
Seit 1964 halten die sukzessiven Militärdiktatoren Brasiliens bei den Jahresgedenkfeiern der Staatsbetriebe Reden, in denen sie ihre bevorstehende Entnationalisierung ankündigen, die sie als »Zurückgewinnung« bezeichnen. Die Minister sind bei den Einweihungen aller ausländischen Fabriken anwesend. *Durch das am 6. Juli 1965 erlassene Gesetz Nr. 56.570 wurde dem Staate die Ausbeutung der Petrochemie vorbehalten; am selben Tage wurde durch das Gesetz Nr. 56.571 das*

vorhergehende Gesetz aufgehoben und die Ausbeutung durch private Investitionen freigegeben. Auf diese Weise erhielten die Dow Chemical, die Union Carbide, die Phillips Petroleum und die Rockefeller-Gruppe direkt oder mittels »Assoziierung« mit dem Staat die Industrie der chemischen Nebenprodukte des Erdöls, den voraussichtlichen Boom des 1970 anhebenden Jahrzehnts. Was geschah zwischen der Verabschiedung des einen und des anderen Gesetzes? Wehende Vorhänge, Schritte auf den Gängen, verzweifeltes Klopfen an Türen, Geldscheine, die von der einen Hand in die andere wechselten, große Aufregung im Palast; von Shakespeare bis Brecht wäre manch einer gerne dabeigewesen.

Ein Minister der Regierung gibt zu: »In Brasilien ist neben dem Staate selbst nur das Auslandskapital stark, wenn wir von einigen ehrenden Ausnahmen absehen«[20]. Und die Regierung tut ihr möglichstes, um den nordamerikanischen und europäischen Konzernen diese unbequeme Konkurrenz zu ersparen.

Der Zustrom von Auslandskapital für die Manufakturindustrie bekam in Brasilien durch den von dem Präsidenten Juscelino Kubitschek in Angriff genommenen Arbeitsplan (1957–1960) starken Auftrieb. Es waren die Stunden der Begeisterung am Wachstum. Brasilia entstand, wie unter einem Zylinderhut hervorgezaubert, inmitten des Urwalds, wo die Indianer nicht einmal von der Existenz des Rades wußten; es wurden Straßen gebaut und große Stauwerke geschaffen; aus den Automobilfabriken kam alle zwei Minuten ein neuer Wagen. Die Industrie wuchs mit Riesentempo. Die Tore für die ausländische Investition wurden weit geöffnet, man pries die Dollarinvasion, man fühlte das dynamische Beben des Fortschritts. Die Druckfarbe der umlaufenden Banknoten war noch frisch; der Sprung nach vorne wurde mit Inflation und einer schwer lastenden Auslandsschuld finanziert, die als drückendes Erbe auf die kommenden Regierungen abgewälzt werden sollte. Es wurde ein von Kubitschek garantierter Sonderkurs für die Gewinnüberweisungen an die Stammhäuser der ausländischen Firmen und für die Amortisierung der Investitionen gewährt. Der Staat übernahm die Mitverantwortung für die Bezahlung der von den Unternehmen im Ausland eingegangenen Schulden und gewährte gleichfalls einen niedrigen Dollarkurs für die Amortisierung und die Zinsen dieser Schulden; nach einem von der CEPAL veröffentlichten Bericht[21] stammten

20 Rede des Ministers Hélio Beltrão bei dem Festessen der Handelsvereinigung von Rio de Janeiro, »Correio do Povo«, 24. Mai 1969.

21 CEPAL / BNDE, »Quince años de política económica en el Brasil«, Santiago de Chile, 1965.

mehr als 80 Prozent der Gesamtinvestitionen, die von 1955 bis 1962 vorgenommen wurden, aus Anleihen, die mit der Garantie des Staates erlangt worden waren. Das heißt, daß mehr als vier Fünftel der Investitionen der Firmen von ausländischen Banken herrührten und die bereits beträchtliche Auslandsschuld des brasilianischen Staates erhöhten. Außerdem wurden Sonderbegünstigungen für den Import von Maschinen erteilt[22]. Die inländischen Firmen genossen diese der General Motors oder der Volkswagen-Gesellschaft zugestandenen Erleichterungen nicht.

Die entnationalisierende Wirkung dieser Verführungspolitik gegenüber dem imperialistischen Kapital wurde augenscheinlich, als die Ergebnisse der vom Institut für Sozialwissenschaften der Universität vorgenommenen geduldigen Untersuchung über die großen Wirtschaftsgruppen Brasiliens bekanntgegeben wurden[23]. Unter den Verbänden mit einem Kapital von mehr als vier Milliarden Cruzeiros waren mehr als die Hälfte ausländisch, in ihrer Mehrzahl nordamerikanisch, bei Kapital von mehr als zehn Milliarden Cruzeiros erschienen zwölf ausländische und nur fünf inländische Gruppen. »Je größer die Wirtschaftsgruppe ist, um so größer ist die Wahrscheinlichkeit, daß sie ausländisch ist«, folgerte Mauricio Vinhas de Queiroz in seiner Analyse der Umfrage. Die Umfrage stellte zehn Wirtschaftsgruppen fest, die in der Praxis ein Monopol in ihren jeweiligen Wirtschaftszweigen ausübten. Acht von ihnen waren Filialen großer nordamerikanischer Konzerne.

Aber all dies erscheint ein Kinderspiel im Vergleich zu dem, was später kam. Zwischen 1964 und Mitte 1968 wurden fünfzehn Auto- oder Autobestandteile-Fabriken von Ford, Chrysler, Willys, Simca, Volkswagen oder Alfa Romeo geschluckt; im Elektrizitäts- und Elek-

22 Ein der ausländischen Investition sehr günstig gesinnter Wirtschaftssachverständiger, Eugênio Gudin, kommt zu dem Schluß, daß allein auf diesem Wege Brasilien den nordamerikanischen und europäischen Unternehmen nicht weniger als eine Milliarde Dollar geschenkt hat. Moacir Paixão hat die Schätzung aufgestellt, daß die der Automobilindustrie zur Zeit ihrer Errichtung eingeräumten Vorrechte eine dem Staatshaushalt gleichwertige Summe ausgemacht haben. Paulo Schilling weist darauf hin (»Brasil para extranjeros«, Montevideo, 1966), daß, während der brasilianische Staat den großen internationalen Konzernen eine Flut von Begünstigungen zugestand und ihnen ein Maximum von Gewinnen mit einem Minimum von Investitionen gestattete, gleichzeitig der in der Epoche von Vargas geschaffenen nationalen Motorenfabrik jede Unterstützung versagt blieb. Später wurde unter der Regierung von Castelo Branco dieser Staatsbetrieb an die Alfa Romeo verkauft.

23 Maurício Vinhas de Queiroz, »Os grupos multibilionarios«, in der Zeitschrift »Revista do Instituto de Ciências Sociais«, Bundesuniversität von Rio de Janeiro, Januar–Dezember 1965.

troniksektor gingen drei bedeutende brasilianische Firmen in japanische Hände über; Wyeth, Bristol, Mead Johnson und Lever verschlangen mehrere Arzneimittelfabriken, wodurch die inländische Arzneimittelproduktion auf ein Fünftel des Marktumsatzes sank; die Anaconda fiel über die nichteisenhaltigen Metalle und die Union Carbide über die Plastikstoffe, die chemischen Produkte und die Petrochemie her; American Can, American Machine and Foundry und weitere Kollegen bemächtigten sich sechs nationaler Unternehmen für Mechanik und Hüttenwesen; die Companhia de Mineração Geral, eine der größten Metallwarenfabriken Brasiliens, wurde zu einem Spottpreis von einem Konsortium gekauft, dem die Bethlehem Steel, die Chase Manhattan Bank und die Standard Oil angehörten. Die Schlußfolgerungen einer zur Untersuchung des Themas gebildeten Parlamentskommission waren sensationell, aber das Militärregime schloß die Tore des Kongresses, und das brasilianische Publikum erfuhr diese Daten niemals[24].

Die Regierung des Marschalls Castelo Branco lockte die ausländischen Kapitalisten an und bot ihnen das Land an, wie Kuppler eine Frau anbieten, wobei sie ihren besonderen Nachdruck darauf legte, worauf es ankam: »Die Behandlung der Ausländer in Brasilien gehört zu den liberalsten der Welt ..., es gibt keine Beschränkungen hinsichtlich der Nationalität der Aktionäre ..., es ist keine Grenze über den Prozentsatz des eingetragenen Kapitals festgelegt, der als Gewinn überwiesen werden darf ..., es gibt keine Beschränkungen für die Rücknahme von Kapital, und die Wiederinvestition der Gewinne wird als Erhöhung des ursprünglichen Kapitals betrachtet ...«[25].

Argentinien blieb, was die Lobpreisung der angebotenen Vorteile be-

24 Die Kommission gelangte zu dem Schluß, daß das Auslandskapital 1968 40 Prozent des brasilianischen Kapitalmarktes, 62 Prozent des Außenhandels, 82 Prozent des Seetransportwesens, 77 Prozent des Luftverkehrs mit dem Auslande, 100 Prozent der Kraftwagenproduktion, 100 Prozent der Autoreifenerzeugung, mehr als 80 Prozent der pharmazeutischen Industrie, etwa 50 Prozent der chemischen, 59 Prozent der Maschinenerzeugung, 62 Prozent der Fabrikation von Autobestandteilen, 48 Prozent der Aluminium- und 90 Prozent der Zementproduktion kontrollierte. Die Hälfte des Auslandskapitals kam nordamerikanischen Firmen zu; ihnen folgten an zweiter Stelle die deutschen Firmen. Es ist interessant, in diesem Zusammenhang auf die wachsende Bedeutung der Investitionen der Bundesrepublik Deutschland in Lateinamerika hinzuweisen. Von je zwei Automobilen, die in Brasilien fabriziert werden, stammt eines aus der Volkswagenfabrik, die die wichtigste der ganzen Region ist. Die erste Automobilfabrik in Südamerika wurde von einer deutschen Firma, der Mercedes Benz Argentina, 1951 gegründet. Bayer, Hoechst, BASF und Schering beherrschen einen guten Teil der chemischen Industrie in den lateinamerikanischen Ländern.

25 Sonderbeilage der »New York Times«, 19. Januar 1969.

trifft, nicht hinter Brasilien zurück. In der Rede, in der General Juan Carlos Onganía 1967 die argentinische Wirtschaftspolitik festlegte, bestätigte er von neuem, daß die Hennen dem Fuchs die gleichen Möglichkeiten gewähren: »Die ausländischen Investitionen werden in Argentinien auf der Basis völliger Gleichheit mit den Investitionen inländischen Ursprungs betrachtet werden, in Übereinstimmung mit der traditionellen Politik unseres Landes, das niemals das ausländische Kapital diskriminiert hat«[26]. Von 1963 bis 1968 wurden fünfzig bedeutende argentinische Firmen entnationalisiert, von denen neunundzwanzig in nordamerikanische Hände fielen; sie waren auf verschiedensten Gebieten wie dem der Stahlgießerei, der Automobil- und Ersatzteilefabrikation, der Petrochemie, der Chemie, der Elektrotechnik, der Papier- oder der Zigarettenindustrie tätig[27]. 1962 befanden sich zwei inländische, mit Privatkapital betriebene Firmen, Siam Di Tella und »Industrias Kaiser Argentinas«, unter den fünf größten Industriebetrieben Lateinamerikas; 1967 waren beide großzügigerweise vom imperialistischen Kapital übernommen worden. Unter den mächtigsten Unternehmen des Landes, von denen jedes mehr als sieben Milliarden Pesos jährlich umsetzt – entspricht die Hälfte des Gesamtumsatzes ausländischer Firmen –, ein Drittel Staatsorganisationen und kaum ein Sechstel Privatgesellschaften mit argentinischem Kapital[28].
Mexiko vereinigt fast ein Drittel der nordamerikanischen Investitionen in der Manufakturindustrie Lateinamerikas. Auch dieses Land erlegt dem Kapitaltransfer und der Überweisung von Gewinnen in das Ursprungsland keine Beschränkungen auf; die Devisenbeschränkungen glänzen durch Abwesenheit. Die obligatorische »Mexikanisierung« von Kapital, durch die bei einigen Industrien eine inländische Aktienmehrheit festgesetzt wird, »ist im allgemeinen von den ausländischen Investoren gut aufgenommen worden, die sogar öffentlich auf mehrere Vorteile hingewiesen haben, die sich bei der Schaffung von Firmen, bei denen in- und ausländisches Kapital vertreten ist, ergeben«, wie 1967 der Industrie- und Handelsminister erklärte: »Man kann hervorheben, daß sogar Firmen von internationalem Ruf diese Form der Zusammenarbeit bei Gesellschaften, die sie in Mexiko gegründet haben, gewählt haben, und es ist gleichfalls wichtig, darauf hinzuweisen, daß die Politik der Mexikanisierung der Industrie nicht nur die ausländischen

26 Sergio Nicolau, »La inversión extranjera directa en los países de la ALALC«, Mexiko, 1968.
27 Rogelio García Lupo, »Contra la ocupación extranjera«, Buenos Aires, 1968.
28 Zitiert in der Veröffentlichung der Vereinten Nationen, CEPAL, »Estudio económico de América Latina, 1968«, New York / Santiago de Chile, 1969.

Investitionen nicht von Mexiko ferngehalten hat, sondern daß der Investitionsstrom 1965 eine Rekordziffer erreicht hat, die 1966 noch übertroffen wurde«[29]. 1962 waren von den 100 wichtigsten Unternehmen Mexikos 56 ganz oder teilweise unter Kontrolle des Auslandskapitals, 24 gehörten dem Staate und 20 mexikanischem Privatkapital. Diese 20 Privatbetriebe mit inländischem Kapital waren am Gesamtumsatz der 100 in Betracht gezogenen Firmen mit etwas mehr als einem Siebentel beteiligt[30]. Augenblicklich beherrschen die großen ausländischen Firmen mehr als die Hälfte des für Computer, Büromaschinen, Industriemaschinen und -ausrüstungen investierten Kapitals; General Motors, Ford, Chrysler und Volkswagen haben ihre Vorrangstellung in der Automobilindustrie und dem Netz der Nebenindustrien gefestigt; die neue chemische Industrie gehört Du Pont, Monsanto, Imperial Chemical, Allied Chemical, Union Carbide und Cyanamid; die wichtigsten Arzneimittelfabriken befinden sich in Händen der Parke Davis, Merck & Co., Sidney Ross und Squibb; der Einfluß von Celanese ist bei der Herstellung von Kunstfasern ausschlaggebend; Anderson Clayton und Lieber Brothers beherrschen in wachsendem Maße die Erzeugung von Speiseöl, und das ausländische Kapital ist in erdrückendem Ausmaß an der Produktion von Zement, Zigaretten, Kautschuk und diversen Nebenprodukten, Haushaltsartikeln und verschiedenen Nahrungsmitteln beteiligt[31].

Das Bombardement des Weltwährungsfonds erleichtert die Landung der Konquistadoren

Zwei von den Ministern, die vor der Parlamentskommission zur Untersuchung der Entnationalisierung der brasilianischen Industrie aussagten, gaben zu, daß die unter der Regierung Castelo Brancos zur Erleichterung des direkten ausländischen Kreditzuflusses an die Unternehmen ergriffenen Maßnahmen die Fabriken mit inländischem Kapital in eine nachteilige Position versetzt hatten. Beide bezogen sich dabei auf die berühmte, Anfang 1965 erlassene Verordnung Nr. 289: Die ausländischen Firmen erhielten Darlehen im Ausland zu sieben- oder achtprozentigen Zinsen und zu einem besonderen Devisenkurs, der vom Staate auch im Falle einer Abwertung des Cruzeiros garantiert wurde,

29 Reportage der Zeitschrift »Visión«, 3. Februar 1967.
30 José Luis Ceceña, »Los monopolios en México«, Mexiko, 1962.
31 José Luis Ceceña, »México en la órbita imperial«, Mexiko, 1970, und Alonso Aguilar und Fernando Carmona, »México, riqueza y miseria«, Mexiko, 1968.

während die inländischen Unternehmen fast 50 Prozent Zinsen für die mühsam im Lande erlangten Kredite bezahlen mußten. Der Erfinder der Maßnahme, Roberto Campos, erklärte sie folgendermaßen: »Offensichtlich ist die Welt ungleich. Es gibt Leute, die intelligent, und solche, die dumm zur Welt kommen. Einige kommen als Athleten und andere als Krüppel zur Welt. Die Welt besteht aus kleinen und großen Unternehmen. Einige gehen sehr bald, am Beginn ihrer Existenz, zugrunde; andere schleppen sich verbrecherischerweise durch ein langes, unnützes Dasein. Es besteht eine grundsätzliche Ungleichheit in der menschlichen Natur, im Wesen der Dinge. Dem kann auch der Mechanismus des Kredits nicht entgehen. Die Forderung, den inländischen Unternehmen den gleichen Zugang zum ausländischen Kredit wie den ausländischen Unternehmen zu ermöglichen, bedeutet einfach Unkenntnis der grundlegenden Realitäten der Wirtschaft ...«[32]. Nach dem Inhalt dieses kurzen, aber kernigen »Kapitalistischen Manifests« ist das Gesetz des Dschungels die Richtlinie, die von Natur aus das Leben des Menschen regelt, und es gibt keine Ungerechtigkeit, da das, was wir als Ungerechtigkeit kennen, nur der Ausdruck der grausamen Harmonie des Universums ist: Die armen Länder sind arm ... weil sie arm sind; das Schicksal steht in den Sternen geschrieben, und wir kommen nur zur Welt, um es zu erfüllen: die einen zum Gehorchen verurteilt, die anderen zum Befehlen auserwält. *Die einen haben den Hals hinzuhalten, die anderen den Strick.* Der Verfasser war der Magier der Politik des Weltwährungsfonds in Brasilien.

In ganz Lateinamerika wird von dem System viel weniger erzeugt als verbraucht wird, und die Inflation geht auf diese »strukturelle Impotenz« zurück. Aber der Weltwährungsfonds bekämpft nicht die Ursachen des unzureichenden Angebots des Produktionsapparates, sondern richtet seine Kavallerienagriffe gegen die Folgen und drückt auf diese Weise die mehr als armselige Kaufkraft des internen Marktes in noch stärkerem Maße nieder: *eine übermäßige Nachfrage trüge – in diesen Ländern voll Hungernder – die Schuld an der Inflation.* Die

32 Erklärung des Ministers Roberto Campos im Bericht der parlamentarischen Untersuchungskommission über Transaktionen zwischen inländischen und ausländischen Unternehmen. Originalversion. Abgeordnetenhaus, Brasilia, 6. September 1968. – Kurz darauf veröffentlichte Campos eine merkwürdige Auslegung der nationalistischen Maßnahmen der Regierung Perus. Nach ihr war die Enteignung der Standard Oil von seiten der Regierung des Generals Velasco Alvarado nichts weiter als eine »Zurschaustellung von Männlichkeit«. Der Nationalismus, schrieb er, habe nur den primitiven Haßdrang des Menschen zum Gegenstand. Aber, fügte er hinzu, »der Stolz bewirkt keine Investitionen und erhöht nicht den Kapitalfluß ...« (Aus der Zeitung »O Globo«, 25. Februar 1969).

Vereinigten Staaten, die ein weitgehendes protektionistisches System – Zölle, Quoten, interne Subventionen – anwenden, haben niemals auch nur den geringsten Einwand seitens des Weltwährungsfonds erhalten. Hingegen ist er Lateinamerika gegenüber unbeugsam gewesen, dazu war er geschaffen worden. Seit sich Chile 1954 mit seiner ersten Mission einverstanden erklärte, haben sie die »Ratschläge« des Weltwährungsfonds überallhin verbreitet, und die Mehrzahl der Regierungen befolgt heute blindlings seine Richtlinien. *Die Therapie verschlimmert den Zustand des Patienten, um ihn so leichter zur Einnahme der Droge – Anleihen und Investitionen – bringen zu können.* Der Weltwährungsfonds erteilt selbst Anleihen oder gibt das unerläßliche grüne Licht, damit andere sie erteilen. In den Vereinigten Staaten geboren, mit Sitz in den Vereinigten Staaten und im Dienste der Vereinigten Staaten, ist der Fonds in Wirklichkeit als internationaler Inspektor tätig, ohne dessen Zustimmung die nordamerikanischen Banken die Schnüre des Geldbeutels nicht lockern; die Weltbank, die Agentur für internationale Entwicklung und andere weltumfassende philanthropische Institutionen binden ihre Kredite obendrein an die Unterzeichnung und Erfüllung der »Absichtserklärungen« der Regierungen gegenüber der allmächtigen Organisation. Alle lateinamerikanischen Länder zusammen erreichen nicht die Hälfte der Stimmen, über die die Vereinigten Staaten verfügen, um die Politik dieses obersten Schöpfers des Währungsgleichgewichtes in der Welt zu orientieren. Der Weltwährungsfonds wurde geschaffen, um die finanzielle Vorherrschaft von Wall Street auf dem ganzen Planeten zu festigen, als der Dollar am Ende des Zweiten Weltkriegs seine Hegemonie als internationales Zahlungsmittel antrat. Er ist seinem Herrn niemals untreu geworden[33].

Die lateinamerikanische nationale Bourgeoisie hat bestimmt die Neigung, als Rentier zu leben, und sie hat der ausländischen Lawine, die sich auf die Industrie stürzte, keine beachtlichen Hindernisse entgegengesetzt, aber es ist nicht weniger richtig, daß die imperialistischen Konzerne zu einer ganzen Skala von Zerstörungstaktiken gegriffen haben. Das vorherige Bombardement durch den Währungsfonds erleichterte das Eindringen. So sind Unternehmen mit einem einfachen Telephonanruf erobert worden, sei es nach einem plötzlichen Sturz der Börsennotierungen, sei es durch Zwangseintreibung von Schulden, die auf Materiallieferungen oder der Verwendung von Patenten oder techni-

33 Samuel Lichtensztejn und Alberto Couriel, »El FMI y la crisis económica nacional«, Montevideo, 1967, und Vivian Trías, »La crisis del Imperio«, Montevideo, 1970.

schen Neuerungen beruhten. Die Abhängigkeit auf dem Gebiete der Technologie muß teuer bezahlt werden; das »know how« der Konzerne beinhaltet auch eine große Erfahrung in der Kunst, den Mitmenschen zu verschlingen. Einer der letzten Mohikaner der brasilianischen Industrie erklärte, kurz bevor die Militärregierung ihn zwang, ins Exil zu ziehen: »Die Erfahrung erweist, daß das Produkt der Ausfuhren eines inländischen Unternehmens oft gar nicht nach Brasilien gelangt, sondern auf dem Finanzmarkt des Käuferlandes verbleibt, um dort Zinsen zu tragen«[34]. Die Gläubiger zogen ihre Außenstände ein, indem sie die Einrichtungen und die Maschinen der Schuldner behielten. Die Ziffern der brasilianischen Zentralbank zeigen an, daß nicht weniger als ein Fünftel der Neuinvestitionen für die Industrie in den Jahren 1965, 1966 und 1967 in Wirklichkeit der Umwandlung unbezahlter Schulden in Investitionen entsprach.
Die Filialen der großen multinationalen Konzerne *können sich den Luxus leisten, ein oder zwei Jahre oder solange es nötig ist, Geld zu verlieren. Sie senken also die Preise und setzen sich, um auf die Übergabe des Bedrängten zu warten. Die Banken nehmen an der Belagerung teil; das inländische Unternehmen ist nicht so solvent, wie es schien; man verweigert ihm die Nahrungsmittelzufuhr. Es dauert nicht lange, bis das in die Enge getriebene Unternehmen die weiße Fahne aufsteckt. Der örtliche Kapitalist wird zu einem minderberechtigten Partner oder Beamten seiner Sieger. Oder er gewinnt die meistbegehrte Position: Er erhält den Kaufpreis seiner Güter in Form von Aktien des ausländischen Stammhauses und beendet seine Tage in einem üppigen Rentierleben.* In bezug auf das »Dumping« der Preise ist die Geschichte der Übernahme einer brasilianischen Klebebänderfabrik – Adesite – durch die mächtige Union Carbide bezeichnend. Die Scotch, eine bekannte Firma mit Sitz in Minnesota und weltweiten Fangarmen, begann, ihre eigenen Klebebänder auf dem brasilianischen Markt immer billiger zu verkaufen. Der Absatz der Adesite ging zurück. Die Banken gewährten ihr keine Kredite mehr. Die Scotch senkte ihre Preise weiter: sie fielen um 30 Prozent, später um 40 Prozent. In diesem Augenblick trat die Union Carbide in Erscheinung. Sie kaufte die brasilianische Fabrik zu einem von der Verzweiflung diktierten Preis. Nachträglich kamen die Union Carbide und die Scotch überein, den nationalen Markt untereinander aufzuteilen; sie teilten Brasilien in zwei Teile, für jeden die Hälfte. Und in gemeinsamem Einvernehmen erhöhten sie die Preise der Klebebänder um

34 Fernando Gasparian in »Correio da Manhã«, 1. Mai 1968.

50 Prozent. Es war die Verdauung. Das Anti-Trust-Gesetz aus den alten Zeiten von Vargas war Jahre vorher aufgehoben worden.
Die Organisation amerikanischer Staaten selbst gibt zu[35], daß der Überfluß an finanziellen Mitteln, über den die nordamerikanischen Filialen verfügen, »im Augenblick großer Geldknappheit der inländischen Unternehmen manchmal dazu geführt hat, daß einige dieser nationalen Unternehmen vom ausländischen Kapital erworben wurden«. Aber in dem gleichen Dokument wird festgestellt, daß nicht weniger als 95,7 Prozent der für das normale Funktionieren der nordamerikanischen Unternehmen in Lateinamerika und deren Entwicklung nötigen Beträge aus lateinamerikanischen Quellen, und zwar in Form von Krediten, Anleihen und neuinvestierten Gewinnen, stammen. Bei der Manufakturindustrie beträgt dieser Anteil 80 Prozent.

Die Vereinigten Staaten hüten ihre eigenen Ersparnisse, verfügen aber über die fremden: Die Invasion der Banken

Das Strömen des Nationalvermögens in Richtung auf die imperialistischen Filialen erklärt sich in bedeutendem Maße aus der Vielfalt nordamerikanischer Bankfilialen, die in den letzten Jahren in ganz Lateinamerika wie Pilze nach dem Regen aus dem Boden geschossen sind. Die Offensive auf die lokalen Ersparnisse der Satelliten steht mit dem chronischen Defizit der Zahlungsbilanz der Vereinigten Staaten, das sie dazu zwingt, ihre Auslandsinvestitionen zu bremsen, und mit der dramatischen Krise des Dollars als internationalem Zahlungsmittel in Zusammenhang. *Lateinamerika stellt außer der Nahrung auch den Speichel zur Verfügung, und die Vereinigten Staaten beschränken sich darauf, ihren Mund beizusteuern.*
Nach dem International Banking Survey[36] gab es 1964 78 Filialen nordamerikanischer Banken südlich des Río Bravo, aber 1967 waren es ihrer bereits 133. Sie hatten 1964 Depots in der Höhe von 810 Millionen Dollar, aber 1967 waren es bereits 1,27 Milliarden. Später, in den Jahren 1968 und 1969, rückten die ausländischen Banken machtvoll vor. Die First National City Bank besitzt derzeit nicht weniger als 110 Filialen, die über siebzehn lateinamerikanische Länder verstreut sind. Diese Ziffer schließt mehrere nationale Banken ein, die in der letzten Zeit von der City Bank erworben worden sind. Die Chase

35 Generalsekretariat der Organisation amerikanischer Staaten, a.a.O.
36 International Banking Survey, Journal of Commerce, New York, 25. Februar 1968.

Manhattan Bank, die der Rockefeller-Gruppe angehört, erwarb 1962 die Banco Lar Brasileiro mit 34 Filialen in Brasilien, 1964 die Banco Continental mit 42 Filialen in Peru, 1967 die Banco del Comercio mit 120 Filialen in Kolumbien und Panama und die Banco Atlántida mit 24 Filialen in Honduras, 1968 die Banco Argentino de Comercio. Die cubanische Revolution hatte 20 Bankagenturen der Vereinigten Staaten nationalisiert, aber die Banken haben sich von jenem harten Schlag reichlich erholt; allein im Verlaufe des Jahres 1968 wurden mehr als 70 neue Filialen nordamerikanischer Banken in Mittelamerika, an der Karibischen See und den kleineren Ländern Südamerikas eröffnet.

Die Public-Relations-Abteilungen mehrerer nordamerikanischer Banken, die im Ausland tätig sind, erklären ohne jede Scham, daß ihr Hauptzweck darin besteht, die internen Sparsummen der Länder, in denen sie ihren Sitz haben, den multinationalen Konzernen zuzuführen, die Kunden ihrer Stammhäuser sind[37]. Lassen wir unserer Vorstellungskraft freien Lauf: Könnte eine lateinamerikanische Bank in New York auftreten, um die nationalen Ersparnisse der Vereinigten Staaten aufzufangen? *Die Blase platzt in der Luft: Dieses ausgefallene Abenteuer ist ausdrücklich untersagt. Keine ausländische Bank darf in den Vereinigten Staaten als Empfänger von Depositengeldern nordamerikanischer Staatsbürger tätig sein.* Lateinamerika trägt für die Nordamerikanisierung der Finanzen ebenso eifrig Sorge wie die Vereinigten Staaten. Trotzdem befragte die Banco Brasileiro de Descontos im Juni 1966 ihre Aktionäre, um eine radikal nationalistische Maßnahme zu treffen. Sie druckte den Satz »Nós confiamos em Deus« (Wir vertrauen auf Gott) auf allen ihren Dokumenten ab. Mit Stolz wies die Bank darauf hin, daß der Dollar das Motto »In God We Trust« aufweist.

Die lateinamerikanischen Banken, selbst die unbesiegten, die vom ausländischen Kapital weder durchsetzt noch eingenommen sind, orientieren ihre Kredite in einer Richtung, die von der der Filialen der City, der Chase oder der Bank of America in keiner Weise abweicht. Auch sie ziehen es vor, die ausländischen Industrie- und Handelsunternehmen zu bedienen, die mit soliden Garantien aufwarten und sehr große Beträge in Bewegung setzen.

37 Robert A. Bennett und Karen Almonti, »International Activities of United States Banks«, in: »The American Banker«, New York, 1969.

In dem von Roberto Campos ausgearbeiteten »Programm für die Wirtschaftsmaßnahmen der Regierung«[38] war vorgesehen, daß als Antwort auf seine wohlwollende Politik das Auslandskapital heranströmen würde, um die Entwicklung Brasiliens voranzutreiben und zu dessen wirtschaftlicher und finanzieller Stabilisierung beizutragen. Für 1965 wurden neue, direkte Investitionen ausländischen Ursprungs von 100 Millionen Dollar angekündigt. Es kamen 70 Millionen. 1967 kamen 76 Millionen ins Land; der aus Gewinnen und Dividenden, Bezahlung technischer Hilfe, Patenten, »Royalties« und Fabrikmarken bestehende Abgang überstieg jedoch mehr als viermal die Neuinvestitionen. Und diesen Aderlässen wären noch die geheimen Überweisungen hinzuzufügen. Die Zentralbank gibt zu, daß außerhalb der legalen Wege 1967 120 Millionen Dollar Brasilien verlassen haben.
Das, was fortging, ist demnach unvergleichlich mehr als das, was kam. Schließlich lagen die neuinvestierten Beträge in den »Schlüsseljahren« der Entnationalisierung der Industrie – 1965, 1966, 1967 – weit unterhalb des Niveaus von 1961[39]. Die Investitionen in der Industrie machen den größten Teil des in Brasilien angelegten nordamerikanischen Kapitals aus, betragen aber weniger als 4 Prozent der Gesamtinvestitionen der Vereinigten Staaten in Fabriken auf der ganzen Welt. In Argentinien machen sie kaum 3 Prozent aus, in Mexiko 3,5 Prozent. Die Verdauung der größten Industrieanlagen Lateinamerikas hat von Wall Street keine großen Opfer erfordert.
»Was den modernen Kapitalismus, in dem das Monopol eine Vorrangstellung einnimmt, kennzeichnet, ist die Ausfuhr von Kapital«, hat Lenin geschrieben. In unseren Tagen *importiert* der Imperialismus Ka-

38 »Ministério do Planejamento e Coordenação Econômica«, »Programa de Ação Econômica do Govêrno«, Rio de Janeiro, November 1964. Zwei Jahre später bei einer Ansprache in der Mackenzie-Universität von São Paulo beharrte Campos auf seinem Standpunkt: »Da nun einmal die Wirtschaften, die sich im Prozeß ihrer Organisierung befinden, über keine genügenden Mittel verfügen, um eine dynamische Politik in Angriff zu nehmen, und zwar aus dem einfachen Grunde, daß sie, wenn sie sie hätten, nicht rückständig wären, ist es gerechtfertigt, den Beitrag all derer anzunehmen, die mit uns die Risiken des wunderbaren Abenteuers, das der Fortschritt ist, eingehen wollen, um einen Teil seiner Früchte zu erhalten« (22. Dezember 1966).

39 »Die Überweisungen aus Brasilien sind seit den 1965 erlassenen Bestimmungen im Steigen«, stellte das Organ des Handelsdepartments der Vereinigten Staaten mit Befriedigung fest. »Der Strom von Zinsen, Gewinnen, Dividenden und ›Royalties‹ nimmt zu; die Fristen und Bedingungen der Anleihen sind dem Abkommen mit dem Weltwährungsfonds unterworfen.« »International Commerce«, 24. April 1967.

pital aus den Ländern, in denen er auftritt, wie Baran und Sweezy aufgezeigt haben. In der Zeitspanne von 1950 bis 1967 haben die gesamten nordamerikanischen Neuinvestitionen in Lateinamerika, ohne dabei die wiederinvestierten Gewinne einzubeziehen, 3,82 Milliarden Dollar ausgemacht. Im gleichen Zeitraum betrugen die von den Unternehmen ins Ausland überwiesenen Gewinne und Dividenden 12,82 Milliarden[40]. Seit damals hat – nach Daten der CEPAL – der Aderlaß in Form von Gewinnen, die in den letzten Jahren das Fünffache der Neuinvestitionen betragen, neuerlich zugenommen; Argentinien, Brasilien und Mexiko waren die Hauptopfer dieses wachsenden Mißverhältnisses. Aber das ist eine vorsichtige Berechnung. Ein guter Teil der als Schuldenamortisierung rückgesandten Beträge entspricht in Wirklichkeit den aus der Investition hervorgehenden Gewinnen, und die Ziffern schließen auch nicht die Bezahlung von Patenten, »Royalties« und technische Hilfe ein, noch werden andere unsichtbare Remissen in Rechnung gestellt, die häufig unter der Position »Irrtümer und Auslassungen« verschleiert werden[41], und *ebensowenig werden die Gewinne berücksichtigt, die die Konzerne durch die Aufblähung der Preise für die Lieferungen an ihre Filialen und die mit nicht minderem Enthusiasmus betriebene Aufblähung ihrer Betriebskosten erzielen.*

Die Erfindungskraft der Unternehmen vollzieht den gleichen Prozeß mit den Investitionen als solchen. Da nämlich durch den schwindelerregenden technologischen Fortschritt die Erneuerungstermine des stehenden Kapitals in der modernen Wirtschaft immer kürzer werden, haben die meisten Fabrikeinrichtungen und Ausrüstungen, die nach Lateinamerika ausgeführt werden, bereits vorher einen normalen Arbeitszyklus in ihren Herkunftsländern geleistet. Die Amortisierung ist demnach bereits ganz oder teilweise vollzogen. Bei der Auslandsinvestition wird dieser Umstand nicht in Rechnung gezogen. Im übrigen hat es das Stammhaus gar nicht nötig, sich Ausgaben zu machen, um in Lateinamerika das zu erzeugen, was es ihm vorher aus der Ferne geliefert hatte. Es hat von dem Augenblick an, in dem es ein Schild in den Boden rammt, auf dem es seine Fabrik zu errichten gedenkt, Zugang

40 Generalsekretariat der Organisation amerikanischer Staaten, a.a.O. Schon Präsident Kennedy hatte zugegeben, daß »wir 1960 aus der unterentwickelten Welt, die kapitalbedürftig ist, 1,3 Milliarden Dollar weggeführt haben, während wir ihr nur 200 Millionen als Investitionskapital zugeführt haben« (Rede beim Kongreß der AFL/CIO in Miami am 8. Dezember 1961).

41 Die mysteriösen »Irrtümer und Auslassungen« machten zum Beispiel von 1955 bis 1966 mehr als eine Milliarde Dollar in Venezuela, 743 Millionen in Argentinien, 714 Millionen in Brasilien und 310 Millionen in Uruguay aus. Vereinte Nationen, CEPAL, a.a.O. (s. Anm. 28).

zum lokalen Kredit. Es verfügt über Devisenbegünstigungen für seine Importkäufe, die das Unternehmen mit sich selbst abzuschließen pflegt. Eine von der Zeitschrift »Fichas«[42] angestellte Berechnung zeigt an, daß die von 1961 bis 1964 von der Automobilindustrie in Argentinien in Anspruch genommenen Devisen dreieinhalbmal soviel ausmachen wie der Betrag, der zum Bau von siebzehn thermoelektrischen und sechs Wasserkraftwerken mit einer Gesamtpotenz von mehr als zweitausendzweihundert Megawatt erforderlich wäre, und daß sie dem Wert der Maschinen- und Ausrüstungsimporte gleichkommen, die die dynamischen Industriezweige im Zeitraum von elf Jahren benötigen würden, um eine Steigerung des Pro-Kopf-Produktes um 2,8 Prozent jährlich zu erzielen.

Die Technokraten fordern »Geld oder Leben« – wirksamer als die »Marines«

Die internationalen Kreditinstitute spielen beim Abbruch der schwachen Zitadellen, die zur Verteidigung der lateinamerikanischen Industrie inländischen Kapitals errichtet wurden, und bei der Festigung der neokolonialen Strukturen eine bedeutende Rolle. Die »Hilfe« erinnert an den Wohltäter der Anekdote, der seinem Schwein ein Holzbein eingesetzt hatte, aber nur deshalb, weil er es langsam aufaß. Das durch die Militärausgaben und die Auslandshilfe hervorgerufene Defizit der Zahlungsbilanz der Vereinigten Staaten, ein gefährliches über dem Wohlstand Nordamerikas hängendes Damoklesschwert, *ermöglicht gleichzeitig diesen Wohlstand;* das Imperium entsendet seine »Marines« ins Ausland, um die Dollars seiner Monopole zu retten, sobald diese in Gefahr sind.

Der Kapitalismus unserer Tage weist in seinem universalen Machtzentrum eine augenscheinliche Identität zwischen den Privatmonopolen und dem Staatsapparat auf[43]. Die multinationalen Konzerne verwenden den Staat unmittelbar zur Bildung, Vervielfachung und Konzentration von Kapital, der Vertiefung der technologischen Revolution, der Militarisierung der Wirtschaft und – mit Hilfe diverser Handlungsweisen – der Gewährleistung der Nordamerikanisierung der kapitalistischen Welt. Die Eximbank – die Ein- und Ausfuhrbank –,

42 »Fichas de investigación económica y social«, Buenos Aires, Juni 1965.
43 V. A. Cheprakov, »El capitalismo monopolista de Estado«, Moskau, ohne Angabe des Jahres; Paul A. Baran und Paul M. Sweezy, a.a.O.; und Vivian Trías, a.a.O. (s. Anm. 33).

die AID – die Agentur für internationale Entwicklung – und andere kleinere Institutionen erfüllen ihre Funktion in diesem Sinne; auch einige vermeintlich internationale Institutionen, in denen die Vereinigten Staaten ihre unleugbare Vorherrschaft ausüben, arbeiten in der gleichen Richtung: der Weltwährungsfonds und sein Zwillingsbruder, die Internationale Bank für Wiederaufbau und Entwicklung, und die interamerikanische Entwicklungsbank, die sich das Recht anmaßen, die Wirtschaftspolitik der Länder, die um Kredite ansuchen, festzulegen, wobei sie deren Zentralbanken und die ausschlaggebenden Ministerien mit Erfolg unter Druck setzen; sie erlangen alle geheimen wirtschaftlichen und finanztechnischen Daten, sie verfassen Gesetze und erzwingen deren Annahme.
Die internationale Nächstenliebe existiert nicht; sie gilt dem eigenen Hause – auch in den Vereinigten Staaten. Die nordamerikanische Wirtschaft hilft sich selbst. Roberto Campos selbst hat sie zur Zeit, als er Botschafter der nationalistischen Regierung Goularts war, als ein Programm zur Erweiterung der Auslandsmärkte definiert, das dazu bestimmt ist, den Absatz der überschüssigen Produkte Nordamerikas und den der übergroßen Produktion der Exportindustrie der Vereinigten Staaten zu erleichtern[44]. Das Handelsdepartment der Vereinigten Staaten begrüßte den guten Gang der Fortschrittsallianz kurz nach deren Gründung und bemerkte, daß sie neue Geschäfte und Arbeitsquellen für Privatfirmen aus vierundvierzig nordamerikanischen Staaten erschlossen habe[45]. In der weniger weit zurückliegenden Botschaft Präsident Johnsons an den Kongreß im Januar 1968 versicherte er, daß mehr als 90 Prozent der nordamerikanischen Auslandshilfe im Jahre 1969 zur Finanzierung von Käufen in den Vereinigten Staaten verwendet würde und daß er sich »persönlich und direkt« dafür eingesetzt habe, »die Bemühungen zur Hebung dieses Prozentsatzes voranzutreiben«[46]. In jüngerer Vergangenheit wurden gewisse Methoden, wie z. B. die »negativen Listen«, in Anwendung gebracht, um zu verhindern, daß die Kredite den Export von denjenigen Artikeln förderten, in denen die Vereinigten Staaten auf dem Weltmarkt gut konkurrieren können, ohne zu dem Ausweg der Autophilanthropie greifen zu müssen. Die späteren »positiven Listen« haben innerhalb des »Hilfs«-Programms den Verkauf bestimmter nordamerikanischer Waren zu Preisen ermöglicht, die 30–50 Prozent höher lagen als die derselben Artikel aus anderen internationalen Quellen. Die »Bindung«

44 »O Estado de São Paulo«, 24. Januar 1963.
45 »International Commerce«, 4. Februar 1963.
46 »Wall Street Journal«, 31. Januar 1968.

der Finanzierung – sagt die »Organisation amerikanischer Staaten« – bedeutet die Gewährung »einer generellen Subvention der nordamerikanischen Exporte«. Die Maschinenfabriken befinden sich, wie das Handelsdepartment der Vereinigten Staaten zugibt, auf dem internationalen Markt durch ihre Preise ernstlich im Nachteil, »sofern sie nicht die liberale Finanzierung ausnützen, die bei bestimmten Hilfsprogrammen möglich ist«[47].

Die »Organisation amerikanischer Staaten« hat eine bezeichnende Schätzung über die Höhe der *tatsächlichen* Hilfe, die Lateinamerika erhält, vorgenommen[48]. Wenn man das Unkraut vom Weizen trennt, gelangt man zu dem Schluß, daß kaum 38 Prozent der *nominellen* Hilfe als *tatsächliche* Hilfe betrachtet werden kann. Die Darlehen für Industrie, Bergbau, Verbindungswesen und die Kompensationskredite können nur in einem Fünftel des genehmigten Gesamtwertes als Hilfe gewertet werden.

Lateinamerika bildet die Hauptquelle des Betriebskapitals der interamerikanischen Entwicklungsbank. Aber die Dokumente dieser Institution tragen außer ihrem eigenen Stempel auch das Emblem der Fortschrittsallianz, und die Vereinigten Staaten sind das einzige Land, das in ihr über das Vetorecht verfügt; die Stimmen der lateinamerikanischen Länder, deren Zahl dem beigetragenen Kapital entspricht, vereinigen nicht die für wichtige Beschlüsse erforderliche Zweidrittelmehrheit. »Auch wenn das Vetorecht der Vereinigten Staaten bei der Erteilung der Kredite der interamerikanischen Entwicklungsbank nicht in Anwendung gebracht wurde, hat doch die drohende Möglichkeit der Benutzung des Vetos zu politischen Zwecken die Entscheidung beeinflußt«, hat Nelson Rockefeller im August 1969 in seinem berühmten Bericht an Nixon anerkannt. Bei der Mehrzahl der von ihr gewährten Darlehen stellt die interamerikanische Entwicklungsbank die gleichen Bedingungen wie die offen nordamerikanischen Institutionen: die Verpflichtung, die Beträge zum Kaufe nordamerikanischer Waren zu verwenden und mindestens die Hälfte auf Schiffen, über denen das Sternenbanner weht, zu befördern, sowie die ausdrückliche Erwähnung der Fortschrittsallianz bei der Ankündigung der Arbeiten. Die interamerikanische Entwicklungsbank legt die Tarif- und Steuerpolitik für die Dienste fest, die sie als gute Fee mit ihrem Zauberstab berührt; sie entscheidet darüber, wieviel für das Wasser zu berechnen ist, und bestimmt die Steuern für Kanalisation oder Wohnungen auf Antrag

47 »International Commerce«, 17. Juli 1967.
48 Generalsekretariat der Organisation amerikanischer Staaten, a.a.O.

der mit ihrem Einverständnis ernannten nordamerikanischen Berater. Sie billigt die Pläne der Arbeiten, verfaßt die Ausschreibungen, verwaltet die Mittel und überwacht die Ausführung[49]. Bei der Aufgabe, das Hochschulwesen der Region den Richtlinien des kulturellen Neokolonialismus getreu neu zu ordnen, hat die interamerikanische Entwicklungsbank eine fruchtbringende Rolle gespielt. Ihre Darlehen an die Universitäten unterbinden die Möglichkeit, ohne ihre Kenntnis und Billigung die Universitätsgesetze oder -statuten zu ändern, und erlegt ihnen gleichzeitig bestimmte Reformen des Lehr-, Verwaltungs- und Finanzsystems auf. Der Generalsekretär der »Organisation amerikanischer Staaten« ernennt den Schiedsrichter bei strittigen Fällen[50]. Die Verträge der »Agentur für internationale Entwicklung« (AID) bedeuten nicht nur nordamerikanische Waren und Frachtbeförderung, sondern es wird in ihnen gewöhnlich auch der Handel mit Cuba und Nordvietnam untersagt und die Annahme der Vormundschaft ihrer Techniker auf dem Gebiet der Verwaltung erzwungen. Um die Kluft der Preise zwischen den Traktoren oder Düngemitteln der Vereinigten Staaten und denen, die auf dem Weltmarkt billiger erhältlich sind, zu überbrücken, wird in ihnen die Befreiung von Steuern und Zollgebühren für die mit den Krediten importierten Produkte festgelegt. Die Hilfe der AID schließt Jeeps und moderne Waffen für die Polizei ein, um die innere Ordnung der Länder gebührend zu gewährleisten. Nicht umsonst ist nur ein Drittel der Kredite der AID sofort nach ihrer Gewährung verfügbar, während die restlichen zwei Drittel an die Gutheißung des Weltwährungsfonds gebunden sind, dessen Rezepte gewöhnlich den Brand der sozialen Agitation zum Ausbruch bringen. Und für den Fall, daß der Weltwährungsfonds es nicht zustande gebracht hätte, Stück um Stück, wie beim Zerlegen einer Uhr, alle Bestandteile der Souveränität auszubauen, pflegt die AID nebenbei auch die Annahme bestimmter Gesetze oder Dekrete zu fordern. Die AID ist der wichtigste Träger der Mittel der Fortschrittsallianz. Das interamerikanische Komitee der Fortschrittsallianz hat, um nur ein Beispiel für die Winkelzüge der Großzügigkeit anzuführen, bei der uruguayischen Regierung die Unterzeichnung eines Abkommens erreicht, nach dem die Einkünfte und Ausgaben der Staatsbetriebe sowie die offizielle

49 Zum Beispiel, in Uruguay, der Text des am 21. Mai 1963 von der interamerikanischen Entwicklungsbank und der Stadtverwaltung von Montevideo unterzeichneten Vertrages zur Erweiterung des Kanalnetzes.

50 Zum Beispiel, in Bolivien, der Text des am 1. April 1966 von der interamerikanischen Entwicklungsbank und der »Universidad Mayor de San Simón« in Cochabamba unterzeichneten Abkommens zur Verbesserung des agrarwissenschaftlichen Unterrichtes.

Politik in bezug auf Tarife, Löhne und Investitionen der direkten Kontrolle dieser ausländischen Institution unterstellt wurden[51]. Aber die Bedingungen, die der Souveränität am meisten zuwiderlaufen, erscheinen nur selten im Text der Verträge und der öffentlich eingegangenen Verpflichtungen, sondern werden in den geheimen zusätzlichen Bestimmungen verborgen. Das uruguayische Parlament hat niemals erfahren, daß die Regierung im März 1968 darin eingewilligt hatte, die Reisausfuhren in dem genannten Jahr zu beschränken, damit das Land das nordamerikanische Gesetz über Agrarüberschüsse für die Einfuhr von Mehl, Mais und Hirse in Anspruch nehmen könnte.

Viele Dolche blitzen unter dem Mantel der Hilfe für die armen Länder. Teodoro Moscoso, der ehemalige Hauptverwalter der Fortschrittsallianz, hat zugegeben: »... es kann vorkommen, daß die Vereinigten Staaten die Stimme eines bestimmten Landes in der Organisation der Vereinten Nationen oder in der Organisation amerikanischer Staaten benötigen, und es ist möglich, daß dann die Regierung dieses Landes in Befolgung der althergebrachten Tradition der kalten Diplomatie hierfür einen Preis fordert«[52]. 1962 tauschte der Delegierte Haitis auf der Konferenz von Punta del Este seine Stimme gegen einen neuen Flughafen ein, und auf diese Weise erlangten die Vereinigten Staaten die nötige Mehrheit, um Cuba aus der Organisation amerikanischer Staaten auszustoßen[53]. Der Exdiktator von Guatemala, Miguel Ydígoras Fuentes, hat erklärt, daß er den Nordamerikanern damit drohen mußte, die Stimme seines Landes bei den Konferenzen der Fortschrittsallianz zu verweigern, um zu erreichen, daß sie ihr Versprechen, ihm mehr Zucker abzukaufen, einhielten[54].

Es könnte auf den ersten Blick paradox erscheinen, daß Brasilien unter der nationalistischen Regierung João Goularts (1961–1964) das von der Fortschrittsallianz meistbegünstigte Land gewesen ist. Aber das Paradoxon erlischt, sobald man die interne Verteilung der erhaltenen Hilfe kennt: Die Kredite der Allianz wurden Goulart wie Sprengminen in den Weg gelegt. Carlos Lacerda, der Gouverneur von Guanabara und damalige Führer der extremen Rechten, erhielt siebenmal

51 Ein von der Zeitung »Ya«, Montevideo, am 28. Mai 1970 veröffentlichtes Dokument.

52 »Panorama«, Centro de Estudios y Documentación Sociales, Mexiko, November–Dezember 1965.

53 Der Diktatur Duvaliers wurde auch als Zeichen der Dankbarkeit eine zum Flughafen führende Straße gewährt. Irving Pflaum (»Arena of Decision, Latin America Crisis«, New York, 1964) und John Gerassi (»The Great Fear in Latin America«, New York, 1965) stimmen darin überein, daß es sich hierbei um eine Bestechung gehandelt hat.

54 Reportage von Georgie Anne Geyer, »The Miami Herald«, 24. Dezember 1966.

mehr Dollar als der ganze Nordosten. Im Juni 1964, als der Staatsstreich, durch den Castelo Branco an die Macht kam, bereits erfolgreich durchgeführt war, erklärte Thomas Mann, der Unterstaatssekretär für interamerikanische Angelegenheiten und die rechte Hand des Präsidenten Johnson: »Die Vereinigten Staaten haben unter den fähigsten Gouverneuren bestimmter brasilianischer Staaten die Hilfe verteilt, die eigentlich für die Regierung Goularts bestimmt war, in dem Glauben, so die Demokratie zu fördern; Washington hat keinerlei Gelder für die Zahlungsbilanz oder das Bundesbudget zur Verfügung gestellt, da dies die Zentralisierung direkt hätte begünstigen können«[55].

Die nordamerikanische Verwaltung hatte beschlossen, der Regierung Belaúnde Terrys in Peru jede Art von Mitarbeit zu verweigern, »sofern sie nicht die gewünschten Garantien dafür böte, gegenüber der International Petroleum Company eine nachgiebige Haltung einzunehmen. Belaúnde weigerte sich, und als Ergebnis hatte er Ende 1965 noch nicht seinen Anteil an der Fortschrittsallianz erhalten«[56]. Später hat Belaúnde bekanntlich nachgegeben. Und er verlor das Erdöl und die Macht; er hatte gehorcht, um zu überleben.

In Bolivien haben die nordamerikanischen Anleihen nicht einen einzigen Cent dafür zur Verfügung gestellt, daß das Land seine eigenen Zinngießereien errichtete, so daß das Zinn weiter in unverarbeitetem Zustand nach Liverpool und von dort nach seiner Verarbeitung nach New York gebracht wird; hingegen hat die »Hilfe« eine schmarotzerische Handelsbourgeoisie ins Leben gerufen, den bürokratischen Apparat aufgebläht, große Gebäude errichtet und moderne Autobahnen nebst anderen weißen Elefanten finanziert, dies alles in einem Land, das zusammen mit Haiti die höchste Kindersterblichkeit Lateinamerikas aufweist. Die Kredite der Vereinigten Staaten oder ihrer »internationalen« Institutionen erkannten Bolivien das Recht ab, die Angebote der Sowjetunion, der Tschechoslowakei und Polens zur Schaffung einer petrochemischen Industrie, der Ausbeutung und Schmelze des Zinks, des Bleis und der Eisenerze und zur Errichtung von Hochöfen für Zinn und Antimon zu akzeptieren. Hingegen mußte sich Bolivien verpflichten, Waren ausschließlich aus den Vereinigten Staaten zu importieren. Als schließlich die Regierung des »Movimiento Nacionalista Revolucionario« (Nationalrevolutionäre Bewegung) – bis in die Grundmauern von der nordamerikanischen Hilfe verschlungen – fiel, begann der Botschafter der Vereinigten Staaten, Douglas Henderson, den Ka-

55 Erklärung vor dem Unterausschuß des Repräsentantenhauses. Zitiert von Nelson Werneck Sodré, »História militar do Brasil«, Rio de Janeiro, 1965.
56 Frederick B. Pike, »The Modern History of Peru«, New York, 1968.

binettssitzungen des Diktators René Barrientos ständig beizuwohnen[57].

Die Anleihen liefern genaue Daten zum »allgemeinen Geschäftsklima« jedes Landes und tragen dazu bei, die politischen Wolken oder revolutionäre Stürme vom klaren Himmel der Millionäre zu verscheuchen. »Die Vereinigten Staaten werden ihr Programm der Wirtschaftshilfe auf diejenigen Länder anwenden, die die größte Neigung zur Begünstigung des Investitionsklimas an den Tag legen, und werden ihre Hilfe in den anderen Ländern streichen, in denen keine zufriedenstellende Leistung festzustellen sei«, kündigten 1963 mehrere Geschäftsleute unter der Führung David Rockefellers an[58]. Der Wortlaut des Gesetzes über Auslandshilfe ist kategorisch, soweit er sich auf die Aufhebung der Unterstützung gegenüber jeder Regierung bezieht, die »das Eigentum eines Bürgers der Vereinigten Staaten oder jedweder Körperschaft, Gesellschaft oder Vereinigung«, die sich mindestens zur Hälfte im Besitz nordamerikanischer Bürger befinden, »nationalisiert, enteignet, übernommen oder unter ihre Kontrolle gestellt habe«[59]. Nicht um-

57 Amado Canelas, »Radiografía de la Alinaza para el atraso«, La Paz, 1963; Mariano Baptista Gumucio und andere, »Guerrilleros y generales sobre Bolivia«, Buenos Aires, 1968, und John Gunther, »Inside South America«, New York, 1967.

58 Davids Tochter, Peggy Rockefeller, beschloß kurz darauf, in eine »Favela« Rio de Janeiros, die Jacarezinho hieß, zu ziehen. Ihr Vater, einer der reichsten Männer der Welt, reiste um seiner Millionengeschäfte willen nach Brasilien und besuchte persönlich das ärmliche Häuschen, das Peggy als Wohnung gewählt hatte, kostete das einfache Essen und stellte mit Entsetzen fest, daß der Regen durch das Dach drang und die Ratten unter der Tür ins Haus kamen. Beim Weggehen ließ er einen Scheck mit mehreren Nullen auf dem Tisch. Peggy wohnte dort einige Monate hindurch und arbeitete mit dem »Peace-Corps« zusammen. Die Schecks kamen weiter. Jeder von ihnen stellte eine Summe dar, die der Hausherr in zehn Arbeitsjahren hätte verdienen können. Als Peggy schließlich fortging, hatten sich das Haus und die Familie in Jacarezinho verwandelt. Niemals vorher hatte die »Favela« solchen Wohlstand gekannt. Peggy war direkt vom Himmel gekommen. Es war, als ob man alle Haupttreffer zusammen gewonnen hätte. Darauf wurde der Besitzer des Hauses, in dem Peggy gewohnt hatte, die Maskotte des Regimes. Fernseh- und Rundfunkreportagen, Artikel in Zeitungen und Zeitschriften, die Entfesselung der Propaganda: er war ein Beispiel, das alle Brasilianer nachahmen sollten. Er hatte dank seinem unbeugsamen Willen und seinem Sparsinn das Elend überwunden: Seht hin, seht hin, er kauft keinen Schnaps mit dem, was er verdient; jetzt hat er TV, Kühlschrank, neue Möbel; die Kinder haben Schuhe. Die Propaganda vergaß ein kleines Detail: den Besuch der Fee Peggy. Denn Brasilien hat neunzig Millionen Einwohner, und das Wunder war nur für einen von ihnen eingetreten.

59 Hickenlooper Amendment, Section 620, Foreign Assistance Act. Es ist kein Zufall, daß sich dieser Gesetzestext ausdrücklich auf »am 1. Januar 1962 bestehende oder an einem späteren Zeitpunkt vorgenommene Maßnahmen gegen die nordamerikanischen Interessen« bezieht. Am 16. Februar 1962 hatte der Gouverneur Leonel Brizola die Telephonkompagnie des brasilianischen Bundesstaates Rio Grande do Sul, eine Tochtergesellschaft der International Telephone and Telegraph Corpora-

sonst zählt das Handelskomitee der Fortschrittsallianz unter seinen hervorragendsten Mitgliedern die höchsten Funktionäre der Chase Manhattan und der City Bank, der Standard Oil, der Anaconda und der Grace. Die AID ebnet den nordamerikanischen Kapitalisten auf vielfache Weise den Weg; unter anderem, indem sie die Unterzeichnung von Garantieabkommen fordert, durch die die Investitionen gegen mögliche Verluste durch Kriege, Revolutionen, Aufstände oder Währungskrisen geschützt werden. 1966 haben – nach Angaben des Handelsdepartments der Vereinigten Staaten – die nordamerikanischen Privatinvestitionen diese Art von Garantien in fünfzehn Ländern Lateinamerikas bei hundert Projekten, die mehr als dreihundert Millionen Dollar ausmachten, innerhalb des Garantieprogramms der AID für Investitionen erhalten[60].
ADELA ist kein mexikanisches Revolutionslied, sondern der Name eines internationalen Investitionskonsortiums. Es geht auf eine Initiative der First National City Bank of New York, der Standard Oil of New Jersey und der Ford Motor Co. zurück. Die Mellongruppe und auch einige mächtige europäische Firmen schlossen sich enthusiastisch an; denn, wie Senator Jacob Javits sagt, »Lateinamerika verschafft den Vereinigten Staaten dadurch, daß sie Europa zum »Mitmachen« einladen, eine ausgezeichnete Gelegenheit zu zeigen, daß sie keine Macht- oder Exklusivposition anstreben . . .«[61]. Nun hat 1968 in ihrem Jahresbericht *ADELA der interamerikanischen Entwicklungsbank ihre besondere Dankbarkeit für die zur Förderung der Geschäfte des Konsortiums in Lateinamerika erteilten Paralleldarlehen zum Ausdruck gebracht* und im gleichen Sinne das Wirken der Vereinigung für internationale Finanzierung, eines der Arme der Weltbank, begrüßt. ADELA steht mit beiden Institutionen in ständigem Kontakt, um eine Energievergeudung durch Bemühungen an zwei Stellen zu vermeiden und um die Investitionsgelegenheiten einzuschätzen[62]. Man könnte zahlreiche Beispiele ähnlicher heiliger Allianzen anführen. In Argentinien haben die lateinamerikanischen Beiträge zu den normalen Mitteln der interamerikanischen Entwicklungsbank dazu gedient, mit äußerst vorteilhaften Anleihen Firmen wie Petrosur S.A.I.C., eine Tochtergesellschaft der Electric Bond and Share – in der Höhe von zehn Millionen Dollar

tion, enteignet, und dieser Beschluß hatte die Beziehungen zwischen Washington und Brasilia zugespitzt. Das Unternehmen nahm die von der Regierung vorgeschlagene Entschädigung nicht an.

60 »International Commerce«, 10. April 1967.

61 Zitiert von »NACLA Newsletter«, Mai/Juni 1970.

62 ADELA Annual Report, 1968. Zitiert von NACLA, a.a.O.

für den Bau einer petrochemischen Anlage – zu begünstigen oder eine Fabrik von Autobestandteilen für Armetal S.A., eine Tochtergesellschaft der The Budd Co., Philadelphia, U.S.A., zu finanzieren[63]. Alles wird als »Hilfe« gebucht, und alles lastet auf der Auslandsschuld der von der Glücksgöttin begünstigten Länder.

Als sich Fidel Castro am Beginn der cubanischen Revolution an die Weltbank und den Weltwährungsfonds wandte, um die Reserven an ausländischen Devisen, die von der Diktatur Batistas völlig aufgebraucht worden waren, wiederherzustellen, antworteten ihm beide Institutionen, daß er zunächst ein Stabilisierungsprogramm akzeptieren müßte, das – wie überall – die Entblößung des Staates und die Lähmung der Strukturreformen bedeutete[64]. Die Weltbank und der Weltwährungsfonds arbeiten eng im Dienste gemeinsamer Zwecke zusammen; sie sind in Bretton Woods zusammen entstanden. Die Vereinigten Staaten verfügen über ein Viertel der Stimmen in der Weltbank; die zweiundzwanzig Länder Lateinamerikas erreichen in ihrer Gesamtheit weniger als ein Zehntel. Die Weltbank entspricht den Vereinigten Staaten wie der Donner dem Blitz.

Nach den Erklärungen der Bank stellte sie den größten Teil ihrer Anleihen für den Bau von Straßen und anderen Verbindungswegen und für die Erschließung elektrischer Energiequellen, »die eine unentbehrliche Voraussetzung für die Entwicklung der privaten Unternehmen darstellen«, zur Verfügung[65]. Diese Infrastruktur-Werke ermöglichen in der Tat den Zugang der Rohmaterialien zu den Häfen und dem Weltmarkt und dienen dem Fortschritt der bereits entnationalisierten Industrie der armen Länder. Die Weltbank ist der Ansicht, daß »im größtmöglichen Maße die konkurrenzfähigen Industriezweige den Privatunternehmen überlassen werden sollten. Dies bedeutet nicht, daß die Bank Anleihen an die Staatsindustrien absolut ausschließe, aber sie wird diese Finanzierung nur in den Fällen vornehmen, in denen das Privatkapital nicht zugänglich wäre, und wenn sich aus den vorgenommenen Untersuchungen eine hinreichende Gewißheit darüber ergäbe, daß die Teilnahme der Regierung mit einer wirksamen Arbeitsweise vereinbar sei und diese Teilnahme keine ungebührlich einschränkende Wirkung auf die Expansion der Privatinitiative und des privaten Unternehmertums ausübe.« Die Anleihen werden an die An-

63 Interamerikanische Entwicklungsbank, »Décimo informe anual, 1969«, Washington, 1970.

64 Harry Magdoff, »La era del imperialismo«, in: »Monthly Review«, Auszüge in spanischer Sprache, Januar/Februar 1969.

65 The World Bank, IFC and IDA, »Policies and Operations«, Washington, 1962.

wendung des Stabilisierungsrezeptes des Weltwährungsfonds und an die pünktliche Bezahlung der Auslandsschulden gebunden; die Anleihen der Bank sind mit der Einführung von Maßnahmen zur Kontrolle der Gewinne unvereinbar, »die sich hemmend auswirken, da dann die Gewinne nicht auf einer klaren Basis beruhen und noch weniger die zukünftige Expansion vorantreiben können«[66]. Von 1968 an hat die Weltbank ihre Anleihen in bedeutendem Maße auf die Verbreitung der Geburtenkontrolle, die Erziehungspläne, die Agrargeschäfte und den Tourismus umorientiert.

Wie alle übrigen geldschluckenden Automaten der internationalen Finanzwelt stellt die Bank auch ein wirksames Erpressungsinstrument zugunsten sehr konkreter Machtgruppen dar. Ihre Präsidenten seit 1946 waren der Reihe nach prominente Geschäftsleute der Vereinigten Staaten. Eugene R. Black, der der Weltbank von 1949 bis 1962 vorstand, übte später die Leitung zahlreicher privater Konzerne aus, von denen einer, die Electric Bond & Share, das mächtigste Monopol des Planeten auf dem Gebiete der Elektroenergie ist[67]. Zufällig hat die Weltbank 1966 Guatemala dazu gezwungen, als Voraussetzungen für die Verwirklichung des hydroelektrischen Projektes in Jurún-Marinalá ein »ehrenswertes Abkommen« mit der Electric Bond & Share zu akzeptieren. Das »ehrenwerte Abkommen« bestand in der Zahlung einer hohen Entschädigungssumme für den Verlust, den das Unternehmen in einem Talbecken, das ihm wenige Jahre vorher kostenlos überlassen worden war, erleiden könnte, und beinhaltete außerdem die dahin gehende Verpflichtung des Staates, nicht zu verhindern, daß die Bond & Share weiterhin die Elektrizitätstarife im Lande frei festsetzen könnte. Es war auch ein Zufall, daß die Weltbank 1967 Kolumbien zur Zahlung einer Entschädigung von sechsunddreißig Millionen Dollar an die »Compañía Colombiana de Electricidad«, eine Tochtergesellschaft der Bond & Share, für ihre veralteten, kurz vorher nationalisierten Einrichtungen zwang. Der kolumbianische Staat kaufte auf diese Weise, was ihm eigentlich bereits gehörte, da die Konzession an das Unternehmen 1944 abgelaufen war. Drei Präsidenten der Weltbank gehören zur Sterngruppe der mächtigen Rockefeller-Familie. John J. McCloy stand der Institution von 1947 bis 1949 vor, und kurz

66 The World Bank, IFC and IDA, a.a.O.

67 »Unsere Programme für Auslandshilfe ... fördern die Entwicklung neuer Märkte für die amerikanischen Gesellschaften ... und orientieren die Wirtschaft der durch sie Begünstigten im Sinne voller Unternehmungsfreiheit, unter der sich die amerikanischen Firmen entfalten können.« Eugene R. Black im »Columbia Journal of World Business«, Band I, 1965.

darauf trat er in das Direktorium der Chase Manhattan Bank ein. Sein Nachfolger in der Leitung der Weltbank war Eugene R. Black, der den umgekehrten Weg zurückgelegt hatte: er kam vom Direktorium der Chase. George D. Woods, ein anderer Rockefeller-Mann, trat die Erbschaft Blacks 1963 an. Zufällig ist die Weltbank in direkter Form mit einem Zehntel des Kapitals und bedeutenden Anleihen an dem abenteuerlichsten Unternehmen der Rockefeller-Familie in Brasilien – Petroquímica União –, dem bedeutendsten petrochemischen Komplex Südamerikas, beteiligt.

Der Weltwährungsfonds und die Weltbank üben einen immer stärkeren dahin gehenden Druck aus, daß die lateinamerikanischen Länder ihre Wirtschaft und ihre Finanzen umgestalten, um sie auf die Bezahlung der Auslandsschuld einzustellen. Es ist der Circulus vitiosus der Erdrosselung: Die Anleihen nehmen zu, und die Investitionen folgen aufeinander; dadurch wachsen die Amortisierungs-, Zinsen-, Dividenden- und sonstigen Zahlungen; um diese Zahlungen zu leisten, werden neue Einspritzungen ausländischen Kapitals in Anspruch genommen, wodurch noch größere Verpflichtungen erwachsen usw. 1968 stellten die Zahlungen bereits 37 Prozent der Exporte dar[68]. Wenn man weiter das Auslandskapital in Anspruch nähme, um die »Handelsbresche« zu decken und den Transfer der Gewinne der imperialistischen Investitionen zu finanzieren, so würde 1980 nicht weniger als 80 Prozent der Devisen in die Hände der ausländischen Gläubiger übergehen, und die Gesamthöhe der Schuld würde das Sechsfache des Wertes der Ausfuhren betragen[69]. Die Weltbank hatte vorausgesehen, daß 1980 die Erfüllung der Schuldendienste die Wirkung des der unterentwickelten Welt zugeführten neuen Kapitals vollständig verdrängen würde, aber schon seit 1961 hat sich der Zustrom neuer Darlehen und neuer Investitionen in Lateinamerika als geringer erwiesen als das der Region in Form von Amortisierungen, Zinsen und Gewinnen entzogene Kapital.

68 Vereinte Nationen, CEPAL, a.a.O. (s. Anm. 28), und »Estudio económico de América Latina, 1969«, New York / Santiago de Chile, 1970.

69 Instituto Latinoamericano de Planificación Económica y Social, »La brecha comercial y la integración latinoamericana«, Mexiko / Santiago de Chile, 1967.

Die Industrialisierung ist keine Abhilfe für die organisierte Ungleichheit des Weltmarktes

Der Warenaustausch bildet, zusammen mit den direkten Investitionen im Ausland und den Anleihen, die Zwangsjacke der internationalen Arbeitsteilung. Die Länder der sogenannten Dritten Welt tauschen untereinander weniger als ein Fünftel ihrer Exporte aus und leiten umgekehrt drei Viertel ihrer Ausfuhren in die imperialistischen Zentren, denen sie Tribut zollen[70]. In ihrer Mehrzahl werden die lateinamerikanischen Länder auf dem Weltmarkt mit einem einzigen Rohstoff oder einem einzigen Nahrungsmittel identifiziert[71]. Lateinamerika hat Schaf- und Baumwolle und Naturfasern in übergroßen Mengen und verfügt über eine bereits traditionelle Textilindustrie, aber sein Anteil an den von Europa und den Vereinigten Staaten getätigten Käufen von Spinn- und Webwaren beträgt kaum 0,6 Prozent. Die Region ist dazu verurteilt worden, Primärprodukte zu verkaufen, um den ausländischen Fabriken Arbeit zu verschaffen, und es ist zu beobachten, daß diese Produkte »in ihrer großen Mehrzahl von mächtigen Konsortien mit internationalen Verknüpfungen exportiert werden, die über die nötigen Beziehungen auf dem Weltmarkt verfügen, um ihre Produkte unter den günstigsten Bedingungen abzusetzen«[72], allerdings zu den *für sie* günstigsten Bedingungen, die im allgemeinen die Interessen der Käuferländer zum Ausdruck bringen, d. h. *zu den niedrigsten Preisen.* Auf den internationalen Märkten besteht in der Praxis ein Monopol der Nachfrage nach Rohstoffen und ein Monopol des Angebots von Industrieprodukten; umgekehrt treten diejenigen, die unverarbeitete Produkte anbieten und gleichzeitig Käufer bestimmter

70 Pierre Jalée, »El saqueo del Tercer Mundo«, Paris, 1966.

71 In den Jahren 1966–1968 lieferte der Kaffee Kolumbien 64 Prozent seiner gesamten Exporteinkünfte, Brasilien 43 Prozent, Salvador 48 Prozent, Guatemala 42 Prozent und Costa Rika 36 Prozent. Im Bananenbaum haben 61 Prozent der Devisen Ekuadors ihren Ursprung, 54 Prozent derer Panamas und 47 Prozent derer von Honduras. Nicaragua hing von der Baumwolle zu 42 Prozent, die Dominikanische Republik vom Zucker zu 56 Prozent ab. Fleisch, Felle und Wolle verschafften Uruguay 83 Prozent seiner Devisen und Argentinien 38 Prozent. Das Kupfer stellte 74 Prozent der Handelseinkünfte Chiles und 26 Prozent derer Perus; das Zinn stellt 54 Prozent des Wertes der Exporte Boliviens dar. Venezuela erzielte durch das Erdöl 93 Prozent seiner Devisen. Vereinte Nationen, CEPAL, a.a.O. (s. Anm. 68). – Was Mexiko betrifft, »so hängt es zu 30 Prozent von drei Produkten, zu mehr als 40 Prozent von fünf Produkten und zu mehr als 50 Prozent von zehn Produkten ab, deren Mehrzahl unverarbeitet ist und deren wichtigster Absatzmarkt Nordamerika ist«. Pablo González Casanova, »La democracia en México«, Mexiko, 1965.

72 Marco D. Pollner in einem Sammelband von INTA / BID, »Los empresarios y la integración de América Latina«, Buenos Aires, 1967.

Waren sind, ungeeint auf: die einen, die Starken, sind um die dominierende Macht, die Vereinigten Staaten, geschart, die fast ebensoviel wie der Rest des Planeten in seiner Gesamtheit verbrauchen; die anderen, die Schwachen, treten isoliert auf, wobei die Unterdrückten untereinander konkurrieren. Auf den sogenannten internationalen Märkten ist nicht das sogenannte freie Spiel des Angebots und der Nachfrage anzutreffen, sondern die Diktatur der einen über die anderen, und zwar immer zugunsten der entwickelten kapitalistischen Länder. Die Zentren, in denen über die Preise entschieden wird, befinden sich in Washington, New York, London, Paris, Amsterdam, Hamburg; in den Ministerräten und an der Börse. Wenig oder gar keine Wirkung hat der Umstand, daß mit Pauken und Trompeten internationale Abkommen unterzeichnet wurden, um die Preise des Weizens (1949), des Zuckers (1953), des Zinns (1956), des Olivenöls (1956) und des Kaffees (1962) zu schützen. Es genügt, die fallende Kurve des relativen Wertes dieser Produkte zu verfolgen, um festzustellen, daß die Abkommen nichts weiter als symbolische Entschuldigungen waren, die die starken Länder den schwachen dargeboten haben, als die Preise ihrer Produkte einen skandalös niedrigen Stand erreicht hatten. Das, was Lateinamerika verkauft, ist immer weniger wert, und – ebenfalls in vergleichendem Maßstab – das, was es kauft, ist immer teurer.
Mit dem Ertrag des Verkaufes von zweiundzwanzig Rindern konnte Uruguay 1954 einen Traktor Ford Major kaufen; heute benötigt es mehr als die doppelte Anzahl. Eine Gruppe chilenischer Wirtschaftssachverständiger, die einen Bericht für die Gewerkschaftszentrale anfertigte, kam zu dem Schluß, daß, wenn die Preise der lateinamerikanischen Exporte von 1928 an im gleichen Rhythmus gewachsen wären wie die der Importe, Lateinamerika zwischen 1958 und 1967 für seine Ausfuhren 57 Milliarden Dollar mehr erhalten hätte, als es in dieser Zeitspanne tatsächlich bekam[73]. Ohne so weit zurückzugreifen und unter Zugrundelegung der Preise aus dem Jahre 1950 hat Lateinamerika nach Ansicht der Vereinten Nationen infolge der Verschlechterung des Tauschverhältnisses mehr als 18 Milliarden Dollar in dem Jahrzehnt 1955–1964 eingebüßt. Der Abstieg dauerte fort. Die »Handelsbresche« – die Differenz zwischen den Importbedürfnissen und den Einkünften, die aus den Exporten hervorgehen – wird immer breiter werden, falls sich die derzeitigen Strukturen des Außenhandels nicht ändern: mit jedem Jahr, das verstreicht, vertieft sich diese Kluft für

73 Central Unica de Trabajadores de Chile, »América Latina, un mundo que ganar«, Santiago de Chile, 1968.

Lateinamerika. Wenn sich die Region das Ziel setzte, in der nächsten Zeit das äußerst niedrige Entwicklungstempo der letzten fünfzehn Jahre auch nur in geringfügigem Maße zu steigern, würde es einem Importbedarf gegenüberstehen, der das voraussichtliche Wachstum seiner Deviseneinkünfte aufgrund von Exporten weit überträfe. Nach den Berechnungen des ILPES[74] würde die Handelsbresche 1975 4,6 Milliarden Dollar betragen und 1980 8,3 Milliarden erreichen. Die letztgenannte Ziffer stellt nicht weniger als die Hälfte der für dieses Jahr erwarteten Exporte dar. So werden die lateinamerikanischen Länder mit dem Hut in der Hand immer verzweifelter an die Türen der internationalen Geldverleiher klopfen.

A. Emmanuel vertritt die Ansicht[75], daß der *Fluch der niedrigen Preise nicht bestimmten Produkten, sondern bestimmten Ländern anhafte.* Letzten Endes ist die Kohle, bis vor nicht allzu langer Zeit eines der wichtigsten Exportprodukte Englands, nicht weniger primär als die Wolle oder das Kupfer und beinhaltet der Zucker größere Verarbeitungsprozesse als der schottische Whisky oder die französischen Weine; Schweden und Kanada exportieren Holz, also einen Rohstoff, zu ausgezeichneten Preisen. Der Weltmarkt ruft nach Ansicht Emmanuels die Ungleichheit des Handels hervor, *indem er mehr Arbeitsstunden der armen Länder gegen weniger Arbeitsstunden der reichen Länder austauscht. Der Schlüssel für die Ausbeutung liegt in der Tatsache, daß ein abgrundtiefer Unterschied zwischen dem Lohnniveau bei der Ländergruppe besteht und daß dieser Unterschied nicht auf analogen Unterschieden der Arbeitsproduktivität beruht.* Die niedrigen Löhne sind es, die – nach Ansicht Emmanuels – die niedrigen Preise bewirken, und nicht umgekehrt. Die armen Länder exportieren ihre Armut, wodurch sie noch weiter verarmen, während die reichen Länder das umgekehrte Ergebnis erzielen. Nach den Berechnungen von Samir Amin[76] hätten, wenn die von den unterentwickelten Ländern 1966 exportierten Produkte von den entwickelten Ländern mit den gleichen Produktionsmethoden, aber bei Bezahlung ihrer weit höheren Löhne erzeugt worden wären, die Preise eine solche Veränderung erfahren, daß die unterentwickelten Länder vierzehn Milliarden Dollar mehr erhalten hätten.

Die reichen Länder haben die Zollschranken sehr wohl benützt und benützen sie weiter dazu, die bei ihnen bezahlten hohen Löhne bei denjenigen Artikeln zu schützen, bei denen sie mit den armen Ländern

74 Instituto Latinoamericano de Planificación Económica y Social, a.a.O.
75 A. Emmanuel, »L'échange inégal«, Paris, 1969.
76 Zitiert von Andre Gunder Frank, »Toward a Theory of Capitalist Underdevelopment«, Einleitung zu dem noch unveröffentlichten Werk »Underdevelopment«.

nicht konkurrieren können. Die Vereinigten Staaten verwenden den Währungsfonds, die Weltbank und die Zollabkommen des GATT, um Lateinamerika die Doktrin des freien Handels und der freien Konkurrenz aufzudrängen, wobei sie die Abschaffung der mehrfachen Devisenkurse, des Quotensystems, der Import- und Exportgenehmigungen und der Abgaben und Zollgebühren erzwingen, dabei jedoch keineswegs mit dem Beispiel predigen. Zu den Zöllen treten andere Steuern und ein System von Quoten und Sperren[77]. Wie würde es um den Wohlstand der Viehzüchter aus dem mittleren Westen bestellt sein, wenn die Vereinigten Staaten den Zugang des besseren und billigeren Fleisches, das Argentinien und Uruguay produzieren, zu ihrem internen Markt ohne Zollgebühren und erfinderische sanitäre Verbote zuließen? Es genügt, die Bananen zu trocknen, den Tabak zu zerkleinern, den Kakao zu süßen, das Holz zu sägen oder die Datteln zu entkernen, damit die Zolltarife unerbittlich auf diese Produkte losgehen[78].

Aber der brennendste Widerspruch zwischen Theorie und Wirklichkeit des Welthandels kam zum Ausbruch, als der »Kaffeepulverkrieg« 1967 der Öffentlichkeit bekannt wurde. *Damals wurde offenbar, daß nur die reichen Länder das Recht haben, zu ihren Gunsten die »komparativen natürlichen Vorteile« auszunützen, die sich theoretisch aus der Arbeitsteilung ergeben.* Der Weltmarkt des Kaffeepulvers, der sich in einem staunenswerten Expansionsprozeß befindet, ist in den Händen von Nestlé und der General Foods. Die Vereinigten Staaten und Europa kaufen den Bohnenkaffee in Brasilien und in Afrika; sie konzentrieren ihn in ihren Industrieanlagen und verkaufen ihn in Form von Kaffeepulver an die ganze Welt. Brasilien – der größte Kaffeeproduzent der Welt – hat trotzdem nicht das Recht, mit dem Export seines eigenen Kaffeepulvers unter Ausnützung seiner offensichtlich niedrigeren Kosten in Konkurrenz zu treten, um seine überschüssige Produktion abzusetzen, die es früher vernichtete und die jetzt in staatlichen Lagerräumen aufgespeichert wird. Als die brasilianischen Fabriken – kaum fünf bei einer Gesamtzahl von hundertzehn auf der ganzen Welt – Kaffeepulver auf dem internationalen Markt anzubieten begannen, wurden sie des unlauteren Wettbewerbs bezichtigt, und Brasilien akzeptierte eine ihm aufgezwungene demütigende Maßnahme: Es setzte für das Kaffeepulver eine so hohe interne Steuer fest, daß

77 L. Delwart (»The Future of Latin American Exports to the United States: 1965 and 1970«, New York, 1960) veröffentlicht eine sehr beredte Liste der in Kraft befindlichen Beschränkungen für die Einfuhr lateinamerikanischer Produkte.

78 Harry Magdoff, a.a.O.

dieses bei dem weltweiten Wettstreit um die Märkte außer Gefecht gesetzt wurde[79].
Europa bleibt bei der Anwendung von Zoll-, Steuer- und sanitären Schranken gegen die lateinamerikanischen Produkte keineswegs zurück. Die EWG verhängt Importsteuern, um die hohen internen Preise ihrer Agrarprodukte zu schützen, und subventioniert gleichzeitig diese Agrarprodukte, um sie zu konkurrenzfähigen Preisen exportieren zu können; *mit dem, was sie an Steuern einnimmt, deckt sie die Subventionen. Auf diese Weise bezahlen die armen Länder die reichen dafür, daß diese ihnen Konkurrenz machen.* Ein Kilo Rindsrücken kostet in Buenos Aires oder Montevideo fünfmal weniger, als wenn es in einer Fleischerei von Hamburg oder München am Haken hängt[80]. »Die entwickelten Länder sind bereit, uns zu gestatten, daß wir ihnen Jets und Computer verkaufen, aber nichts, was wir vorteilhaft zu erzeugen imstande sind«, war die Klage, die mit Recht ein Vertreter der chilenischen Regierung bei einer internationalen Konferenz vorbrachte[81].
Die Expansion des Umsatzes nordamerikanischer Unternehmen, die ihren Sitz südlich des Río Bravo haben, ist auf den lokalen Markt und nicht auf die Ausfuhr konzentriert. Der der Ausfuhr entsprechende Anteil *weist sogar eine rückläufige Tendenz auf.* Nach Daten der Organisation amerikanischer Staaten haben die nordamerikanischen Filialen 1962 10 Prozent ihres Gesamtumsatzes dem Export gewidmet, gegenüber nur 7,5 Prozent drei Jahre darauf[82]. Der Handel mit lateinamerikanischen Industrieprodukten nimmt nur *innerhalb* Lateinamerikas zu: 1955 machten diese Manufakturprodukte 10 Prozent des Handels zwischen den Ländern der Zone aus, und 1966 war dieser Anteil auf 30 Prozent gestiegen[83].

79 Zeitschrift »Fator«, Rio de Janeiro, November/Dezember 1968.
80 Carlos Quijano, »Las víctimas del sistema«, in der Zeitschrift »Marcha«, Montevideo, 23. Oktober 1970.
81 »New York Times«, 3. April 1968.
82 Generalsekretariat der Organisation amerikanischer Staaten, a.a.O. – Eine ausgedehnte Umfrage bei den nordamerikanischen Filialen in Mexiko, die 1969 im Auftrage der National Chamber Foundation vorgenommen wurde, ergab, daß *die Stammhäuser in den Vereinigten Staaten der Hälfte der befragten Unternehmen verboten, ihre Produkte im Ausland zu verkaufen.* Die Filialen waren nicht zu diesem Zwecke errichtet worden. Miguel S. Wionczek, »La inversión extranjera privada en México: problemas y perspectivas«, in: »Comercio Exterior«, Mexiko, Oktober 1970. – Das Verhältnis zwischen den Manufakturexporten und dem Industrie-Bruttoprodukt war 1963 in Argentinien, Brasilien, Peru, Kolumbien und Ekuador nicht höher als 2 Prozent; es betrug 3,7 Prozent in Mexiko und 3,2 Prozent in Chile (Aldo Ferrer in dem bereits genannten Sammelband von INTAL/BID).
83 Vereinte Nationen, CEPAL, a.a.O. (s. Anm. 28).

Der Leiter einer nordamerikanischen technischen Mission in Brasilien, John Abbink, hatte 1950 folgende prophetische Voraussage getroffen: »Die Vereinigten Staaten müssen darauf vorbereitet sein, die unvermeidliche Industrialisierung der nichtentwickelten Länder zu ›leiten‹, wenn man das Aufkommen einer äußerst intensiven wirtschaftlichen Entwicklung außerhalb der nordamerikanischen Ägide vermeiden will ... Wenn die Industrialisierung nicht auf irgendeine Weise kontrolliert wird, müßte sie zu einer empfindlichen Verringerung der Exportmärkte der Vereinigten Staaten führen«[84]. Aber ersetzt die Industrialisierung, auch wenn sie aus dem Ausland ferngelenkt wird, nicht durch inländische Produkte die Waren, die früher aus dem Ausland importiert werden mußten? Celso Furtado bemerkt, daß, während Lateinamerika die Importe komplizierterer Produkte durch Eigenproduktion ersetzt, gleichzeitig »die Abhängigkeit von Zufuhren, die von den Stammhäusern zu liefern sind, in wachsendem Maße zunimmt«. Von 1957 bis 1964 haben sich die Umsätze der nordamerikanischen Filialen verdoppelt, während ihre Importe – ohne Berücksichtigung der Ausrüstungsgegenstände – auf das Dreifache gestiegen sind. »Diese Tendenz scheint anzuzeigen, daß die industrielle Expansion, sofern sie von ausländischen Gesellschaften kontrolliert wird, die *ersetzende* Wirkung der Produktion vermindert«[85]. *Die Abhängigkeit wird nicht gebrochen, sondern qualitativ verändert.* Die Vereinigten Staaten verkaufen jetzt in Lateinamerika in größerem Maße raffiniert ausgeführte Luxuswaren oder Artikel von hohem technischem Niveau. »Auf weite Sicht«, ist die Ansicht des Handelsdepartments, »werden durch das Wachstum des mexikanischen Industrialisierungsprozesses den Vereinigten Staaten neue Exportmöglichkeiten eröffnet ...«[86]. Argentinien, Mexiko und Brasilien sind sehr gute Kunden für Industriemaschinen, elektrische Maschinen, Motoren, Ausrüstungen und Ersatzteile nordamerikanischer Herkunft. Viñas und Gastiazoro führen in diesem Sinne aus: »Indem sie diese Importe sehr teuer bezahlten, transferierten sie Gelder ins Ausland. In vielen Fällen waren diese Zahlungen so bedeutend, daß die Unternehmen nicht nur – trotz des Preises, zu dem hier die Automobile verkauft wurden – Verluste abwarfen, sondern sich dem Bankrott näherten, wodurch der Wert der im Lande gezeichneten Aktien rapid zu fallen begann ... Das Resultat war, daß von den zweiundzwanzig im Lande »seßhaften« Unterneh-

84 »Journal do Comercio«, Rio de Janeiro, 23. März 1950.
85 Celso Furtado, »Um projeto para o Brasil«, Rio de Janeiro, 1968.
86 »International Commerce«, 24. April 1967.

men augenblicklich nur noch zehn, einige von ihnen am Rande des Bankrotts, übrig sind . . .«[87].

Das Schema, das dem Funktionieren der satellisierten Industrie zugrunde liegt, unterscheidet sich nicht sehr vom traditionellen System der imperialistischen Ausbeutung der Primärprodukte. Antonio García vertritt die Ansicht[88], daß die »kolumbianische« Ausfuhr von Rohöl strenggenommen immer eine Überführung des Rohöls aus einer nordamerikanischen Förderungsanlage in Raffinierungs-, Handels- und Konsumzentren in den Vereinigten Staaten dargestellt hat. Aber die »argentinischen«, »brasilianischen« oder »mexikanischen« Fabriken, um uns auf die wichtigsten zu beschränken, *gehören ebenfalls einem Wirtschaftsraum an, der mit ihrem geographischen Standort nichts zu tun hat.* Sie bilden, gleich vielen anderen Fäden, das internationale Netz der Konsortien, deren Stammhäuser die Gewinne von einem Land in das andere verschieben, wobei sie die Transaktionen über oder unter den tatsächlichen Preisen, je nach der Richtung, in die sie die Gewinne fließen lassen wollen, fakturieren[89].

Diese wirksame Koordinierung der Operationen im Weltmaßstab – völlig außerhalb des »freien Spiels der Marktkräfte« – hat selbstredend keine niedrigeren Preise für die inländischen Verbraucher, sondern höhere Gewinne für die ausländischen Aktionäre zur Folge. Es ist bezeichnend, was mit den Automobilen vorgeht. Innerhalb der lateinamerikanischen Länder zählen die Unternehmen mit reichlich vorhandenen und äußerst billigen Arbeitskräften sowie einer offiziellen Politik, die die Anlage von Kapital in jeder Hinsicht begünstigt: Schenkungen von Grundstücken, Begünstigungen bei den Elektrizitätstarifen, Rediskonte des Staates zur Erleichterung des Ratenverkaufes, leicht zugängliche Geldquellen, und als ob all dies noch zu wenig wäre, ist die Unterstützung in einigen Ländern so weit gegangen, daß man die Unternehmen von der Zahlung der Einkommen- oder der Warenumsatzsteuer befreit hat. Die Beherrschung des Marktes ist andererseits von vornherein durch das magische Prestige erleichtert, das in den Augen des Mittelstands die von riesigen, weltweiten Propaganda-

87 Ismael Viñas und Eugenio Gastiazoro, a.a.O.

88 Antonio García, »Las constelaciones del poder y el desarrollo latinoamericano«, in: »Comercio exterior«, Mexiko, November 1969.

89 Das Verfahren ist bestimmt nicht neu. Das Kühlhaus ANGLO hat in Uruguay immer Verluste abgeworfen, um so die staatlichen Subventionen kassieren zu können und um mit seinen sechstausend Fleischereien in London, wo jedes Kilo uruguayisches Fleisch zum vierfachen Preis dessen verkauft wird, den Uruguay beim Export erhält, Millionengewinne zu erzielen. Guillermo Bernhard, »Los monopolios y la industria frigorífica«, Montevideo, 1970.

kampagnen gepriesenen Marken und Modelle ausstrahlen. All dies verhindert nicht, sondern ist im Gegenteil die Ursache dafür, daß die in der Region hergestellten Kraftwagen weitaus teurer als in den Herkunftsländern derselben Firmen sind. Es ist zwar richtig, daß die Absatzmöglichkeiten der lateinamerikanischen Märkte weitaus geringer sind, aber es ist nicht weniger richtig, daß *in diesen Ländern die Gewinngier der Konzerne wie sonst nirgends angestachelt wird. Ein in Chile gebauter Ford Falcon kostet dreimal mehr als in den Vereinigten Staaten*[90]*; ein in Argentinien erzeugter Valiant oder Fiat ist mehr als doppelt so teuer wie in den Vereinigten Staaten oder Italien*[91]*, und dasselbe ist bei dem brasilianischen Volkswagen im Vergleich mit dem Preis in Deutschland der Fall*[92].

Die Göttin Technologie spricht nicht Spanisch

Der bekannte nordamerikanische Parlamentarier Wright Patman ist der Ansicht, daß der Besitz von 5 Prozent der Aktien eines großen Konzernes in vielen Fällen für dessen volle Kontrolle durch eine Person, eine Familie oder eine Wirtschaftsgruppe ausreichen kann[93]. Wenn 5 Prozent für die Vorherrschaft innerhalb der allmächtigen Unternehmen der Vereinigten Staaten ausreichen, wie hoch ist dann der Prozentsatz von Aktien, der zur Beherrschung eines lateinamerikanischen Unternehmens nötig ist?
Wenn man den Besitz auch nur weniger Aktien durch Ausländer und die meist sehr bedeutende technologische Abhängigkeit als Beweis der Entnationalisierung ansähe, wie viele Fabriken könnten dann noch in Lateinamerika wirklich als national betrachtet werden? In Mexiko ist es zum Beispiel häufig, daß die ausländischen Eigentümer der technologischen Mittel für die Übertragung der Patente oder des »know how« *einen Teil der Aktien der Unternehmen verlangen, ganz abgesehen von entscheidenden Kontrollen auf dem Gebiete der Betriebstechnik und der Verwaltung und der Verpflichtung, die Produktion an bestimmte, gleichfalls ausländische Zwischenhändler zu verkaufen und die Maschinen und andere Güter von ihren Stammhäusern zu beziehen*[94].

90 Erklärungen des Präsidenten Salvador Allende, gem. AFP-Meldung v. 12. 12. 1970.
91 »La Razón«, Buenos Aires, 2. März 1970.
92 »Resultados da indústria automobilística«, Spezialuntersuchung von »Conjuntura econômica«, Februar 1969.
93 NACLA Newsletter, April/Mai 1969.
94 Miguel S. Wionczek, »La transmisión de la tecnología a los países en desarrollo: proyecto de un estudio sobre México«, in: »Comercio exterior«, Mexiko, Mai 1968.

Aber nicht nur in Mexiko. Es ist bezeichnend, daß die Länder der sogenannten Andengruppe (Bolivien, Kolumbien, Chile, Ekuador und Peru) einen Entwurf für ein gemeinsames System der Behandlung ausländischen Kapitals in ihrer Zone ausgearbeitet haben, in dem besonderer Nachdruck auf die Ablehnung von Verträgen über die Übertragung der Technologie gelegt wird, sofern in ihnen derartige Bedingungen enthalten sind.
Das erste System von Patenten zum Schutze des Eigentumsrechtes für Erfindungen wurde vor fast vier Jahrhunderten von Sir Francis Bacon geschaffen. Bacon liebte es zu sagen: »Wissen ist Macht«, und seit damals hat sich erwiesen, daß er nicht unrecht hatte. Die Universalwissenschaft hat nur wenig Universales; sie ist in der Praxis auf die fortgeschrittenen Länder begrenzt. Lateinamerika wendet die Ergebnisse der wissenschaftlichen Forschung nicht zu seinem eigenen Nutzen an, *aus dem einfachen Grunde, weil es keine besitzt, und bleibt infolgedessen dazu verurteilt, die Technologie der Mächtigen zu ertragen, die die Naturrohstoffe verdrängt.* Die bloße Verpflanzung der Technologie der fortgeschrittenen Länder bedeutet nicht nur kulturelle und wirtschaftliche Unterordnung, sondern man kann wohl behaupten, daß sie auch keine Lösung für die Probleme der Unterentwicklung darstellt[95]. Diese ausgedehnte, vielfach von Analphabeten bewohnte Zone verwendet für technologische Forschung eine zweihundertmal niedrigere Summe als die, die die Vereinigten Staaten für diese Zwecke aufwenden. Aber – wie Manuel Sadosky aufzeigt – der »Vorteil«, an dem Fortschritt nicht mit eigenen Programmen und Zielsetzungen beteiligt zu sein, ist in Wirklichkeit wertlos[96]. »Uns geschieht dasselbe wie einer nachgehenden Uhr, die nicht repariert wird«, sagt Sadosky. »Auch wenn ihre Zeiger weiter vorwärts laufen, wird der Unterschied zwischen der Stunde, die sie anzeigen, und der wirklichen Stunde immer größer.«
Die lateinamerikanischen Universitäten bringen in kleinem Maßstab Mathematiker, Ingenieure und Programmierer hervor, die nur im Exil

95 Víctor L. Urquidi in »Obstacles to Change in Latin America«, von Claudio Véliz und anderen, London, 1967.

96 Manuel Sadosky, »América Latina y la computación«, in: »Gaceta de la Universidad«, Montevideo, Mai 1970. Sadosky führt, um die Illusion der Entwicklungstheoretiker zu belegen, die Erklärungen eines Spezialisten der Organisation amerikanischer Staaten an: »Die unterentwickelten Länder – behauptet George Landau – haben einige Vorteile gegenüber den entwickelten; denn wenn sie eine neue technologische Vorrichtung oder einen neuen Prozeß einführen, wählen sie im allgemeinen den modernsten in seiner Art und ernten so die Früchte jahrelanger Forschung und beträchtlicher Investitionen, die die hochindustrialisierten Länder vornehmen mußten, um zu diesen Ergebnissen zu gelangen.«

Arbeit finden. Wir erlauben uns den Luxus, den Vereinigten Staaten unsere besten Techniker und die fähigsten Wissenschaftler zu überlassen. Sobald andererseits eine Universität oder ein höheres kulturelles Institut in Lateinamerika versucht, das Studium der Grundwissenschaften zu fördern, um so die Grundlagen für eine nicht von ausländischen Mustern übernommene und ausländischen Interessen untergeordnete Technologie zu schaffen, zerstört ein passender Staatsstreich das Experiment unter dem Vorwand, daß auf diese Weise die Subversion vorbereitet werde[97]. Dies war z. B. bei der 1964 unterjochten Universität von Brasilien der Fall, und in der Tat irren sich die gepanzerten Erzengel, die die bestehende Ordnung hüten, nicht: Die autonome Kulturpolitik erfordert und betreibt, sofern sie authentisch ist, die tiefgreifende Wandlung aller bestehenden Strukturen.

Die Alternative besteht darin, sich auf fremde Quellen zu verlassen. Das Elektronenhirn wendet unfehlbare Rechenmethoden zur Abschätzung von Kosten und Gewinnen an, und so importiert Lateinamerika Produktionsmethoden, die dazu bestimmt sind, Arbeitskräfte einzusparen, obwohl es sie in Hülle und Fülle besitzt und die Arbeitslosen in mehreren Ländern sich in eine erdrückende Mehrheit zu verwandeln drohen. Selbstredend stellen die Stammhäuser ihren Filialen niemals die jüngsten Neuerungen zur Verfügung, noch verhelfen sie ihnen zu einer Unabhängigkeit. Sie liegt nicht in ihrem Interesse. In einer von der »Business International« im Auftrag der interamerikanischen Entwicklungsbank vorgenommenen Umfrage gelangte man zu dem Schluß, daß »es offenkundig ist, daß die Zweiggesellschaften der internationalen Konzerne, die in der Region tätig sind, keine bemerkenswerten Anstrengungen auf dem Gebiete der ›Forschung und Entwicklung‹ vollziehen. In der Tat entbehrt die Mehrzahl von ihnen einer hierfür bestimmten Abteilung, und nur in ganz wenigen Fällen werden technologische Anpassungsarbeiten vorgenommen, während eine weitere Minderheit von Unternehmen – die fast ausnahmslos in Argentinien, Brasilien und Mexiko tätig ist – eine bescheidene Forschungsarbeit betreibt«[98]. Raúl Prebisch bemerkt, daß »die nordamerikanischen Unternehmen in Europa Laboratorien errichten und Forschungen betreiben, die zur Hebung der technischen und wissenschaftlichen Möglichkeiten dieser Länder beitragen, was in Lateinamerika nicht der Fall gewesen ist«, und erhebt eine sehr schwerwiegende Anklage: »Die

97 Oscar J. Maggiolo in dem Sammelband »Hacia una política cultural autónoma para América Latina«, Montevideo, 1969.

98 Gustavo Lagos und andere, »Las inversiones multinacionales en el desarrollo y la integración de América Latina«, Bogotá, 1968.

inländische Investition«, sagt er, »erhält infolge ihres Mangels an Spezialkenntnissen (›know how‹) bei dem größten Teil der Übertragungen von Technologie *allgemein bekannte Methoden, die aber als Lizenzen von Spezialverfahren importiert werden ...«*[99].

Der Preis für technische Hilfe hat sich in Mexiko von 1950 bis 1964 auf das Fünfzehnfache erhöht. Drei Viertel des Auslandskapitals in Mexiko sind heute der Manufakturindustrie gewidmet; 1950 war ihr Anteil ein Viertel. Diese Konzentrierung von Kapital in der Industrie bedeutet nur eine Reflexmodernisierung mit Technologie aus zweiter Hand, die aber vom Lande bezahlt wird, als ob sie aus allererster Hand stammte. Ein Funktionär der Automobilgewerkschaft der Vereinigten Staaten, der die neue Anlage der General Motors in Toluca besuchte, schrieb: »Es war schlimmer als archaisch. Schlimmer, da alles absichtlich archaisch, unter sorgsamer Planung der Veraltung, ist ... Die mexikanischen Anlagen werden absichtlich mit Maschinen geringer Produktivität ausgerüstet«[100]. Und was soll man zu der Dankbarkeit bemerken, die Lateinamerika der Coca Cola, der Pepsi Cola oder der Crush schuldet, die von den Inhabern der Konzessionen äußerst teure Industrielizenzen erheben, um ihnen eine Pasta zu liefern, die in Wasser aufgelöst und mit Zucker und Kohlensäure gemischt wird?

Das Randdasein von Menschen und Gebieten

»Grow with Brazil.« Große Annoncen in den New Yorker Zeitungen fordern die nordamerikanischen Unternehmer dazu auf, sich dem stürmischen Wachstum des Tropenriesen einzugliedern. Die Stadt São Paulo schläft mit offenen Augen; ihre Ohren werden vom Knattern des Fortschritts betäubt; es entstehen Fabriken und Wolkenkratzer, Brücken und Straßen in ähnlicher Weise, wie in den Tropen bestimmte wilde Pflanzen plötzlich aus dem Boden schießen. Aber die richtige

99 Raúl Prebisch, »La cooperación internacional en el desarrollo latinoamericano«, in: »Desarrollo«, Bogotá, Januar 1970.

100 Leo Fenster im Juli 1969. Zitiert von Andre Gunder Frank, »Lumpenburguesía: lumpendesarrollo«, Montevideo, 1970. Die ausländischen Filialen sind auf jeden Fall unendlich moderner eingerichtet als die inländischen Unternehmen. In der Textilindustrie zum Beispiel, einer der letzten Verteidigungsstellungen des inländischen Kapitals, ist der Grad der Automatisierung äußerst gering. Nach Angaben der CEPAL haben 1962 und 1963 vier europäische Länder in neuen Ausrüstungen für ihre Textilindustrie eine sechsmal höhere Summe investiert, als ganz Lateinamerika 1964 für denselben Zweck ausgegeben hat.

Übersetzung jenes Propagandaslogans wäre zweifellos: »Wachsen Sie *auf Kosten* Brasiliens.« Die Entwicklung ist ein Bankett mit nur wenigen Gästen; denn sein Glanz trügt, und die wichtigsten Gänge sind für ausländische Mägen bestimmt. Brasilien hat bereits mehr als neunzig Millionen Einwohner, und die Bevölkerung wird sich vor dem Jahrhundertende verdoppeln, aber die modernen Fabriken sparen Arbeitskräfte, und auch das intakt gebliebene Latifundium bietet im Innern des Landes keine Arbeitsmöglichkeiten. Ein in Fetzen gehülltes Kind betrachtet mit glänzenden Augen den eben in Rio de Janeiro eingeweihten längsten Tunnel der Welt. Das in Fetzen gehüllte Kind ist auf sein Land stolz, und das mit Recht, aber es ist Analphabet und stiehlt, um zu essen.

Das System speit Menschen aus, aber die Industrie erlaubt sich den Luxus, Arbeitskräfte in noch größerem Maße als in Europa einzusparen[101]. Es besteht keinerlei logisches Verhältnis zwischen der verfügbaren Arbeitskraft und der Technologie, die angewandt wird, abgesehen von dem Vorteil, der sich daraus ergibt, über einen der billigsten Arbeitsmärkte der Welt zu verfügen. Fruchtbarer Boden, überreiche Bodenschätze und Menschen in bitterer Not in diesem Reich des Überflusses und der Schutzlosigkeit. Die Ausschaltung einer ungeheuren Zahl von Arbeitern, die vom System an den Rand der Wege geworfen werden, vereitelt die Entwicklung des internen Marktes und drückt das Lohnniveau. Die Verewigung der derzeitigen Eigentumsverhältnisse des Bodens verschärft nicht nur das chronische Problem der niedrigen Agrarproduktivität infolge der Verschwendung von Erde und Kapital in den großen, unergiebigen Gütern und der Verschwendung von Arbeitskraft in den weitverbreiteten Minifundien, sondern bedeutet auch eine umfangreiche und stetig wachsende Abwanderung von beschäftigungslosen Arbeitern in Richtung auf die Städte. Die ländliche Arbeitslosigkeit ergießt sich in die städtische Arbeitslosigkeit. Es wachsen die Bürokratie und die Randsiedlungen, in denen, wie in einer Müllgrube ohne Boden, die Menschen, denen man das Recht auf Arbeit versagt, Obdach suchen. Die Fabriken bieten den überschüssigen Arbeitskräften keine Zuflucht, aber das Vorhandensein dieses immer verfügbaren riesigen Reserveheeres ermöglicht es, die Löhne fünfzehn- bis zwanzigmal niedriger zu halten als bei nordamerikanischen oder deutschen Arbeitern. Die »satellisierte« Indu-

101 Die nordamerikanischen Filialen beschäftigten in der europäischen Industrie 1957 – weniger weit zurückliegende Daten sind nicht vorhanden – im Verhältnis zum investierten Kapital mehr Arbeitskräfte als in Lateinamerika. Generalsekretariat der Organisation amerikanischer Staaten, a.a.O.

strialisierung hat eine ausstoßende Wirkung: *Die Volksmassen vermehren sich in dieser Region, die die höchste Bevölkerungszunahme des Planeten aufweist, in schwindelerregendem Tempo, aber die Entwicklung des abhängigen Kapitalismus – eine Reise mit mehr Schiffbrüchigen als Seefahrern – drängt weit mehr Menschen an den Rand, als sie zu integrieren imstande ist.* Der Anteil von Industriearbeitern an der gesamten aktiven Bevölkerung Lateinamerikas *nimmt ab, anstatt sich zu erhöhen;* es gab 14,5 Prozent Fabrikarbeiter in dem Jahrzehnt 1950–1960; heute ist das Verhältnis auf 11,5 Prozent gesunken[102]. In Brasilien wird – nach einer kürzlich vorgenommenen Untersuchung – »die Zahl *neuer Arbeitsplätze,* die im nächsten Jahrzehnt *jährlich* geschaffen werden müssen, durchschnittlich anderthalb Millionen betragen«[103]. Aber die *Gesamtzahl* aller in den Fabriken Brasiliens, dem industrialisiertesten Land Lateinamerikas, beschäftigten Arbeiter macht demgegenüber kaum zweieinhalb Millionen aus.

Die Vereinten Nationen[104] stellen die Schätzung auf, daß mindestens ein Viertel der Bevölkerung der lateinamerikanischen Städte »Niederlassungen, die den modernen Normen des Städtebaues nicht entsprechen«, bewohnen. Mit diesem etwas weitläufigen Euphemismus bezeichnen die Techniker die Elendsviertel, die in Rio de Janeiro »Favelas«, in Santiago de Chile »Callampas«, in Mexiko »Jacales«, in Caracas »Barrios«, in Lima »Barriadas«, in Buenos Aires »Villas Miserias« und in Montevideo »Cantegriles« heißen. In den Behausungen aus Blech, Lehm und Holz, die jeden Morgen in den Elendsgürteln der Städte aus dem Boden schießen, sammelt sich die Randbevölkerung an, die vom Elend und von der Hoffnung in die Städte getrieben wird. »Huaico« bedeutet in der Quechua-Sprache »Erdrutsch«, und »Huaico« nennen die Peruaner die menschliche Lawine, die von den Bergen auf die Hauptstadt an der Küste loszieht; fast 70 Prozent der Bewohner Limas stammen aus den Provinzen. In Caracas werden sie »Toderos« (Anmerkung des Übersetzers: abgeleitet von »todo« = alles) genannt, weil sie alles machen; die Randbevölkerung lebt von »Changas« (Anmerkung des Übersetzers: ein Jargonwort, das etwa dem Begriff von »Gelegenheitsarbeiten«, jedoch nur niedriger Kategorie, entspricht), wobei sie von Zeit zu Zeit etwas Arbeit zu knabbern be-

102 Vereinte Nationen, CEPAL, a.a.O. (s. Anm. 28).

103 F. S. O'Brien, »The Brazilian Population and Labor Force in 1968«, ein zur internen Diskussion bestimmtes Dokument, Ministério do Planejamento e Coordenação Geral, Rio de Janeiro, 1969.

104 Vereinte Nationen, CEPAL, »Estudio económico de América Latina, 1967«, New York / Santiago de Chile, 1968.

kommen oder schmutzige oder verbotene Tätigkeiten verrichten. Da die Randbevölkerung rascher als die »integrierte« zunimmt, kommt in dem angeführten Dokument der Vereinten Nationen das Vorgefühl zum Ausdruck, daß innerhalb weniger Jahre »die irregulären Niederlassungen die Mehrheit der städtischen Bevölkerung beherbergen werden«. *Eine Mehrheit von Besiegten.* In der Zwischenzeit entscheidet sich das System dafür, den Mist unter dem Teppich zu verstecken. Es fegt – mit vorgehaltener Maschinenpistole – die »Favelas« von den Felsabhängen der Bucht und die »Villas Miserias« aus der Bundeshauptstadt weg; es jagt die Randbevölkerung zu Tausenden und aber Tausenden fort, um sie weit aus den Augen zu haben. Rio de Janeiro und Buenos Aires gaukeln das Schauspiel des Elends weg, das das System bewirkt. Bald wird man nur den Kauprozeß des Wohlstands, aber nicht seine Exkremente in diesen Städten sehen, in denen der von ganz Brasilien und Argentinien hervorgebrachte Reichtum verschwendet wird.

Innerhalb jedes Landes wiederholt sich das System der Beherrschung, dem es als Ganzes von außen ausgesetzt ist. Die Konzentration der Industrie in bestimmten Zonen spiegelt die vorherige Konzentration der Nachfrage in den großen Häfen oder Exportzonen wider. 80 Prozent der brasilianischen Industrie befinden sich in dem im Südosten gelegenen Dreieck São Paulo–Rio de Janeiro–Belo Horizonte, während der hungernde Nordosten in immer geringerem Maße am nationalen Industrieprodukt Anteil hat. Lima und sein Hafen beherbergen 60 Prozent der peruanischen Industrie[105]. Der im Wachsen begriffene Rückgang der großen Zonen im Innern, die in Armut leben, ist nicht, wie manchmal behauptet wird, eine Folge der Isolierung, sondern das Ergebnis der direkten oder indirekten Ausbeutung, der sie seitens der alten Kolonialzentren – die heute Industriezentren geworden sind – ausgesetzt sind. »In anderthalb Jahrhunderten Geschichte der Nation«, proklamiert ein argentinischer Gewerkschaftsführer[106], »war die Verletzung aller solidarischen Abkommen, der Untergang des beschworenen Glaubens an Hymnen und Verfassungen, die Herrschaft von Buenos Aires über die Provinzen zu verzeichnen. Heere und Zollbehörden, Gesetze, die von wenigen gemacht und von vielen ertragen werden, Regierungen, die mit wenigen Ausnahmen Agenten ausländischer Mächte gewesen sind, haben diese stolze Metropole erbaut, die Reichtum und Macht anhäuft. Aber wenn wir eine Erklärung für diese

105 Vereinte Nationen, CEPAL, a.a.O. (s. Anm. 28).
106 Raimundo Ongaro, Brief aus dem Gefängnis, in: »De Frente«, Buenos Aires, 25. September 1969.

Größe und eine Verurteilung dieses Stolzes suchen, werden wir sie in den Matepflanzungen von Misiones, den toten Dörfern der ›Forestal‹, in der Verzweiflung der tukamanischen Zuckerfabriken und den Minen von Jujuy, in den verlassenen Häfen am Paraná, in dem Auszug aus Berisso finden; eine ganze Landkarte des Elends rings um ein Zentrum üppigen Lebens, das seine Macht auf die Ausübung der internen Vorherrschaft stützt, die nicht länger verhehlt noch geduldet werden kann.« In seiner Untersuchung über die Entwicklung der Unterentwicklung in Brasilien hat Andre Gunder Frank bemerkt, daß, während einerseits Brasilien ein Satellit der Vereinigten Staaten ist, innerhalb Brasiliens der Nordosten seinerseits die Funktion eines Satelliten der »inneren Metropole« – die durch die Südostzone dargestellt wird – ausübt. Die Polarisation ist an zahlreichen Symptomen erkennbar; nicht nur, weil die erdrückende Mehrheit der privaten und öffentlichen Investitionen auf São Paulo konzentriert ist, sondern auch, weil diese Riesenstadt sich außerdem über einen gewaltigen Trichter des im ganzen Lande hervorgebrachten Kapitals bemächtigt, und zwar durch Übervorteilung beim Handelsaustausch, eine willkürliche Preispolitik, bevorzugte Behandlung in bezug auf die internen Steuersätze und die massenhafte Inbeschlagnahme von fähigen Köpfen und Spezialarbeitern[107].

Aber nicht einmal ihre eigenen Arbeiter, die immer spärlicheren »Integrierten«, haben in angemessener Form am Wachstum der Industrie teil; es sind die höchsten Schichten der Gesellschaftspyramide, die die Früchte der erhöhten Produktivität ernten, die für viele bitter schmekken. Von 1955 bis 1966 haben in Brasilien die Maschinenindustrie, die Elektro-, Fernverbindungs- und Automobilindustrie ihre Produktivität um ca. 130 Prozent gesteigert, aber in der gleichen Zeitspanne haben die Reallöhne der von ihnen beschäftigten Arbeiter nur um 6 Prozent zugenommen[108]. Lateinamerika bietet billige Hände an: 1961 betrug der durchschnittliche Stundenlohn in den Vereinigten Staaten zwei Dollar; in Argentinien war er 32 Cents, in Brasilien 28, in Kolumbien 17, in Mexiko 16, und in Guatemala kam er auf kaum 10 Cents[109]. Seit damals hat sich der Graben erweitert. *In etwas über zehn Stunden Arbeit verdient ein nordamerikanischer Arbeiter den Gegenwert eines vollen Monatslohnes des Arbeiters in Rio de Janeiro.*

107 Andre Gunder Frank, »Capitalism and Underdevelopment in Latin America«, New York, 1967.
108 Ministério do Planejamento e Coordenação Econômica, a.a.O. (s. Anm. 38).
109 Z. Romanova, »La expansión económica de Estados Unidos en América Latina«, Moskau, ohne Angabe des Jahres.

Um eine Entlohnung zu erhalten, die die eines achtstündigen Arbeitstages eines Arbeiters in Rio de Janeiro übersteigt, genügt es, daß ein englischer oder deutscher Arbeiter weniger als dreißig Minuten arbeitet[110]. Das niedrige Niveau der Löhne in Lateinamerika hat nur auf den internationalen Märkten niedrige Preise zur Folge, wo die Region ihre Rohstoffe billig anbietet, um so die Konsumenten der reichen Länder zu begünstigen; auf den internen Märkten hingegen, auf denen die entnationalisierte Industrie Fabrikerzeugnisse verkauft, sind die Preise hoch, damit die imperialistischen Konzerne Riesengewinne einheimsen können.

Alle Wirtschaftssachverständigen sind sich darüber einig, daß das Steigen der Nachfrage eine bedeutende Rolle als Katapult der industriellen Entwicklung spielt. In Lateinamerika legt die vom Ausland durchdrungene Industrie nicht das geringste Interesse an den Tag, den Massenmarkt in Breite und Tiefe zu erweitern, da dieser nur dann horizontal und vertikal wachsen könnte, wenn gleichzeitig die Verwirklichung tiefgreifender Veränderungen der gesamten sozioökonomischen Struktur vorangetrieben würde, was den Ausbruch unerwünschter politischer Stürme mit sich brächte. Dies ist ein riesiges Gebiet mit einem enormen *potentiellen* Markt und einem durch die Armut der Mehrzahl der Bewohner stark beschränkten *realen* Markt. *In der Praxis ist die Produktion der großen Automobil- oder Kühlschrankfabriken für den Konsum von kaum 5 Prozent der lateinamerikanischen Bevölkerung bestimmt*[111]. Kaum einer von je vier Brasilianern kann als wirklicher Verbraucher betrachtet werden. Fünfundvierzig Millionen Brasilianer verdienen zusammen dasselbe wie neunhunderttausend Privilegierte am anderen Ende der sozialen Skala[112].

Die Integration Lateinamerikas unter dem Sternenbanner

Es gibt Engel, die immer noch glauben, daß alle Länder am Rande ihrer Grenzen aufhören. Es sind die, die behaupten, daß die Vereinigten Staaten wenig oder gar nichts mit der lateinamerikanischen Inte-

110 Daten von Serge Birn, einem nordamerikanischen Spezialisten für Arbeitsorganisation; der Zeitung »Journal de Brasil«, Rio de Janeiro, vom 5. Januar 1969 entnommen.

111 Andre Gunder Frank, a.a.O.

112 Vereinte Nationen, CEPAL, »Estudio sobre la distribución del ingreso en América Latina«, New York / Santiago de Chile, 1967. »In Argentinien hat in den Jahren vor 1953 ein bezeichnender Prozeß progressiver Umverteilung der Einkünfte stattgefunden. Von den drei Jahren, über die ausführlichere Daten vor-

gration zu tun hätten, und zwar aus dem einfachen Grunde, weil die Vereinigten Staaten weder der lateinamerikanischen Freihandelsvereinigung (ALALC) noch dem mittelamerikanischen gemeinsamen Markt angehören. So wie es der Befreier Simón Bolívar wollte, sagen sie, geht diese Integration nicht über die Grenze hinaus, die Mexiko von seinem mächtigen nördlichen Nachbarn trennt. Die dieses seraphische Kriterium vertreten, vergessen – und ihre Gedächtnisschwäche ist nicht uneigennützig –, daß eine Legion von Piraten, Händlern, Bankiers, »Marines«, Technokraten, »Grünen Mützen«, Botschaftern und nordamerikanischen Industriekapitänen sich im Laufe einer dunklen Geschichte des Lebens und des Schicksals der Mehrzahl der Völker im Süden bemächtigt haben und daß augenblicklich auch die Industrie Lateinamerikas am Grunde des Verdauungsapparates des Imperiums ruht. »Unsere« Union bewirkt »ihre« Kraft im gleichen Maße, in dem die Länder, solange sie sich nicht von den Modellen der Unterentwicklung und der Abhängigkeit befreien, *ihre jeweilige Knechtschaft integrieren.*

In den offiziellen Dokumenten der ALALC pflegt man die Rolle des Privatkapitals beim Fortschritt der Integration zu preisen. Schon in vorausgehenden Kapiteln wurde aufgezeigt, in wessen Händen sich dieses Privatkapital befindet. Mitte April 1969 z. B. trat in Asunción die beratende Kommission für Unternehmensangelegenheiten zusammen. Unter anderem proklamierte sie neuerlich die »Orientierung der lateinamerikanischen Wirtschaft in dem Sinne, daß die wirtschaftliche Integration der Zone in der Hauptsache auf Grund der Entwicklung des Privatunternehmens zu erreichen sei«. Und sie empfahl, daß die Regierungen eine gemeinsame Gesetzgebung zur Bildung von »multinationalen, ›vorwiegend‹ (sic) von Kapital und Unternehmern der Mitgliedsstaaten gebildeten Unternehmen« schaffen würden. Alle Schlösser werden dem Dieb übergeben. In der Präsidentenkonferenz von Punta del Este im April 1967 ging man in der von Lyndon B. Johnson selbst mit Gold versiegelten Abschlußerklärung so weit, die Schaffung eines gemeinsamen Marktes für Aktien vorzuschlagen, eine Art Integration der Börsen, damit man von jedem Ort Lateinamerikas aus Unternehmen an jedem beliebigen Punkt der Zone kaufen könne. Man ging in den offiziellen Dokumenten sogar noch weiter: Man

liegen, war es gerade dieses Jahr, in dem die Ungleichheit am kleinsten war, während sie 1959 weitaus größer war ... In Mexiko, in dem ausgedehnteren Zeitraum, der zwischen 1940 und 1964 liegt ..., bestehen Anzeichen, die die Annahme zulassen, daß der Verlust für die 20 Prozent der Familien, die die niedrigsten Einkünfte aufwiesen, nicht nur relativ, sondern auch absolut war.

empfiehlt klipp und klar die Entnationalisierung der Staatsbetriebe. Im April 1969 fand in Montevideo die erste Gruppenkonferenz der Fleischindustrie in der ALALC statt; in ihr wurde beschlossen, »die Regierungen zu ersuchen..., die geeigneten Maßnahmen zu prüfen, um eine progressive Übertragung der staatlichen Kühlhäuser an den privaten Sektor zu erreichen«. Gleichzeitig gab die uruguayische Regierung Vollgas zur Weiterführung ihrer Sabotagepolitik gegen den staatlichen »Frigorífico Nacional« zugunsten der ausländischen privaten Kühlhäuser.

Die Zollabrüstung, durch die nach und nach der Warenumlauf innerhalb der ALALC-Zone freigegeben wird, ist dazu bestimmt, die Verteilung der Produktionszentren und der Märkte Lateinamerikas zum Vorteil der großen multinationalen Konzerne umzugestalten. Es herrscht die »abgestufte Wirtschaft«: In der ersten Etappe – die in den letzten Jahren erfüllt wurde –, wurde die Überfremdung der Abschußbasen – der Industriestädte –, die den gesamten Markt der Region erfassen sollen, vervollkommnet. In Brasilien sind die an der lateinamerikanischen Integration am stärksten interessierten Unternehmen gerade die ausländischen Firmen[113], und unter diesen sind es die mächtigsten. Mehr als die Hälfte der multinationalen – in ihrer Mehrzahl nordamerikanischen – Konzerne, die eine Umfrage der interamerikanischen Entwicklungsbank in ganz Lateinamerika beantworten, planten – oder hatten die Absicht, es zu tun – zwischen 1965 und 1970 ihre Teilnahme an einem erweiterten Markt der ALALC und schufen oder erweiterten zu diesem Zweck ihre regionalen Abteilungen[114]. Im September 1969 kündigte Henry Ford II. in Rio de Janeiro an, daß er den Wunsch hege, in den Wirtschaftsprozeß Brasiliens einzutreten, »da die Situation sehr gut ist. Unsere erste Beteiligung bestand im Kauf der ›Willys Overland do Brasil‹.« Diese Erklärung wurde in einer Pressekonferenz abgegeben, in der er außerdem bekanntgab, brasilianische Fahrzeuge an mehrere lateinamerikanische Länder verkaufen zu wollen. Caterpillar, »eine Firma, die die Welt immer als einen einzigen Markt behandelt hat«, sagt »Business International«[115], zögerte nicht lange, die

113 Maurício Vinhas de Queiroz, a.a.O.

114 Gustavo Lagos, in dem von der interamerikanischen Entwicklungsbank herausgegebenen Band von mehreren Autoren »Las inversiones multinacionales en el desarrollo y la integración de América Latina«, Bogotá, 1968. – 64 Prozent der Unternehmen exportierten innerhalb der Region unter Inanspruchnahme der Handelserleichterungen der ALALC chemische und petrochemische Produkte, Kunstfasern, elektronische Materialien, Industrie- und landwirtschaftliche Maschinen, Büroeinrichtungen, Motoren, Meßinstrumente, Stahlröhren und andere Produkte.

115 »Business International«, »LAFTA, Key to Latin America's 200 Millions Consumers«, Research Report, Juni 1966.

Zollsenkungen auszunützen, sobald diese ausgehandelt waren, und lieferte bereits 1965 Planiermaschinen und Ersatzteile für Traktoren aus ihrer Fabrik in São Paulo an mehrere Länder Südamerikas.

Verarmt, isoliert, ohne Kapital und mit schweren Strukturproblemen in jedem Lande, lassen die lateinamerikanischen Staaten nach und nach ihre wirtschaftlichen, finanziellen und fiskalischen Schranken fallen, damit *die Monopole, die vorläufig jedes Land getrennt erdrosseln, größere Bewegungsfreiheit genießen und mit Hilfe der Spezialisierung ihrer Wirkungsweise nach Ländern und nach Branchen eine neue Arbeitsteilung auf regionaler Ebene ausführen können*, wobei sie die optimalen Dimensionen für ihre Filialen bestimmen, ihre Betriebskosten senken, nicht zur Zone gehörende Konkurrenten ausschalten und die Märkte stabilisieren können. Die Filialen der multinationalen Konzerne sind nur im Falle bestimmter Waren und unter bestimmten Bedingungen in der Lage, auf die Eroberung des lateinamerikanischen Marktes hinzuzielen, soweit nämlich die von ihren Stammhäusern festgelegte, die ganze Welt umfassende Politik nicht beeinträchtigt wird. Wie in einem anderen Kapitel dargelegt wurde, funktioniert die »internationale« Arbeitsteilung für Lateinamerika in der gleichen Weise wie immer. Nur innerhalb der Region werden Änderungen geduldet. Auf der Konferenz von Punta del Este erklärten die Präsidenten, daß »die Privatinitiative für den Erfolg der Integrationsbestrebungen eine wichtige Funktion erfüllen kann«, und vereinbarten, daß die interamerikanische Entwicklungsbank »die für die Finanzierung von Exporten *im innerlateinamerikanischen Handel* verfügbaren Beträge« erhöhe.

Die Zeitschrift »Fortune« untersuchte 1967 die »verlockenden neuen Gelegenheiten«, die der lateinamerikanische gemeinsame Markt für die Geschäfte des Nordens darbietet: »An nicht wenigen Vorstandstischen wird der gemeinsame Markt allmählich zu einem wichtigen Faktor für die Planung der Zukunft. ›Ford Motor do Brasil‹, die die Galaxie-Modelle herstellt, hat die Absicht, ein schönes Netz mit der ›Ford de Argentina‹, die die Falcon-Modelle erzeugt, zu weben und dadurch Ersparnisse zu erzielen, daß beide Firmen Automobile für größere Märkte produzieren«[116]. Sie führte noch weitere Beispiele für die »Rationalisierung der Produktion« und die Erweiterung des Arbeitsfeldes anderer Konzerne wie I.T.T., General Electric, Remington Rand, Otis Elevator, Worthington, Firestone, Deere, Westinghouse

116 »Fortune«, »A Latin American Common Market Makes Common Sense for U.S. Businessmen Too«, Juni 1967.

und American Machine and Foundry an. Vor neun Jahren schrieb Raúl Prebisch, ein kraftvoller Fürsprecher der A.L.A.L.C.: »Ein weiteres Argument, das ich von Mexiko bis Buenos Aires und zwischen diesen Punkten in São Paulo und Santiago oft zu hören bekomme, ist, daß der gemeinsame Markt der ausländischen Industrie Expansionsmöglichkeiten bieten wird, die sie heute in unseren beschränkten Märkten nicht hat ... Es besteht die Befürchtung, daß die Vorteile des gemeinsamen Marktes hauptsächlich von dieser ausländischen Industrie und nicht von den inländischen Werken benützt werden ... Ich habe diese Befürchtung geteilt und teile sie, nicht aus bloßer Einbildung, sondern weil ich in der Praxis die Realität dieses Tatbestandes feststellen konnte ...«[117]. Diese Feststellung hat ihn aber nicht gehindert, eine Zeit darauf unter Bezugnahme auf die anlaufende Integration eine Erklärung zu unterzeichnen, in der die Behauptung aufgestellt wird, daß »dem Auslandskapital zweifellos eine wichtige Rolle bei der Entwicklung unserer Wirtschaft zukommt«[118], wobei die Bildung von Mischgesellschaften vorgeschlagen wird, an denen »der lateinamerikanische Unternehmer in wirksamer und angemessener Form beteiligt sei«. In angemessener Form? Man muß natürlich die »Gleichheit der Gelegenheiten« gewährleisten. Anatole France sagte richtig, daß das Gesetz in seiner majestätischen Gleichheit sowohl den Reichen wie den Armen verbietet, unter den Brücken zu schlafen, in den Straßen zu betteln und Brot zu stehlen. Wir stehen aber der Tatsache gegenüber, daß auf diesem Planeten und in dieser Zeit *eine einzige Firma, die General Motors, auf der ganzen Welt dieselbe Zahl von Arbeitern beschäftigt, wie die gesamte aktive Bevölkerung Uruguays ausmacht, und in einem einzigen Jahr eine Geldsumme verdient, die das Vierfache des gesamten National-Bruttoproduktes Boliviens übersteigt.*

Die Konzerne kennen bereits aufgrund anderer, vergangener Integrationserfahrungen die Vorteile, die sich daraus ergeben, bei der kapitalistischen Entwicklung anderer Gebiete als »Insiders« aufzutreten. Nicht umsonst ist der Gesamtumsatz der über die Welt verstreuten nordamerikanischen Filialen sechsmal so groß wie der Wert der Exporte der Vereinigten Staaten[119]. In Lateinamerika wie auch in ande-

117 Raúl Prebisch, »Problemas de la integración económica«, in: »Actualidades económicas financieras«, Montevideo, Januar 1962.

118 Prebisch, Sanz de Santamaría, Mayobre und Herrera, »Proposiciones para la creación del Mercado Común Latinoamericano«. Dieses Dokument wurde 1966 dem Präsidenten Frei vorgelegt.

119 Judd Polk (vom U.S. Council of the International Chamber of Commerce) und C. P. Kindleberger (vom Massachusetts Institute of Technology) geben eine Reihe kerniger Daten und Meinungen über die Nordamerikanisierung der kapitalisti-

ren Regionen sind die unbequemen Anti-Trust-Gesetze der Vereinigten Staaten nicht in Kraft. *Hier verwandeln sich die Länder völlig ungestört in Pseudonyme der ausländischen Firmen, von denen sie beherrscht werden. Das erste Ergänzungsabkommen im Rahmen der ALALC wurde im August 1962 von Argentinien, Brasilien, Chile und Uruguay unterzeichnet; in Wirklichkeit aber wurde es zwischen der IBM, der IBM, der IBM und der IBM abgeschlossen.* Durch das Abkommen wurden die Importabgaben für den Handel mit statistischen Maschinen und ihren Bestandteilen zwischen den vier Ländern aufgehoben, während gleichzeitig die Steuern für die Einfuhr dieser Maschinen aus Ländern außerhalb der Zone erhöht wurden; die »IBM World Trade« gab den Regierungen zu verstehen, daß, wenn die Abgaben für den gegenseitigen Handel aufgehoben würden, sie Fabriken in Brasilien und Argentinien errichten würde . . .«[120].

Der mittelamerikanische Markt seinerseits – eine Bemühung zur Vereinigung der verkümmerten und mißgestalteten Wirtschaftssysteme von fünf Ländern – hat zu nichts anderem gedient, als die schwachen inländischen Fabrikanten von Stoffen, Farben, Medikamenten, kosmetischen Artikeln oder Backwerk umzublasen und die Gewinne und das Arbeitsfeld der General Tire and Rubber Co., Procter and Gamble, Grace and Co., Colgate Palmolive, Sterling Products oder National Biscuits zu vergrößern[121]. Die Zollbefreiung ist auch in Mittelamerika mit einer Verstärkung der Schranken gegen die »äußere ausländische« Konkurrenz (um es irgendwie auszudrücken) parallel gegangen, so daß die »inneren ausländischen« Firmen teurer verkaufen und höhere Gewinne erzielen können. »Die in Form von Zollbegünstigungen erhaltenen Subventionen übersteigen den gesamten aus dem inländischen Produktionsprozeß hervorgehenden Wert«, das ist der Schluß, zu dem Roger Hansen gelangt[122].

Die ausländischen Firmen besitzen wie niemand anders den Sinn für Proportion – der eigenen und der fremden Proportionen. Welchen Sinn hätte es z. B., in Uruguay oder in Bolivien, Paraguay oder Ekuador mit ihren winzigen Märkten eine große Automobilfabrik, Hochöfen oder eine bedeutende Fabrik chemischer Produkte einzurichten? Man wählt andere Trampoline, die zu den Dimensionen der internen

schen Weltwirtschaft in der Veröffentlichung des State Departments »The Multinational Corporation«, Office of External Research, Washington, 1969, bekannt.

120 »Business International«, a.a.O.

121 E. Lízano F., »El problema de las inversiones extranjeras en Centro América«, in der Zeitschrift »Revista del Banco Central«, Costa Rica, September 1966.

122 Aus dem »Columbia Journal of World Business«, zitiert bei »NACLA Newsletter«, Januar 1970.

Märkte und den Wachstumsmöglichkeiten passen. FUNSA, die uruguayische Autoreifenfabrik, hängt in großem Maße von der Firestone ab, aber es sind die Filialen der Firestone in Brasilien und Argentinien, die sich im Rahmen der Integration ausbreiten. So bremst man den Aufstieg der in Uruguay errichteten Fabrik unter Anwendung des gleichen Kriteriums, aufgrund dessen die Olivetti, die von der General Electric invadierte italienische Firma, ihre Schreibmaschinen in Brasilien und ihre Rechenmaschinen in Argentinien erzeugt. »Die geeignete Zumessung von Mitteln *erfordert* eine ungleiche Entwicklung der verschiedenen Teile eines Landes oder einer Region«, führt Rosenstein-Rodan[123] aus, und *die lateinamerikanische Integration wird auch ihre Nordostzonen und ihre Entwicklungspole aufweisen.* Bei der Bilanz des achtjährigen Bestehens des Vertrages von Montevideo, aus dem die ALALC hervorging, wies der uruguayische Delegierte darauf hin, daß »die unterschiedlichen Entwicklungsgrade der Wirtschaft« zwischen den einzelnen Ländern »die Tendenz aufweisen, sich zu verschärfen«. Der Gesandte von Paraguay beklagte sich seinerseits in ähnlicher Form; er erklärte, daß die schwachen Länder absurderweise die industrielle Entwicklung der fortgeschritteneren Länder der Freihandelszone subventionierten, indem sie deren hohe Kosten durch die Zollbefreiung auf sich nähmen, und sagte, daß die Verschlechterung der Tauschbedingungen sein Land innerhalb der ALALC genauso hart wie außerhalb von ihr träfe: »Für jede Tonne aus der Zone importierter Produkte liefert Paraguay zwei.« – »Die Realität«, führte der Vertreter Ekuadors aus, »ist durch elf Länder mit verschiedenen Entwicklungsgraden gegeben, was sich in größerer oder geringerer Fähigkeit zur Ausnutzung der Freihandelszone auswirkt und zu einer Polarisation der Vor- und Nachteile führt ...« – Der Gesandte von Kolumbien zog »einen einzigen Schluß: Das Liberalisierungsprogramm begünstigt in sichtbarem Mißverhältnis die drei großen Länder«[124]. *Bei fortschreitender Integration werden die kleinen Länder nach und nach auf ihre Zolleinkünfte – die in Paraguay fast die Hälfte des*

123 Paul N. Rosenstein-Rodan, »Reflections on Regional Development«, zitiert in dem in Anm. 114 angeführten Band der interamerikanischen Entwicklungsbank, von mehreren Autoren.

124 Außerordentliche Sitzungen des Ständigen Vollzugsausschusses der ALALC, Juli und September 1969. »Apreciaciones sobre el proceso de integración de la ALALC«, Montevideo, 1969. – Die Integration als simpler Verminderungsprozeß der Handelsschranken – bemerkt der Leiter der UNCTAD in New York – wird »die ›Entwicklungsenklaven‹ innerhalb der allgemeinen Gedrücktheit des Kontinents« aufrechterhalten. Sidney Dell in dem Sammelband »The Movement Toward Latin America Unity«, herausgegeben von Ronald Hilton, New York / Washington / London, 1969.

Staatshaushaltes decken – verzichten, und dies um des zweifelhaften Vorteils willen, z. B. aus São Paulo, Buenos Aires oder Mexiko Automobile derselben Unternehmen zu erhalten, die Detroit, Wolfsburg oder Mailand um die Hälfte des Preises liefern[125]. Die erfolgreiche Bildung des Andenpaktes, in dem die Pazifikstaaten zusammengefaßt sind, ist eines der Ergebnisse der sichtbaren Vorherrschaft der drei Großen in dem erweiterten Rahmen der ALALC: Die Kleinen versuchen, sich getrennt zu einen.

Aber trotz aller Schwierigkeiten breiten sich die Märkte aus, sobald die Satelliten ihrem eigenen – abhängigen – Machtbereich neue Satelliten einverleiben. Unter der Militärdiktatur Castelo Brancos unterzeichnete Brasilien ein Garantieabkommen für die ausländischen Investitionen, durch das die Risiken und Nachteile jedes Geschäftes auf den Staat abgewälzt werden. Es war höchst bezeichnend, daß der Funktionär, der das Abkommen in die Wege geleitet hatte, dessen demütigende Bedingungen vor dem Kongreß dadurch rechtfertigte, daß »in naher Zukunft Brasilien Kapital in Bolivien, Paraguay oder Chile investieren und Abkommen dieser Art benötigen werde«[126]. In den Regierungen, die auf den Staatsstreich von 1964 folgten, hat sich in der Tat eine Tendenz entwickelt, Brasilien eine »subimperialistische« Funktion gegenüber seinen Nachbarn zuzusprechen. Eine sehr einflußreiche Gruppe von Militärs nimmt für ihr Land die Rolle des großen Verwalters der nordamerikanischen Interessen in der Region in Anspruch und fordert Brasilien dazu auf, im Süden eine Vorrangstellung auszuüben, ähnlich der, der Brasilien selbst gegenüber den Vereinigten Staaten ausgesetzt ist. Der General Golbery do Couto e Silva beruft sich in diesem Sinne auf eine weitere »offensichtliche Bestimmung«[127]. Die erstrebte Struktur der »Unterbeherrschung« kann sich gewiß auf zahlreiche historische Präzedenzfälle stützen, die von der Vernichtung Paraguays im Namen der britischen Banken – im Verlaufe und nach dem Kriege des Jahres 1865 – bis zur Entsendung brasilianischer Truppen als Hauptelement der Solidaritätsoperation mit der Invasion der

125 Die Automobilindustrie ist in Brasilien und Argentinien zu 100 Prozent ausländisch und in Mexiko vorwiegend ausländisch. ALALC, »La industria automotriz en la ALALC«, Montevideo, 1969.

126 Vivian Trías, »Imperialismo y geopolítica en América Latina«, Montevideo, 1967. Uruguay hat sich zum Beispiel dazu verpflichtet, seine Maschinenimporte aus Brasilien zu steigern, und zwar als Gegenleistung für Gefälligkeiten wie die Lieferung von elektrischem Strom aus Brasilien an die nördlichen Zonen des Landes. Augenblicklich können die uruguayischen Provinzen Artigas und Rivera ihren Stromverbrauch nicht ohne Zustimmung Brasiliens erhöhen.

127 Golbery do Couto e Silva, »Aspectos geopolíticos do Brasil«, Rio de Janeiro, 1952.

»Marines« in Santo Domingo – genau ein Jahrhundert später – reichen.
In den letzten Jahren ist wieder die Konkurrenz zwischen den Verwaltern der großen imperialistischen Interessen, die in den Regierungen Brasiliens und Argentiniens installiert sind, in bezug auf das stark umstrittene Problem der kontinentalen Führerschaft ziemlich akut geworden. Alles deutet darauf hin, daß Argentinien nicht in der Lage ist, dem mächtigen brasilianischen Rivalen zu widerstehen: Brasilien hat das Doppelte an Oberfläche und das Vierfache an Bevölkerung, seine Stahlproduktion ist fast dreimal so groß, es erzeugt das Doppelte an Zement und mehr als das Doppelte an Energie. Es verzeichnet außerdem in den letzten zwei Jahrzehnten ein weitaus schnelleres wirtschaftliches Wachstum als Argentinien. Bis vor kurzem stellte Argentinien mehr Automobile und Lastwagen her als Brasilien. Bei gleichbleibendem Wachstumsrhythmus wird die Automobilindustrie Brasiliens bereits im Jahre 1975 dreimal so groß wie die argentinische sein. Die brasilianische Handelsflotte, die 1966 den gleichen Umfang wie die argentinische hatte, wird bis dahin so groß sein wie die Handelsflotten des ganzen übrigen Lateinamerikas zusammen. Es bietet der ausländischen Investition die Größe seines potentiellen Marktes, seine märchenhaft reichen Naturschätze und den großen strategischen Wert seines Territoriums, das an alle südamerikanischen Länder mit Ausnahme von Ekuador und Chile angrenzt. Brasilien hat billigere und zahlreichere Arbeitskräfte als sein Rivale. Das Lohnniveau ist im Durchschnitt dreimal niedriger als in Argentinien, und es gibt Arbeitslose zu Millionen. Es ist kein Zufall, daß ein Drittel der verarbeiteten und halbverarbeiteten Produkte, die in der ALALC verkauft werden, aus Brasilien stammt. Es ist das Land, das dazu bestimmt ist, die Achse der Befreiung oder der Knechtschaft ganz Lateinamerikas zu bilden. Vielleicht war sich der nordamerikanische Senator Fulbright nicht der ganzen Tragweite seiner Worte bewußt, als er 1965 in öffentlichen Erklärungen Brasilien die Mission zusprach, den gemeinsamen Markt Lateinamerikas zu lenken.

»Niemals werden wir glücklich sein, niemals!« hatte Simón Bolívar prophezeit

Damit der nordamerikanische Imperialismus heute Lateinamerika *integrieren kann, um es zu beherrschen* (Anmerkung des Übersetzers: Der Autor spielt hierbei auf das »divide et impera« an, das sich hier in

»integra et impera« verwandelt), war es notwendig, daß gestern – mit demselben Ziele – das britische Weltreich dazu beigetragen hat, uns zu teilen. Ein Archipel von Ländern, die voneinander isoliert sind, entstand als Folge des Scheiterns unserer nationalen Einheit. Als die Völker mit Hilfe der Waffen die Unabhängigkeit eroberten, hielt Lateinamerika, von den gemeinsamen Traditionen seiner verschiedenen Zonen durchflochten, seinen Einzug auf der Bühne der Geschichte, zeigte eine territoriale Einheit ohne Risse und sprach im wesentlichen zwei Sprachen gleichen Ursprungs: Spanisch und Portugiesisch. Aber es hat uns, wie Trías aufzeigt, eine der hauptsächlichsten Bedingungen gefehlt, um eine einzige, große Nation zu bilden: Es hat uns die wirtschaftliche Einheit gefehlt.

Die Pole der Prosperität, die ihre Blüte dem Bedarf Europas an Metallen und Nahrungsmitteln verdankten, standen untereinander nicht in Verbindung; die Stäbe des Fächers hatten ihren Scheitelpunkt jenseits des Meeres. Die Menschen und das Kapital bewegten sich im Rhythmus des wechselvollen Schicksals des Goldes oder des Zuckers, des Silbers oder des Indigos, und nur die Häfen und die Hauptstädte, die den produktiven Regionen das Blut aussaugten, hatten eine beständige Existenzbasis. *Lateinamerika wurde in der Vorstellung und in der Erwartung von Simón Bolívar, José Artigas und José de San Martín als ein einziger großer Raum geboren, aber der Kontinent war von Anfang an durch die grundlegenden Mißbildungen des Kolonialsystems zerrissen.* Die Oligarchien in den Häfen haben mit Hilfe des Freihandels diese Struktur der Zerbröckelung, die die Quelle ihrer Gewinne darstellte, gefestigt: jene gebildeten Handelsleute konnten nicht die nationale Einheit herbeiführen, die von der Bourgeoisie in Europa und den Vereinigten Staaten verkörpert wurde. Die Engländer, die schon lange vor der Unabhängigkeit die Erben Spaniens und Portugals waren, vervollkommneten diese Struktur das ganze vorige Jahrhundert hindurch unter Anwendung diplomatischer Intrigen mit weißem Handschuh, Erpressungsmanövern der Bankiers und des Verführungsvermögens der Kaufleute. »Für uns ist Amerika das Vaterland«, hatte Bolívar ausgerufen. Groß-Kolumbien zerfiel in fünf Länder, und der Befreier starb als Besiegter: »Niemals werden wir glücklich sein, niemals!« sagte er dem General Urdaneta. Francisco de Morazán, der Schöpfer der Republik des mittelamerikanischen Bundes, wurde erschossen[128], und der Gürtel Amerikas teilte sich in

128 »Er ließ die Waffen vorbereiten, entblößte sein Haupt, ließ zielen, verbesserte die Zielrichtung, ließ Feuer geben und fiel zu Boden; noch einmal erhob er sein blutendes Haupt und sagte: ›Ich lebe noch.‹ Eine neue Salve streckte ihn endgültig

fünf Stücke, denen sich Panama – der von Teddy Roosevelt erfundene, zur Republik beförderte Kanal – zugesellen sollte.

Das Ergebnis ist klar sichtbar: *Augenblicklich funktioniert jeder beliebige multinationale Konzern mit größerer Kohärenz und Einheitlichkeit als diese Ansammlung von Inseln, die das von so vielen Grenzen und so viel Unverständnis auseinandergerissene Lateinamerika darstellt.* Was für eine Integration können Länder untereinander vornehmen, die sich nicht einmal selbst integriert haben? Jedes Land weist tiefe Risse in seinem eigenen Gefüge, akute soziale Gegensätze und ungelöste Spannungen zwischen seinen ausgedehnten, wüstenartigen Randgebieten und den Oasen der Städte auf. Das Drama erscheint auf regionaler Ebene wieder. Die Eisenbahnen und die Landstraßen, dazu bestimmt, die Produktion auf dem direktesten Wege ins Ausland zu schaffen, bilden nach wie vor den unwiderlegbaren Beweis für die Machtlosigkeit oder Unfähigkeit Lateinamerikas, den nationalen Plänen seiner klarblickendsten Helden Leben zu verleihen. Brasilien hat keine ständige Verbindung auf dem Landwege mit drei seiner Nachbarn – Kolumbien, Peru und Venezuela –, und die Städte am Atlantik haben keine direkte telegraphische Verbindung mit den Städten am Pazifik, so daß die Telegramme zwischen Buenos Aires und Lima oder Rio de Janeiro und Bogotá unbedingt über New York gehen müssen; dasselbe ist bei den Telephonverbindungen zwischen der karibischen Zone und dem Süden der Fall. Von den lateinamerikanischen Ländern identifiziert sich nach wie vor ein jedes mit seinem eigenen Hafen – worin eine Verleugnung seiner Wurzeln und seiner wirklichen Identität liegt –, und zwar in solchem Maße, daß fast die Gesamtheit der Produkte des innerhalb der Region stattfindenden Handels auf dem Seewege transportiert wird; die Transporte im Innern existieren praktisch nicht. Aber an diesem Punkte tritt das Welt-Fracht-Kartell in Erscheinung, das Tarife und Routen nach seinem Geschmack festlegt, und Lateinamerika ist darauf beschränkt, die übertrieben hohen Tarife und die absurden Seerouten in Kauf zu nehmen. Unter den 118 regelmäßigen Schiffslinien, die in der Region tätig sind, fahren nur 17 unter regionalen Flaggen; die Frachtsätze schröpfen der latein-

zu Boden.« Gregorio Bustamante Maceo, »Historia militar de El Salvador«, San Salvador, 1951. – Auf dem Hauptplatz von Tegucigalpa spielt die Kapelle jeden Sonntagabend leichte Musik unter der Bronzestatue Morazáns. Aber die Inschrift trifft nicht zu; dies ist nicht das Reiterstandbild des Vorkämpfers der mittelamerikanischen Einheit. Die Hondurenser, die lange Zeit nach der Erschießung nach Paris gefahren waren, um im Auftrag der Regierung einen Bildhauer zu engagieren, verjubelten das Geld und kauften schließlich eine Statue des Marschalls Ney auf dem Marché des Puces. Die Tragödie Mittelamerikas wurde rasch zur Farce.

amerikanischen Wirtschaft 1 Milliarde Dollar jährlich ab[129]. *So gelangen die von Porto Alegre nach Montevideo gesandten Waren eher ans Ziel, wenn sie vorher über Hamburg gehen, und das gleiche ist bei der uruguayischen Wolle der Fall, die in die Vereinigten Staaten geht; die Frachtgebühr von Buenos Aires nach einem Hafen des Golfes von Mexiko ist um mehr als ein Viertel geringer, wenn die Ware über Southampton geht*[130]. *Der Holztransport von Mexiko nach Venezuela kostet mehr als das Doppelte dessen, was der Holztransport von Finnland nach Venezuela kostet, obwohl Mexiko nach der Landkarte weitaus näher liegt. Eine direkte Sendung chemischer Produkte von Buenos Aires nach Tampico in Mexiko ist weitaus teurer, als wenn sie über New Orleans vorgenommen wird*[131].

Ein ganz anderes Schicksal haben zweifellos die Vereinigten Staaten gewählt und erobert. Sieben Jahre nach Erlangung der Unabhängigkeit hatten die dreizehn Kolonien bereits ihr Gebiet verdoppelt, das sich jenseits des Alleghany-Gebirges bis an das Ufer des Mississippi erstreckte, und vier Jahre später besiegelten sie ihre Einheit, indem sie den einheitlichen Markt schufen. 1803 kauften sie Frankreich für einen lächerlich niedrigen Preis das Gebiet von Louisiana ab, wodurch sie ihr Territorium abermals verdoppelten. Später kam Florida und um die Mitte des Jahrhunderts die Invasion und Einverleibung halb Mexikos im Namen der »offensichtlichen Bestimmung« an die Reihe, nachher der Kauf von Alaska, die Inbesitznahme von Hawaii, Puertorico und den Philippinen. Die Kolonien wurden zur Nation, und aus der Nation wurde ein Imperium, wobei seit den fernen Zeiten der »Stammväter« klar umrissene und verfolgte Ziele verwirklicht wurden. Während der Norden Amerikas wuchs, indem er sich im Innern seiner in Expansion befindlichen Grenzen entwickelte, flog der nach außen entwickelte Süden in Stücke wie eine Granate.

Der derzeitige Integrationsprozeß führt uns weder zu unserem Ursprung zurück, noch nähert er uns unseren Zielen. Schon Bolívar hatte mit treffendem Weitblick davor gewarnt, daß die Vereinigten Staaten von der Vorsehung dazu bestimmt schienen, Amerika im Namen der Freiheit ins Elend zu stürzen. Es werden nicht die General Motors und die IBM sein, die die Freundlichkeit haben werden, an unserer Statt

129 Vereinte Nationen, CEPAL, »Los fletes marítimos en el comercio exterior de América Latina«, New York / Santiago de Chile, 1968.

130 Enrique Angulo H. in dem Sammelband »Integración de América Latina, experiencias y perspectivas«, Mexiko, 1964.

131 Sidney Dell, »Experiencias de la integración económica en América Latina«, Mexiko, 1966.

die alten, im Kampfe gefallenen Fahnen der Einheit und der Gleichberechtigung zu erheben, noch werden es die zeitgenössischen Verräter sein, die heute das Erlösungswerk der bis gestern verratenen Helden vornehmen werden. Viel Moder muß auf dem Pfad des Wiederaufbaus Lateinamerikas in den Meeresgrund versenkt werden. Die Ausgeplünderten, die Erniedrigten, die Verdammten haben selbst die Aufgabe in ihrer Hand. Der nationale Kampf Lateinamerikas ist vor allem ein sozialer Kampf. Damit Lateinamerika neu geboren werden kann, wird es vonnöten sein, zunächst seine Herren, Land um Land, zu stürzen. Zeiten der Rebellion und des Wandels sind im Anzug. Für einige ruht das Schicksal im Schoße der Götter, aber in Wirklichkeit tritt es als brennende Herausforderung für das Gewissen der Menschen in Erscheinung.

Verzeichnis der Namen

Verzeichnis der Themen und Firmen